厦门理工学院教材建设基金资助项目

实用经济法教程（第二版）

□ ShiYongJingJiFaJiaoCheng

主　编　陈玉芳
副主编　李建龙　郭晓珍

厦门大学出版社　国家一级出版社
XIAMEN UNIVERSITY PRESS　全国百佳图书出版单位

前　言

本教程编写组成员在非法学类高校十多年法律专业课程的教学科研工作中，积累了丰富的经验，掌握了大量非法学类高校法学课程设置、教学情况以及学生的法律素质等第一手资料。在多年的教学过程中，编者发现国内经济法教材适用于法律专业学生的居多，在篇章结构和体系上侧重于宏观调控方面的法律，论述也以理论性见长，有一定的理论广度和深度。这类教材对法学学科建制和课程设置完善的法律院校学生适用。但对于非法学类学生而言，由于此类教材理论论述过深、过专而增加了理解和领会的难度，而且，在法学类课程设置和学时有限、法学实训基地缺乏的现状下，此类教材显得并不太实用。

正是因为上述原因，编者对积累多年的教学研究成果和资料加以凝练和提升，编辑出版本教材，为非法学专业的学生更好地学习经济法课程提供一定的帮助。

本教程编写从实用性、实战性的角度出发，采用法学教学特别强调的案例教学法，吸收学科新的研究成果，充分考虑非法学专业学生的知识结构背景和课程设置情况，使学生在法学基础知识薄弱和有限的课时条件下，尽可能掌握更多与市场运行和经营管理有关的实用的经济法知识。本教材理论深度适中，适合非法学专业学生学习使用。

本教程编写的具体分工如下：陈玉芳编写第二、第三、第四、第八、第九、第十章；李建龙编写第一、第五、第六、第七章；郭晓珍编写第十一、十二、十三、十四章。

在本教程的编写过程中，编者广泛参阅有关论著，并得到厦门大学出版社的指导和支持，在此谨表诚挚的感谢。因编者水平有限，书中难免存在错漏不足之处，敬请批评指正。

编　者
2009 年 12 月

目 录

第一章　绪论 ·· 1
第一节　法律概说 ·· 1
第二节　经济法概述 ·· 7
第三节　经济法律关系 ·· 17

第二章　公司法律制度 ·· 23
第一节　公司法概述 ·· 23
第二节　有限责任公司 ·· 34
第三节　股份有限公司 ·· 50
第四节　公司债券 ·· 61
第五节　公司的财务会计制度 ·· 64

第三章　合伙企业法律制度 ·· 68
第一节　合伙企业法概述 ·· 68
第二节　普通合伙企业 ·· 71
第三节　有限合伙企业 ·· 82

第四章　个人独资企业法律制度 ···································· 87
第一节　个人独资企业法概述 ·· 87
第二节　个人独资企业的法律规制 ····································· 89

第五章　税收法律制度 ·· 96
第一节　税法概述 ·· 96
第二节　流转税法律制度 ·· 105
第三节　所得税法律制度 ·· 120
第四节　税收征收管理法律制度 ······································ 131

第六章 银行法律制度 ……………………………………………… 139
第一节 银行法概述 ……………………………………………… 139
第二节 中央银行法律制度 ……………………………………… 141
第三节 商业银行法律制度 ……………………………………… 145
第四节 政策性银行法律制度 …………………………………… 153
第五节 银行业监督法律制度 …………………………………… 158

第七章 证券法律制度 ……………………………………………… 167
第一节 证券法概述 ……………………………………………… 167
第二节 证券发行制度 …………………………………………… 171
第三节 证券上市制度 …………………………………………… 177
第四节 证券交易制度 …………………………………………… 180
第五节 上市公司收购 …………………………………………… 185
第六节 证券市场的法律责任 …………………………………… 188

第八章 会计与审计法律制度 ……………………………………… 193
第一节 会计法律制度 …………………………………………… 193
第二节 审计法律制度 …………………………………………… 203

第九章 反不正当竞争法律制度 …………………………………… 210
第一节 反不正当竞争法律制度概述 …………………………… 210
第二节 不正当竞争行为的表现形式 …………………………… 212
第三节 不正当竞争行为的监督检查及其法律责任 …………… 222

第十章 工业产权法律制度 ………………………………………… 226
第一节 工业产权法律制度概述 ………………………………… 226
第二节 专利法律制度 …………………………………………… 229
第三节 商标法律制度 …………………………………………… 241

第十一章 产品质量法律制度 ……………………………………… 251
第一节 产品质量法概述 ………………………………………… 251
第二节 产品质量的监督管理制度 ……………………………… 254
第三节 生产者、销售者的产品质量责任和义务 ……………… 262

第四节　产品质量责任……………………………………… 265

第十二章　消费者权益保护法律制度……………………………… 272
　　第一节　消费者权益保护法概述…………………………… 272
　　第二节　消费者的权利和经营者的义务…………………… 275
　　第三节　消费者合法权益保护机构及其职责……………… 281
　　第四节　消费者权益争议的解决及法律责任的确定……… 284

第十三章　合同法律制度…………………………………………… 293
　　第一节　合同法概述………………………………………… 293
　　第二节　合同的订立………………………………………… 300
　　第三节　合同的效力………………………………………… 313
　　第四节　合同的履行………………………………………… 323
　　第五节　合同的变更、转让和终止………………………… 331
　　第六节　违约责任…………………………………………… 340

第十四章　经济纠纷法律解决途径………………………………… 353
　　第一节　经济纠纷法律解决途径概述……………………… 353
　　第二节　经济仲裁…………………………………………… 356
　　第三节　民事诉讼…………………………………………… 365

参考文献……………………………………………………………… 375

第一章 绪 论

第一节 法律概说

导入案例

苏格拉底之死

公元前399年,悲剧诗人美勒托、民主政客安尼图斯和无名演说家莱康以"不敬城邦之神"和"蛊惑腐化青年"的罪名将苏格拉底告上法庭。在陪审制度发源地的雅典城邦,经过无数次的抽签,法庭从雅典公民中选出501人组成了庞大的陪审团审理该案。审判第一阶段,281票对220票判决苏格拉底有罪;审判第二阶段,361票对140票判处苏格拉底死刑。整个审判过程充满近乎完美的民主与公正,但一个以言论自由著称的城邦竟然对一个除了运用言论自由以外没有犯任何其他罪行的公民判处了死刑,有人因此称之为西方历史上最早的一桩冤案。其时,雅典人正准备前往提洛岛祭祀阿波罗神,苏格拉底因而被投入监狱,暂缓处决。在其弟子、朋友轮流探监期间,苏格拉底始终拒绝逃亡,理由大意是"你们不应该反对法律,我一生致力于城邦的法律维护,更不会反对法律"。入狱第30天,行刑通知下达,苏格拉底在其弟子面前平静地喝下了剧毒植物勾兑的毒芹酒,在咽气前说了最后一句话:"克力同,我欠医药神阿斯克勒庇俄斯一只鸡,记得替我还上这笔债。"被称为西方孔子的希腊伟大哲学家苏格拉底在人类会死、能死和赴死的三种情景中,坦然作出"赴死"的抉择以维护城邦法律。一方面是坚决反对以抽签选举法实行的民主机制,另一方面是平静地接受以抽签方式组成的陪审团的死刑判决,苏格拉底之死给历史学家、哲学家和法学家们留下了"探索上诉者谜一样的面孔"。

问题:(1)透视苏格拉底之死,请阐释"法是什么,法从哪里来,法要往哪里去"等法学三大基本命题。(2)试析法律意识与公民行为之间的联系。

一、法的概念

"尽管时光流逝了几千年,即使是世界上最为聪明睿智的人,也无法构想出一个能够获得普遍赞同的法的定义。"作为一种极其复杂的社会产物,法律自其产生之日起,人们对它的看法就是众说纷纭,难以统一。古今中外的法律思想和法律学说,可谓汗牛充栋,例如神学派以及自然法学派、分析法学派、历史法学派以及进化论法学、功利主义法学、实证主义法学、社会学法学、利益法学和现实主义法学等等。

马克思主义认为,法是由国家创制或认可并由国家强制力保障实施的反映统治阶级意志的社会规范体系。它通过构建权利义务的规则体系来规制人们的行为,从而确认、保障和发展有利于统治阶级的社会关系和社会秩序。马克思主义法学特别关注法的阶级意志内容,敏锐地指出这一意志的内容是由统治阶级的物质生活条件所决定的,使人们能够更加全面地认识法的本来面目。掌握我国国家政权的阶级是以工人阶级为领导的广大人民群众,我国的法因此必须体现广大人民群众的意志和根本利益。

在我国法律体系中,广义的"法律"与"法"含义相似,在大多数情况下可以通用或者说可以等同使用,泛指国家机关制定或认可的规范性文件,包括狭义的"法律"、法规和规章等。狭义的"法律"专指特定的国家立法机关,即全国人民代表大会及其常务委员会通过严格的法定程序所制定的规范性文件,通常在研究法的渊源时使用。法规包括行政法规、地方性法规、民族自治法规及经济特区法规等,特指国务院、地方人大及其常委会、民族自治机关和经济特区人大制定的规范性文件。规章包括部门规章和地方规章等,特指国务院组成部门及直属机构,省、自治区、直辖市人民政府及省、自治区政府所在地的市和经国务院批准的较大市的人民政府,为执行法律、法规或属于本行政区域的具体行政管理事项而制定的规范性文件。我国的宪法规定"公民在法律面前一律平等"中的"法律"一词,即应做广义理解,相当于我们通常所说的"依法办事"中的"法"。我国的合同法规定"违反法律、行政法规的强制性规定"的合同无效,其中的"法律"一词即应为狭义理解。宪法、法律、行政法规等并列时,法律均应作狭义理解。

二、法的特征

法与道德规范、宗教教规、风俗礼仪等社会现象比较而言,具有如下基本特征。

(一)行为规范性

法律属于调整人与人之间的行为关系的社会规范,具有行为规范性。所谓规范,可以分为技术规范和社会规范。技术规范调整人与自然的关系,适用于人类认识自然、开发自然领域。技术规范具有明显的客观真理性,使得人们普遍服从,因为如果违反技术规范就会受到自然规律的惩罚。社会规范调整人与人之间的关系,适用于人类交往活动领域。社会规范呈现较为明显的主观意志性,引导或强制要求人们应当服从或遵守,如果违反社会规范则会损害他人利益。

(二)国家意志性

任何一个行为规范,都必须经由国家有权机关通过特定程序制定或认可方可成为法律,法律因而也就具有了"国家意志"的属性。国家创制法律,一般包括制定和认可这两种基本方式。所谓制定,是指通过特定的程序由专门国家机关以法定形式创设具体行为规范的国家行为。它是现代国家创制法律最为典型、最为常见的方式。由于各国国体和政体不同,各国制定法律的机关和方式各有不同。所谓认可,是指通过一定的方式将业已存在于社会之中的既有社会规范加以承认,使其上升为法律的国家行为。随着社会的不断发展,某些特定的社会关系不再适合用习惯、道德、政策等方式调整时,国家便以特定的方式将原有的习惯、道德或政策赋予法律效力。

(三)权利义务性

法律作为一种行为规范,通过其权利义务机制的制度设计为人们的交互行为提供了三种模式,一是可为模式,即人们可以这样行为;二是应为模式,即人们应该这样行为;三是勿为模式,即人们不得这样行为。一般情况下,可为模式对应权利规范,"人们可以这样行为"即意味着人们享有法律上的某种权利;应为模式和勿为模式对应义务规范,"人们应该这样行为"、"人们不得这样行为"即意味着人们承担法律上的某种义务。有学者认为,以权利义务机制来调整社会关系,是法律最大的特点。

(四)国家强制性

尽管法律规范的实践与应用,可以以其自身的合理安排得到人们的普遍遵守,但是人类的利己本能和非理性冲动也会导致人们偏离法律规范的轨道去谋求法外利益,法律规范的运行因而需要国家强制力的最终保障。"如果没有一个迫使人们遵守法权的机构,法权也就等于零"。"法是理与力的结合",国家强制力的保障是法律区别于道德等其他社会规范的主要特征。各国的军队、警察和监狱,是国家强制力的坚强保障。

三、法的内容

法以权利和义务为其核心内容,由统治阶级的物质生活条件所决定。权利义务是贯穿法的各个领域、各个环节以及法律运行全过程的基本要素。法的内容取决于社会生活的客观需要,决定着法的价值取向,人们行为的合法性和非法性由法律所确定的权利义务内容所决定。以法律现象为研究对象的法学,从权利和义务的基本范畴出发,逐步深入研究各个层面的法学原理进而形成法学范畴的学科体系。

法律意义上的"权利"一词,通常是指国家法律对公民、法人等法律关系主体可以自主作出或者不作出某种行为,以及要求他人作出或不作出某种行为的许可与保障。权利的本质在于其由法律规范所决定并由国家意志予以认可和保障。权利的主体是法律关系主体,主要包括自然人、法人和其他社会组织以及国家等。权利的内容是指法律关系主体可以这样行为或不这样行为,或要求他人这样行为或不这样行为的资格。

法律意义上的"义务"一词,通常是指国家法律对公民、法人等法律关系主体应该这样行为或者不得这样行为的限制与约束。义务的本质在于其由法律规范所规定并为国家意志所保证实施。义务的主体也是法律关系主体,主要包括自然人、法人和其他社会组织以及国家。义务的内容是指法律关系主体应该这样行为或者不得这样行为的强制性规范。

权利和义务是关联、对应的用词,两者相辅相成、互为目的、互为手段,有权利就有义务,有义务就有权利。人们在行使权利的同时,应当履行自己的应尽义务;人们在履行应尽义务的同时,通常也可以因此享有相应的权利。例如,我们在出售汽车的时候,我们享有依照约定及时足额收取货款的权利,同时我们也应履行交付汽车并转移其所有权的义务。

应该指出的是,权利、义务等词实际上是在19世纪末20世纪初随着西方政治和法律思想的涌入而在中国广为传播的,权利义务观念亦随之兴起。至于权利和义务的内涵,至今仍存在诸多论述。

四、法的形式

没有确定的内容,法律只是空洞而无力的口号;没有完善的形式,法律则难以有效地发挥其效能。法是内容与形式的统一。

法的形式,即法的具体的外部表现形态,主要是指由何种国家机关制定或认可,具有何种表现形式或者效力。我国法的形式以成文法为主,主要包括:

(一)宪法

它由我国最高权力机关——全国人民代表大会制定和修改,由全国人民代表大会常务委员会负责解释。宪法具有最高法律效力,任何法律、行政法规、地方性法规、自治条例、单行条例和规章均不得与宪法相抵触。宪法是我国的根本大法,它规定了我国的根本制度和根本任务,涉及社会生活最为根本、最为主要的方面。

(二)法律

狭义的法律特指我国立法机关——全国人民代表大会及其常务委员会制定、颁布的规范性文件。其法律地位和效力仅次于宪法,一般名称均称之为"法",如我国《公司法》、《合同法》等。其中,基本法律由全国人民代表大会制定与修改,基本法律以外的其他法律由全国人民代表大会常务委员会制定和修改。

(三)行政法规

行政法规是指由国家最高行政机关即国务院所制定的规范性文件。其效力层次低于宪法和法律、高于规章和地方性法规。行政法规不得与宪法和法律相抵触,而规章或地方性法规与行政法规相冲突的则可由有权机关改变或撤销。

(四)地方性法规、自治条例和单行条例

我国立法法规定,省、自治区、直辖市以及省级政府所在地的市和国务院批准的较大市的人民代表大会及其常务委员会,均有权根据本行政区域的具体情况和实际需要制定地方性法规。此外,我国还先后授权深圳等经济特区的人大及其常委会制定本行政区域内的地方性经济法规。地方性法规在不与宪法、法律和行政法规相抵触的前提下方才有效。自治条例和单行条例,是民族自治地方根据本地区民族的政治、经济和文化的特点所制定的在本行政区域内具有法的效力的规范性文件,它需要报上一级人大常委会批准后生效。

(五)规章

规章包括部门规章和地方政府规章。前者是指由国务院组成部门及其直属机构在其权限范围内依法制定、颁布的管理性文件;后者是指省、自治区、直辖市以及省级政府所在地的市和国务院批准的较大市及获得授权的经济特区的人民政府在其职权范围内依法制定、颁布的管理性文件。地方性法规与部门规章之间对同一事项的规定不一致,不能确定如何适用时,由国务院提出意见,国务院认为应当适用地方性法规的,应当决定在该地方适用地方性法规的规定;认为应当适用部门规章的,应当提请全国人民代表大会常务委员会裁决。部门规章之间、部门规章与地方政府规章之间对同一事项的规定不一致时,由国务院裁决。

法的渊源与法的形式,两者之间存在密切关联。有学者认为,法的渊源即法的形式;有学者则主张不应当将法的渊源与法的形式混同。

五、法的作用

法的作用,即法对人们的行为或一定社会关系所产生的影响,通常将其分为法的规范作用与法的社会作用。

法的规范作用,是指法作为一种社会规范,其一经颁布即对人们的行为和社会关系发生影响的性能,包括指引作用、评价作用、预测作用、教育作用和强制作用。法律在尚未运用到具体人、具体事的时候,就已经产生了规范作用。法的社会作用,是指法律规范运用于具体社会生活实践当中,为达到一定的政治目的和社会目的而对人们行为和一定社会关系所产生的影响。法的社会作用包含维护阶级统治秩序方面的政治作用和处理社会公共事务方面的社会公共作用。

法的规范作用,也被称为"法的功能";法的社会作用,也被称为"法的职能"。前者是实现后者的手段和方式,后者是前者所要达到的目的。

"社会不是以法律为基础的,那是法学家的幻想。相反的,法律应该以社会为基础。"作为上层建筑的法律,的确是由经济基础所决定的,但是这并不妨碍法律作为上层建筑来调整社会关系的功能。法律规范是社会法则的核心载体,与道德规范并行,共同构筑着维系人类社会有序运行、和谐发展的两大规则体系。

第二节 经济法概述

导入案例

房地产宏观调控之"国十五条"

2006年5月24日国务院办公厅转发建设部、发展改革委、监察部、财政部、国土资源部、人民银行、税务总局、统计局、银监会《关于调整住房供应结构稳定住房价格意见的通知》(国办发[2006]37号)文件。该文件共15条,因而被业界称为房地产宏观调控"国十五条",主要目的是为了稳定房地产价格,实现房地产业的宏观调控,其关键性内容主要包括:商品住房建设的套型建筑面积的控制,要求新审批、新开工建设的商品房套型建筑面积90平方米以下住房(含经济适用住房)面积所占比重必须达到开发建设总面积的70%以上;进一步抑制投机和投资性购房需求,销售购买不足5年时限的住房应按其取得的售房收入全额征收营业税,个人销售购买超过5年的普通住房时免征营业税,个人销售购买超过5年的非普通住房时按其售房收入减去购买房屋的价款后的差额征收营业税;抑制房地产开发企业利用银行贷款囤积土地和房源,对项目资本金比例达不到35%等贷款条件的房地产企业,商业银行不得发放贷款;通过提高住房按揭的首付比例抑制房价过快上涨,规定个人住房按揭贷款首付款比例不得低于30%;加大对闲置土地的处置力度,对超出合同约定动工开发日期满1年未动工开发的依法从高征收土地闲置费并责令限期开工、竣工,满2年未动工开发的无偿收回土地使用权等。

问题:(1)"国十五条"是不是法?是否属于经济法范畴?(2)它对于房地产行业的宏观调控属于直接调控还是间接调控?(3)政府能不能干预市场?政府应该如何干预市场?

一、经济法的产生与发展

(一)经济法的词源

每一种事物都毫无例外的有个发展过程,语言也不例外。"经济法"这一词汇,是在脱胎于原始氏族习惯的法律规范产生以后的相当长时间内才出现的。大多数学者认为,"经济法"一词最早是由法国空想共产主义者摩莱里(Morelly)在1755年出版的《自然法典》一书中首先使用的。该书第二部分"分配法和经济法"有12条,主要就作者所设想的未来公有制社会的"自然产品和人工产品的分配"作了规定。19世纪30—40年代法国空想共产主义的著名代表之一德萨米(Dezamy)在1842—1843年分册出版的《公有法典》一书中也使用了"经济法"一词,并且发展了摩莱里的经济法思想。进入20世纪,德国学者莱特(Ritter)在1906年创刊的《世界经济年鉴》中,使用了"经济法"一词来说明与世界经济有关的各种法规。以后,不仅在许多国家的法学论著中,而且在一些国家颁布的法律中,也都先后使用了经济法一词。

"经济法"这一用语,在20世纪20年代即传入我国。1923年12月,我国历史最为悠久的、创刊于1923年的朝阳大学《法律评论》在其外国法制新闻专栏中连载了《新时代产物之经济法》。1979年以来,随着我国经济立法进程的逐步推进,全国人民代表大会、中共中央和国务院等官方文件以及我国的法学教材、专著、论文和工具书中,开始广泛使用经济法一词。

(二)西方国家的经济法

在西方资本主义经济由自由资本主义向垄断资本主义的过渡时期,市场控制、行业垄断等经济现象越来越严重,出现了社会生产与社会需求失衡、社会生产与国民经济发展失衡的局面,导致了经济危机的频繁爆发。人们逐渐认识到,单纯依靠"看不见的手"来配置资源显然是不够的,以"看得见的手"来维护经济稳定和实现社会公平是市场经济能够健康运行的另一重要前提。经济学家凯恩斯在其《就业、利息和货币通论》一书中就明确提出,要解决经济危机对资本主义的威胁,必须扩大国家的经济职能,抛弃自由放任的政策,干预私有经济的活动。他认为,在私人经济无法自动使总需求与总供给趋于一致的条件下,政府有必要对生产进行调节,加强宏观调控。受此理论的影响,许多资本主义国家开始运用立法手段干预经济活动,尤其是在第一次世界大战后,涌现了大量的国家控制、调节、监督、统制经济活动的法律法规。这些法律法规在西方一些国家被称为"经济法"。比如,美国1890年的《谢尔曼法》,德国1896年的《反不正当竞争法》和1919年的《煤炭经济法》等。有学者认为,美国的《谢尔曼法》是世界上最早出现的经济法。而德国则因其学术界率先展开了以"经济法"为研究对象的法学研究,成为世界公认的经济法学的发源地。

尽管有学者将西方国家在19世纪末20世纪初开始制定的干预经济活动的法律称之为经济法,但对于什么是经济法,即经济法的概念,理论界存在很大的分歧,出现了社会调节法、规制垄断法、经济统制法和经济企业者的法等理论学说。

(三)我国的经济法

新中国成立之后的20世纪60年代,随着苏联经济法理论在东欧的传播,苏联经济法理论开始对我国产生了的间接影响。中国人民大学法学教研室于1963年起草的《中华人民共和国经济法(草案)》,是其表现之一。

我国经济法的理论研究和实践活动在20世纪70年代末方才兴起。经济法学与中国改革开放的全力推行、经济立法的强力推进同步发展,其发展轨迹潮落潮起,大致经历了四个阶段。

1978—1982年,为我国经济法初创时期。我国国家立法机关在1978年的五届人大二次会议上正式提出了经济法的概念。由于经济法的出现是对原有法律体系的挑战,法学界对此讨论热烈、争论激烈,研究成果大都建立在苏联经济法学理论学说的基础之上。

1982—1986年,为我国经济法的相对繁荣时期。随着经济法规的不断颁布,争论声音逐渐消退,法学界开始展开对经济法调整对象、体系构成和功能作用等方面的系统研究,各种学说雨后春笋般地涌现。

1986—1992年,为我国经济法的反思期。1986年4月,六届人大四次会议通过了《民法通则》,在立法实践上把平等主体的经济关系纳入了民法的调整范畴,加上行政立法的发展等原因的影响,经济法和经济立法等用语大减,否定经济法的声音再次壮大。

1992年至今,可以视为是我国经济法的稳定发展期。1992年10月,党的十四大确立了建立社会主义市场经济体制的改革目标,建立适应社会主义市场经济的法律体系相应地成为了社会主义法制建设的重要目标。市场调节存在失灵的先天缺陷,国家通过经济立法介入经济活动以弥补市场缺陷、保障经济发展成为学界共识,我国经济法的完善和发展获得了广阔的空间。

前三个时期的经济法理论,被称为"经济法旧诸论",有学者认为是"大经济法时代"。1992年以后的经济法理论,被称为"经济法新诸论",有学者认为是"小经济法时代"。大经济法时代的"经济法旧诸论",包括纵向经济关系说、纵横说、综合说、经营管理说、社会层次说等等。当时,受到前苏联现代经济法学派的理论束缚,纵横说成为20世纪支配中国经济法教学讲台时间最长的理论。小经济法时代的"经济法新诸论",包括社会公共性说、需要国家干预说、国家调节说、国家调制说、协调经济关系说、经营管理说、行政管理说、宏观调控说等等。

二、经济法的概念与调整对象

(一) 经济法的概念

在经济法的概念尚无定论、众说纷纭的情况下，如何把握经济法的定义是一个难题。社会公共性说认为经济法是调整以社会公共性为根本特征的经济管理关系的法律规范的总称；协调经济关系说主张，经济法是调整在国家协调本国经济运行过程中发生的经济关系的法律规范的总称；管理协作论的观点则为，经济法是调整经济管理和经济协作过程中产生的经济关系的法律规范的总称；干预说认为经济法是调整需要国家干预的经济关系的法律规范的总称；调制说主张经济法是调整国家宏观调控和市场规制过程中产生的经济关系的法律规范的总称。如此等等，不胜枚举。纵观有关经济法概念的各种观点，人们对于经济法的概念业已形成两点共识。

第一，经济法调整的是经济关系，而不是其他社会关系。所谓社会关系，是人们在社会活动过程中所结成的人与人之间的一种关系，包括人身关系、政治关系、经济关系、宗教关系和军事关系等等。法律所要调整的社会关系复杂多样，不同性质的社会关系一般由不同的部门法来调整。

第二，经济法调整的是一定范围的经济关系，而不是所有经济关系。所谓经济关系，是人们在物质资料的生产、分配和交换过程中所形成的物质利益关系，包括平等主体之间的横向经济关系和不平等主体之间的纵向经济关系。前者通常以自愿、等价有偿为交换原则，后者则常以干预和管制为运行准则。经济关系的范畴十分复杂，在一定条件下也可以相互转化和并存，难以由某一个法律部门来加以调整。横向经济关系，一般由民商法调整；经济法侧重调整纵向经济关系。

诸多理论学说的分歧，在于如何界分"一定范围的经济关系"。不同学者从不同角度出发，形成了不同的认识。

(二) 经济法的调整对象

由于对经济法概念的认识分歧，有关经济法调整对象的阐释也各不相同。但是，各种学说均认同以宏观经济关系和市场规制关系作为经济法的主要调整对象。宏观调控关系和市场规制关系属于经济法调整对象的两大基本关系。

1. 宏观调控关系。它是指国家在对国民经济和社会发展运行进行规划、调节和控制过程中发生的经济关系，涉及现实社会中的国民经济整体利益、社会公共利益和国家根本与长远利益。市场经济与宏观调控不是相互对立而是相互依存、相得益彰的。各国市场经济的实践证明,市场经济的演进离不开国家经济政策和国家经济立法的保障。宏观调控是宏观经济政策法律化的结果,国家通过财税和金融等手段对市场经济施行宏观调控,在克服市场自发调节的内在缺陷、保证市场秩序的正常运转,尤其是矫正市场失灵方面,有着显著的效益。目前,市场经济加宏观调控,是世界各国调整经济运行的基本原理。

2. 市场规制关系。它是指国家在规制市场主体的市场行为和市场监管主体的监管行为过程中发生的经济关系与经济管理关系。市场经济需要一个统一、开放的市场体系。各类市场主体在市场竞争过程当中,难免出现垄断和不正当竞争。无论是竞争不足所形成的垄断,还是竞争过度所生成的不正当竞争,都会破坏市场秩序、妨碍资源优化配置而导致市场失灵。国家根据经济法的规定对市场经济活动进行适度的间接干预,在完善市场规则、反对垄断和制止不正当竞争并促进市场经济体系的健康发展方面,具有重要意义。就其整体而言,市场规制方面的经济法的产生,先于宏观调控方面的经济法。

此外,有学者将企业组织管理关系、社会保障关系及涉外经济关系也纳入经济法的调整对象。

三、经济法的本质和特征

(一)经济法的本质

经济法的本质具有两个层面的含义。一是就其阶级本质而言,经济法与其他部门法一样,是阶级统治的工具、是国家意志的体现;二是就其法律本质而言,经济法的本质是经济法不同于其他部门法的质的规定性。探究部门法的本质,一般从其法律本质的层面进行分析。

经济法的出现和兴起,是西方资本主义国家在从自由竞争向垄断转变的过程中,放弃自由经济政策,转而推行国家干预、规制或调整经济生活以消除经济危机的直接反映。我国经济法的勃兴,也正是出现在国家以经济立法保障经济体制改革和经济建设中心的历史关头。市场经济的唯利性和国家干预的随意性,是经济法缘起的两个重要原因。

经济法的核心问题是国家在经济运行中发挥的作用。一方面,中西方经济法的演进史可以表明,经济法的使命和社会经济的良性运行、健康发展息息相关;另一方面,社会经济的运行发展是一个纷繁复杂、快速多变的系统工程,经济法介入经济活动需要一个数量众多、系统完备的法律法规体系,方能真正发挥培育市场体系、规范市场秩序、保障经济发展之职能。可见,经济法的本质是确认和规范国家干预、调节经济运行,规制、管理经济秩序的法律规范体系。

(二)经济法的特征

特征与本质紧密关联,经济法的特征就是经济法本质的具体体现。经济法主要有如下四个特征:

1.从调整对象的层面考察,经济法具有经济性特征。尽管民商法和经济法的调整对象均涉及经济关系,但是经济法与社会经济发展的紧密联系,是其他任何部门所无可比拟的。它不仅具体规制社会经济秩序,而且可以直接保障和促进社会经济发展,经济法经常把经济制度和经济活动的内容与要求直接规定为法律。

2.从调整方法的层面考察,经济法具有规制性特征。尽管经济法介入经济活动的方式方法,在理论归纳方面存在诸如干预、调节、管理、协调等分歧,但是经济法通过限制垄断、促进竞争的手段来规制社会经济的特性,是毋庸置疑的。限制与促进、惩罚与奖励的有机结合是经济法规制性特征的直接体现。

3.从价值范畴的层面考察,经济法具有社会性特征。从某种意义上来说,经济法是为维护社会整体利益的诉求和保障社会整体利益的实现而产生的,是以维护社会整体经济利益为目的的法律,属于社会法范畴。

4.从组成内容的层面考察,经济法具有综合性特征。经济法由一系列单行法律法规所构成,是一个包含法律、条例、细则和办法等不同层次、不同效力的法律法规体系,其内容涉及工商、财政、税收、金融和会计等各个方面,具有明显的综合性。

四、经济法的内容和体系

我国的经济法并无法典,学界呼吁的《经济法纲要》仍无眉目,学界的理论设计争论不休,实然的经济法内容体系则尚未形成。经济法体系"二元结构"的观点认为,经济法的调整对象包含市场规制关系和宏观调控关系两大领域,其内容体系因而由市场规制法和宏观调控法两大部分组成。就经济法学科共识而言,"三分说"则占据主流,认为中国经济法的内容体系主要包含三大组成部分。

(一)市场主体法

市场主体是在市场上直接或间接从事交易活动的组织或个人。它是市场经济活动的主角,是市场经济建设的生力军,直接影响市场经济的发展进程。市场主体法律制度是调整市场主体的设立、组织、变更和解散及其对内对外关系的法律规范的总称,包括公司法、合伙企业法、个人独资企业法、外商投资企业法、中小企业促进法、企业科技进步法等。

(二)市场规制法

公平合理、整体有序的市场秩序,是市场经济得以健康发展的主要保障,也是经济法所要实现的社会公共职能。市场规制法是调整在国家权力干预市场、调节市场结构、规范市场行为,维护市场秩序,维护公平竞争过程中所发生的经济关系的法律规范的总称,包括反垄断法、反不正当竞争法、消费者权益保护法、产品质量法等。

(三)宏观调控法

为保持经济总量平衡、促进经济结构优化、引导社会经济健康协调发展,国家需要运用财税、金融等经济政策及其他手段对国民经济进行宏观调控。宏观调控法就是国家在对宏观经济进行调控的过程中所发生的经济关系的法律规范的总称,包括财税法、金融法和计划法等。

此外,经济法学一般将经济仲裁和经济诉讼等经济纷争的法律救济机制,也作为其学科内容。

五、经济法的主要渊源

法的渊源,是一个多义词,包括实质渊源、形式渊源、历史渊源和学理渊源等。通常认为,法的形式渊源是指法律规范的表现形式。

从形式渊源的角度考察,经济法的渊源就是指经济法的表现形式,主要包括:

(一)宪法

我国现行宪法是1982年12月4日第五届全国人民代表大会第五次会议通过的《中华人民共和国宪法》。按照宪法的规定,全国人民代表大会对现行宪法已作了四次修改。第一次修改是在1988年4月12日由第七届全国人民代表大会第一次会议所作的修改,共2条;第二次修改是在1993年3月29日由第八届全国人民代表大会第一次会议修改的通过的宪法修正案,有9个条文;第三次修改是1999年3月15日第九届全国人民代表大会第二次会议对宪法的修改,通过了6条修正案。第四次修改是2004年3月14日第十届全国人大第二次会议,通过了14条修正案。其中,第15条"国家实行社会主义市场经济。国家加强经济立法,完善宏观调控。国家依法禁止任何组织和个人扰乱社会经济秩序"等内容,属于经济法范畴的法律规范。此外,宪法中有关财政、预算、税收、金融等领域的规定,也都是经济法的重要渊源。

（二）法律

我国颁布的属于经济法范畴的单行法律,主要有《中华人民共和国工业企业法》、《中华人民共和国公司法》、《中华人民共和国合伙企业法》、《中华人民共和国个人独资企业法》、《中华人民共和国中外合资经营企业法》、《中华人民共和国外资企业法》、《中华人民共和国中外合作经营企业法》、《中华人民共和国反不正当竞争法》、《中华人民共和国消费者权益保护法》、《中华人民共和国产品质量法》、《中华人民共和国证券法》、《中华人民共和国预算法》、《中华人民共和国中国人民银行法》、《中华人民共和国企业所得税法》、《中华人民共和国个人所得税法》、《中华人民共和国税收征收管理法》、《中华人民共和国会计法》和《中华人民共和国审计法》等。

（三）行政法规

我国颁布的属于经济法范畴的行政法规,主要有《全民所有制工业企业转换经营机制条例》、《中华人民共和国增值税暂行条例》、《中华人民共和国消费税暂行条例》、《中华人民共和国营业税暂行条例》、《中华人民共和国城市维护建设税暂行条例》、《中华人民共和国进出口关税条例》、《中华人民共和国资源税暂行条例》、《中华人民共和国土地增值税暂行条例》、《中华人民共和国城镇土地使用税暂行条例》、《中华人民共和国房产税暂行条例》、《中华人民共和国车船税暂行条例》、《中华人民共和国印花税暂行条例》和《中华人民共和国契税暂行条例》等。

（四）地方性法规、自治条例和单行条例

由于我国地域辽阔,各地区经济发展并不平衡,在宏观调控和市场规制方面,不宜"一刀切",立法机关因而在税法、财政法、金融法和市场规制法等领域给包含自治区域在内的地方留出了立法空间。例如部分省份制定的《××省反不正当竞争条例》、《××省消费者权益保护条例》、《××省实施〈中华人民共和国反不正当竞争法〉办法》和《××省实施〈中华人民共和国消费者权益保护法〉办法》等。

（五）规章

我国颁布的属于经济法范畴的规章,主要有《中华人民共和国增值税暂行条例实施细则》、《中华人民共和国消费税暂行条例实施细则》、《中华人民共和国营业税暂行条例实施细则》、各省颁布的《城市维护建设税暂行条例实施细则》、《中华人民共和国资源税暂行条例实施细则》、《中华人民共和国契税暂行条例实施细则》等。

六、经济法的地位与作用

（一）经济法的地位

"经济法是20世纪世界法律体系的一大创新。"经济法从其产生到不断壮大的历史过程及其对现代经济发展的有益保障,足以证明经济法在现代市场经济中的重要地位。

2001年,全国人大常委会在其工作报告中明确指出,有中国特色的社会主义法律体系由宪法及宪法相关法、民商法、行政法、经济法、社会法、刑法、诉讼法和非诉讼程序法等7个法律部门组成。2008年2月,国务院在其新闻办公室发布的《中国法治建设》白皮书中,同样确立了经济法在整个法律体系中的地位。在我国法律体系中,经济法无疑是一个独立的、重要的部门法,是和刑法、民商法、行政法等同属宪法之下的一级基本法。

独立的部门法一般需要具备两个主要条件,即自己的调整对象和自己的调整方法。调整对象是划分部门法的首要标准,没有自己的调整对象,就不可能生成独立的部门法。经济法有着自己独特的调整对象,即市场规制关系和宏观调控关系,是决定其可以成为独立部门法的首要因素。经济法还有自身独特的调整方法,如干预、规制和调控等,既区别于民商法的自愿平等、等价有偿,也不同于行政法的行政命令、行政制裁等强制性手段和方法。

（二）经济法与相邻法律部门的关系

1. 经济法与民商法

在市场经济法律体系中,民商法处于基础地位,是规范市场经济运行最为基本的法律。经济法与民商法都是社会主义市场经济法律体系中不可或缺的主要组成部分,其调整对象均包含有经济关系,但是两者之间也存在显著的区别。

(1)调整对象不同。民商法调整的是平等主体之间的人身关系和财产关系,属于横向经济关系范畴;而经济法的调整对象,通常认为是国家调控、干预经济和管理、规制市场过程中所产生的经济关系,属于纵向经济关系范畴。

(2)调整方法不同。民商法以平等、自愿、等价有偿等民事方法调整经济关系,而经济法则是运用奖励与惩罚相结合的综合性的方法调整经济关系。

(3)价值理念不同。民商法以平等自由、意思自治、诚实信用为基本理念,以个体利益的维护与实现为核心;而经济法则以社会责任为本位,以社会利益的实现为核心,重在维护社会经济秩序及其有效运行。

(4)法律性质不同。民商法属于典型的私法,是规范市场主体的组织与行为、保障市场主体合法权益的重要法律。经济法则通常被归入公法范畴,是在市场经济体制条件下,维护公平竞争秩序、实现有效宏观调控的重要法律。

2.经济法与行政法

经济法与行政法所调整的社会关系,都属于"纵向关系"的范畴,两者之间联系密切显而易见,但是它们之间也存在重要区别。

(1)调整对象不同。行政法调整行政关系,即行政主体行使行政职能和接受监督过程中所发生的各种社会关系,主要是行政管理关系;经济法则是调整特定经济关系的法律。

(2)立法宗旨不同。行政法是规范控制行政权的法,主要解决行政领域的问题,确保依法行政、保护人权;经济法则是要解决经济运行过程中的问题,特别是市场失灵问题。

(3)调整方法不同。行政法的调整方法主要是禁止、命令方式的直接手段,而经济法的调整方法则主要是调控方式的间接手段。

(三)经济法的作用

正如亚当·斯密所言"一个经济所能追求的富裕极致是以其法律和制度所允许的范围为度的",一个国家经济所能发展繁荣的程度与该国的法律和制度密切相关,一个社会所能发展繁荣的程度与该社会的法律和制度密切相关。

在市场经济体制条件下,国家对经济的宏观调控和对市场的管理,是确保市场经济机制得以有效有序运行的必要条件。经济法则正是在市场经济体制下国家调控经济运行的法律,是矫正市场失灵、保障经济有序运行的法律。它直接反映国家对于经济活动的管理和要求,与一个国家的经济发展密切相关。国家经济的发展,既需要行业内部的健康发展,也需要行业间的协调发展,需要一个公平竞争、合理有序的市场秩序。经济法在保障行业内部的健康发展和行业间的协调发展方面无疑具有重要作用,它不仅促进了经济资源的有效利用和合理分配,同时也促进了产业结构的合理化;经济法在建立、完善一个公平合理、高效有序的市场方面同样发挥着重要的作用,它能有效地弥补市场"无形手"的不足,以构建公平合理、高效有序的市场促进国民经济的稳定、持续、健康发展。结合其内容体系,经济法的具体作用主要表现为:

1. 在市场主体方面,有利于促进多元化市场主体的共同发展。

2. 在市场规制方面,有利于保障社会主义市场经济秩序健康有序地发展。

3. 在宏观调控方面,有利于我国国民经济持续、稳定、快速、协调发展。
4. 在涉外经济方面,有利于发展对外经济关系、促进对外经济技术交流。

第三节 经济法律关系

导入案例

一起证券欺诈案

甲公司前身为国营某电子管厂,于1997年5月向社会公开发行股票,实际募集资金41020万元。经中国证监会查实,甲公司在股票发行期间及上市之后,主要存在以下违法违规行为:(1)编造虚假利润、骗取上市资格。甲公司在股票发行上市申报材料中,采取虚构产品销售、虚增产品库存和违规账务处理等手段,将1996年度实际亏损10300万元,虚报为盈利5400万元,骗取上市资格。(2)少报亏损,欺骗投资者。甲公司上市后,继续编造虚假利润,将1997年上半年亏损6500万元,披露为盈利1674万元,虚报利润8174万元;1998年4月该公司在公布1997年度报告时,将实际亏损额22952万元披露为亏损19800万元少报亏损3152万元。(3)隐瞒重大事项。自1996年下半年起,甲公司关键生产设备彩玻池炉就已出现废品率上升,不能维持正常生产等严重问题,对此甲公司在申请股票发行上市时故意隐瞒,未予披露。(4)未履行重大事件的披露义务。经查实,甲公司仅将41020万元募集资金中的6770万元投入招股说明中所承诺的项目,其余大部分资金被改变投向,用于偿还境内外银行贷款和填补公司的亏损。(5)挪用募集资金买卖股票。1997年6月,甲公司将募集资金中的14086万元投入股市买卖股票,获利450万元。

问题:(1)银行业、证券业和保险业等金融市场法规是否属于经济法的范畴?(2)信息能否成为经济法律关系的客体?为什么?(3)本案中经济法律关系的客体是什么?

一、经济法律关系概述

法律关系是法律规范在调整人们行为过程中所形成的一种权利义务关系。法律关系是社会关系的重要组成部分,属于与物质社会关系对应存在的思想社会关系范畴。根据其所反映的社会物质关系的不同,法律关系可以分为民事法律关系、刑事法律关系、行政法律关系和经济法律关系等。任何法律关系均由主体、内容和客体等三要素组成,其产生、变更和终止均应基于某种法律事实。

(一)经济法律关系的概念及其特征

经济法律关系,就是经济法确认和调整特定经济关系过程中所形成的权利义务关系。经济法律关系主体、经济法律关系内容和经济法律关系客体,是构成经济法律关系不可或缺的三个要素。与其他性质的法律关系相比,经济法律关系除了具备法律关系的共同特征外,还具有如下两个主要特点:

1.主体广泛而不平等。经济法律关系的主体不仅包括企事业单位及其内部组织、社会团体、个体工商户、农村承包户、自然人等经济活动主体,也包括国家机关甚至是国家等经济管理主体。

2.内容与客体均具有经济属性。经济法律关系以经济权利和经济义务为内容,这种经济权利和经济义务不仅直接反映当事人之间的经济利益负担,而且还直接涉及当事人之间的物质利益资源的分配利用。同时,经济法律关系客体也要求必须是能够直接体现经济效益或者可以借以获得一定经济利益的物、行为或智力成果。

(二)经济法律关系的发生、变更和终止

经济法律关系的发生,是指在经济法律关系主体之间形成一定的经济权利和经济义务关系;经济法律关系的变更,是指经济法律关系的主体、内容或者客体发生了变化;经济法律关系的终止,是指经济法律关系主体之间的经济权利和经济义务关系的消灭。

经济法律关系发生、变更和终止的原因,都必须以一定的经济法律事实为依据。所谓经济法律事实,是指能够引起经济法律关系发生、变更和终止的客观事实,包括法律事件和法律行为。法律事件,是不以人的主观意志为转移的并能引起经济法律关系发生、变更和终止的法律事实,含自然事件和社会事件,如台风和战争。法律行为,是能够引起经济法律关系发生、变更和终止的人们有意识的活动,含合法行为和违法行为,如依法纳税和不正当竞争。

二、经济法律关系主体

经济法律关系的主体,也被称作经济法的主体,是指经济法律关系的参加者或说当事人。它们是经济权利和经济义务的承担者,享有经济权利的当事人称为权利主体,承担经济义务的当事人称为义务主体。它们不仅能够以自己的名义独立参加经济法律关系,同时也能够独立承担经济法律责任,常被称为经济法律关系的第一要素。

我国经济法律关系主体的范围主要包括:

1. 经济管理主体。作为经济管理主体的主要是国家行政机关中的经济管理机关,如国家财政、金融、税务、工商、物价、贸易、海关等管理机构。它们担负着保障、促进经济良性发展的主要职能,在市场规制和宏观调控方面发挥着重要作用。

2. 经济活动主体。我国的经济活动主体主要包括各类企业、事业单位、社会团体、农村承包经营户、个体工商户和公民个人。

经济管理主体和经济活动主体之间的关系并不平等,经济管理主体依法行使法定职权时,经济活动主体应当依法接受其管理,两者之间以管理与被管理的关系为主。

此外,经济组织的内部机构及其人员在一定条件下也可以成为经济法律关系的主体;国家机关和国家在以经济管理主体的身份出现的同时,在一定条件下也可能成为经济活动关系的主体。

三、经济法律关系的内容

经济法律关系的内容是指经济法律关系的主体享有的经济权利和承担的经济义务。其中,经济权利是经济法主体依法具有的自主为或不为一定行为与要求他们为或不为一定行为,以实现其经济目的、满足其物质利益需要的权利;经济义务则是经济法主体为满足权利主体的要求,依法为一定行为或不为一定行为的责任。

经济法主体的经济权利主要包括:

1. 经济职权,即国家机关进行经济管理时依法享有的权利,如资源配置权、经济处罚权和经济监督权等。经济职权的行使与实践,必须遵循职权法定、合法性及适法性原则。

2. 财产所有权,即所有者对其财产依法享有的独立支配权,包括占有、使用、收益和处分的权能。除法律规定的特定情形以外,这种支配权不受任何其他限制,是一种独占的排他的权利。

3. 经营管理权,即企业进行生产经营活动时依法享有的权利。经营理权可以分为经营权和管理权两大类,具体表现在产、供、销、人、财、物各个方面。

4. 请求权,即经济法主体依法享有的请求侵权人停止侵权行为和要求国家机关保护其合法权益的权利,主要包括请求赔偿权、请求调解权、申请仲裁权、经济诉讼权等。

经济法主体的经济义务主要包括:

1. 经济义务,特指企业等经济活动主体所要担当的一般经济义务。它是一般组织或公民依照经济法律、法规规定,必须做出一定行为或不做出一定行为的责任,包括法定义务和约定义务,如纳税和交货等。

2. 经济职责,特指国家机关等经济管理主体所要担当的特殊经济义务。它是经济管理机关基于其地位与职能,依照经济法律、法规规定,必须为履行一定行为的职责,如依法征税和惩处不正当竞争行为等。

四、经济法律关系的客体

经济法律关系的客体是指经济法律关系的主体享有经济权利和承担经济义务所共同指向的对象。它是确定经济权利和履行经济义务的重要载体,是经济权利和经济义务所依附的目标,主要包括物、行为和智力成果等三大类。

1. 物,亦称有体物。它是指能够为人们控制和支配的具有一定经济价值并以物质形态表现的物体。法律意义上的物不能等同于哲学意义上的物,不能为人所控制或支配的物,或者虽然可以为人们控制和支配但无一定经济价值的物,都不能作为经济法律关系的客体,如太阳、月亮等。

2. 经济行为。它是经济法主体为达到一定的目的所进行的活动,是经济权利和经济义务所共同指向的作为与不作为,主要包括经济管理行为、提供劳务行为和完成工作行为。

3. 智力成果或者说无形资产。它是指人们智力劳动所创造的能够带来经济价值的非物质财富,如专利、专有技术、商标、生产经营标记、著作、技术改进方案和信息等。

五、经济法律关系的保护

经济法律关系的保护是指国家机关依法确保经济法主体正确行使经济权

利和切实履行经济义务,以保障经济法主体合法权益的活动。通常情况下,经济权利的实现和经济义务的履行可以通过经济法主体的自觉行为得以实现;而当义务主体违法侵害他人利益或拒绝履行其经济义务时,则需要国家机关介入保护以维护权利主体的合法权益。国家机关对经济法律关系的保护一般包括奖励和制裁两种手段。

1. 奖励。国家机关可以依法对贯彻执行经济法律法规、履行经济义务作出重大贡献的经济法主体采取鼓励措施,包括物质奖励和精神奖励。例如,河北省工商局于2008年对部分企业实施了企业年检免交审计报告的物质奖励,使得全省95%的企业节约资金近2亿元,一定程度上减轻了金融危机背景下的企业负担;各地工商局表彰企业为"依法纳税大户"的荣誉称号,则属于精神奖励。

2. 制裁。它是对拒绝履行经济义务或者未能正确履行经济义务的行为所采取的惩罚措施,是经济法主体违反法定义务或约定义务所必须承担的法律责任。制裁措施主要包括经济制裁、行政制裁和刑事制裁三大类,经济法主体所要承担的法律责任相应的区分为经济责任、行政责任和刑事责任。经济制裁主要是赔偿损失、赔付违约金等;行政制裁主要是停业整顿、吊销营业执照、吊销许可证书等;刑事制裁主要是罚金、徒刑等。它们既可以单独使用,也可以同时并用。

【本章小结】

经济法是产生于垄断资本主义时期的新兴部门法,在我国是和民法、行政法、刑法等处于宪法之下的一级基本法。它主要包括宏观调控法和市场规制法两大部分内容,是市场经济条件下矫正市场失灵、保障社会经济健康有序运行的重要法律。通过本章的学习,要求学生了解经济法的产生与发展、地位与作用,领会我国学术界有关经济法的概念、调整对象等基本理论问题的理论学说,理解并掌握经济法的本质、特征、内容和渊源,理解并掌握经济法律关系的构成及其基本原理,为以后各章节的学习打下良好的基础。

思考题:

1. 请对经济法的概念及其调整对象谈谈你的看法。
2. 结合我国经济发展事例,阐述中国经济法的重要作用。
3. "世上有两物,爱好者不应去观察其制作过程。两物者,一为香肠,一为法律。"这就是史上著名的"香肠法则",是曾经就读于柏林大学法律系、入职律师、统一德国、参与镇压巴黎公社的"铁血宰相"奥托·冯·俾斯麦的名言。

请从"香肠法则"的角度,分析法律现象。

4. 2008年6月,某公司购买轿车一辆并依法缴纳了车辆购置税5684元,后因大梁质量问题,该公司于同年8月20日将该车辆退回了车辆生产厂家。2008年8月25日,该公司持退车证明和原始完税凭证等材料到国家税务局办理退税。2008年9月4日,国家税务局将该公司原来缴纳的车辆购置税5684元退至其单位银行账户。

请从经济法法律关系的构成要素及其发生、变更和终止的角度分析上述经济活动。

第二章 公司法律制度

第一节 公司法概述

> **导入案例**
>
> **萨洛姆诉萨洛姆有限公司案**
>
>   公司人格独立和股东承担有限责任是现代公司制度的基石。公司人格独立的判例最早出现在1897年英国的"萨洛姆诉萨洛姆有限公司案"。萨洛姆是一个多年从事皮靴业务的商人,1892年,他把自己的靴店卖给由其本人组建的公司,转让价格是39000英镑。此后,公司发行20007股股份,1英镑/股,萨洛姆拥有20001股,他的妻子和5个子女拥有1股。同时公司还以公司资产担保向萨洛姆发行10000英镑的债券,但1年后公司被清算。公司的资产若用于清偿萨洛姆债权,其他无担保债权人将一无所获。其他债权人认为,公司与萨洛姆实际上是一回事,不能自己欠自己,公司的资产应当用于清偿其他债权人。初审法院和上诉法院都支持了其他债权人的主张,但上议院推翻了上述判决,认为萨洛姆公司合法成立,一经注册就成为一个区别于萨洛姆本人的法律上的人,拥有自己独立的权利义务,独立承担责任。本案中萨洛姆既是股东,也是享有担保债权的债权人,有权优先清偿。
>
>   问题:请通过这个判例,领会公司人格独立的内涵。

一、企业、法人、公司

(一)企业的概念和特征

1.企业的概念

企业是指将人的要素和物的要素结合起来,自主地从事经济活动,具有营利性的商品经济组织。

2.企业的特征

(1)企业是一种商品经济组织；

(2)企业是人的要素和物的要素的结合,既要有生产者,也要有生产资料；

(3)企业享有生产经营的自主权；

(4)企业具有营利性的特征,设立企业的目的是为了获取利润。

(二)法人的概念和成立条件

1.法人的概念

《民法通则》第36条规定,法人是具有民事权利能力和民事行为能力,依法独立享有民事权利和承担民事义务的组织。

《中国大百科全书》(法学卷)给法人下的定义:法人是指按照法定程序设立的,有一定的组织机构和独立的(或独立支配的)财产,并能以自己的名义享有民事权利承担民事义务的社会组织。

总之,法人是相对于自然人而言的另一种法律主体。它是在私有制条件下由保护自然人的权益发展到保护社会组织的权益的法律形式,即把社会组织人格化。人类社会的经济组织从最早的原始社会的氏族、奴隶社会的奴隶主庄园到封建社会的行会、手工作坊,发展到资本主义社会早期的资本家企业,虽然从社会发展来看逐步进步了,但都有一个相似之处,亏损对投资人个人的财产威胁很大。到中世纪,资本家就设想出这样的企业,风险仅限于其出资额,超过出资额的债务不再承担。这就是以后法人的雏形。到19世纪末,法人概念得以确立。可以说,法人是法律的创造物。从公司来说,其独立的财产是由股东的投资构成的即公司财产,股东的投资一旦到位,公司就对这部分财产享有占有、使用、收益和处分的权利,并以此对外独立承担民事责任。

2.法人的成立条件

(1)依法成立。

社会组织要取得法人资格,必须在组成社会组织的协议、合同、章程的基础上,经核准登记,领取营业执照,办理银行开户立账、纳税申报登记等手续才能成立。

(2)有必要的财产或者经费。

对于企业而言,应具有与其生产经营规模相适应的资金,特别是具有一定比例的自有资金;对于机关、事业单位、社会团体法人,要有维持其正常运转的经费。

(3)有自己的名称、组织机构和场所。

有经过核准登记的名称,有一定组织机构和管理制度,有明确的法人机关和法人代表,有适量的与经营规模相适应的从业人员,具有固定的生产经营或提供服务的场所。

(4)能够独立承担民事责任。

对内方面,对法人的参加者在经济利益的分配和经济责任的承担作出明确规定;对外方面,可以以法人的名义,行使权利承担义务。例如依照我国法律规定,依法设立的全民所有制企业均具有法人资格。《全民所有制工业企业法》第2条第2款、第3款规定,全民所有制工业企业的财产属于全民所有,国家依照所有权和经营权分离的原则授予企业经营管理权,企业对其经营管理的财产享有占有、使用和依法处分的权利。企业依法取得法人资格,以国家授予其经营管理的财产承担民事责任。

(三)公司

公司,英文用语为 company 或 corporation,是一种从事商业活动的营利性组织。考察中文公司一词的由来,无论"公"还是"司",均有官方、官署、官员的含义,充满公权力色彩。有学者认为公司一词最早或许有强调商业组织及政府互动之意。实际上最早产生的公司——英国设立的东印度公司是在英国政府特许下设立的从事国际贸易往来的组织。当时清政府将东印度公司称为"公班衙",认为它是代表英国政府的,后演化为公司。1602年荷兰设立的联合东印度公司拥有缔约、宣战、媾和、征税与司法审判的权利,政商合一,官方色彩浓厚。可见公司产生之初与现代公司纯商业色彩有很大不同。

公司是指资本由股东出资构成,股东以其出资额或者所持股份为限对公司承担责任,公司以其全部资产对公司债务承担责任,并依法设立的企业法人。

《公司法》第3条第1款规定:公司是企业法人,有独立的法人财产,享有法人财产权。公司以其全部财产对公司的债务承担责任。简言之,公司是依照公司法设立的企业法人。

(四)公司、企业、法人三者之间的联系

1.公司是企业的一种组织形式

企业的历史非常悠久,是商品经济的产物,经历了从个人经营到合伙企业到公司的过程。企业作为经营单位不变,但其形式不断发展。而公司是企业发展到近现代才出现的一种比较高级的组织形式,企业除公司这种组织形式外,还有合伙企业和个人独资企业等。

2.公司是具有法人资格的企业

首先,公司具有法人资格,即公司具备法人的成立条件,依法取得法人资格。根据《公司法》的规定,公司应当按照法定的条件和程序设立,有限责任公司法定资本最低限额是 3 万元,股份有限公司法定资本最低限额为 500 万元,法律另有规定除外。公司名称在公司设立前必须预先核准登记,注册登记后取得名称的专用权。公司要建立健全内部组织机构(股东会、董事会、监事会),要有固定的生产经营或者提供服务的场所,并能够以自己独立的财产对外独立承担民事责任。这就将公司与同样是具有营利性特征,但不具有法人资格的其他企业,如个人独资企业、合伙企业等区分开来。

其次,公司属于企业,是一种以营利为目的的商品经济组织。这就将公司与同样具有法人资格,但不具有营利性特征的法人如机关法人、事业单位法人、社会团体法人等区分开来。

二、公司的分类

从不同的角度,公司可以分为不同的种类。

(一)无限公司、有限责任公司、两合公司、股份有限公司

这是根据股东对公司责任不同进行的分类。

1.无限公司:所有股东不论其出资额多少,对公司债务均承担连带无限责任的公司。

2.有限责任公司:所有股东均以其出资额为限对公司债务承担责任的公司。

3.两合公司:由无限责任股东与有限责任股东共同组成的公司。

4.股份有限公司:公司全部资本分为金额相等的股份,所有股东均以其所持股份为限对公司的债务承担责任。

这是传统公司法理论对公司进行的分类,其中,有限责任公司和股份有限公司在现实生活中最为普遍,而其他的公司责任形式或者存量很少,或者不是采用公司形式而是采用其他企业形式出现。如无限公司在我国台湾地区尚有保留,但数量极少;由无限责任股东与有限责任股东共同组成的企业在我国采用的是有限合伙企业的组织形式,而在大陆法系的法国和德国,仍然是以两合公司的形式出现。

公司所具有的独立法人人格,可以使股东对公司债务仅承担有限责任,对

股东形成有力保护,对于鼓励投资、减少风险具有积极作用。法律赋予公司独立法人地位,是为了充分发挥公司的经济功能。法人人格独立和股东有限责任,是现代公司制度的基础和核心。因此,在现代市场经济中,越来越多的投资者选择采用股份有限公司或有限责任公司的形式筹集资本,也使得这两种公司形式成为最普遍、最重要的公司形式。

在我国,因公司法立法较晚,确认的公司形式就两种:有限责任公司和股份有限公司,其共同点是承担有限责任,均具有法人资格。最大的不同点是股份有限公司的资本必须进行等额划分,而有限责任公司不必如此。

(二)封闭式公司和开放式公司

这是根据公司的开放程度不同进行的分类。也就是说,只要出资就可以成为公司的股东,而且股份可以相互转让,股东处于不断的变动状态的就是开放式公司。有限责任公司的股东人数有限制,不能通过向社会发行股票来筹集资本,其股东转让出资有限制,必须经股东会过半数同意,股东身份不能随便变化,因而只能是封闭式公司。而股份有限公司中的上市公司股东的身份可以自由转换,属于开放式公司。

(三)人合公司和资合公司

这是英美法系国家根据信用基础不同对公司的分类。人合公司以人的信用为基础设立,资合公司以公司的资本为信用基础设立。据此看,我国的两种公司,有限责任公司是具有人合兼资合性质的公司,股份有限公司是典型的资合公司。

(四)总公司和分公司

这是根据公司的隶属关系对公司进行的分类。总公司又称本公司,是指管理公司全部组织的总机构;分公司是指总公司管辖的分支机构。总公司具有法人资格,分公司是总公司的组成部分,不具有法人资格。分公司应当以总公司的名义,并且根据总公司的委托或授权对外从事业务活动。因此,我国《担保法》就规定未经授权的企业法人的分支机构不得担任保证人。同时根据《企业名称登记管理条例》的规定,具有三个以上分支机构的公司,才能在名称中使用"总公司"的字样。

(五)母公司和子公司

这是根据公司的控制与依附关系对公司进行的分类。从理论上说,一个公司持有另一个公司50%以上的出资或股份,两者就形成控股关系,前者为母公司,后者为子公司。但在现代社会公司股权分散的情况下,不必持有50%的股份就有可能形成控股关系。母公司是子公司的大股东,原则上可以在公司决策时,根据股份多数决的议事规则,通过控股关系影响子公司,但不能直接管理子公司,两者都是各自独立的法人,子公司可以以自己独立的财产对外承担民事责任,这点与分公司仅仅是总公司的组成部分不同。例如,2005年在新加坡上市的中国航油(China Aviation Oil,CNAO.SI)在投机性石油衍生品交易中损失约5.5亿美元,后申请破产保护,其母公司中航油集团就没有因此承担债务。

(六)本国公司和外国公司

根据公司的国籍不同,可以将公司分为本国公司和外国公司。《公司法》第199条第2款规定:本法所称外国公司是指依照外国法律在中国境外登记成立的公司。顾名思义,本国公司是指依照本国法律在本国境内设立的公司。

在实践中我们通常会接触到跨国公司这个概念。严格意义上,跨国公司不是一个法律概念而是一个政治经济学概念,任何国家没有专门的跨国公司的立法,跨国公司只是企业或企业集团的跨国经营,不具有法律意义。或者也可以说跨国公司实际上是由具有不同国籍的公司、分支机构或者参股企业所组成的国际性企业集团,其本身在法律上不是一个独立的实体,而其各个组成实体或部分分别受东道国法律管辖。

三、公司的名称和住所

(一)公司的名称

公司的名称是公司之间得以相互区别的文字符号。

1.公司的名称应符合法律规定

公司的名称应符合法定的形式要件,不能违反法律关于企业名称的禁止性规定。公司的名称中应当体现公司的组织形式。《公司法》第8条第1款、第2款规定:依照本法设立的有限责任公司,必须在公司名称中标明有限责任公司或者有限公司字样。依照本法设立的股份有限公司,必须在公司名称中标明股份有限公司或者股份公司字样。

根据《企业名称登记管理规定》的规定,企业的名称一般情况下应由四部分构成:行政区划、公司的字号(或者商号)、公司的行业或者经营特点、公司的组织形式。以"厦门厦华移动通信设备有限公司"这个公司名称为例,厦门是公司所在的行政区划,厦华是公司的字号,移动通信设备是公司的经营性质及业务范围,有限责任是公司的组织形式。

2.公司对其依法登记注册的名称享有名称专用权

公司名称在公司设立前必须预先核准登记,然后开始设立过程。预先核准登记的公司名称保留期为6个月。公司名称在注册登记后,取得名称的专用权,在公司登记机关管辖区域内具有排他效力,同行业的公司不得使用相同或者相近似的名称。

(二)公司的住所

《公司法》第10条规定:公司以其主要办事机构所在地为住所。若无法确定主要办事机构,则住所为公司的注册登记地。公司的住所同时也是确定合同履行地、确认诉讼管辖的依据和诉讼文书的送达地。

四、公司的资本

(一)公司资本原则

公司的资本是基于公司章程规定,以股东出资为基础而形成的公司财产的总和,是为公司生产经营需要而聚集起来的为公司所占有、使用、收益和处分的一定数量的财产。为了保证公司资本的真实稳定,进而保护社会公众、公司、股东、债权人各方的利益,传统公司法理论提出了公司资本三原则:资本确定原则、资本维持原则、资本不变原则。资本三原则对我国公司立法产生深远影响。

1.资本确定原则

公司的资本总额必须在公司章程中作出明确规定,同时必须全部实现。例如我国公司法有关公司设立法定资本最低限额的规定、公司章程应载明公司的注册资本并且应当由股东认足等规定即为资本确定原则的具体体现。

2.资本维持原则

资本维持原则又称资本充实原则,是指在公司存续过程中必须经常保持与其资本总额相当的财产。这一原则主要是针对资本的虚空而设计的,目的是最大限度地保护债权人的利益,保证公司能正常开展生产经营活动。我国《公司法》规定的出资人出资后的验资制度、不得抽资退股制度、出资不足补偿的连带责任制度、公司累计债券总额不超过公司净资产额的40%、不得低于股票票面金额发行股份的制度以及公积金制度、税后利润分配制度(无赢不分)、除法律另有规定外不得回购本公司股票等一系列制度设计都是这一原则的具体体现。

3.资本不变原则

资本不变原则是指公司资本经章程确定以后非依法定程序不得随意增加

或者减少。这一原则目的是为了保证公司经营的生命力和发展前途以及保护债权人的利益。不论是资本的增加或减少,法律都规定了严格的程序和条件,相对而言,对减资的限制更加严格。

(二)公司资本形成制度

不同国家地区因受到社会经济条件、法律文化传统的影响,对于公司资本实现的方式各有不同,但归纳起来主要有下列三种制度设计:

1. 法定资本制

公司的资本总额必须在章程中明确规定,而且在公司设立时必须一次性全部实现,否则公司不能成立。如公司章程规定资本总额为1000万元,公司发起人只筹集到800万元,这个公司就不能成立。这项制度的好处在于可以保证公司资本的充实可靠,但缺点是不能保证公司的及时设立。特别是对一些投资较大、投资回报周期较长的生产建设项目不仅难以设立,并且在设立之初容易造成资金的闲置。

2. 授权资本制

公司在设立时只需满足章程规定资本的一定比例,其余部分则授权董事会在公司成立后根据业务需要随时募集。这是英美法系国家广泛采用的一种方式。其好处在于可以便于公司的及时设立和资金的灵活应用,但不能保证公司资本的真实可靠,在其他配套法律制度不健全的情况下容易被欺诈行为所利用,债权人的利益得不到可靠的保障。

3. 折中资本制

只要实现公司章程规定的资本总额的一定比例,公司即可成立,但它规定第一次出资最低要达到的比例数或资本额数,其余部分在公司设立后由董事会根据需要随时筹集,同时规定最后一期资本筹集的最长时间。如在法定时间内资本没有筹集完毕,公司即可能面临解散。

从我国公司立法来看,原来对大陆的投资者设立的公司一律实行严格的法定资本制,要求注册资本与实缴资本完全一致,而对于外商投资设立的公司则相对宽松,允许分期缴付出资。例如2005年《公司法》修订之前,对于有限责任公司注册资本最低限额的规定是根据公司行业性质不同,分别为50万元、30万元、10万元人民币,股份有限公司法定资本最低限额为1000万元,而且要求投资者必须足额缴纳出资后公司才能设立。最低注册资本额规定数额过高并且要求足额缴纳出资公司才能成立,抑制了资本特别是民间资本活跃的投资需求,不利于公司及时成立,同时可能在公司设立之初造成资本闲置,在某种程度上束缚了经济的发展。因此有学者将我国的公司制度称为"富人的盛宴,穷人的奢侈品"。当时这样的制度设计目的出于公司经营安全的考虑,保证公司的偿债能力,保护公司债权人和股东的利益,但这在一定程度上也与商事行为效率优先、经营自由、投资者地位平等基本原则相抵触。因此,在我国社会主义市场经济体制逐步完善的基础上,2005年《公司法》的修订放宽了对公司资本形成制度的限制。这主要表现在允许股东分期缴纳出资、大幅度降低公司的法定资本最低限额和扩大公司的出资方式等方面,但一人有限责任公司和募集设立的股份有限公司仍采用严格的法定资本制。

五、公司的合并、分立、解散和清算

(一)公司的合并

1. 公司合并的含义

是指两个或两个以上的公司合并为一个公司的法律行为。

2. 公司合并的分类

(1)吸收合并:指一个公司吸收其他公司,吸收的公司继续存在,被吸收的公司解散。

(2)新设合并:两个以上公司合并成一个新公司,合并各方解散。

3. 公司合并的程序

(1)由合并各方签订合并协议;

(2)编制资产负债表和财产清单;

(3)通知债权人并公告;

(4)债权人主张权利,可以要求公司清偿债务或者提供相应的担保。

(二)公司的分立

1. 公司分立的含义

一个公司分为两个或两个以上具有独立法人资格的公司的法律行为。

2. 公司分立的分类

(1)分支分立(派生分立):一个公司分为两个或两个以上的公司,原公司继续存在。

(2)分解分立(新设分立):一个公司分为两个或两个以上的公司,原公司解散。

3. 公司分立的程序

公司分立的程序与公司合并类似。《公司法》第176条规定:公司分立,其财产作相应的分割。公司分立,应当编制资产负债表及财产清单。公司应当自作出分立决议之日起 10 日内通知债权人,并于 30 日内在报纸上公告。

(三)公司合并分立前的债权债务由合并分立后存续的公司享有和承担

企业经营具有延续性的特点,在发生变更的情况下,由存续的企业承继债权债务才能保护交易的安全和维护经营的秩序。《公司法》第 175 条规定:公司合并时,合并各方的债权、债务,应当由合并后存续的公司或者新设的公司承继。第 177 条规定:公司分立前的债务由分立后的公司承担连带责任。但是,公司在分立前与债权人就债务清偿达成的书面协议另有约定的除外。

(四)公司的解散

公司的解散,是指公司出现了法律或者章程规定的事由而使得公司的主体资格消灭。

1.公司解散的事由

根据《公司法》第 181 条的规定,公司解散的原因主要有:

(1)公司章程规定的营业期限届满或者公司章程规定的其他解散事由出现;

(2)股东会或者股东大会决议解散;

(3)因公司合并或者分立需要解散;

(4)依法被吊销营业执照、责令关闭或者被撤销;

(5)公司的司法解散。

2.公司的司法解散

(1)公司僵局的含义。

现代公司治理机制引入了现代国家政治体制中的三权分立制:股东会行使重大经营决策权,董事会行使执行权,监事会行使监督权。它们相互之间具有制约作用,即采取的是分权制衡机制。如果这种制衡机制能够正常运转,既能激励经营者努力工作,又能保证股东和其他当事人的权益不受侵害,进而实现利润最大化的目标。但同时公司还是一个人的集合体,人与人之间是以信赖为基础的,一旦出现信用危机,合作就难以维持。在公司的民主决策和管理中,实行多数表决机制(多数决),形成决议通常要过半数,一些特别重大的事项还必须绝对多数。但在股东、董事之间矛盾突出又势均力敌时,往往使公司无法形成决议,使得公司的经营陷入困境。

所谓公司僵局(corporate deadlock),是指因股东间或公司管理人员之间的利益冲突和矛盾导致公司的有效运行机制失灵,股东会或董事会因对方的拒绝参会而无法有效召集,任何一方的提议都不被对方接受和认可,即使能够举行会议也无法通过任何议案,公司的一切事务处于一种瘫痪状态。

(2)公司僵局的解决方式——公司的司法解散。

在出现公司僵局的情况下,法律赋予股东对公司解散的请求权和法院解散公司的裁判权。

《公司法》183条规定:公司经营管理发生严重困难,继续存续会使股东利益受到重大损失。通过其他途径不能解决的,持有公司全部股东表决权10%以上的股东可以请求人民法院解散公司。

(五)公司的清算

公司的清算是指对存在解散事由的公司的债权债务进行清理,终结公司的法律关系,使得公司的主体资格消灭的程序。

1. 成立清算组

公司应当在解散事由(因公司合并分立导致解散除外)出现之日起15日内成立清算组,开始清算。有限责任公司的清算组由股东组成,股份有限公司的清算组由董事或者股东大会确定的人员组成。逾期不成立清算组进行清算的,债权人可以申请人民法院指定有关人员组成清算组进行清算。人民法院应当受理该申请,并及时组织清算组进行清算。

2. 清算组的职权

清算组在清算期间行使下列职权:

(1)清理公司财产,分别编制资产负债表和财产清单;

(2)通知、公告债权人;

(3)处理与清算有关的公司未了结的业务;

(4)清缴所欠税款以及清算过程中产生的税款;

(5)清理债权、债务;

(6)处理公司清偿债务后的剩余财产;

(7)代表公司参与民事诉讼活动。

3. 债权人债权的申报

清算组应当自成立之日起15日内通知债权人,并于60日内在报纸上公告。债权人应当自接到通知书之日起30日内,未接到通知书的自公告之日起45日内,向清算组申报其债权。

债权人申报债权,应当说明债权的有关事项,并提供证明材料。清算组应当对债权进行登记。

4. 清偿顺序

清算组在清理公司财产、编制资产负债表和财产清单后,应当制订清算方案,并报股东会、股东大会或者人民法院确认。

公司财产在分别支付清算费用、职工的工资、社会保险费用和法定补偿金,缴纳所欠税款,清偿公司债务后的剩余财产,有限责任公司按照股东的出资比例分配,股份有限公司按照股东持有的股份比例分配。

5. 注销登记

公司清算结束后,清算组应当制作清算报告,报股东(大)会或者人民法院确认,并报送公司登记机关,申请注销公司登记,公告公司终止。

六、公司法的概念

公司法是指规定公司的设立、组织、活动、解散及其内部、外部关系的法律规范的总称。

因此,公司法既是组织法,规定设立公司的条件和程序、组织机构的构建、解散、清算等内容;又是行为法,规范公司的经营行为。

《中华人民共和国公司法》于1993年12月29日第八届全国人大第五次常委会通过,1994年7月1日开始施行。同时,该法在1999年12月、2004年8月和2005年10月进行了3次修正。

第二节 有限责任公司

乔家大院经营权之争

位于山西省晋中市祁县乔家堡村的乔家大院是清代商业金融资本家乔致庸的宅第,集中体现了我国清代北方民居的独特风格,2001年被列入全国重点文物保护单位。据了解,1986年,乔家大院就作为民俗博物馆正式对外开放。但随着《大红灯笼高高挂》、《乔家大院》等影视剧效应,这里成为游客如织的著名旅游景点,门票收入达到每年2000余万元。2007年12月20日,负责经营乔家大院的祁县远大投资有限责任公司(法人代表是祁县县长李丁夫)却和上海盛富投资管理有限公司以及重庆中昊投资有限公司签订了《祁县乔家大院旅游景区投资开发建设项目合作意向书》。意向书规定将由三方共同出资成立"山西乔家大院旅游开发有限公司",乔家大院的经营权也被评估作价投资入股,占新公司25%股权,其他两个公司股权为50%、25%;另外,三方商定新公司经营期限20年。其间,乔家大院景区门票收入全部归公司,而公司每年则向祁县政府交付"文保管理费"1000万元。这意味着乔家大院的经营权被转手了。山西省和晋中市文物局联合调查组已作出认定:这是一起严重违反国家文物保护法的行为。乔家大院民俗博物馆是国宝,不能作为企业被改制。祁县政府是在没有得到山西省文物局同意的情况下,擅自成立"祁县远大投资有限责任公司"的。而把景区的管理权与经营权一并交于当地政府手中,也不符合景区管理常规。祁县县政府的行政越位和官商一体行为,违反了国家相关法规和政策。

问题:试从《公司法》角度分析祁县县政府的行为是否符合《公司法》的规定。

一、有限责任公司的概念、法律特征

（一）有限责任公司的概念

有限责任公司又称有限公司,是指由符合法定人数的股东设立,股东以其出资额为限对公司承担责任,公司以其全部资产对公司债务承担责任的依公司法设立的企业法人。

有限责任公司是目前我国主要的公司形式,有80%左右的公司采用这种形式。

（二）有限责任公司的法律特征

1.股东以认缴的出资额为限对公司承担有限责任。

2.资本不分等额的股份,证明股东出资额的权利证书称为出资证明书而不是股票。

3.股东有最高人数的限制,即股东最多为50人。

有最高人数限制主要是因为有限责任公司大多为中小企业采取的组织形式,股东是在相互了解、相互信任的基础上进行联合的,人数限制可以防止中小企业资产所有权分散,强化中小企业资产集中,同时便于公司生产经营,以防人多手杂,不利经营决策。

4.设立手续和机构设置较为简单。相对于股份有限公司来说,有限责任公司设立手续和机构设置较为简单。例如在机构设置中,有限责任公司中可设立董事会、监事会,但股东人数较少规模较小的也可不设而仅设立1名执行董事或1至2名监事,而股份有限公司则必须建立健全的组织机构。

5. 是封闭性公司。有限责任公司不能通过向社会发行股份的方式募集资本,因此也无需向社会公开其经营状况,同时股东身份也不能随意转换。

6. 是人合性兼资合性公司。有限责任公司股东转让出资必须具备严格条件,这体现了其人合性,同时法律又规定其设立必须达到法定的最低资本限额,这体现了其资合性。

二、有限责任公司的设立

(一)有限责任公司的设立条件

1. 股东符合法定人数,必须在50人以下。这里的人既可以是自然人,也可以是法人。

2. 股东出资达到法定资本最低限额3万元,法律另有规定除外。公司的资本是公司开展经营活动的物质条件,也是公司对外承担债务责任的保证。公司的资本是由股东的出资构成的。《公司法》第26条规定:有限责任公司的注册资本为在公司登记机关登记的全体股东认缴的出资额。公司全体股东的首次出资额不得低于注册资本的20%,也不得低于法定的注册资本最低限额,其余部分由股东自公司成立之日起两年内缴足;其中,投资公司可以在5年内缴足。有限责任公司注册资本的最低限额为人民币3万元。法律、行政法规对有限责任公司注册资本的最低限额有较高规定的,从其规定。

3. 股东共同制定公司章程。公司章程是关于公司组织及其活动的基本规章,有学者称之为公司之宪法。《公司法》第25条规定有限责任公司章程应当载明下列事项:

(1)公司名称和住所;

(2)公司经营范围;

(3)公司注册资本;

(4)股东的姓名或者名称;

(5)股东的出资方式、出资额和出资时间;

(6)公司的机构及其产生办法、职权、议事规则;

(7)公司法定代表人;

(8)股东会会议认为需要规定的其他事项。

股东应当在公司章程上签名、盖章。公司章程上股东的签名、盖章也是认定股东身份的依据之一。

4. 有公司的名称,建立符合要求的组织机构。

5. 有固定的生产经营场所和必要的生产经营条件。

6. 法律规定的其他条件。

(二)设立程序

由全体股东指定的代表或共同委托的代理人向公司的登记机关申请登记。这里要注意公司名称要预先核准登记。经登记机关核准登记,领取企业法人营业执照,公司才正式成立。公司营业执照签发日期,为公司成立日期。

三、股东的出资及其股权转让

(一)出资的方式

《公司法》第27条第1款规定:股东可以用货币出资,也可以用实物、知识产权、土地使用权等可以用货币估价并可以依法转让的非货币财产作价出资;但是,法律、行政法规规定不得作为出资的财产除外。

同时,根据《中华人民共和国公司登记管理条例》第14条第2款的规定,股东不得以信用、商誉、劳务、自然人姓名、特许经营权或者设定担保的财产等作价出资。

(二)对股东出资的法律规定

1. 货币出资金额不得低于注册资本的30%

规定货币出资的比例不得低于注册资本的30%,目的是在于保证公司资本的真实可靠,维护交易的安全。从另外一个角度考虑,2005年《公司法》修订之前,规定在股东出资中以工业产权、非专利技术出资的,其作价金额不得超过公司注册资本的20%,但高新技术产业除外。对无形资产的出资比例规定过低,不利于科学技术成果的转化和鼓励技术创新。但规定过高有可能影响公司债权人和其他利害关系人的利益。为此,适当提高无形资产在出资比例中的比重,修订后的《公司法》的规定意味着无形资产可占到注册资本的70%。

2. 股东应按期足额缴纳出资

股东出资不足的,应负填补责任,设立时的其他股东承担连带责任。股东之间本着信任关系共同创办有限责任公司,彼此之间是一种合同关系。因此,出资不足的股东应继续履行出资义务,并向已经足额缴纳出资的其他股东承担违约责任。

3. 股东出资必须经依法设立的验资机构验资并出具证明

这里的验资机构可以是注册会计师事务所、注册审计师事务所和资产评估所等。

4. 公司正式成立后应向股东开具出资证明书

出资证明书是有限责任公司签发的证明股东已经履行出资义务的法律文件,是股东据以享受股东权利和取得收益的凭证,出资证明书应当由公司盖章后才能产生法律效力。

(三)股东股权的转让

有限责任公司登记后,股东出资不得收回,但可以转让。《公司法》第36条规定:公司成立后,股东不得抽逃出资。股东的出资,是公司设立并从事生产经营活动的物质基础。公司一旦成立,股东的出资就成为公司的资产。股东的投资一旦到位,公司就对这部分财产享有占有、使用、收益和处分的权利,即构成公司独立的财产,公司以此对外独立承担民事责任。

1. 股东之间相互转让股权(内部转让)不受限制

《公司法》第72条第1款规定:有限责任公司的股东之间可以相互转让其全部或者部分股权。

2. 股东向股东以外的人转让股权(外部转让)应当经其他股东过半数同意

《公司法》第72条第2款规定:股东向股东以外的人转让股权,应当经其他股东过半数同意。股东应就其股权转让事项书面通知其他股东征求同意,其他股东自接到书面通知之日起满30日未答复的,视为同意转让。其他股东半数以上不同意转让的,不同意的股东应当购买该转让的股权;不购买的,视为同意转让。

3. 其他股东在同等条件下享有优先购买权

《公司法》第72条第3款规定:经股东同意转让的股权,在同等条件下,其他股东有优先购买权。两个以上股东主张行使优先购买权的,协商确定各自的购买比例;协商不成的,按照转让时各自的出资比例行使优先购买权。

法律对两种股权转让方式的限制程度大相径庭,体现了有限责任公司的资合兼人合性特点,尤其强调股东间的信任与信赖关系,股东之间的内部转让不会破坏这种关系,而股东向股东以外的人转让股权时就可能破坏股东之间信任和谐的关系。为维护有限责任公司人合因素,各国立法都严格限制股东向股东以外的人转让股权,以保证公司的内部稳定。

当然,股权转让毕竟是一种商事行为,应当尊重当事人的意思,因此立法同样也规定股东可以在公司章程中对股东自愿转让股权作出与上述规定不同的另行约定。因此《公司法》第 72 条第 4 款规定:公司章程对股权转让另有规定的,从其规定。

四、组织机构(机构设置)

在公司的机构设置方面,现代公司治理机制引入现代国家政治体制中的三权分立制,即采取的是分权制衡机制。公司在事务的管理权方面被一分为三:重大经营决策权给股东会,执行权给董事会,监督权给监事会,它们相互之间又有制约作用。

(一)股东会

1. 股东会的性质

股东会是公司的权力机构。《公司法》第 37 条规定:有限责任公司股东会由全体股东组成,股东会是公司的权力机构,依照本法行使职权。

股东会作为公司的权力机构,负责公司的重大生产经营决策。股东会由全体股东组成,是公司必设机构,但非常设机构。股东会是公司股东的议事机关,股东决议有关问题是通过会议的形式进行的。

2. 股东会的职权

股东会作为公司的权力机构,享有投资经营决策权、人事权、审批权、决议权、修改公司章程权、公司章程规定的其他职权。《公司法》第 38 条规定股东会行使下列职权:

(1)决定公司的经营方针和投资计划;

(2)选举和更换非由职工代表担任的董事、监事,决定有关董事、监事的报酬事项;

(3)审议批准董事会的报告;

(4)审议批准监事会或者监事的报告;

(5)审议批准公司的年度财务预算方案、决算方案;

(6)审议批准公司的利润分配方案和弥补亏损方案;

(7)对公司增加或者减少注册资本作出决议;

(8)对发行公司债券作出决议;

(9)对公司合并、分立、变更公司形式、解散和清算等事项作出决议;

(10)修改公司章程;

(11)公司章程规定的其他职权。

对前款所列事项股东以书面形式一致表示同意的,可以不召开股东会会议,直接作出决定,并由全体股东在决定文件上签名、盖章。

3.股东会的议事规则

股东会分为定期股东会、临时股东会。定期会议应当依照公司章程的规定按时召开。代表 1/10 以上表决权的股东,1/3 以上的董事,监事会或者不设监事会的公司的监事提议召开临时会议的,应当召开临时会议。首次股东会是公司成立之后第一次召开的,由出资最多的股东召集并主持。以后的股东会一般由董事会召集,董事长主持;董事长不能履行职务或者不履行职务的,由副董事长主持;副董事长不能履行职务或者不履行职务的,由半数以上董事共同推举一名董事主持。有限责任公司不设董事会的,股东会会议由执行董事召集和主持。董事会或者执行董事不能履行或者不履行召集股东会会议职责的,由监事会或者不设监事会的公司的监事召集和主持;监事会或者监事不召集和主持的,代表 1/10 以上表决权的股东可以自行召集和主持。召开股东会会议,应当于会议召开 15 日前通知全体股东,但章程另有规定或者全体股东另有约定的除外。

股东会的议事规则由公司章程规定。应当注意的是,除非公司章程另有规定,股东会会议是由股东按照出资比例行使表决权,即实行的是股份多数决。根据股东会决议事项重要程度不同,通过决议的要求也不同。股东会一般决议事项,只要简单多数即可决议通过,即股东所持表决权半数通过即可,但对于公司增加或者减少注册资本,分立、合并、解散或者变更公司形式、以及修改公司章程等特别重大的事项所作出的决议,必须经代表 2/3 以上表决权的股东通过。

(二)董事会

1.董事会的性质

董事会是公司的经营决策和业务执行机构。

2.董事会的人员组成

《公司法》第 45 条第 1 款、第 2 款规定:有限责任公司设董事会,其成员为 3 人至 13 人,但是,本法第 51 条(即有关不设立董事会而设立执行董事的规定)另有规定的除外。两个以上的国有企业或者两个以上的其他国有投资主体投资设立的有限责任公司,其董事会成员中应当有公司职工代表;其他有限责任公司董事会成员中可以有公司职工代表。董事会中的职工代表由公司职工通过职工代表大会、职工大会或者其他形式民主选举产生。

董事任期由公司章程规定,但每届任期不得超过 3 年,可连选连任。

3. 董事会的职责

《公司法》第47条规定董事会对股东会负责,行使下列职权:

(1)召集股东会会议,并向股东会报告工作;

(2)执行股东会的决议;

(3)决定公司的经营计划和投资方案;

(4)制订公司的年度财务预算方案、决算方案;

(5)制订公司的利润分配方案和弥补亏损方案;

(6)制订公司增加或者减少注册资本以及发行公司债券的方案;

(7)制订公司合并、分立、解散或者变更公司形式的方案;

(8)决定公司内部管理机构的设置;

(9)决定聘任或者解聘公司经理及其报酬事项,并根据经理的提名决定聘任或者解聘公司副经理、财务负责人及其报酬事项;

(10)制定公司的基本管理制度;

(11)公司章程规定的其他职权。

董事会对股东会负责,也可以说是股东会的执行机构。其职权主要涉及执行股东会的决议、重大经营管理方案拟订权、公司管理机构的设置权和基本管理制度的制订权等等。

4. 董事会的议事规则

董事会会议应有过半数的董事出席方可举行。《公司法》第49条规定:董事会的议事方式和表决程序,除本法有规定的外,由公司章程规定。董事会应当对所议事项的决定做成会议记录,出席会议的董事应当在会议记录上签名。董事会决议的表决,实行一人一票。

可见,董事会的表决是根据董事人数(出席人数或全体人数),实行一人一票的表决方式,即采取的是人数多数决而非股份多数决。从本质上,董事会的这种人数多数决的表决方式非但与股东会的股份多数决不矛盾,而且是股份多数决的具体体现。因为董事人数的设置很大程度上是按照股份的多数进行设置,人数多数决的背后体现了股份多数决。

5. 执行董事

有限责任公司主要是中小企业采取的组织形式。因此,从效率角度出发,如果股东人数少或者规模小的公司,公司的经营事务比较简单,没有必要建立健全的组织机构。因此《公司法》第51条规定:股东人数较少或者规模较小的有限责任公司,可以设一名执行董事,不设董事会。执行董事可以兼任公司经理。执行董事的职权由公司章程规定。

6. 法定代表人

法定代表人是代表法人行使职权的签字人,即是法人的全权代表。根据《公司法》第 13 条的规定,公司法定代表人依照公司章程规定,由董事长、执行董事或者经理担任,并依法登记。公司变更法定代表人应当办理变更登记。

7. 经理机构

经理机构是由董事会聘任,负责组织日常经营管理活动的公司常设业务执行机关。与股东会、董事会、监事会不同,经理机关不是会议形式的机关,其行为不需要通过会议以多数决形成意志和决议,而是以担任总经理的高级管理者的最终意志为准。现代商事交易必须在竞争激烈的市场中灵活做出反应,而股东会、董事会作出决策可能会导致商机稍纵即逝,同时公司发展的巨型化、股权分散化,也导致股东对公司控制力降低。因此虽然各国公司法一般规定经理是公司章程任意设立的机构,但在实践中经理机构不仅成为公司组织机构中不可或缺的常设机构,而且其权力有不断膨胀的趋势。现代公司的经营管理日趋复杂,公司经营管理权移转给具有专业知识背景的职业经理人也是大势所趋。

(1)经理机构的性质。

经理机构隶属于董事会,是公司的日常经营管理机构。

(2)经理机构的职权。

《公司法》第 50 条规定,有限责任公司可以设经理,由董事会决定聘任或者解聘。经理对董事会负责,行使下列职权:主持公司的生产经营管理工作,组织实施董事会决议;组织实施公司年度经营计划和投资方案;拟订公司内部管理机构设置方案;拟订公司的基本管理制度;制定公司的具体规章;提请聘任或者解聘公司副经理、财务负责人;决定聘任或者解聘除应由董事会决定聘任或者解聘以外的负责管理人员;董事会授予的其他职权。公司章程对经理职权另有规定的,从其规定。经理列席董事会会议。

(3)经理的任免。

经理由自然人担任,由董事会聘任或者解聘,对董事会负责,并可列席董事会会议,但没有表决权。

(三)监事会

1. 监事会的性质

监事会是公司的监督检查机构,对股东会负责。

2. 监事会的人员组成

《公司法》第 52 条规定:有限责任公司设监事会,其成员不得少于 3 人。

股东人数较少或者规模较小的有限责任公司,可以设1至2名监事,不设监事会。监事会应当包括股东代表和适当比例的公司职工代表,其中职工代表的比例不得低于1/3,具体比例由公司章程规定。监事会中的职工代表由公司职工通过职工代表大会、职工大会或者其他形式民主选举产生。

监事会设主席一人,由全体监事过半数选举产生。监事会主席召集和主持监事会会议;监事会主席不能履行职务或者不履行职务的,由半数以上监事共同推举一名监事召集和主持监事会会议。

3. 董事、高级管理人员不得兼任监事

这是公司治理结构的必然要求,是为了保证监事会或者监事的独立地位,真正履行好监督权。

4. 监事会或者监事的职权

《公司法》第54条规定监事会、不设监事会的公司的监事行使下列职权:

(1) 检查公司财务;

(2) 对董事、高级管理人员执行公司职务的行为进行监督,对违反法律、行政法规、公司章程或者股东会决议的董事、高级管理人员提出罢免的建议;

(3) 当董事、高级管理人员的行为损害公司的利益时,要求董事、高级管理人员予以纠正;

(4) 提议召开临时股东会会议,在董事会不履行本法规定的召集和主持股东会会议职责时召集和主持股东会会议;

(5) 向股东会会议提出提案;

(6) 依照本法第152条的规定,对董事、高级管理人员提起诉讼;

(7) 公司章程规定的其他职权。

从上述规定可以看出,监事会或者监事主要履行监督检查的职责,包括监督权、检查权、告诫权、提案权、起诉权和公司章程规定的其他职权。

五、董事、监事、高级管理人员的任职资格及法定义务

公司的董事、监事、高级管理人员首先是具有经营管理才能的人。为完善公司治理结构,健全公司内部的监督机制,强化对公司、股东和社会公众合法权益的保护,法律对其任职资格及职责作出许多限制性规定。同时,这些限制性规定也适用于股份有限公司。这里的高管人员是指经理、副经理、财务负责人、上市公司董事会秘书和公司章程规定的其他人员。

(一) 任职资格

《公司法》第147条规定有下列情形之一的,不得担任公司的董事、监事、

高级管理人员：

1. 无民事行为能力或者限制民事行为能力；

2. 因贪污、贿赂、侵占财产、挪用财产或者破坏社会主义市场经济秩序，被判处刑罚，执行期满未逾 5 年，或者因犯罪被剥夺政治权利，执行期满未逾 5 年；

3. 担任破产清算的公司、企业的董事或者厂长、经理，对该公司、企业的破产负有个人责任的，自该公司、企业破产清算完结之日起未逾 3 年；

4. 担任因违法被吊销营业执照、责令关闭的公司、企业的法定代表人，并负有个人责任的，自该公司、企业被吊销营业执照之日起未逾 3 年；

5. 个人所负数额较大的债务到期未清偿。

公司违反前款规定选举、委派董事、监事或者聘任高级管理人员的，该选举、委派或者聘任无效。

董事、监事、高级管理人员在任职期间出现本条第 1 款所列情形的，公司应当解除其职务。

可见，《公司法》主要从董事、监事、高管人员任职的消极资格方面作出规定。此外，根据其他法律法规以及相关政策的规定，国家公务员不能担任公司的董事、监事、经理。

(二)法定义务

1. 忠实勤勉义务

董事、监事、高级管理人员应当遵守法律、行政法规和公司章程，不得利用职权收受贿赂或者其他非法收入，不得侵占公司的财产，对公司负有忠实义务和勤勉义务。

《公司法》第 149 条规定董事、高级管理人员不得有下列行为：

(1)挪用公司资金；

(2)将公司资金以其个人名义或者以其他个人名义开立账户存储；

(3)违反公司章程的规定，未经股东会、股东大会或者董事会同意，将公司资金借贷给他人或者以公司财产为他人提供担保；

(4)违反公司章程的规定或者未经股东会、股东大会同意，与本公司订立合同或者进行交易；

(5)未经股东会或者股东大会同意，利用职务便利为自己或者他人谋取属于公司的商业机会，自营或者为他人经营与所任职公司同类的业务；

(6)接受他人与公司交易的佣金归于己有；

(7)擅自披露公司秘密；

(8)违反对公司忠实义务的其他行为。

董事、高级管理人员违反前款规定所得的收入应当归公司所有。

其中第(5)点规定竞业禁止义务。竞业禁止是指担任某种特定职务或者从事某种业务的人,不得另外从事与其所从事的业务相竞争的营业。公司法规定,董事、高级管理人员应当遵循竞业禁止的义务。

2.违反忠实勤勉义务的法律责任

董事、监事、高级管理人员执行公司职务时违反法律、行政法规或者公司章程的规定,给公司造成损失的,应当承担赔偿责任。

六、股东代表诉讼与股东直接诉讼

(一)股东代表诉讼

1.股东代表诉讼的概念

股东代表诉讼,也称股东派生诉讼,是指公司的合法利益受到他人侵害,尤其是受到大股东、董事、高级管理人员的侵害,而公司的有关机构怠于或者拒绝行使诉权时,股东以自己的名义为了公司利益提起诉讼,通过司法途径追回属于公司的利益的法律制度。

按照现代企业制度的要求,公司应当建立健全的内部管理机制,股东会、董事会、监事会各司其职,负责公司的经营运作。当公司合法利益受到侵害,也应当由公司的有关管理机构通过各种途径追究侵权人的法律责任,保护公司的利益。但在公司的合法利益受到大股东、董事、高级管理人员的侵害的情况下,他们可以凭借控股地位或把持公司的经营管理权力,就有可能控制公司的相关机构怠于或者拒绝行使诉权。而股东代表诉讼的制度设计,是对此类情形的救济。特别是在我国公司法实践中,控股股东一股独大的情况较为常见,此项制度设计的引进对于保护中小股东利益有特别的意义,同时也有利于完善公司的治理机制。

2.提起股东代表诉讼的条件

(1)公司的合法权益受到侵害。这种侵害可以是他人侵害,也可以是董事、监事、高管人员违背忠实勤勉义务而对公司造成侵害。

(2)公司有关机构怠于或者拒绝行使诉权。即存在收到股东书面请求的有关机构(董事会或执行董事、监事会或监事)拒绝提起诉讼或怠于提起诉讼(收到请求之日起30日内未提起),或者情况紧急不立即提起将会使公司利益受到难以弥补的损害的情形。

(3)提起诉讼的股份有限公司股东有身份限制。即提起诉讼的股东应当连续180日以上单独或者合计持有公司1%以上股份。这里既包括持股期限上的限制,也有持股份额上的限制。此规定的目的是为了防止股东滥用诉权,使公司疲于应付,影响公司经营管理,也浪费司法资源。而有限责任公司规模小,股东人数少,股份相对集中,因此法律对提起诉讼的股东就没有过多限制,以充分保护股东的诉权。

(二)股东直接诉讼(股东诉讼)

1. 股东直接诉讼的概念

股东直接诉讼也称股东诉讼,指股东基于其股份持有人的地位直接以维护自身利益而对公司或公司有关人员损害其股东利益行为向人民法院提起诉讼的法律制度。

目前,损害中小股东利益的事件时有发生,从公司内部来看,多是公司高管人员、董事、大股东或控股股东实施的不适当行为,违反法律、法规和公司章程的规定,致使中小股东的利益受损。例如不顾少数股东反对,利用控股地位使公司与自己交易、违反竞业禁止原则、与关联企业交易、与他人串通损害股东利益、违反信息披露义务等等。因此,《公司法》第153条规定,董事、高管人员违反法律、行政法规或者公司章程的规定,损害股东利益,股东可以向法院提起诉讼。

2. 股东直接诉讼与股东代表诉讼的区别

两者最大的不同在于诉讼所追求的目的不同,股东代表诉讼主要是为公司利益,而股东直接诉讼主要是维护股东自身利益。

七、公司法人人格否认制度

(一)公司法人人格否认的含义

公司法人人格否认,英美法系国家称之为"揭开公司的面纱",是指公司股东滥用公司法人独立地位和股东有限责任,逃避债务,严重损害公司债权人利益的,应当对公司债务承担连带责任。

公司法人人格独立和股东承担有限责任,是现代公司制度的基础和核心。但在现实生活中,有的股东滥用权利,采用转移公司财产、将公司财产与本人财产混同、出资不足、空壳经营等手段,造成公司可以用于履行债务的财产大量减少,严重损害公司债权人的利益。当他们因逃避法律义务或契约义务受到法律追究时,往往又借助于公司独立人格这层神秘面纱,以有限责任为挡箭牌,使债权人和社会公共利益受损。特别是一人公司和公司集团(母子公司关联交易等等)的出现更加剧了这种状况。为此,2005年对公司法修订就借鉴一些市场经济发达国家具有法律效力的判例和法律规定,总结我国人民法院的审判实践经验,在承认公司独立人格的前提下,引入公司人格否认制度。

《公司法》第25条规定,公司股东应当遵守法律、行政法规和公司章程,依法行使股东权利,不得滥用股东权利损害公司或者其他股东的利益;不得滥用公司法人独立地位和股东有限责任损害公司债权人的利益。公司股东滥用股东权利给公司或者其他股东造成损失的,应当依法承担赔偿责任。公司股东滥用公司法人独立地位和股东有限责任,逃避债务,严重损害公司债权人利益的,应当对公司债务承担连带责任。即当股东滥用公司法人独立地位和股东有限责任逃避债务,该股东即丧失依法享有的仅以出资额为限对公司债务承担有限责任的权利,而应对公司全部债务承担连带责任。公司法人人格否认制度的引入,为防范滥用公司制度的风险,保证交易安全,保障公司债权人的利益,维护市场经济秩序,提供了必要的制度安排,也是社会公平、正义价值的体现。

(二)公司法人人格否认制度的适用条件

前面我们提到,公司法人人格独立和股东承担有限责任是现代公司制度的基础和核心。因此,如果滥用公司法人人格否认制度,可能会动摇现代公司制度的根基。正因为如此,对该项制度设计的前提适用条件非常严格,将法人人格否认界定为是在公平与正义的前提下对公司法人人格独立的例外情形,是对法人人格独立和股东有限责任制度的有益补充。

1. 公司已经取得独立人格

公司设立有效,取得了法人独立人格,才有滥用可能。

2. 股东实施了滥用公司独立人格的行为

例如股东出资不足、利用合并分立使公司财产空壳化、转移财产、与其他公司财产、业务、账簿混同等等。

3. 股东滥用人格的行为使债权人或社会公共利益受损

(三)公司法人人格否认的法律后果

滥用公司法人人格的股东丧失依法享有的仅以出资额为限对公司债务承担有限责任的权利,而应对公司全部债务承担连带责任。

应注意的是,公司法人人格否认并不具有全面否认公司一切独立人格的后果,而仅仅具有个案的效力。即不影响公司在其他法律关系中的独立人格。

八、有限责任公司的特殊形式——国有独资公司和一人有限责任公司

（一）国有独资公司

1. 国有独资公司的概念

指国家单独出资、由国务院或者地方人民政府授权本级人民政府国有资产监督管理机构履行出资人职责的有限责任公司。

这里代表国家履行出资人职责的应是国务院或地方人民政府，国有资产监督管理机构受本级政府的委托履行出资人职责。此类监督管理机构是指：国务院国有资产监督管理机构、省、自治区、直辖市人民政府国有资产监督管理机构、设区的市、自治州级人民政府国有资产监督管理机构。

国有独资公司是有限责任公司的一种特殊形式。一般而言，只有那些非竞争性质的经营特殊产品或属于特定行业的公司才能采用这种公司的形式。主要考虑到关系国民经济命脉和国计民生的特殊产品和特定行业，必须由国家控制，以保证国民经济健康平稳发展。如军工企业、造币公司、航空航天工业邮政、电台、电视台、新闻出版、出口信用保险等应当采用国有独资公司形式。

2. 国有独资公司的特别规定

(1) 不设股东会。股东只有一个即国家，股东会没有存在的必要。

(2) 公司章程由国有资产监督管理机构制定或者由董事会制定，报国有资产监督管理机构批准。

(3) 董事会由3～9名董事组成，并且其职权扩大。国有独资公司不设立股东会，原应由股东会享有的部分职权下放给董事会行使，例如董事会可以制定公司的章程。但对一些特别重大事项的决策，例如公司合并、分立、解散、增减公司资本、发行公司债券等，仍然应由国有资产监督管理机构决定。

(4) 监事会成员不得少于5人，其中职工代表比例不得低于1/3。一般有限责任公司仅要求监事会成员不少于3人。国有独资公司增加监事会成员人数以及提高职工代表比例的规定主要是考虑健全内部监督制约机制、强化国有独资公司监事会作用，以保证国有资产的保值增值。

(5) 公司高管人员"兼职禁止"的规定。《公司法》第70条规定：国有独资公司的董事长、副董事长、董事、经理，未经国家授权投资机构或授权部门的同意，不得兼任其他有限责任公司、股份有限公司或者其他经济组织的负责人。

可见，这是在"竞业禁止"的基础上对国有独资公司的高管人员作出更为严格的规定，是为了使国有独资公司的高管人员全身心地投入国有独资公司

的经营管理,确保国有资产保值增值。

(二)一人有限责任公司

1.一人有限责任公司的概念

一人有限责任公司是指只有 1 名自然人股东或者 1 个法人股东的有限责任公司。

2005 年修订之前的《公司法》规定,有限责任公司的股东应当是 2 人以上 50 人以下,即不承认 1 人公司的形式。规定股东至少应当是 2 人以上,其目的在于 2 人以上的股东可以起到互相牵制和监督作用,将公司的资产与股东个人的资产分开,防止一人股东借有限责任损害他人利益。而且考虑到我国实行市场经济历史不久,相应配套机制不完善,市场比较混乱,应加强管理,当时设立一人公司的条件尚不具备。因此,法律规定禁止设立一人公司。但是在实践中却存在规避法律禁止性规定的情形,例如夫妻公司,或者是一个股东持股 99.99%,另一个股东持股 0.01%,等等。这些情形形式上是 2 人公司,但实质上却是 1 人公司。后来随着经济的发展,法律制度的健全和完善,允许设立一人有限责任公司的外部条件逐步具备。同时一人公司设立比较便捷、管理成本比较低,实际需要比较迫切。允许设立一人有限责任公司,将有利于社会资金投向经济领域,鼓励投资创业,促进经济发展。因此修订后的《公司法》允许设立一人有限责任公司,但也考虑到风险防范的问题。为了更好地保护交易相对人的利益,降低交易风险,防止一人公司可能产生的问题,立法也对一人有限责任公司作特别的限制性规定,建立严密的风险防范制度,特别强调公司财产与投资者本人财产作严格分离,否则可以否认一人有限责任公司的独立人格。

2.一人有限责任公司的特别规定

(1)名称披露要求。一人公司应在公司登记中注明自然人独资或法人独资,并在公司营业执照中载明。通过这样的登记和公示制度,使交易的对方当事人通过查寻登记机关的记录,或者通过查看营业执照,清楚明了一人有限责任公司的形态,降低交易风险。

(2)特别股东决策要求。一人股东行使股东会决策范围内的决策权应以书面形式作出,并由股东签字后置备于公司。

(3)公司章程由股东制定。

(4)更高的资本门槛。一人有限责任公司的注册资本最低限额为人民币 10 万元,股东应当一次足额缴纳公司章程规定的出资额(即采取法定资本制)。一人有限责任公司投资人仅为一人,在公司运作中风险大,规定较高注册资本,有助于维护交易安全。

(5)一个自然人只能投资设立一个一人有限责任公司,该一人有限责任公司不能投资设立新的一人有限责任公司。股东只有一人,没有股东之间的相互制约,若允许其设立多个一人有限责任公司,那么同一个投资人的多个公司进行交易,可能导致关联交易,危及交易的安全,损害债权人的利益。

(6)法定强制审计制度。一人有限责任公司应当在每一会计年度终了时编制财务会计报告,并经会计师事务所审计。

(7)法人人格滥用推定制度。一人有限责任公司因投资人只有1人,对债权人和相关利益人有较大风险,为保护交易安全,公司法作出"法人人格滥用推定"的制度设计。即一人有限责任公司的股东不能证明公司财务独立于股东自己的财产的,应当对公司债务承担连带责任。这里的法人人格滥用推定与一般的法人人格否认制度不同的是举证责任承担不同。在法人人格滥用推定制度中,一人有限责任公司的投资者应自证清白,承担证明公司人格独立的举证责任。

应当注意的是,根据我国目前公司法律制度,只允许设立一人有限责任公司,而不允许设立一人股份有限公司。

第三节 股份有限公司

导入案例

2008年武汉足球俱乐部退出中超联赛事件

2008年9月中国足坛发生一件大事,因为对足协处罚李玮峰的决定不服,武汉足球俱乐部决定退出中超联赛。作为以股份制形式经营的武汉俱乐部在对是否退出中超联赛进行表决时,拥有75%股权的第一大股东武汉光谷集团投票支持俱乐部退出中超联赛,而拥有15%股权的第二大股东湖北省足协不愿意看到湖北足球就这样消失在中国足球的版图之上,于是便投了反对票;只拥有10%股权的第三股东武汉市足协不知该站在哪个立场,干脆投了弃权票。这样一来,武汉俱乐部退出中超联赛实际上成了第一大股东光谷集团与中国足协的"暗战",武汉俱乐部是否退出中超联赛在大股东光谷集团作出决定后就没有任何悬念。

问题：(1)股份有限公司股东大会采取怎样的议事规则？(2)为什么说武汉俱乐部是否退出中超联赛在大股东光谷集团作出决定后就没有任何悬念？

一、股份有限公司的概念和法律特征

（一）股份有限公司的概念

股份有限公司是指公司的资本划分为等额股份，股东以其所持股份为限对公司承担责任，公司以其全部资产对公司债务承担责任并依公司法的规定设立的企业法人。

（二）股份有限公司的法律特征

1.资本分为等额股份，股份采取股票的形式

这是股份有限公司与有限责任公司最主要的区别，有限责任公司资本不分等额股份，证明股东出资额的权利证书称为出资证明书而并非股票。

2.股东均负有限责任

3.设立程序较为复杂

4.经营状况公开

特别是以募集方式设立的股份有限公司，因为涉及社会公众的利益，法律要求其公开经营状况。

5.属于典型的资合性公司，以资本作为信用基础

二、股份有限公司的设立

股份有限公司对社会公众权益的影响较大，特别是募集设立的公司，相对与有限责任公司来说，股份有限公司设立的条件和程序都非常严格。

（一）股份有限公司的设立条件

1.发起人必须符合法定人数

发起人应为2人以上200人以下，其中须有半数以上的发起人在中国境内有住所。股份有限公司的筹办事务由发起人承担，人数少则难以完成，人数太多又不便于设立中的协调。发起人在筹办设立公司的事务中应当签订发起人协议，明确各自的权利和义务。而要求半数在中国境内有住所是因为发起人除了办理具体设立手续外，还应承担相应的法律责任。

2.发起人认购和募集的股本达到法定资本最低限额500万元，法律、行政

法规另有规定除外

例如《保险法》第69条规定,设立保险公司,其注册资本的最低限额为人民币2亿元。《商业银行法》也规定设立全国性商业银行的注册资本最低限额为10亿元,设立城市商业银行的为1亿元,设立农村商业银行的为5000万元。

3. 股份发行和筹办事项符合法律规定

4. 发起人制定公司章程,采用募集方式设立的经创立大会通过

5. 有公司名称,建立符合股份有限公司要求的组织机构

6. 有公司住所

(二)股份有限公司设立的方式

以发起人是否认购公司发行的全部股份,股份公司的设立方式有两种:发起设立和募集设立。

1. 发起设立

发起设立指由发起人认购公司应发行的全部股份的设立方式。发起设立不向社会公开募集股份,设立程序简便,成本低,不足之处是无法更好地吸收和利用社会资金,适用于规模不大的公司。同时《公司法》还规定,股份公司采取发起设立的,发起人的首次出资额不得低于注册资本的20%,其余部分由发起人自公司成立之日起2年内缴足,其中投资公司可以在5年内缴足。

2. 募集设立

募集设立指发起人认购公司应发行股份的一部分,其余部分向社会公开募集或者向特定对象募集的设立方式。募集设立有利于聚集社会资本,推动资本大众化和证券化的进行,发起人的资金负担也比较轻。但毕竟涉及社会公众利益,设立的程序也更为严格。

《公司法》第85条规定:以募集设立方式设立股份有限公司的,发起人认购的股份不得少于公司股份总数的35%;但是,法律、行政法规另有规定的,从其规定。即发起人应当认购法定数额的股份,不低于公司股份总数的35%。此规定是为了防止发起人利用设立公司谋取不正当利益。

(三)股份有限公司设立的程序

1. 发起人制定公司的章程

2. 以发起设立或募集设立的方式设立股份有限公司

因为设立方式不同,相应的程序繁简不一,发起设立比较简单,而募集设立程序严格。

(1)发起设立的程序。

以发起设立方式设立股份有限公司的,发起人应当书面认足公司章程规定其认购的股份;一次缴纳的,应即缴纳全部出资;分期缴纳的,应即缴纳首期出资。以非货币财产出资的,应当依法办理其财产权的转移手续。发起人不依法缴纳出资的,应当按照发起人协议承担违约责任。发起人首次缴纳出资后,应当选举董事会和监事会。

(2)募集设立的程序。

第一,发起人认购法定数额股份,即不低于公司股份总数的35%,但是,法律、行政法规另有规定的,从其规定。

第二,向社会公开募集或者向特定对象募集股份。根据《公司法》和《证券法》的规定,股份有限公司公开募集股份,应当经国务院证券监督管理机构核准,并由发起人公告招股说明书,和证券机构签订股票承销协议、和银行签订代收股款协议,最后制作认股书,才能公开募集股份。

第三,缴纳股款。发行股份的股款缴足后,必须经依法设立的验资机构验资并出具证明。如果股份超过招股说明书规定的截止日期尚未募足的,认股人可以要求发起人按照所缴纳股款并加算银行同期存款利息返还。

第四,召开创立大会,选举公司的组织机构。发起人应当自股款缴足之日起30日内主持召开公司创立大会,选举公司的组织机构。

3.申请设立登记

由董事会向公司登记机关办理设立登记,领取企业法人营业执照。营业执照签发日期即公司成立日期。

在公司注册登记之前,公司并未成立,不具有法人资格,无权利能力和行为能力。在我国公司实务中发起人往往成立一个筹建处负责公司的筹建工作,以筹建中的公司名义对外签订合同,进行有关业务活动,对设立行为所产生的后果承担责任。

三、股份有限公司的组织机构

股份有限公司的组织机构与有限责任公司的组织机构有很多类似之处,以下仅就有关股份有限公司组织机构特别规定作简单介绍。

(一)股东大会

股份有限公司股东大会的性质、地位、职责与有限责任公司的股东会基本相同,同样是公司的权力机构。

1. 公司法规定股东大会应当每年召开一次年会而股东会的定期会议则是按照公司章程的规定召开；

2. 临时股东大会和临时股东会的召开的条件和程序也有不同；

临时股东大会召开要符合一定条件。《公司法》第 101 条规定股东大会应当每年召开一次年会。有下列情形之一的,应当在两个月内召开临时股东大会:

(1)董事人数不足本法规定人数或者公司章程所定人数的 2/3 时；

(2)公司未弥补的亏损达实收股本总额 1/3 时；

(3)单独或者合计持有公司 10% 以上股份的股东请求时；

(4)董事会认为必要时；

(5)监事会提议召开时；

(6)公司章程规定的其他情形。

而有限责任公司临时股东会的召开应当符合下列条件:代表 1/10 以上表决权的股东,1/3 以上的董事,监事会或者不设监事会的公司的监事提议召开。

同时两者在召开的程序上也有不同,例如提前通知股东的时间等规定不同。《公司法》第 103 条规定:召开股东大会会议,应当将会议召开的时间、地点和审议的事项于会议召开 20 日前通知各股东；临时股东大会应当于会议召开 15 日前通知各股东；发行无记名股票的,应当于会议召开 30 日前公告会议召开的时间、地点和审议事项。而召开股东会会议,应当于会议召开 15 日前通知全体股东,但公司章程另有规定或者全体股东另有约定的除外。

3. 股份有限公司的股东大会在选举董事或者监事时可以采取累积投票制方式

股份有限公司的股东大会与有限责任公司的股东会都是会议形式的非常设机构,股东大会作出决议在表决时必须经出席会议的股东所持表决权过半数通过。同样有关公司增加或者减少注册资本,分立、合并、解散或者变更公司形式以及修改公司章程等特别重大的事项所作出的决议,必须经出席会议的股东所持表决权的 2/3 以上通过。但有限责任公司章程可以对股东会表决方式作出另行规定,而股份有限公司持有的本公司股份没有表决权。

实行股份多数决可能会造成在表决的时候大股东因为持股比例高导致达成的决议完全反映大股东的利益,中小股东没有话语权。为了维护中小股东的利益,《公司法》规定股东大会选举董事、监事,可以根据公司章程的规定或者股东大会的决议,实行累积投票制。累积投票制是资本多数决原则的例外,其目的是为了保护中小股东的利益,使中小股东有机会将他们的代言人选入决策管理机构董事会和监督机构监事会。

(1)累积投票制的含义。

累积投票制指在股东大会选举董事或者监事时,每一股份拥有与应选董事或者监事人数相同的表决权,股东拥有的表决权可以集中使用于待选董事或者监事中的一人或多人。

(2)累积投票制与普通投票制的区别。

首先,累积投票制中股东拥有的表决权可以集中使用;而普通投票制则表决权不能累积使用。其次,累积投票制仅适用于股东大会选举董事或者监事时才能采用,而普通投票制则没有这个限制。

(二)董事会

股份有限公司的董事会与有限责任公司的董事会在性质、职责方面基本相同,同样是权力机构的执行机构,行使经营决策权。

1.董事会是股份有限公司必设机构

股份有限公司必须设立董事会,这一点与有限责任公司在股东人数较少规模较小的情况下可以不设董事会而设立执行董事不同。

2.董事会由5～19名董事组成

有限责任公司的董事人数为3～13人,其中国有独资公司董事会人数是3～9人。股份有限公司董事会每年至少召开2次,必须由1/2以上董事出席才能开会,作出决议必须经全体董事的过半数通过。董事会表决实行一人一票。董事会决议给公司造成损失的,参与决议的董事负赔偿责任,但经证明表决时曾表明异议并记载于会议记录的,可免除责任。董事会下设经理,其产生方式由董事会聘任并解聘,与有限责任公司相同。

3.上市公司设立独立董事

独立董事,又称外部董事,是指与其受聘的上市公司及其主要股东不存在可能妨碍其进行独立客观判断的一切关系的特定董事。20世纪六七十年代,以英美为代表的英美法系国家在不改变原有公司治理结构的情况下,通过设立独立董事制度达到了改善公司治理、提高监控职能的目的,实现了公司价值与股东利益的最大化。为维护公众投资者的利益,中国证券监督委员会于2001年颁布了《关于在上市公司建立独立董事制度的指导意见》,要求所有的上市公司都要设立独立董事,并给出时间表:在2002年6月30日前,董事会成员中应当至少包括2名独立董事;在2003年6月30日起前,上市公司董事会成员中应当至少包括三分之一独立董事。

4.上市公司设董事会秘书

《公司法》第124条规定:上市公司设董事会秘书,负责公司股东大会和董事会会议的筹备、文件保管以及公司股东资料的管理,办理信息披露事务等事宜。

（三）监事会

股份有限公司的监事会与有限责任公司的监事会在性质、职责方面基本相同,是对公司经营管理实施监督检查的机构。

股份有限公司必须设立监事会,这一点与有限责任公司在股东人数较少规模较小的情况下可以不设监事会而设立1~2名监事不同。

从世界范围来看,公司内部的监督制衡体系主要有两种典型形式:

一是大陆法系国家一般实行双轨制:即在董事会之外另行设立监事会,对股东大会负责,行使监督权。

二是英美法系国家一般实行单轨制,即董事会内部由内部董事和外部董事(非执行董事)组成,内部董事拥有公司决策权和业务执行权,而外部董事行使对内部董事的监督权。

我国公司法沿用大陆法系做法,采取双轨制的做法。2001年之后中国证券监督委员会又在上市公司中引入了英美法系国家独立董事(外部董事)制度,即在上市公司同时存在监事会和独立董事,都享有监督职责,但他们的职能在目前立法背景下界定不清,实践中实施效果有限。

四、股份的发行与转让

（一）股份、股票、股权的含义

1. 股份的含义

股份是以股票为表现形式的、体现股东权利和义务的、公司资本的基本构成单位。股份体现股东在公司中的法律地位,是计算股东基本权益的依据。

2. 股票的含义

股份有限公司签发的证明股东所持股份的凭证。

3. 股份与股票的关系

股份与股票是内容与形式的关系,股份是股票的实质内涵,股票是股份的具体表现形式。

4. 股权的含义与分类

股权是股东权或者股东权利的简称,是股东基于股东身份在法律上对公司享有的权利总称。股东在出资以后,让渡对出资财产的财产权给公司而获得股权。《公司法》第4条规定:公司股东依法享有资产收益、参与重大决策和选择管理者等权利。

股权依据不同标准,可分为不同种类。常见一种分类是按照权利行使目标不同,将股权分为两类：

(1)共益权。股东以参与公司经营管理为目的而行使的权利,如股东会议的出席权、表决权、召开股东会议的提议权、公司财务状况知情权、股东代表诉讼权等,目的是为了公司的利益。

(2)自益权。股东为自己的利益而行使的权利。如收入分配请求权、新股认购请求权、股份交付请求权、股份转让权、剩余财产分配请求权等,目的是为股东自己的利益。

(二)股票(股份)的分类

1.按股东享有权利的内容不同,将股票分为普通股和特别股

普通股是指股份有限公司发行的标准股份或股票。即对股东权利不加任何限制的股份,表现为股东在股东大会上都享有表决权,但其分配股利和剩余财产时不享有任何特别的权利。在公司中普通股为多数。

特别股又包括优先股和后配股,优先股是指根据公司章程规定享有某种优先权的股份,主要体现在分配股利和分配剩余财产优先于普通股,优先股的股东在股东会上不享有表决权。后配股是指最后享受利润分配的股份,它的发行情况有三种：发起人认购、对认股人的奖励、对发起人及职工的奖励。

2.按股票上是否记载股东的姓名或名称,将股票分为记名股和无记名股

记名股是指股票票面上记载股东姓名或者名称的股票,反之即无记名股。两者的区别在于记名股股东的名称要记载在公司股东名册,而且在转让时程序不一：记名股必须以背书或法律规定的其他方式进行,并且也可依法挂失。无记名股则在依法设立的证券交易所将股票交付给受让人后即发生转让的效力。一般说来,公司向发起人、国家授权投资的机构、法人发行的股票为记名股,向社会公众发行的可为记名股,也可为无记名股。

3.按股票是否记载一定的金额,将股票分为面额股和无面额股

顾名思义,股票上记载一定金额的是面额股,虽然没有记载一定金额,但记载该股份在公司股份总数的一定比例的为无面额股,也称为比例股。

4.按股东是否享有表决权,将股票分为表决权股和无表决权股

如第一种分类,普通股也是表决权股,优先股即无表决权股。

5.按投资主体不同,将股票分为国家股、法人股、个人股、外资股

6.按股票发行对象和上市的证券交易所的不同,将股票分为A股、B股、H股、N股、S股

A股,又称人民币股,是面向中国内地投资者发行的股份。

B股,又称人民币特种股,是面向外国投资者、港澳台投资者、海外华侨发行的股份,以人民币标明股票的面值,但必须以外币认购和交易。1991年上海真空B股成为首只B股,从2001年3月起,B股市场向境内投资者开放。

H股,我国的股份有限公司在香港证交所上市的股份,1993年青岛啤酒成为首只H股。

N股,是我国的股份有限公司在纽约证券市场发行的股份。

S股,是我国的股份有限公司在新加坡证券市场发行的股份。

(三)股份的发行

股份的发行是股份有限公司以向社会筹集资本为目的,分派或出售公司股份的行为。它不仅包括发行人向社会公众的招募行为,也包括发行人制作及发售股份的行为。在公司成立前,可以为设立公司募集资本而发行股份;公司成立后也可以为扩大公司资本而发行新股。

1. 发行的原则

(1)股份的发行,实行公平、公正的原则,同种类的每一股份应当具有同等权利;

(2)同次发行的同种类股票,每股的发行条件和价格应当相同;任何单位或者个人所认购的股份,每股应当支付相同价额。

2. 发行的价格

《公司法》第128条规定:股票发行价格可以按票面金额,也可以超过票面金额,但不得低于票面金额。

按照股票票面金额筹集的资本构成公司的注册资本,股票的发行价格高于股票票面金额的,称为溢价发行,必须经国务院证券管理部门批准,所得的溢价款列入公司资本公积金。而低于票面金额发行股份违背资本维持原则,属于禁止性行为。

3. 股票应当记载的事项

股票应当记载下列主要事项:公司名称;成立日期;股票种类、票面金额及代表的股份数;股票的编号。股票由法定代表人签名,公司盖章。发起人的股票,应当标明发起人股票字样。

4. 股份的交付

股份有限公司成立后,才能向股东交付股票,公司成立前不得向股东交付股票。

5. 股份发行的种类

股份发行按发行的时间分为设立时的股份发行和设立后的股份发行。我们简称之为设立发行和新股发行。

(1)设立发行:为设立股份有限公司而首次发行股份。

(2)新股发行:股份有限公司成立后为扩大公司资本而发行股份称之为新股发行。

(四)股份的转让

股份的转让是指股票在不同的投资者之间转移的法律行为。股份的转让是股份与生俱来的天性,因此股份的转让以自由为原则。但法律对股份转让在自由原则的基础上也作出限制。

1. 股份的转让必须在依法设立的证券交易场所进行或者按照国务院规定的其他方式进行

2. 记名股的转让必须采取背书的方式或法律规定的其他方式转让,无记名股只要交付给受让人后即发生转让的效力

3. 发起人和公司高管人员所持股份转让的限制性规定

《公司法》第142条规定:发起人持有的本公司股份,自公司成立之日起一年内不得转让。公司公开发行股份前已发行的股份,自公司股票在证券交易所上市交易之日起一年内不得转让。

公司董事、监事、高级管理人员应当向公司申报所持有的本公司的股份及其变动情况,在任职期间每年转让的股份不得超过其所持有本公司股份总数的25%;所持本公司股份自公司股票上市交易之日起一年内不得转让。上述人员离职后半年内,不得转让其所持有的本公司股份。公司章程可以对公司董事、监事、高级管理人员转让其所持有的本公司股份作出其他限制性规定。

4. 公司不能非法收购本公司的股票,但法律另有规定除外

根据《公司法》第143条规定,下列情形除外:减少公司注册资本;与持有本公司股票的其他公司合并;将股份奖励给本公司职工;股东因对股东大会作出的公司合并、分立决议持异议,要求公司收购其股份的。

5. 公司不得接受本公司的股票作为质押权的标的

五、上市公司

(一)上市公司的概念

上市公司是指所发行的股票经国务院或国务院授权的证券管理部门的批准在证券交易所上市交易的股份有限公司。

在公司的总数当中,有限责任公司占绝大多数,股份有限公司是少数,而

上市公司又是股份有限公司里的少数。这是因为法律对上市公司规定了极为严格和苛刻的条件。在我国实行强制上市制度,只要发行就要上市。

(二)上市程序

1.公司上市必须报国务院或国务院授权的证券管理部门批准。

2.公告其股票上市报告,并将其申请文件存放在指定地点供公众查阅。

3.依法上市交易。

(三)对上市公司的监管

1.信息持续公开制度

上市公司必须按照法律法规的规定定期公开其财务状况和经营状况,在每会计年度内半年公布一次财务会计报告。信息的公开应遵循真实、准确、完整、及时的原则。

在证券市场上,上市公司的经营信息是投资者投资决策的主要依据,让广大投资者公平地了解上市公司的经营信息,是保证交易公平的基本条件。依照证券法规定,上市公司应当在每会计年度的上半年结束之日起2个月内,向国务院证券监督管理机构和证券交易所提交中期报告并公告;在每一会计年度结束之日起4个月内,提交年度报告并予以公告。

2.丧失上市条件的,其股票依法暂停上市或者终止上市。暂停和终止股票上市的法定情形:在上市公司存续过程中出现了不具备上市条件或法定其他情形时,国务院证券管理部门可以暂停或终止股票上市。如不按规定披露有关信息、对财务会计报告作虚假记载、有重大违法行为、最近3年连续亏损等。

(四)股权分置改革简介

从我国证券市场建立以来,一直存在一种特有现象,即把上市公司的股东分成流通股股东和非流通股股东。前者主要是社会公众股股东,后者主要是国家股股东。长期以来,流通股股东受到非流通股股东的挤压和约束,权利义务不对等,而且在最初国有企业股份制改造、股份认购时,发起人在股票作价过程中普遍存在资产虚高的现象,流通股股东支付了比非流通股股东高得多的代价,两者之间就存在严重不对等,违背公平、公正原则,制约证券市场的发展。为解决这个制度性障碍,证券监管部门也采取各种办法和措施。最先采用的是国有股减持,后来提出全流通,2005年开始进行股权分置改革。三者的含义各不相同:国有股减持包含的是通过证券市场变现和国有资本退出的概念;全流通包含了不可流通股份的流通变现概念;而股权分置则是通过非流通股股东给流通股股东必要的补偿,即支付对价的方式取得股份的流通权,目的是建立一个真正的资产定价体制,将流通股股东和非流通股股东之间的制度藩篱拆除掉,真正实现同股同权。

第四节 公司债券

导入案例

公司债券发行条件与程序

某食品股份有限公司是一家净资产额为6000万元的上市公司。为进一步募集生产经营资金,该公司计划发行公司债券。为此,董事会制订了方案,成立发行小组,并直接指示总经理负责此事。发行小组向国务院证券管理部门申请公司债券(用于厂房扩建)的发行,获得批准,于2007年1月发行公司债券3000万元。债券的票面金额是100元,利率第一年为8%,以后每年增加5个百分点,还本付息的期限为4年,到期还本付息。在证券管理部门指导整改下,公司债券如期发行,所筹资金全部到位。但公司新开发的产品因市场预测不准造成大量积压且有消费者投诉食后有损身体健康,要求赔偿。公司资金周转困难,于是准备用刚募集的资金弥补此项支出。同时考虑公司债券到期须还本付息,决定将公司债券转换为公司股票,让债券持有人与公司共担风险。债券持有人不同意公司的做法,起诉至法院。

问题:(1)该股份有限公司在发行公司债券过程中存在哪些问题?(2)债券持有人的主张是否具有法律依据?(3)该案应如何处理?

一、公司债券的概念

公司债券是指公司依照法定条件和程序发行的,约定在一定期限还本付息的有价证券。简称公司债。

二、公司债权的分类

(一)记名公司债券和无记名公司债券

这是根据债券上是否有记载债券持有人姓名或名称为标准进行的划分。

(二)担保公司债券和无担保公司债券

这是以公司是否为债券的还本付息提供担保为标准进行的划分。

(三)可转换公司债券和非转换公司债券

可转换公司债券是指能够转换为公司股份的债券。此类债券在票面上应标明"可转换公司债券"的字样,持有人对是否将债券转换为公司股票具有选择权,并且只有上市的股份有限公司才有资格发行可转换公司债券,如茂炼转债、丝绸转债等。非转换公司债券即不能转换为公司股票的公司债券。

一般而言,可转换公司债券综合股票和债券的优点,容易获得债权人的信任,筹资难度相对较低。同时与普通公司债券相比,发行价格较高而利息较低,有利于公司获得发行利益。在债权人选择转换为股票时公司资本增加而负担减少,有利于改善公司财务结构。但发行程序较复杂,在转换情况下资本增加,股利摊薄,可能引起股价下跌。

三、公司债券与公司股票的区别

两者均是公司融资的方式,但具有不同的法律特征。

首先,债券表示投资者与发行者之间的债权、债务关系,股票表示投资者对发行者拥有股东的一系列权利。

其次,债券的本金到期退还,公司股票所表示的股金则不允许退还(不得抽资退股)。

再次,债券的利息是固定的,而股息随着公司盈利状况而变动,无盈利则不分红,风险更大。

最后,债券持有人在公司解散或者破产的情况下优先于股东得到债务清偿。

四、公司债券的发行

(一)公司债券的发行条件

根据《证券法》第16条条规定,公开发行公司债券,应当符合下列条件。

(1)有限责任公司的净资产不低于人民币6000万元,股份有限公司净资产不低于人民币3000万元。发行公司债券是借贷行为,所以必须对净资产额作出规定。同时有限责任公司财务状况、经营状况比较封闭,持有人的风险较大,需要更高的净资产来提供更有效的保证。

(2)累计债券总额不超过公司净资产的40%。公司已发行但还未偿还的债券其相加之和不能超过其净资产的40%。余额越大,不能还本付息的风险也大。

（3）公司最近3年平均可分配利润足以支付公司债券一年的利息。要求公司经营状况良好,有足够的偿债能力。

（4）筹集的资金投向符合国家产业政策。即应当符合审批机关批准的用途,不能用于弥补亏以损及其他非生产性支出。保证国家对公司债券发行的宏观调控。

（5）债券的利率不得超过国务院限定的利率水平。为了维护金融秩序的稳定,《企业债券管理条例》规定,企业债券的利率不得高于银行相同期限居民储蓄定期存款利率的40%。

（6）国务院规定的其他条件。

（二）公司债券发行的程序

1. 由公司权力机构作出决议或决定。有限责任公司由董事会制订方案,股东会作出决议;股份有限公司由董事会制订方案股东大会作出决议;国有独资公司由国有资产监督管理机构作出决定。

2. 报国务院授权部门审批。

3. 公告债券的募集办法。

4. 发行募集。

五、公司债券的转让

公司债券可依法转让。记名公司债券由债券持有人以背书方式或者法律、行政法规规定的其他方式转让,无记名公司债券由债券持有人将该债券交付给受让人后即发生转让的效力。

六、公司融资的主要方式

（一）吸收股东投资

公司经营所需资金,股东投资占主要部分。有限责任公司直接吸收股东投资入股,股份公司通过发行股份扩充公司资本。这种融资方式好处在于没有固定利息负担,股东股本不能抽回只能转让,根据无盈不分的原则,股息只有在公司赢利情况下才要支付,公司负担轻。但缺点是股息只能在税后利润中支付,成本较高。同时当新的股东加入后,会导致股利的摊薄。

(二)发行公司债券

公司可以通过发行公司债券的方式向不特定的社会公众借贷。发行公司债券的优点在于债券持有人不参与公司经营管理,不会导致管理机构的重构,利息支出属于企业成本,可以在税前扣除。这样,公司可以在不需要增加新的投资者分配利润的前提下就可以得到资金供应。不足之处在于不会增加公司的自有资本,并且公司债券到期还本付息,利息是一项固定支出,与公司赢利情况无关。

(三)贷款

贷款即向金融机构借款。我国法律规定,禁止企业之间非法的资金拆借,只能向银行等金融机构贷款。其优点是利息可以在税前列支,成本低。但贷款必须还本付息,而且手续烦琐,需提供财产担保。

第五节 公司的财务会计制度

导入案例

公司税后利润分配

某一咨询服务有限责任公司是由洪某出资 20 万人民币和陈某出资 15 万人民币依法设立的,洪某为执行董事和总经理。公司章程载明,两位股东以 1∶1 的比例分取红利。经营满一个会计年度后,公司税后利润 7 万元,洪某便命会计支付给自己 6 万元,支付给陈某 4 万元,会计照办。

问题:(1)该分配行为在哪些方面不符合公司法的规定?(2)该公司税后利润,依据公司法该如何处理?(3)若该公司章程对公司红利的分配比例并未作出规定,两位股东应如何分取红利?

一、有关公司财务会计的要求

(一)公司应依法建立公司的财务会计制度和制作财务会计报告

公司应当依照法律、行政法规和国务院财政主管部门的规定建立本公司的财务会计制度,在每一会计年度终了时制作财务会计报告,并依法经会计师事务所审查验证。

财务会计报告应当包括下列财务会计报表及附属明细表：资产负债表、损益表、财务状况变动表、财务情况说明书、利润分配表。

(二)有关财务会计报告公开的要求

有限责任公司应当按照公司章程规定的期限将财务会计报告送交各股东，股份有限公司应当在召开股东年会的20日以前将财务会计报告置备于本公司，供股东查阅；以募集方式设立的股份有限公司必须公告其财务会计报告。

二、公司税后利润的分配

(一)公积金制度

1.公积金的含义

公积金是指公司为了扩大经营规模，弥补亏损和增加资本在其注册资本之外保留的一定数量的资产，又称为储备金。

2.公积金的分类

(1)法定公积金。

依照法律规定的比例从税后利润中提取的以及非营业所得部分构成，又分盈余公积金和资本公积金。

(2)任意公积金。

根据公司章程规定或股东(大)会决议在提取法定公积金之后提取。其用途也由股东(大)会决议和公司章程规定使用。

3.公积金的用途

《公司法》第169条规定：公司的公积金用于弥补公司的亏损、扩大公司生产经营或者转为增加公司资本。但是，资本公积金不得用于弥补公司的亏损。法定公积金转为资本时，所留存的该项公积金不得少于转增前公司注册资本的25%。

股东(大)会可以决议用公积金来充实公司的资本，并将相应的股权比例或其他方式分配到股东名下，这时股东无需再出资而增加了其股份数，即公积金转增股份或送股。

(二)公司税后利润分配顺序

公司经营所得的利润依法应首先交纳企业所得税，纳税后的利润按照下列顺序进行分配：

1.如果上一年度有亏损,首先弥补亏损。

2.依法提取法定公积金。提取比例为税后利润的10%,但累计额为公司注册资本的50%时可不再提取。

3.提取任意公积金。是否提取任意公积金由经股东会或股东大会决议来确定。如果不提取,则直接向股东分配股利。

4.向股东分配股利。有限责任公司按照股东实缴的出资比例进行分配,但全体股东另有约定除外;股份有限公司按照股东所持股份比例分配,但股份有限公司章程规定不按持股比例分配的除外。公司持有的本公司股份不得分配利润。股利分配必须坚持"无盈不分"的原则,没有盈利不得分配,这是资本维持原则的要求。

【本章小结】

以企业的组织形式和法律地位为标准,我们可以将现代企业分为公司企业、合伙企业和个人独资企业。其中公司企业因为在经济方面所表现出的巨大效率而得到广泛采用。企业的效率取决于企业获取资源的能力以及利用资源的能力,而公司在这方面优势明显:可以筹集社会闲散资金,通过内部制衡机制使得决策民主科学、经营合理。在本章第一节阐述公司、企业和法人之间的内在联系、公司的分类、名称、住所、资本、合并分立、解散清算以及我国公司法的立法沿革;第二节和第三节则根据我国公司法对公司的分类分别介绍有限责任公司和股份有限公司的法律规定;第四节讲授公司债券的含义、分类、与公司股票的区别、发行的条件和程序以及公司债券转让的法律规定,同时也对公司的融资方式作了简要介绍;第五节则从对公司财务会计的要求、税后利润的分配两个方面对我国公司的财务会计制度进行概要介绍。

思考题:

1.简述法人的概念及成立条件。

2.简述公司组织机构(治理机构)的设置及权力分配机制。

3.简述公司股票和公司债券的区别与联系。

4.简述公司利润的分配程序。

5.李某是一家有限责任公司的股东。最近,他在要求查阅公司账目的时候遭到拒绝。李某能否以公司违约和其他股东违法为由要求解除合同,抽回出资?

6.李某、陈某与在市劳动局工作的同学王某拟发起设立一家从事生产经营的公司。三人共同拟定公司章程,其中包括以下内容:(1)公司的组织形式为有限责任公司,名称为光华实业公司。(2)公司注册资本为人民币30万元。(3)王某以货币出资人民币2万元,李某以房产作价出资8万元,陈某以普通非专利技术作价出资人民币20万元。(4)公司不设股东会,实行董事会领导的总经理负责制,由王某担任董事长,李某为董事会成员。(5)公司因业务需要时,得设立分公司,分公司具有法人资格,自主经营,自负盈亏。(6)公司设一名监事,由李某担任。2006年1月8日,王某到当地工商部门办理登记手续,工商局指出申请中的不合法之处。经过整改,1月18日工商局进行登记,颁发《企业法人营业执照》,1月28日,公司在当地报纸上刊登成立公告。

请问:(1)该公司在设立过程中存在哪些问题?(2)公司成立日期是哪一天?

7.孙某与林某均为胜利奶制品股份有限公司的董事。1997年5月,孙某、林某又于其所任职公司以外的张某、王某共同开办了一家冷饮厂。该冷饮厂的主要产品为酸奶和冰淇淋,与胜利公司的产品相同。1998年4月,胜利公司发现这一情况,该公司临时股东大会决议,免去孙某和林某的董事职务,并向法院起诉,请求法院判令孙某和林某赔偿损失。经查,孙、林二人在经营冷饮厂期间,共获经营收入25万元。

请问:(1)孙某与林某的行为违反了什么法律的规定?(2)法院应如何判决?

第三章 合伙企业法律制度

第一节 合伙企业法概述

> **导入案例**
>
> ### 一起绑架案背后的民事纠纷
>
> 甲、乙、丙三个温州商人在北京做超市生意,由甲牵头,乙和丙投入280万。三方因种种原因没有订立书面合伙协议,彼此心照不宣。甲是这么考虑的:若超市盈利,就主张280万是借款,仅承担还本付息的责任;若超市亏损,则这笔钱是乙、丙的投资,三方是合作关系,乙和丙应承担无限连带清偿责任。乙和丙是这样打算的:若超市盈利,就主张彼此之间是合作关系,乙和丙可以参与分红;若超市亏损,就咬定这笔钱是借款而不是出资合作,乙和丙不必承担连带清偿责任。最后,超市经营亏损,若按出资比例,乙、丙得承担损失500万元。这时乙和丙咬定280万是借款而非合作。实际情况是280万已经转入甲的户头,乙、丙也参与超市的经营管理并且乙还出任商场的副总经理。后来,乙和丙派人绑架了甲,抢走甲身上带的118万,并逼迫甲写下一张160万的借条,构成非法拘禁罪。这起因刑事案件而引出背后的民事纠纷才曝光。对于甲与乙、丙之间的关系,一审法院判决是构成借贷关系,二审法院判决是构成合伙关系。
>
> 问题:(1)如何界定合伙关系?(2)本案中甲与乙、丙之间的关系是合伙关系还是借贷关系?

一、合伙企业的概念和分类

(一)合伙企业的概念

合伙企业是指自然人、法人和其他组织依照《合伙企业法》的规定在中国境内设立的普通合伙企业和有限合伙企业。

合伙企业是一种历史悠久的企业组织形式。在法人制度形成之前,合伙企业是自然人之间联合从事经营活动可以选择的唯一的、重要的方式。但在公司企业出现后,由于合伙企业在投资来源、经营管理以及风险承担等方面的社会化程度较低,因此在现代市场经济社会中,合伙企业已退之次席,但仍是一种相当普遍的组织形式。合伙企业有其优越性:设立程序简单快捷;内部关系紧密稳固;不是纳税主体,政府干预和法律限制少等等。对于创业之初的投资人而言,合伙企业是最好的创业形式之一,如美国的波音公司就是由合伙企业发展而来的。

(二)合伙企业的分类

根据《合伙企业法》对合伙企业的界定,可以看出,合伙企业分为两类:

1. 普通合伙企业

普通合伙企业由普通合伙人组成,合伙人对合伙企业债务承担无限连带责任,《合伙企业法》对普通合伙人承担责任的形式有特别规定的除外(主要指特殊的普通合伙企业)。

2. 有限合伙企业

有限合作企业由普通合伙人和有限合伙人组成,普通合伙人对合伙企业债务承担无限连带责任,有限合伙人以其认缴的出资额为限对合伙企业债务承担责任的企业。

二、合伙企业的法律特征

(一)合伙企业由两个或两个以上自然人、法人和其他组织共同投资设立

1. 投资人至少为两人

投资人为两人以上,才能称为合伙,若投资人仅为1人,则只能设立独资企业。

2. 合伙人为自然人的应具有完全民事行为能力,法律另有规定除外

合伙经营是比较复杂的经营行为,具有完全民事行为能力的人才能胜任。

3. 法律、法规禁止从事营利性活动的人不能成为合伙人

这里禁止从事营利性活动的人目前主要是指国家公务员、商业银行工作人员等。同时《合伙企业法》第3条规定:国有独资公司、国有企业、上市公司以及公益性的事业单位、社会团体不得成为普通合伙人。依此规定,上述主体只能参与设立有限合伙企业成为有限合伙人,而不得成为普通合伙人。

(二)合伙企业是不具有法人资格的营利性经济组织

合伙企业具有稳定、连续经营的特点,需履行商业登记手续,强调组织性。这里要注意把合伙企业与一般的民事合伙区别开来,民事合伙一般是临时性的,无需履行登记手续。同时,不具有法人资格使合伙人(除有限合伙人之外)及其合伙企业承担的责任均不是有限责任。

(三)普通合伙人对合伙企业的债务承担无限连带清偿责任

无论是在普通合伙企业还是有限合伙企业均如此。普通合伙人的这种责任既是无限的,同时又是连带的,即每个普通合伙人都有义务清偿合伙企业的全部债务。正因如此,合伙企业的名称中不得带有"有限责任"或"有限"字样。有限合伙人则以其认缴的出资额为限对合伙企业债务承担有限责任。

(四)合伙企业的设立是以合伙协议为基础的,是典型的人合企业

合伙企业的设立和内部管理是以合伙协议为基础的,有关合伙企业的经营运作的重大事项由合伙协议约定,合伙人之间的相互信任或者信赖对于合伙企业的存续和发展至关重要。《合伙企业法》第18条规定合伙协议应当载明下列事项:合伙企业的名称和主要经营场所的地点;合伙目的和合伙经营范围;合伙人的姓名或者名称、住所;合伙人的出资方式、数额和缴付期限;利润分配、亏损分担方式;合伙事务的执行;入伙与退伙;争议解决办法;合伙企业的解散与清算;违约责任。如合伙人的出资、利润分配和亏损分担、合伙事务的执行、入伙退伙、解散清算、违约责任、解决争议的方法等。可见合伙企业从设立、经营管理,到利润分配、风险分担、解散清算、争议解决等生产经营过程中的重大事项都应在合伙协议中加以约定。因此,合伙协议是合伙企业重要的法律文件,合伙企业也是契约式的企业。

(五)合伙企业的经营成本较低

《合伙企业法》第6条规定:合伙企业的生产经营所得和其他所得,按照国家有关税收规定,由合伙人分别缴纳所得税。从2000年1月1日起,我国对合伙企业停征企业所得税,仅就合伙人的生产经营所得征收个人所得税。

三、合伙企业法的概念

合伙企业法是指调整在合伙企业的设立、组织、活动和解散过程中发生的经济关系的法律规范的总称。

我国的《合伙企业法》是1997年2月23日第八届全国人民代表大会常务委员会第二十四次会议通过的,自1997年8月1日起施行,同时在2006年8

月27日第十届全国人民代表大会常务委员会第二十三次会议进行修订,于2007年6月1日起施行。1997年的《合伙企业法》仅仅规定普通合伙这种形式,但在2006年8月修订后,合伙企业的形式增多(增加了有限合伙的形式)、合伙人的范围增大(法人和其他组织可以成为合伙人),同时在普通合伙中增设了"特殊的普通合伙企业"这种形式。

第二节 普通合伙企业

导入案例

合伙企业对合伙人执行合伙企业事务的限制的效力

王某、张某、李某三人合伙开办一服装店。三人约定:王某负责服装店的日常经营管理,但单比业务金额超过10万元的应经全体合伙人同意。王某为方便开展业务,自行决定购买一辆价值13万元的客货两用车,以商店的名义与某汽车销售公司订立一份汽车买卖合同并付清了款项。张、李二人得知后,以王某的行为超越其权限范围为由要求否认该购车合同的效力,退货还款。

问题:该购车合同的效力如何?

一、普通合伙企业的设立

(一)设立条件

1. 有2个以上合伙人

合伙人为自然人的,应当具有完全民事行为能力,同时也不得是法律法规规定禁止从事营利性活动的人。

2. 有书面的合伙协议

合伙协议是合伙企业成立和存续的基础。合伙协议经全体合伙人签名、盖章后生效。

3. 有合伙人认缴或者实际缴付的出资

合伙人必须向合伙企业交付合伙协议约定的出资。

(1)合伙企业无最低资本数额的限制。

由于合伙企业不是以合伙企业的财产为限对合伙企业债务承担有限清偿责任,因此,法律并未规定合伙企业的最低资本数额。另外,合伙企业法规定合伙人对合伙企业的债务承担无限连带清偿责任,使得合伙人能够谨慎、勤勉地执行合伙企业的事务,合伙企业的债权人的合法权益在某种程度上能够得到保障和实现。但作为一种企业类型,仍然需要有与其从事的业务相适应的资本作为生产经营的物质基础,这也是企业成立的物的要素。而合伙人的出资就构成了合伙企业的资本。

(2)合伙人出资方式灵活多样。

《合伙企业法》第16条第1款规定:合伙人可以用货币、实物、知识产权、土地使用权或者其他财产权利出资,也可以用劳务出资。即除传统的出资方式货币、实物、知识产权、土地使用权及其他财产权利外,合伙人还可以以既非财产也非财产权利的劳务出资。这与股东不得以劳务作为出资方式的规定截然不同。这是因为股东对公司承担的责任以其出资额或者所持股份为限,股东的出资必须是依法可以评估作价的财产或者财产权利。而在合伙企业中,合伙人承担责任份额由合伙协议约定,并且合伙人对合伙企业的债务承担的是无限连带责任,因此相应的其出资方式相对股东来说更为灵活多样。

(3)对除货币以外的其他出资方式评估作价方式的灵活性。

与公司企业不同,《合伙企业法》并未规定对合伙人的出资须经法定评估机构评估,而是规定可以由合伙人协商确定,也可以由合伙人委托法定评估机构评估。特别是在合伙人以劳务出资的情况下,只能由全体合伙人协商确定其出资份额,并在合伙协议中载明。

4.有合伙企业的名称和生产经营场所

就名称而言,合伙企业与《民法通则》规定的民事合伙略有不同,后者可以有名称,也可以没有名称。而合伙企业必须有名称,这是合伙企业区别于其他企业的标志,也是合伙企业取得注册的必备条件。同时,普通合伙企业名称中应当标明"普通合伙"字样,不能有"有限责任"或"有限"字样。生产经营场所是合伙企业从事营业活动的场所,也是合伙企业注册的必备条件。

5.法律、行政法规规定的其他条件

(二)设立程序

1.合伙人依法达成合伙协议

合伙协议经全体合伙人签名、盖章后生效。合伙协议生效后,合伙人按照合伙协议的约定行使参与经营管理、分享利润等权利,履行出资、分担风险等义务。

2.法律、法规规定须报有关部门审批的,应当取得有关部门批准

这主要是针对一些从事特殊行业的合伙企业,应当经行业主管部门的审批。《合伙企业法》第9条第2款规定,合伙企业的经营范围中有属于法律、行政法规规定在登记前须经批准的项目的,该项经营业务应当依法经过批准,并在登记时提交批准文件。

3.向企业登记机关申请设立登记

《合伙企业法》第9条第1款规定:申请设立合伙企业,应当向企业登记机关提交登记申请书、合伙协议书、合伙人身份证明等文件。第10条规定,申请人提交的登记申请材料齐全、符合法定形式,企业登记机关能够当场登记的,应予当场登记,发给营业执照。除前款规定情形外,企业登记机关应当自受理申请之日起20日内,作出是否登记的决定。予以登记的,发给营业执照;不予登记的,应当给予书面答复,并说明理由。企业登记机关应当自受理申请之日起20日内,作出是否准予登记的决定。

合伙企业营业执照签发日期即为合伙企业正式成立的日期。

二、普通合伙企业的财产

(一)财产的构成

1.合伙人的出资

合伙人的出资即合伙人按合伙协议的约定交付的出资。《合伙企业法》第17条规定,合伙人应当按照合伙协议约定的出资方式、数额和缴付期限,履行出资义务。以非货币财产出资的,依照法律、行政法规的规定,需要办理财产权转移手续的,应当依法办理。

2.合伙企业成立后以合伙企业名义取得的财产

合伙企业成立以后的生产经营活动必然使得合伙企业财产状况发生变化,由此取得的财产也属于合伙企业的财产。例如合伙企业的经营收入、购置的不动产、以合伙企业的名义取得的专利权、商标权及其他财产权利等。

(二)财产的管理

合伙企业的财产由全体合伙人按《合伙企业法》规定及合伙协议的约定共同管理和使用,合伙人不得私自转移或处分,法律另有规定除外。

(三)财产的分割

除法律另有规定外,合伙企业进行清算之前,合伙人不得请求分割合伙企

业的财产。这是因为合伙企业的财产为全体合伙人共同共有或共同使用。在合伙企业存续期间除合伙人退伙或合伙企业解散,合伙人不得主张分割财产。

(四)财产的转让

这里的转让是指合伙人转让在合伙企业中的财产份额。财产份额是指合伙人在合伙企业财产中依照出资份额或合伙协议约定的比例分配收益和分担风险亏损的份额。财产份额的转让分为两种,相应的程序也不同:

1. 内部转让

内部转让即财产份额在合伙人之间的转让。《合伙企业法》对于内部转让的规定较为宽松,转让人只要通知其他合伙人即可,而无需征求其他合伙人的同意。

2. 外部转让

外部转让即财产份额向合伙人以外的人转让。合伙企业是人合企业,合伙人之间的信任或者信赖关系对于合伙企业正常的经营管理影响重大。外部转让会导致合伙人发生变化,进而可能破坏合伙人之间的信任关系,影响到合伙企业的稳定。因此《合伙企业法》规定向合伙人以外的其他人转让财产份额需经其他合伙人一致同意,在同等的条件下,其他合伙人有优先受让的权利,但合伙协议另有规定的除外。

(五)财产份额的出质

这是指合伙人以其在合伙企业中的财产份额为质物而作的担保。质押是《担保法》规定的五种担保方式之一,目的是保证债权的履行。

1. 质押

质押是指债务人或者第三人将其动产或可转让的权利移交债权人占有,以其作为债权担保的担保形式。

根据质物不同,质押又分为两类:动产质押和权利质押。合伙人以在合伙企业中的财产份额为质物的质押属于权利质押的范畴。

倘若合伙人以其在合伙企业中的财产份额作为质押这种担保方式的质物,就存在质权人行使质权的情形,即在主合同无法履行的情况下,质权人有权通过拍卖变卖质物(即合伙企业中的财产份额)来实现自己的债权。这就存在财产份额外部转让的可能。因此,《合伙企业法》对财产份额的出质作出严格规定。

2. 以合伙企业中的财产份额出质的法律规定

合伙人以其在合伙企业中的财产份额出质的,须经其他合伙人一致同意;未经其他合伙人一致同意,其行为无效,由此给善意第三人造成损失的,由行为人依法承担赔偿责任。

三、普通合伙企业事务的执行

合伙企业的事务包括入伙、退伙、出资份额的转让、解散与清算、改变名称、延长合伙企业经营期限等,同时还包括大量日常的经营管理活动。根据《合伙企业法》的规定,因合伙企业合伙人承担无限连带清偿责任,法律没有强制规定合伙企业必须建立健全内部组织机构,这也是合伙企业与公司企业的重要区别之一。相应的,合伙企业事务的执行方式也灵活多样。

(一)合伙企业事务执行方式

1. 共同执行

《合伙企业法》第26条第1款规定:合伙人对执行合伙事务享有同等的权利。各个合伙人共同出资,在合伙企业中的地位是相互平等的,当然也有权利参与对合伙企业事务的执行。这种执行方式一般适用在合伙人人数较少、规模不大的合伙企业。

2. 委托执行

《合伙企业法》第26条第2款、第3款规定:按照合伙协议的约定或者经全体合伙人决定,可以委托一个或者数个合伙人对外代表合伙企业,执行合伙事务。作为合伙人的法人、其他组织执行合伙事务的,由其委派的代表执行。在委托执行的情况下,其他不执行合伙事务的合伙人不再执行合伙企业事务,但有权了解企业的经营状况和财务状况并查阅账目。执行合伙事务的合伙人对其他合伙人有报告义务。

3. 分别执行

分别执行实际上也是一种委托执行。主要是根据各合伙人的专长,将合伙企业事务中的相关专业化事务委托给有相应专长的合伙人执行,以充分发挥各合伙人的聪明才智。

执行合伙事务的合伙人对外代表合伙企业,其执行合伙事务的行为是一种职务行为,产生的法律后果由合伙企业承担。而且受委托执行合伙事务的合伙人不按照合伙协议或者全体合伙人的决定执行事务的,其他合伙人可以决定撤销该委托。

4. 授权执行

授权执行是指经过全体合伙人一致同意,将合伙企业的有关经营管理事务委托给合伙人以外的其他人执行。《合伙企业法》第35条规定:被聘任的合伙企业的经营管理人员应当在合伙企业授权范围内履行职务。被聘任的合伙企业的经营管理人员,超越合伙企业授权范围履行职务,或者在履行职务过程中因故意或者重大过失给合伙企业造成损失的,依法承担赔偿责任。

(二)合伙企业的议事规则

1. 按照合伙协议约定的表决方式办理

合伙人对合伙企业有关事项作出决议,按照合伙协议约定的表决办法办理。合伙协议未约定或者约定不明确的,实行合伙人一人一票并经全体合伙人过半数通过的表决办法。

2. 特别重大的事项须经全体合伙人同意

无论合伙协议约定采用何种合伙企业事务执行的方式,最终的法律责任仍然是由全体合伙人承担。因此,为保护全体合伙人的利益特别是不执行合伙事务合伙人的利益,法律作出专门规定。《合伙企业法》第31条规定除合伙协议另有约定外,合伙企业的下列事项应当经全体合伙人一致同意:改变合伙企业的名称;改变合伙企业的经营范围、主要经营场所的地点;处分合伙企业的不动产;转让或者处分合伙企业的知识产权和其他财产权利;以合伙企业名义为他人提供担保;聘任合伙人以外的人担任合伙企业的经营管理人员。

(三)合伙利润分配及亏损分担

1. 合伙企业的利润分配、亏损分担,按照合伙协议的约定办理;合伙协议未约定或者约定不明确的,由合伙人协商决定;协商不成的,由合伙人按照实缴出资比例分配、分担;无法确定出资比例的,由合伙人平均分配、分担;

2. 合伙协议不得约定将全部利润分配给部分合伙人或者由部分合伙人承担全部亏损。

如果约定将全部利润分配给部分合伙人或者由部分合伙人承担全部亏损,造成部分合伙人只享受利润分配而不承担经营的风险,违背了合伙企业人合的性质和民事活动的公平原则,因此是无效的。同时这个规定也适用于清偿合伙企业债务、退还合伙人财产、返还合伙企业剩余财产等情形。

(四)合伙人的义务

1. 竞业禁止义务

在合伙企业存续期间合伙人不得自营或与他人合作经营与其所在的合伙企业相竞争的业务。

2. 交易禁止义务

除合伙协议另有约定或者经全体合伙人一致同意外,合伙人不得同本合伙企业进行交易。

3.不得从事损害本合伙企业利益的活动

四、普通合伙企业与第三人的关系

(一)合伙企业与善意第三人的关系

《合伙企业法》在调整合伙企业与第三人之间的关系时强调应当遵循自愿、公平和诚实信用原则,并从维护整个交易秩序和交易安全的角度注重对善意第三人的保护。除法律另有规定外,合伙企业对合伙人执行合伙事务以及对外代表合伙企业权利的限制不得对抗不知情的善意的第三人。

(二)合伙企业与其债权人的关系

合伙企业在生产经营的过程中必然与其他市场主体之间产生债权债务关系。同时合伙企业作为一个市场主体,具有相对独立的财产,合伙人的出资及其合伙企业成立之后以合伙企业的名义取得的财产构成合伙企业的财产。但合伙企业不具有法人资格的法律地位使得合伙企业不能以合伙企业的财产为限独立承担民事责任。如果合伙企业的财产不足以清偿合伙企业债务,则必须由其投资者即合伙人来承担责任。根据《合伙企业法》的规定,合伙企业对其债权人所负债务依照下列顺序清偿:

1.依法先以合伙企业的全部财产来偿还;
2.不足清偿的部分由各合伙人承担无限连带清偿责任;
3.合伙协议有约定清偿比例的,按约定比例清偿;合伙协议未约定或者约定不明确的,由合伙人协商决定;协商不成的,由合伙人按照实缴出资比例分配、分担;无法确定出资比例的,由合伙人平均分配、分担。
4.合伙人清偿数额超过其应承担的数额时,有权向其他合伙人追偿。

(三)合伙企业与合伙人个人债权人之间的关系

由于合伙人在合伙企业中拥有财产份额,合伙人的个人债权人在合伙人个人财产不足以满足其债权实现的情况下,就会要求强制执行合伙人在合伙企业中的财产份额。同时合伙企业在生产经营过程中也有可能与合伙人的个人债权人之间产生债权债务关系。为厘清彼此之间的关系,《合伙企业法》进行如下的制度设计:

1.合伙人个人的债权人不得以该债权抵销其对合伙企业的债务

根据《合同法》第99条的规定,当事人互负到期债务,该债务的标的物种类、品质相同的,任何一方可以将自己的债务与对方的债务抵销。而合伙人与其个人债权人之间的关系以及合伙企业与合伙人个人债权人之间的关系是两种不同的债权债务关系,不能主张抵销。

2. 合伙人个人的债权人不得代位行使该合伙人在合伙企业中的权利

合伙人在合伙企业中的权利,诸如合伙事务执行权、利润分配权、查阅账目权等,是基于合伙人作为合伙企业投资人身份而享有的权利,是与人身关系密切联系的权利。因此作为合伙人个人的债权人是不能够代位行使的。

3. 合伙人个人的财产不足清偿其个人所负债务时的处置方式

合伙人个人的财产不足清偿其个人所负债务时,该合伙人可以以其从合伙企业中分配的收益用于清偿;其债权人也可以依法请求人民法院强制执行该合伙人在合伙企业中的财产份额用于清偿。同样,在同等条件下,其他合伙人有优先受让的权利。

五、入伙、退伙

(一)入伙

1. 入伙的含义

入伙是指合伙企业存续期间合伙人以外的人加入合伙企业并取得合伙人资格的法律行为。

2. 入伙的条件

《合伙企业法》第43条第1款规定:新合伙人入伙,除合伙协议另有约定外,应当经全体合伙人一致同意,并依法订立书面入伙协议。合伙企业属于人合性质的企业,合伙人之间的信任合作关系对合伙企业经营管理影响重大。

3. 入伙的程序

入伙人必须与原合伙人订立书面入伙协议并办理变更登记手续。在订立入伙协议前,原合伙人应将原合伙企业的经营状况和财务状况告知新入伙人。

4. 入伙的法律后果

入伙人对其入伙前合伙企业的债务承担无限连带清偿责任。

(二)退伙

1. 退伙的含义

合伙企业存续期间合伙人退出合伙企业并使其合伙人资格归于消灭的法律行为。

2. 退伙的情形

(1)自愿退伙。

自愿退伙又称声明退伙,指合伙人基于自愿而退伙。根据合伙协议是否

有约定经营期限,自愿退伙分为两种类型:

①有约定合伙企业经营期限的,合伙人可以在下列情况下退伙:合伙协议约定的退伙事由出现;经全体合伙人同意退伙;发生合伙人难于继续参加合伙企业的事由;其他合伙人严重违反合伙协议约定的义务。

②未约定合伙企业经营期限的,合伙人在不给合伙企业事务执行造成不利影响的情况下,可以退伙,但应当提前30日通知其他合伙人。

合伙人违反上述规定退伙的,应当赔偿由此给合伙企业造成的损失。

(2)法定退伙。

法定退伙又称当然退伙,是指合伙人因出现法律明确规定的事由而退伙。根据《合伙企业法》第48条的规定,合伙人有下列情形之一,当然退伙:作为合伙人的自然人死亡或者被依法宣告死亡;个人丧失偿债能力;作为合伙人的法人或者其他组织依法被吊销营业执照、责令关闭撤销,或者被宣告破产;法律规定或者合伙协议约定合伙人必须具有相关资格而丧失该资格;合伙人在合伙企业中的全部财产份额被人民法院强制执行。

这里应当注意,在2007年《合伙企业法》修订之前,合伙人被依法宣告为无民事行为能力人也是当然退伙的法定事由之一。但在《合伙企业法》修订之后,合伙企业的形式增多,出现了有限合伙的责任形式。不具有完全民事行为能力人虽不能作为普通合伙人,但可以作为有限合伙人。因此,《合伙企业法》第48条第2款规定:合伙人被依法认定为无民事行为能力人或者限制民事行为能力人的,经其他合伙人一致同意,可以依法转为有限合伙人,普通合伙企业依法转为有限合伙企业。其他合伙人未能一致同意的,该无民事行为能力或者限制民事行为能力的合伙人退伙。第79条也规定:作为有限合伙人的自然人在有限合伙企业存续期间丧失民事行为能力的,其他合伙人不得因此要求其退伙。

(3)除名退伙。

除名退伙指经其他合伙人一致同意,将符合法律规定除名条件的合伙人强制清除出合伙企业而发生的退伙。根据《合伙企业法》第49条规定,合伙人有下列情形之一,经其他合伙人一致同意,可以决议将其除名:未履行出资义务;因故意或者重大过失给合伙企业造成损失;执行合伙企业事务时有不正当行为;发生合伙协议约定的事由。

对合伙人的除名决议应当书面通知被除名人。被除名人接到除名通知之日,除名生效,被除名人退伙。被除名人对除名决议有异议的,可以自接到除名通知之日起30日内,向人民法院起诉。

3. 退伙的法律后果

(1)退伙不影响合伙企业继续存在,但当合伙人仅剩一人时,合伙企业应当解散;

(2)合伙人退伙,应依法对合伙企业财产进行清算,退还退伙人的财产份额。未了结的事务,等了结后清算;

(3)退伙人对基于其退伙前的原因发生的合伙企业债务,承担无限连带责任;

(4)合伙人死亡或者被依法宣告死亡,对该合伙人在合伙企业中的财产份额享有继承权的继承人,依照合伙协议的约定或者经全体合伙人同意,取得合伙人资格。法律另有规定或者合伙协议另有约定除外。

六、合伙企业的解散和清算

(一)合伙企业的解散

合伙企业的解散,即合伙企业主体资格的终止。《合伙企业法》第85条规定合伙企业有下列情形之一的,应当解散:

1. 合伙期限届满,合伙人决定不再经营;
2. 合伙协议约定的解散事由出现;
3. 全体合伙人决定解散;
4. 合伙人已不具备法定人数满30天;
5. 合伙协议约定的合伙目的已经实现或者无法实现;
6. 依法被吊销营业执照、责令关闭或者被撤销;
7. 法律、行政法规规定的其他原因。

(二)合伙企业的清算

1. 确定清算人

《合伙企业法》第68条规定:合伙企业解散,应当由清算人进行清算。清算人由全体合伙人担任;经全体合伙人过半数同意,可以自合伙企业解散事由出现后15日内指定一个或者数个合伙人,或者委托第三人,担任清算人。

自合伙企业解散事由出现之日起15日内未确定清算人的,合伙人或者其他利害关系人可以申请人民法院指定清算人。

2. 清算人的职责

清算人在清算期间执行下列事务:

(1)清理合伙企业财产,分别编制资产负债表和财产清单;

(2)处理与清算有关的合伙企业未了结事务；
(3)清缴所欠税款；
(4)清理债权、债务；
(5)处理合伙企业清偿债务后的剩余财产；
(6)代表合伙企业参加诉讼或者仲裁活动。

3. 债权人债权的申报

《合伙企业法》第88条规定:清算人自被确定之日起10日内将合伙企业解散事项通知债权人,并于60日内在报纸上公告。债权人应当自接到通知书之日起30日内,未接到通知书的自公告之日起15日内,向清算人申报债权。

4. 合伙企业财产的清偿顺序

合伙企业财产在支付清算费用后按照下列顺序分配：
(1)职工工资、社会保险费用、法定补偿金；
(2)缴纳所欠税款；
(3)清偿债务；
(4)合伙人分配剩余财产。

5. 办理注销登记手续

清算结束,清算人应当编制清算报告,经全体合伙人签名、盖章后,在15日内向企业登记机关报送清算报告,申请办理合伙企业注销登记,消灭合伙企业主体资格。合伙企业注销后,原合伙人对合伙企业存续期间的债务仍应承担无限连带清偿责任。

七、特殊的普通合伙企业

特殊的普通合伙企业是2006年《合伙企业法》修订后在普通合伙企业中规定的一种新的责任形式,主要适用于专业服务机构例如注册会计师事务所、律师事务所等。这些专业服务机构没有多少资本,主要以专业知识与信息为客户提供专业服务。如果要求每一个合伙人都对合伙债务承担无限连带责任,必将导致许多无过错合伙人承担因其他合伙人过错所导致的连带责任,不利于这些专业服务机构的发展。从上个世纪90年代开始,国际上一些专业服务机构就采用了这么一种新的责任形式:在这些专业人员执业当中,如果某个或者几个合伙人,因为故意或重大过失给合伙企业造成债务时,这些责任人要承担无限清偿责任或者无限连带清偿责任。其他没有责任的合伙人,仅以在合伙企业中的出资为限承担责任。若是合伙人对合伙企业债务的产生没有故意或重大过失,则由全体合伙人承担无限连带清偿责任。这种责任形式有助于那些采取合伙制的专业服务机构不断地扩大规模,也是适应我国"入世"以后,专业服务机构发展需要的一个重要举措。

(一)特殊的普通合伙企业的含义

《合伙企业法》第57条规定:一个合伙人或者数个合伙人在执业活动中因故意或者重大过失造成合伙企业债务的,应当承担无限责任或者无限连带责任,其他合伙人以其在合伙企业中的财产份额为限承担责任。合伙人在执业活动中非因故意或者重大过失造成的合伙企业债务以及合伙企业的其他债务,由全体合伙人承担无限连带责任。

(二)特殊的普通合伙企业名称中应当标明"特殊普通合伙"字样

从本质上而言,特殊的普通合伙企业仍然是普通合伙企业,因此,除法律另有规定以外,特殊的普通合伙企业仍然适用有关普通合伙企业的法律规定。

(三)特殊的普通合伙企业应当建立执业风险基金、办理职业保险

执业风险基金用于偿付合伙人执业活动造成的债务。执业风险基金应当单独立户管理。

第三节 有限合伙企业

导入案例

IPOD的发明人与风险投资基金

IPOD是目前一种广泛使用的音乐播放器,自2001年美国苹果公司推出IPOD以来,至今已经在全球范围内销售1亿多个。那么它的发明人是不是一个亿万富翁呢?事实并非如此。IPOD真正的发明者是一位15岁时就辍学的英国人凯恩·克雷默。现在的凯恩·克雷默穷困潦倒,住在出租公寓里。在30年前凯恩发明了IPOD的雏形,但却无力筹集到更新专利权所需要的6万英镑,使得自己的发明成为公共财产。2008年9月,一家名为Burst.com的公司控告美国苹果公司生产的IPOD侵犯其专利权,要求苹果公司赔偿890亿英镑。苹果公司请凯恩·克雷默这位真正的IPOD之父出山,到美国加州总部作证,最后两家公司庭外和

解。凯恩·克雷默表示:"我发明的东西可以给全世界音乐事业带来如此大的变革,我觉得很激动。"倘若凯恩·克雷默当初能够得到风险投资资金的青睐,那今天他的境遇可能完全不同。

问题:思考风险投资基金对科技开发应用的作用及其资本的投资运作通常采用的责任形式。

一、有限合伙企业的概念

有限合伙企业是指由普通合伙人和有限合伙人组成,普通合伙人对合伙企业债务承担无限连带责任,有限合伙人以其认缴的出资额为限对合伙企业债务承担责任的合伙企业。

在大陆法系的法国和德国,有限合伙企业是以两合公司的形式出现的。我国的《合伙企业法》在2006年修订之前,将调整对象主要限定为规模较小的私营企业,这些企业的合伙人均为自然人,对合伙企业债务均承担无限连带责任。这样的规定限制了愿意参与合伙,但不愿承担无限连带责任的投资者的投资选择。特别是发展风险投资迫切需要在法律中规定有限合伙制度。风险投资是20世纪60年代快速发展起来的一种股权投资方式,主要通过持有股权,投资于在创业阶段有快速成长可能的科技型中小企业,以促进这类企业的技术开发、创业发展和资金融通。这种投资常用的组织形式是有限合伙,即在至少有一名合伙人承担无限责任的基础上,允许其他合伙人承担有限责任,从而将具有投资管理经验或技术研发能力的机构或个人,与具有雄厚资金实力的投资机构有效结合起来。原合伙企业法没有规定有限合伙制度,而且有的条文对设立有限合伙形成直接限制,但在科技研发比较发达的北京中关村和深圳试行过有限合伙制度。2006年《合伙企业法》修订之后,增加了有限合伙制度。相对于普通合伙企业,有限合伙企业允许投资者以承担有限责任的方式参加合伙成为有限合伙人,依据合伙协议享受合伙收益,在某种程度上规避投资风险,有利于刺激投资者的积极性。而具有良好投资意识的专业管理机构或个人作为普通合伙人,承担无限连带责任,行使合伙事务执行权,负责企业的经营管理。这样使得资本与智力实现有效的结合,建立以有限合伙为组织形式的风险投资机构,从事高科技项目的投资,促进创新型国家的建立。

二、有限合伙企业的特别规定

《合伙企业法》在第三章对有限合伙企业作出专章的规定。法律没有专门规定的,则适用普通合伙企业的规定。

(一)有限合伙企业由2个以上50个以下合伙人设立,但法律另有规定的除外

(二)有限合伙企业中至少要有一名有限合伙人

这是普通合伙企业与有限合伙企业重要区别之一。因此,倘若因为退伙等原因,有限合伙企业仅剩有限合伙人的,应当解散;有限合伙企业仅剩普通合伙人的,转为普通合伙企业。

(三)有限合伙企业名称中应当标明"有限合伙"字样

有限合伙企业中的有限合伙人只对合伙企业债务承担有限责任,为了维护交易的安全,保护交易相对人的利益,法律规定有限合伙企业对此应当公示,让交易相对人知悉。因此,《合伙企业法》第62条规定:有限合伙企业名称中应当标明"有限合伙"字样。第66条规定:有限合伙企业登记事项中应当载明有限合伙人的姓名或者名称及认缴的出资数额。

(四)有限合伙人不得以劳务出资

有限合伙人承担有限清偿责任,因此作为有限合伙人的出资方式,只能是货币、实物、知识产权、土地使用权或者其他财产权利等这些可以评估作价的财产或者财产权利,而不能以劳务作为出资方式,但有限合伙企业中的普通合伙人可以以劳务出资。

(五)有限合伙企业由普通合伙人执行合伙事务,对外代表有限合伙企业

权利和义务是互相依托的,与普通合伙人对执行合伙事务享有同等的权利不同,有限合伙人享有以出资额为限承担有限责任的优惠待遇,对其权利的行使也应加以相应的限制,即有限合伙人不执行合伙事务,不得对外代表有限合伙企业。同时《合伙企业法》第76条还规定:第三人有理由相信有限合伙人为普通合伙人并与其交易的,该有限合伙人对该笔交易承担与普通合伙人同样的责任。有限合伙人未经授权以有限合伙企业名义与他人进行交易,给有限合伙企业或者其他合伙人造成损失的,该有限合伙人应当承担赔偿责任。

(六)有限合伙人不受竞业禁止和交易禁止限制,合伙协议另有约定除外

对于普通合伙人竞业禁止核交易禁止的限制主要是为了防止普通合伙人通过从事与本合伙企业相竞争的业务或者与本合伙企业进行交易的行为,谋取私利而损害到合伙企业的利益。而有限合伙人不执行合伙企业事务,不得

对外代表有限合伙企业,即对有限合伙企业的对外交易行为并无直接的控制权和支配权。当有限合伙人自营或者同他人合作经营与本合伙企业相竞争的业务以及与本有限合伙企业进行交易时,一般不会损害到本合伙企业的利益。当然,合伙人也可以在合伙协议中约定有限合伙人也应承担竞业禁止和交易禁止的义务。

（七）新入伙或者退伙的有限合伙人对合伙企业债务责任的承担

新入伙的有限合伙人对其入伙前合伙企业债务,以其认缴的出资额为限承担责任;退伙的有限合伙人对于退伙前合伙企业债务,以其退伙时从有限合伙企业中取回的财产承担责任。

【本章小结】

本章第一节阐述了合伙企业的概念、分类、法律特征及我国合伙企业法的立法现状。第二节从普通合伙企业的设立、合伙企业财产、合伙事务的执行、合伙企业外部联系、入伙和退伙以及合伙企业的解散清算等几个方面介绍相关法律规定,并且对于特殊的普通合伙企业的适用范围及其相关法律规定也进行专门阐述。第三节主要从与普通合伙企业对比的角度论述对有限合伙企业的特殊制度设计。

思考题：

1. 合伙企业与一般民事合伙有何联系和区别？
2. 《合伙企业法》对于普通合伙企业的债务清偿有何法律规定？
3. 合伙企业与公司企业有何不同法律特征？
4. 甲、乙、丙均为注册会计师,三人各出资 10 万元组建一个会计师事务所。

请问:(1)该会计师事务所应当采用怎样的组织形式？(2)倘若甲在某次执业活动中因故意或者重大过失给客户丁造成损失 50 万元,但该事务所现有资产仅 35 万元,应如何承担客户的损失？

5. A、B、C、D 四人组成一合伙企业,合伙协议约定出资比例及损益分配比例为 40%、30%、20%、10%。该企业解散清算时,拥有合伙人出资额 100 万元,留存收益 50 万,负债 200 万。现合伙企业的债权人只向 A、B 主张债权 40 万和 10 万(负债 200 万在扣除企业资产后尚欠 50 万)。

请问:(1)A、B 要不要足额清偿？(2)A、B 满足债权人的要求后,该如何处理合伙人之间的债权债务关系?(3)假设合伙企业无负债且 A 对合伙人以外的 E 负有到期未清偿债务 70 万元,同时 E 对该合伙企业负债 50 万元。那么,E 能否主张其对 A 的债权和其对合伙企业的负债在 50 万的范围内冲抵? E 应当如何实现对 A 的债权?

6.甲、乙、丙三人于 2007 年 10 月达成协议,集资 8 万元共同开设一商店,其中甲出资 2 万元,乙出资 2.5 万元,丙出资 3.5 万元,三人约定按出资比例分享盈利分摊亏损。三人在当月交清全部投资并领取了营业执照。第二年,三人的意见发生分歧。甲在 2008 年 9 月个人贷款买了一辆汽车从事鲜活商品贩卖,因海鲜腐烂造成损失,欠渔场 2 万元。11 月,甲私下与丁商量把自己在商店的 2 万元财产份额转让给丁,乙、丙不同意。在乙、丙不同意的情况下,甲私自取走自己的出资 2 万元。年终一结算,该商店共亏损 6 万元。此时,乙也要求退伙。合伙难以维持,乙、丙商定按进货价格计算分别得价值 1.5 万元、2 万元的商品,乙、丙要求甲分摊商店的亏损,甲认为自己已退伙,应由丁分摊。1998 年初与该商店有业务往来的债权人 A 公司获悉商店散伙的消息后,便找甲,要求甲清偿合伙企业欠 1996 年货款 6 万元。甲以自己早已退出合伙商店推脱。A 公司又找乙和丙,乙认为按照协议自己仅承担债务的 44%,丙认为还债三人都有份,他人不还,我也不还。为此,A 公司向法院起诉。同时,渔场也诉至法院,要求甲偿还 2 万元债务。

请问:(1)甲把自己的份额转让给丁的行为是否有效?丁是否成为合伙人?(2)对于 A 公司的债务,甲、乙、丙、丁应如何承担责任?(3)甲退伙的行为是否有效?

第四章 个人独资企业法律制度

第一节 个人独资企业法概述

导入案例

一元人民币能注册设立个人独资企业

2009年2月,河北省工商局宣布:不论从事什么行业的合伙企业和个人独资企业,注册资金最低一元即可办理营业执照。从理论上而言,《个人独资企业法》没有规定个人独资企业法定资本的最低限额,但真正通过行政公文的形式公告"一元能注册企业"的省份,河北省为全国第一家。

问题:(1)为什么一元人民币能注册设立个人独资企业?(2)在实践中仅有一元钱能维持个人独资企业运转吗?

一、个人独资企业的概念

个人独资企业指依照《个人独资企业法》在中国境内设立,由一个自然人投资,财产为投资人个人所有,投资人以其个人(或者家庭)财产对企业债务承担无限责任的经营实体。

个人独资企业是最古老也是最原始的企业形态。它产生于商品经济初期,与当时社会化程度较低,规模较小的市场活动相适应。随着商品经济的发展,企业的形式日趋复杂多样化,出现了合伙企业。到近代,又出现了比较高级的企业组织形式——公司。在这个发展过程中,个人独资企业在市场经济主体中所处的地位虽然有所下降,但仍然以其设立门槛低、手续简便快捷、经营灵活等特点为中小投资者所青睐。因此在现代企业大家庭中,个人独资企业仍然占有一席之地。在新中国成立后,个人独资企业存在过一段时间,后实行社会主义改造,公私合营,个人独资企业归于消失。改革开放后,此类企业得以恢复发展。

应当注意的是,在使用个人独资企业这个概念时应使用全称,而不能将其简称为独资企业。因为广义上的独资企业除包含个人独资企业外,还有国有独资公司、集体独资企业(单位以自己资金投资设立)、外商独资企业等,这些独资企业都不适用《个人独资企业法》。个人独资企业是专指由一个自然人投资设立的独资企业。

二、个人独资企业的特征

(一)由一个自然人投资设立

这里的自然人仅限于具有完全民事行为能力的自然人。同时,法律法规规定禁止从事营利性活动的人也不得设立个人独资企业。目前禁止设立个人独资企业的自然人主要指国家公务员、商业银行工作人员等。

(二)企业的财产为投资人个人所有

个人独资企业是作为自然人的投资者单独投资设立的企业,投资主体的单一性使得投资人既是个人独资企业财产的所有者,又是企业的经营者。对于企业的财产,投资者享有占有、使用、收益和处分的权利,拥有完整的、排他的所有权。

(三)不具有法人资格

个人独资企业不具备法人成立条件,不能以个人独资企业的财产为限独立承担民事责任。但个人独资企业与公司、合伙企业一样也是独立的经营实体,依法可以以自己的名义独立从事经营性活动并独立核算,因而也是一种企业类型。

(四)投资人个人对个人独资企业债务承担无限清偿责任

个人独资企业的财产不足以清偿个人独资企业的债务的,由投资人承担无限清偿责任。投资人若以家庭共有财产作为个人出资的,应以家庭共有财产对企业债务承担无限清偿责任。

可见,个人独资企业债权人债权的实现在很大程度上依赖于投资人的信用和偿债能力。因此,《个人独资企业法》对个人独资企业同样没有规定法定资本最低限额。

三、个人独资企业法的概念

个人独资企业法是指调整在个人独资企业的设立、组织、活动和解散过程中发生的经济关系的法律规范的总称。

我国于 1988 年制定了《私营企业暂行条例》,1999 年 8 月 30 日由中华人民共和国第九届全国人民代表大会常务委员会第十一次会议通过《个人独资企业法》,自 2000 年 1 月 1 日起施行。

第二节　个人独资企业的法律规制

> **导入案例**
>
> ### 个人独资企业的责任形式及其解散清算
>
> 　　2008 年 1 月王某出资 10 万元设立一个人独资企业,并聘请张某任经理管理企业业务。在聘用合同中约定凡张某对外签订标的额超过 2 万元以上的合同,须经王某的同意。当年 5 月张经理未经王某同意以个人独资企业的名义向 A 公司购入价值 5 万元的货物,而 A 公司并不知道王某和张某之间的约定。2009 年 1 月,王某决定解散该个人独资企业并进行清算。个人独资企业的债权、债务如下:欠税款 5000 元,欠张某工资 5000 元,欠社会保险费 3000 元,欠 A 公司货款 3 万元,欠 B 公司货款 8 万元,银行存款 1 万元,实物折价 8 万元,其他资产 1 万元。
>
> 　　问题:(1)《个人独资企业法》对个人独资企业的责任形式如何规定?(2)张某以个人独资企业的名义与 A 公司签订的合同是否有效?(3)王某决定自行解散企业应履行什么程序?(4)该个人独资企业的债务应如何清偿?

一、个人独资企业的设立

(一)设立条件

1. 投资人为一个自然人,即个人独资企业属于自然人企业
2. 有合法的企业名称

企业的名称应当与其责任形式相符合。个人独资企业的名称中不能使用"有限"、"有限责任"、"公司"、"合伙"等字样。在日常生活中,个人独资企业的名称通常带有"厅"、"厂"、"中心"、"工作室"、"坊"、"店"等字样。

3.有投资人申报的出资

个人独资企业的投资者只有一个自然人,企业的资产与投资人个人的财产并无明显的界限。而且投资人对个人独资企业的债务承担无限清偿责任本身就是对交易安全的一种保障,债权人可以通过追究投资人个人的财产责任来保障自己债权的实现,因此对于个人独资企业的资本,法律并没有最低资本数额的要求。

4.有固定的生产经营场所和必要的生产经营条件

企业经营不能是空中楼阁,除了应当具备人的要素外,还应当要有物的要素。有固定的生产经营场所和必要的生产经营条件是个人独资企业作为一个市场经营实体应当具备的物质条件。而且有固定的生产经营场所在个人独资企业办理注册登记手续时也是必不可少的要素。

5.有必要的从业人员

我国原来对个人独资企业的从业人员有人数的限制。《中华人民共和国私营企业暂行条例》第2条规定:本条例所称私营企业是指企业资产属于私人所有、雇工8人以上的营利性的经济组织。但在1999年《个人独资企业法》颁布后,不再对从业人员人数进行限制,而是规定根据企业生产经营的需要配备必要的从业人员。

(二)设立程序

1.设立申请

设立个人独资企业,应当由投资人或者其委托的代理人向企业登记机关提出申请并报送有关文件。

《个人独资企业法》第9条第1款规定:申请设立个人独资企业,应当由投资人或者其委托的代理人向个人独资企业所在地的登记机关提交设立申请书、投资人身份证明、生产经营场所使用证明等文件。委托代理人申请设立登记时,应当出具投资人的委托书和代理人的合法证明。

2.设立审查

倘若投资人设立的个人独资企业属于从事特殊行业的企业,还应当取得有关行业行政主管部门的审批文件。《个人独资企业法》第9条第2款规定:个人独资企业不得从事法律、行政法规禁止经营的业务;从事法律、行政法规规定须报经有关部门审批的业务,应当在申请设立登记时提交有关部门的批准文件。

3.设立登记

企业登记机关应当在收到设立申请文件之日起15日内,对符合法律规定条件的,予以登记,发给营业执照;对不符合本法规定条件的,不予登记,并应当给予书面答复,说明理由。个人独资企业营业执照的签发日期,为个人独资企业成立日期。个人独资企业设立分支机构,应当由投资人或者其委托的代理人向分支机构所在地的登记机关申请办理设立登记手续。

这里应当注意,就企业登记机关是否予以登记的时间限制问题,法律对公司、合伙企业和个人独资企业的规定不一。公司是自登记机关收到符合法律规定的企业设立申请文件之日起30日,合伙企业是20日,而个人独资企业是15日。这从另外一个角度证明就企业的设立程序而言,个人独资企业相对更为简单。

二、个人独资企业的权利义务

根据《个人独资企业法》的规定,个人独资企业作为市场经营主体之一,享有法律规定的自主经营权等权利,履行守法纳税等义务。

(一)个人独资企业的权利

1.财产所有权

《个人独资企业法》第5条规定:国家依法保护个人独资企业的财产和其他合法权益。这就明确了个人独资企业拥有的财产所有权和其他合法权利受到法律保护。

2.经营自主权

《个人独资企业法》第6条第1款规定:个人独资企业应当依法招用职工。职工的合法权益受法律保护。第24条规定:个人独资企业可以依法申请贷款、取得土地使用权,并享有法律、行政法规规定的其他权利。也就是说,个人独资企业依法享有在其核准登记的经营范围内自主经营的权利,这些权利除依法用工权、申请贷款权、取得土地使用权外,还包括其他产、供、销、人、财、物方面的经营自主权。

3.拒绝摊派权

拒绝摊派权不仅仅是个人独资企业享有的权利,其他企业的组织形式也享有该权利。《个人独资企业法》第25条规定:任何单位和个人不得违反法律、行政法规的规定,以任何方式强制个人独资企业提供财力、物力、人力;对于违法强制提供财力、物力、人力的行为,个人独资企业有权拒绝。

(二)个人独资企业的义务

1.守法的义务

任何市场主体都应当在依法的前提下从事经营行为,个人独资企业也不例外。遵守法律法规,遵循市场交易的基本规则,不损害社会公共利益,是个人独资企业应承担的基本义务,也是其他义务的前提。《个人独资企业法》第4条第1款规定:个人独资企业从事经营活动必须遵守法律、行政法规,遵守诚实信用原则,不得损害社会公共利益。

2.纳税的义务

依法纳税是每个市场主体应尽义务。《个人独资企业法》第4条第2款规定:个人独资企业应当依法履行纳税义务。

3.依法用工的义务

合法用工既是个人独资企业的权利,也是其应当承担的义务。根据《个人独资企业法》的规定,依法用工包括保护职工的合法权益、支持工会组织依法开展的活动、依法订立劳动合同、保障职工的劳动安全、按时足额发放工资和为职工缴纳社会保险费等方面。

4.依法建立财务会计制度的义务

《个人独资企业法》第21条规定:个人独资企业应当依法设置会计账簿,进行会计核算。

三、个人独资企业的事务管理

个人独资企业是一个自然人单独投资设立的企业,投资者个人财产与其设立的个人独资企业的财产难以区分,因此立法规定个人独资企业的财产属于投资者个人所有。同时也正是由于只有一个投资者,个人独资企业的经营管理就由投资者自主决定。《个人独资企业法》第19条规定:个人独资企业投资人可以自行管理企业事务,也可以委托或者聘用其他具有民事行为能力的人负责企业的事务管理。这就明确个人独资企业事务管理的两种模式:自行管理、委托或聘用他人管理。

(一)自行管理

投资者自行承担个人独资企业的经营管理活动,集个人独资企业的所有权和经营权于一身。

(二)委托或聘用他人管理

投资者将个人独资企业的经营管理权委托或者授权他人进行管理。为了个人独资企业生产经营活动的正常开展,保护投资者、受托人或者被聘用人以及其他利害关系人的利益,保障交易的安全,《个人独资企业法》对这种事务管理模式作出如下规定:

1. 投资人应与受托人或者被聘用的人签订书面合同,明确委托的内容和授权范围;

2. 投资人对受托人或被聘用的人职权的限制,不得对抗善意的第三人;

3. 受托人或被聘用的人应当遵循诚信勤勉、竞业禁止、不得损害个人独资企业及投资者利益等义务。

四、个人独资企业的解散和清算

(一)解散

解散即个人独资企业主体资格的终止。《个人独资企业法》第26条规定个人独资企业有下列情形之一时,应当解散:

1. 投资人决定解散;

2. 投资人死亡或者被宣告死亡,无继承人或者继承人决定放弃继承;

3. 被依法吊销营业执照;

4. 法律、行政法规规定的其他情形。

(二)清算

1. 确定清算方式

(1)投资人自行清算;

(2)由债权人申请人民法院指定清算人清算。

2. 债权人债权的申报

《个人独资企业法》第27条第2款规定:投资人自行清算的,应当在清算前15日内书面通知债权人,无法通知的,应当予以公告。债权人应当在接到通知之日起30日内,未接到通知的应当在公告之日起60日内,向投资人申报其债权。

3. 个人独资企业财产的清偿顺序

《个人独资企业法》第29条规定:个人独资企业解散的,财产应当按照下列顺序清偿:(1)所欠职工工资和社会保险费用;(2)所欠税款;(3)其他债务。

个人独资企业的财产清偿完毕后尚有结余的,归投资人个人所有;若不足以清偿企业全部债务的,由投资人承担无限清偿责任,以其他财产予以清偿。

4. 办理注销登记手续

清算结束,清算人应当编制清算报告,并于 15 日内到企业登记机关办理注销登记。

5. 投资人的持续偿债责任

个人独资企业解散后,原投资人对个人独资企业存续期间的债务仍应承担偿还责任,但债权人在 5 年内未向债务人提出偿债请求的,该责任消灭。

【**本章小结**】

本章第一节阐述了个人独资企业的概念、法律特征及我国有关个人独资企业立法的发展情况。第二节从个人独资企业的设立、权利义务、事务管理和解散清算等几个方面阐述我国对个人独资企业的法律规制。通过本章的学习,联系已经学习过的公司法律制度、合伙企业法律制度,我们可以从企业的组织形式、法律属性、投资人身份、承担的责任形式、社会化程度、企业规模发展趋势等几个方面对这三种企业类型进行对比,以期更好地掌握企业法律制度的构架。

公司、合伙企业、个人独资企业的区别

组织形式	法律属性	投资者身份	承担责任形式	社会化程度	规模发展趋势
公司企业	法人	法人、自然人、其他组织	有限责任	最高	较大
合伙企业	非法人	自然人、法人、其他组织	无限连带责任	次之	次之
个人独资企业	非法人	自然人	无限责任	最弱	较小

思考题:

1. 简述设立个人独资企业应当具备的条件。
2. 个人独资企业的投资人对个人独资企业的债务承担怎样的责任?
3. 对于个人独资企业主体资格终止后的财产分配应遵循怎样的顺序?
4. 潘某是某高校的在职研究生,经济上独立。2001 年 8 月,潘某在工商局注册成立了一家提供经济咨询的个人独资企业,注册资本为人民币 1 元。开业头两个月业绩良好,但后来经营状况恶化,负债 10 万元。潘某决定于

2002年2月解散企业。

请问:(1)潘某的企业负债,债权人可否以其家庭财产的存在而求偿?(2)潘某的企业的注册资本是否合法,为什么?(3)潘某将该企业自行解散的行为是否有效,为什么?

5.中国公民王某于2005年1月以家庭共有财产申报设立一家个人独资企业,从事特色餐饮经营。随着业务的扩大,企业又分别设立了3家分店,并聘请3名店长负责分店的经营,分店以总店的名义开展经营活动,故没有办理任何登记手续。1年后王某出国,企业的业务交由其妻叶某管理。由于叶某缺乏经验,企业经营每况愈下,其中甲分店店长与其亲戚合开一家与该企业经营同种特色餐饮的小吃店,并任经理,主要工作精力也转移到该小吃店。另一分店因拖欠租金而与业主发生纠纷,被诉至法院。叶某在应诉时以该分店店长是承包经营,其债务与本企业无关为由进行抗辩。2006年5月,叶某未经清算便决定解散企业以逃避债务。

请问:(1)个人独资企业是否可以家庭共有财产申报出资?(2)个人独资企业设立分支机构和聘用他人管理企业事务应办理何种手续?(3)甲分店店长的行为是否违反法律规定?(4)叶某的抗辩理由是否成立?(5)叶某解散企业的行为是否合法,能否达到逃避债务的目的?

第五章 税收法律制度

第一节 税法概述

导入案例

改革开放后的财政税收体制改革

改革开放之后,我国的财政税收制度从"统收统支"向"分灶吃饭"、"利改税"等体制演变。"分灶吃饭"体制虽然极大地调动了地方发展经济、增加财政收入的积极性,却严重弱化了中央政府的宏观调控能力,致使中央财政在20世纪80年代末90年代初陷入了严重危机。以1993年为例,中央财政收入占全国财政收入的比重不足30%,中央政府面临前所未有的"弱中央"的状态。时任财政部长刘仲藜说:"财政是一个国家行政能力的表现,宏观上讲,国家财力不足,行政能力就会变得薄弱。再不改革,日子过不下去了。这些主观上的大背景非常重要,给我们财税改革带来一个历史性的机遇。"1993年10月,全国人大常委会颁布《中华人民共和国所得税法》,同年12月国务院发布《中华人民共和国增值税暂行条例》、《中华人民共和国营业税暂行条例》和《中华人民共和国消费税暂行条例》,分税制改革正式拉开序幕。分税制改革搭建了市场经济条件下中央与地方财政分配关系的基本制度框架,在接下来十余年的运行过程中,显著改善了中央财政收入明显偏低的状况,有效地增强了中央转移支付的能力和宏观调控能力,发挥出了一系列的正面效应,同时也逐渐显露出包括财权和事权不对称在内的系列问题。不少学者开始关注我国税收法典的制定,启动新一轮财政税收体制改革的呼声日益高涨,期望我国的财政税收体制能够尽快得到进一步的深化、完善和规范。

问题:(1)如何解读我国财政税收体制的历史演变进程?(2)如何认

识税法在经济法体系中的地位?(3)请比较分析税法与经济法的功能和作用?

一、税收一般理论

（一）税收的概念和特征

税收通常是指国家为了实现和发挥其职能,凭借政治权力,按照国家法律预先规定的标准,强制地、无偿地征收货币或实物以获取财政收入的活动。它是国家行使职能、参与收入分配、取得财政收入的主要手段,也是国家调控、干预经济的重要杠杆。税收的权利主体是国家,客体是国民创造积累的社会财富,其本质是一种以国家为主体的分配关系,目的在于实现国家职能、满足社会公共需要。

税收是经济学上的一个概念,具有区别于其他财政金融活动的显著特征,主要包括:

1.强制性。它表现为国家以管理者的身份、凭借政治权力强制要求经济资源从国民向政府进行有效移转。正如西方流传已久的谚语所言"人的一生中,只有死亡和纳税是不可避免的",任何单位和个人都必须依法纳税,否则就必然受到法律的制裁。

2.无偿性。它表现为国家无需向具体纳税人支付任何报酬即可占有和支配纳税人缴纳的货币或实物财富,不存在对价交换、也不再直接偿还给具体某一纳税人。"所谓赋税,就是国家不付任何报酬而向居民取得东西。"

3.固定性。它表现为国家将各税种的征收对象、纳税人、征收数额及比例等内容以国家法律的形式预先确定下来,税收机关和纳税人均必须以此预先确定的标准开展征税和纳税活动。确定的税负,使得国家可以获得稳定可靠的财政收入,纳税人因此也可以准确预测生产经营活动的税收成本,有利于社会经济活动的协调与发展。

税收的强制性、无偿性、固定性,是区别税收财政收入与非税财政收入的基本标志。

（二）税收的基本原则

税收原则是国家制定税收制度和税收政策的基本准则,它反映一定时期、一定条件下的治税思想,是支配税收制度废立和影响税收制度运行的观念体系。随着社会经济的发展,税收原则及其理论也在不断地变化发展。我国现阶段的税收原则主要包括公平原则、效率原则、适度原则和法治原则。

1. 税收公平原则。它要求政府征税,包括税制的建立和税收政策的运行,应确保公平,遵循公平。它是各国政府完善税制所追求的目标之一。在不同历史时期,公平原则的内容不同、标准不同,理解也不同,大致经历了一个从绝对公平转变到相对公平,从社会公平拓展到经济公平的发展过程。

2. 税收效率原则。它要求政府征税要讲求效益,应以最小的费用取得最大的税收收入并应有利于经济资源的最佳配置和经济机制的高效运行。推广应用新技术降低税收征管成本、提高税收征管效率,利用税收减免政策引导经济资源的合理化流动,都是税收效益原则的具体体现。

3. 税收适度原则。它要求政府征税应兼顾需要与可能,做到取之有度、税负适中。税负过高,必然导致税源的萎缩,税负过低,则无法保障政府的正常支出需要,税收适度原则因此要求税收在满足财政需要的基础上,应与经济发展保持协调与同步并尽量从轻。

4. 税收法治原则。它要求政府征税应该遵循法律规范,依法治税。该原则包含两个方面的内容,即税收内容在实体法上的法定要求和征收程序在程序法上的法定要求,是法治经济在税收领域的直接反映。

(三)税收的重要职能

1. 财政职能。国家机器的正常运转、国家职能的正常发挥,必然耗用一定的物质资料,需要政府以适当的方式取得货币或实物财富。税收是国家获取财富、取得财政收入的主要手段,组织国家财政收入因而成为税收的首要职能,现代国家因此也被称为"租税国家"。目前,世界大多数国家的税收收入约占全部财政收入的 90% 左右。

2. 调控职能。为了避免市场失灵的先天缺陷,国家需要通过货币政策和财政政策对经济进行宏观调控。税种、税目、税率及税收减免等税收制度的设置及调整,可以引导资金流向、调整节产业结构,促进资源合理化配置,实现社会经济的持续稳定发展。

3. 监督职能。税收活动涉及国民经济的各个环节和社会生活的诸多领域。包含税收征管在内的税收活动,既可强化纳税人合法经营、依法缴税的纳税意识,也可直接打击偷税、漏税行为,保障市场秩序的公平竞争、督促经济生活的有序运行。

(四)税收的分类

1. 以课税对象为分类标准,税收可以分为流转税、所得税、财产税、行为税和资源税等五类。流转税是对商品流转额和非流转额所征收的税,包括增值税、消费税、营业税和关税等;所得税是对纳税人的所得额和收益额征收的税,包括企业所得税、外商投资企业所得和外国企业所得税、个人所得税和农业税等；财产税是对纳税人所有的或所支配的财产征收的税,包括房产税、契税、车船使用税、城市房地产税、车船使用牌照税等；行为税是以某种特定行为为课税对象的税,包括固定资产投资方向调节税、印花税、城市维护建设税、屠宰税和筵席税等；资源税是对开采或生产应税产品的纳税人征收的税,包括资源税、耕地占用税、城镇土地使用税和土地增值税等。我国目前现行税制包括了上述五大类共22个税种,其中固定资产投资方向调节税和筵席税处于停收状态,农业税和屠宰税取消征收。

2. 以税权归属为分类标准,税收可以分为中央税、地方税和共享税等三大类。中央税,由中央立法、收入划归中央并由中央管理的税收,含消费税和关税等。地方税,由中央统一立法或授权立法,收入划归地方并由地方负责管理的税收,含房产税、土地使用税、契税、农业税、耕地占用税、车船使用税等。共享税,是由中央政府和地方政府按照一定方式分享收入的税收,含增值税、印花税、资源税和所得税等。

3. 以税负能否转嫁为分类标准,税收可以分为直接税和间接税等两大类。间接税,是指税收负担能够转嫁的税种,如我国现行的增值税、消费税和营业税等流转税。间接税的税负可以转嫁,其纳税人并不是负税人,纳税人与负税人相分离。直接税,是指税收负担不能转嫁的税种,如我国现行的企业所得税和个人所得税等所得税。直接税的税负不能转嫁,其纳税人就是负税人,纳税人与负税人统一。发展中国家大多以间接税为主体,发达国家大多以直接税为主体。

此外,税收还有实物税和货币税、从量税和从价税及复合税等分类。

二、税法基本原理

(一)税法的概念和特征

税法是调整税收关系的法律规范的总称,是调整国家征税机关与纳税主体在税收征纳过程中所发生的社会关系的法律规范的总称。税法是一个统称,其表现形式包括税收法律、法规、规章和其他规范性文件。目前,我国的税收基本法,即税收法典尚未出台,税收法律制度主要由税收单行法组成。税法是国家依法征税、纳税人依法纳税的行为准则,是保证国家财政收入、实现国家预算的重要法律保障。税法与税收密不可分,税法是税收的法律表现形式,税收则是税法的具体规制内容。一个国家的税收制度总是通过税法加以明确规范的。

税法是我国经济法体系中的一个重要组成部分,它除了具备经济法的基本特征之外,还具有其自身的一些特点。

1.就税法的产生而言,税法具有成文性。税法通常被认为是侵权法,税收征纳双方在经济利益的对立显而易见。为避免征纳双方的对立冲突、确保税收征纳的顺畅运行,税收法定主义原则要求,税法的各课税要素均必须由法律明文规定以便纳税人明确预测税负负担,由此决定了税法的成文性。以判例法为主的英美法系国家的税法,也是如此。

2.就税法的性质而言,税法属于义务性规范。税收是强制纳税人无偿转移资产,是纳税人必须承担的一种"牺牲",它不允许任何机关或个人就纳税义务达成协议以排除税法的适用,税法因此多为强制性的义务性规范。

3.就税法的内容而言,税法具有综合性。税法的实施既要能够保证国家收入,又要维护纳税人权益,既要促进经济资源的最优配置,又要实现宏观调控经济的职能,税收关系的复杂性、多样性,决定了税法必须是集实体法、程序法和争讼法于一身的综合法律体系。

此外,税法还有具有税法结构的规范性和税法规范的技术性特征。

(二) 税法的调整对象

税法的调整对象,即税收关系,是指征税主体与税纳主体在税收征纳过程中所发生的社会关系。征税主体主要是代表国家行使其职权的各级财税机关,纳税主体主要是负有纳税义务的社会组织和个人。税法的调整对象主要包括:

1.税收实体关系或者说税收经济关系,即税收征纳过程中发生在财税机关与纳税人之间的经济分配关系,具体包括财税机关与各类企业之间的征纳关系、财税机关与个体工商户和农村承包户之间的征纳关系、财税机关与公民之间的征纳关系等。

2.税收程序关系,即税收征纳过程中发生在财税机关和纳税人之间的程序关系,具体包括税务登记、账簿管理、税款征收、纳税申报、税务检查、税务处罚等。

3.税收监管关系,即国家机关之间因税收监管而发生的税收行政管理关系,具体包括中央与地方之间税收权限划分、国家权力机关与国家行政机关的税收监管权限、上级国家机关与下级国家机关之间的税收管理权限等。

(三) 税法的分类

税法的分类与税收的分类大致对应,主要有以下几种分类。

1. 以课税对象为标准,税法可以分为流转税法、所得税法、财产税法、行为税法和资源税法。

2. 以税权归属为分类标准,税法可以分类中央税法、地方税法和共享税法。

3. 以税收管辖权为分类标准,税法可以分为国内税法、国际税法和外国税法。

税法同时还有自己的法学理论分类:以其内容与效力为分类标准,税法可以分为税收基本法和税收普通法;以其职能为分类标准,税法可以分为税收实体法和税收程序法。

(四)税法的构成要素

税法一般都由若干要素组成,了解税法的构成要素,有助于全面掌握和执行税法规定。税法的构成要素,又称课税要素,是指各种单行税法具有的共同的基本要素的总称。它是构成或组成税法的必要因素,是所有完善的单行税法都共同具备的,既包括实体性的,也包括程序性的。仅为某一税法所单独具有而非普遍性的内容,不构成税法要素,如扣缴义务人。

具体而言,税法的构成要素一般包括:总则、纳税主体、征税客体(征税对象)、税目、税率、纳税环节、纳税期限、纳税地点、减税免税、罚则、附则等项目。

1. 总则,主要包括立法依据、立法目的、适用原则等。

2. 纳税主体,也被称为纳税人或纳税义务人,是指一切履行纳税义务的法人、自然人及其他组织。任何一部单行税法首先要解决的就是国家到底对谁征税的问题,税法对每一种税都规定了特定的纳税人,但往往存在重复、交叉的现象。同一纳税人依法可能要承担多个税种的纳税义务。纳税人与负税人并不等同,负税人是经济学中的概念,即税收的实际负担者,而纳税人则是法律用语,即依法缴纳税收的人。税法只规定纳税人,不规定负税人。直接税,如所得税,纳税人实际上也就是负税人;间接税,如增值税,纳税人与负税人并不一致。

3. 纳税客体,即征税对象,是指税收法律关系中征纳双方权利义务所共同指向的对象。它是区分不同税种的根本标志,决定各个单行税法不同的特点和作用。我国现行税收法律、法规都有自己特定的征税对象,各个税种的征税范围不会相互交叉。征税对象按其性质的不同,通常划分为四大类,即流转额、所得额或收益额、财产及行为。比如,企业所得税的征税对象就是应税所得;增值税的征税对象就是商品或劳务在生产和流通过程中的增值额。

4. 税目,是各个税种所规定的具体征税项目。它是征税对象的具体化。

税目的划分可以解决征税对象的归类问题,并可进一步划分成不同子目,以此确定税率。比如,消费税将应消费税的 14 种商品分为 14 个税目,其中酒和酒精是一个税目,在酒和酒精的税目之下又进一步分为粮食与薯类白酒、黄酒、啤酒、其他酒、酒精等 5 个子目,分别适用不同的消费税税率。

5.税率,是对征税对象的征收比例或征收额度。税率是计算税额的尺度,也是衡量税负轻重与否的重要标志。税率的高低直接关系到纳税人的负担和国家税收收入的多少,是国家在一定时期内的税收政策的主要表现形式,是税收制度的核心要素。我国现行的税率主要有比例税率、定额税率、超额累进税率和超率累进税率四种基本形式。

比例税率是指对同一课税对象或同一税目,不论数额大小,都按同一比例征税,税额占课税对象的比例总是相同的。比例税率是最常见的税率之一,应用广泛。比例税率具有横向公平性,其主要优点是计算简便,便于征收和缴纳。我国的增值税、营业税、企业所得税等采用的是比例税率。

定额税率,又称固定税率和单位税率,是指按征税对象的计量单位直接规定应纳税额的税率形式。征税对象的计量单位主要有重量、体积和面积,如吨、升、平方米等。定额税率一般适用于从量定额计征的某些课税对象,实际是从量比例税率,税额的多少只和征税对象的数量有关,同价格无关。我国的消费税,啤酒的计量单位是吨,成品油的计量单位是升。

超额累进税率,即把征税对象按数额的大小分成若干等级,每一等级规定一个税率,税率依次提高,但每一纳税人的征税对象则依所属等级同时适用几个税率分别计算,将计算结果相加后得出应纳税款的税率。超额累进税率一般在所得税中使用,可以充分体现对纳税人收入多的多征、收入少的少征、无收入的不征的税收原则,从而有效地调节纳税人的收入,正确处理税收负担的纵向公平问题。我国的个人所得税采用这种税率。

超率累进税率,即以征税对象数额的相对率划分若干级距,分别规定相应的差别税率,相对率每超过一个级距的,对超过的部分就按高一级的税率计算征税,将计算结果相加后得出应纳税额。我国的土地增值税,采用的就是超率累进税率。

6.纳税环节,是指税法规定的征税对象在从生产到消费的流转过程中应当缴纳税款的环节。如流转税在生产和流通环节纳税,所得税则在分配环节纳税等。纳税环节解决的是在整个商品流转过程中征几道税以及在哪个环节征税的问题。它关系到税收由谁负担、税款能否足额及时入库以及纳税人纳税是否便利的问题。有的税种在各个流通环节纳税,有的税种则采用单环节纳税。如增值税对商品流通的各个环节纳税,消费税则对应税消费品的生产、委托加工、进口货零售的某一环节纳税。

7.纳税期限,是指税法规定的纳税主体向税务机关缴纳税款的具体时间。纳税期限是衡量征纳双方是否按时行使征税权力和履行纳税义务的尺度,是税收的强制性和固定性特征在时间上的体现。除了法律、法规、规章规定的特殊情况,在纳税期限之前税务机关不能征税,纳税人也不得在纳税期限届满后拖延纳税。合理规定和严格执行纳税期限,对于国家财政收入及时入库起着重要的保障作用。纳税期限一般分为按次征收和按期征收两种。在现代税制中,一般还将纳税期限分为申报期限和缴税期限,但也可以将申报期限内含于缴税期限之中。比如,增值税的纳税期限分别为1日、3日、5日、10日或者1个月,企业所得税在月份或者季度终了后15日内预缴,年度终了后的5个月内汇算清缴,多退少补。

8.纳税地点,是指根据各个税种纳税对象的纳税环节和有利于对税款的源泉控制而规定的纳税人的具体纳税地点,实际上就是缴纳税款的地点。纳税地点一般为纳税人的住所地,也有规定在营业地、财产所在地或特定行为发生地。纳税地点关系到税收管辖权和是否便利纳税等问题,在税法中明确规定纳税地点有助于防止漏征或重复征税。

9.减税免税,是指对某些纳税人和征税对象采取减少征税或者免予征税的特殊规定。它本质上是一种税收优惠,其实质内容就是免除纳税人依法应当履行的纳税义务中的一部分。减税免税按照优惠目的通常可以分为照顾性和鼓励性两种,按照优惠范围可以分为区域性和产业性两种,按照优惠形式可以分为税基式减免、税额式减免、税率式减免三种,按照减免时间可以分为固定减免、定期减免和临时减免三种。

10.罚则,是指对纳税人违反税法的行为采取的处罚措施。税法规定的处罚措施主要有三种形式:一是包括补缴税款、加收滞纳金在内的经济处罚措施等;二是包括吊销税务登记证、罚款、税收保全在内的行政处罚措施等;三是包括罚金、拘役、有期徒刑在内的刑事处罚措施。

11.附则,一般都规定与该法紧密相关的内容。比如,该法的解释权、生效时间等。

(五)税法的作用

税法的作用是税法实施所产生的社会影响,包括规范作用和经济作用。除指引、评价、预测、教育和强制等规范作用外,作为上层建筑的重要组成部分,税法的经济作用主要表现为对经济基础的反作用,具体包括:(1)税法是国家筹措财政收入的法律保障;(2)税法是国家优化配置经济资源、宏观调控经济运行的重要杠杆;(3)税法是国家维护经济秩序的必要手段;(4)税法是维护国家利益、促进国际经济交往的可靠保障。

三、税收法律关系

(一)税收法律关系的概念和特征

税收法律关系是税法调整国家和纳税人之间在税收征纳过程所形成的权利义务关系。它是国家权力介入国民收入分配和再分配的经济关系在法律上的要求和反映。

税法是一种政策性、规范性和技术性都很强的法律制度体系,税收法律关系除具有一般法律关系的基本特征外,还具有如下特点:

1. 主体的特定性,即其征税主体一定就是代表国家行使征税职权的国家机关,其纳税主体则是依法承担纳税义务的各类纳税人。其中,国家始终是税收法律关系主体的一方。

2. 内容的无偿性和单向性,即其权利义务的具体内容是纳税人无偿地将货币或实物财产无偿向国家移转,成为国家财政收入。

3. 权利义务的法定性,即税收征纳双方均必须依照法定规范行使权利、承担义务。这与民事法律关系的权利义务可以经由双方自由设定、或经协商而转移、放弃,明显不同。

(二)税收法律关系的构成要素

与其他法律关系一样,税收法律关系包括主体、内容和客体三个构成要素。

1. 税收法律关系的主体。它是税收法律关系的参加者,是在税收法律关系中享有权利和承担义务的人,包括征税主体和纳税主体。它们的主体资格是由国家法律、法规直接规定的。

征税主体是指享有征税权利的国家机关,主要是国家各级财税机关,包括财政机关、税务机关和海关等部门。纳税主体是指依法负有纳税义务的人,包括我国的法人、自然人和其他组织,在华外国企业、组织、外国人、无国籍人,以及在华虽未设立机构、场所但有来源于中国境内所得的外国企业或组织。

2. 税收法律关系的内容。它是指税收征纳双方所享有的权利和所应承担的义务。根据我国税收法律制度的规定,税收法律关系的内容包括如下两大方面:

(1)征税主体的权利义务,主要有税务管理权、税收征收权、税务检查权、税务处罚权和将税款上缴国库、为纳税人保密、依法办理减免税等。

(2)纳税主体的权利义务,主要有申请减免税、申请复议权、举报权、诉讼权、请求赔偿权和办理纳税、依法缴税、提供真实会计资料、接受监督检查等。

3.税收法律关系的客体。它是指税收法律关系主体的权利义务所共同指向的对象,具体包括货币、实物和行为等三大类。

通常认为,税收法律关系的客体应当区别于征税客体,征税客体专指征税对象,考察的是对什么东西征税。例如,增值税中的征税客体应税货物和应税劳务的增值额,是对应税货物和应税劳务的增值额征税,而其法律关系客体则应是其所应缴纳的税款——货币。

(三)税收法律关系的发生、变更和终止

任何法律关系的发生、变更和终止均必须以一定法律事实为依据,税收法律关系发生、变更和终止的法律事实,主要有纳税人的开业、歇业、合并、分立、破产、解散,税法的废立与修订,纳税人财产状况的变化,出现自然灾害依法应予减免税的客观情势等。

第二节 流转税法律制度

导入案例

合同条款约定纳税义务人纠纷案

陈某承接了甲公司的工程项目并签订了《工程承包合同》,合同明确约定由甲公司负责缴纳有关地方税费。工程结束后,甲公司一直没有按合同规定到税务机关缴纳有关地方税费。不久,陈某接到税务机关的通知,要求其缴纳该工程项目有关地方税费。陈某认为,合同中已经明确约定了税费由甲公司缴纳,与己无关,税务机关怎么能够追到我头上来呢?

请问:(1)该工程承包项目应该缴纳地方税费是什么税?(2)其纳税义务人是谁?(3)陈某的主张是否合法?

流转税,国际通称为"商品和劳务税",是以商品流转额和非商品流转额为征税对象的一类税,其中,商品流转额是指商品交易金额,非商品流转额是指各种劳务服务收入金额,即营业收入。流转税属于间接税,具有税源稳定、征收便利、税负隐蔽等优点,是大多数发展中国家的主体税种,在我国税收收入中占第一位。流转税法则是调整以商品流转额和非商品流转额为征税对象的一系列税收关系的法律、法规的总称,通常由调整流转税的各单行税种法组成,主要包括增值税法、营业税法、消费税法、关税法等。目前,我国流转税法的基本规范都属于行政法规的层次,有待上升为法律。

一、增值税法

增值税是以商品生产流通和劳务服务过程中的增值额为征税对象的一种流转税。增值税是现代社会广为推行的一个新兴税种,于1954年由法国率先实施。我国推行增值税,是历经多次的理论分析、试点实践后的一个慎重选择,成果来之不易。我国在1979年进行税制改革研究时,即开始对增值税能否外为中用进行了探讨并由个别产品试点推行,直至1994年方才全面推开,期间历时15年。

以法定增值税进行划分,增值税可以分为生产型增值税、收入型增值税和消费性增值税。生产型增值税的法定增值额不允许扣除固定资产,其优点是税基较宽,有利于保证国家财政收入,缺点则是存在重复征税,不利于企业的设备更新。收入型增值税的法定增值额只允许扣除固定资产当期的折旧费用,属于标准的增值税,其优点是法定增值额与理论增值额一致,缺点是不能采用发票抵扣方式,需要较高的会计核算水平和税收征管水平。消费性增值税的法定增值额允许将当期购进固定资产的价款一次性全部扣除,其优点是可以推行规范的发票抵扣法,有利于鼓励企业投资固定资产,缺点是影响国家财政收入。

我国现行增值税的基本法律规范,主要是2008年11月5日由国务院修订通过的《中华人民共和国增值税暂行条例》及财政部颁布的《中华人民共和国增值税暂行条例实施细则》,均自2009年1月1日起生效。

(一)纳税主体

凡是在中华人民共和国境内销售货物或者提供加工、修理修配劳务以及进口货物的单位和个人均是增值税的纳税人。增值税的纳税人有两类:一是销售货物或者提供加工、修理修配劳务的单位和个人。它包括从事货物的生产、批发、零售的企业及个体经营者,也包括以从事货物的生产、批发或零售为主,并兼营非应税劳务的企业及个体经营者。二是进口货物的单位和个人。就单位而言,包括国有企业、集体企业、私营企业、股份制企业、外商投资企业和外国企业、其他企业和行政单位、事业单位、军事单位、社会团体及其他单位;就个人而言,指个体经营者及其他个人,包括中国公民和外国公民。其中,企业租赁或承包给他人经营的,以承租人或承包人为纳税人。

我国增值税法采用国际上通行的做法,从经营规模和会计核算及税款计算的角度把增值税的纳税人划分为一般纳税人和小规模纳税人两种。

1. 小规模纳税人

根据《增值税暂行条例实施细则》的规定,小规模纳税人的标准是:(1)从事货物生产或者提供应税劳务的纳税人,以及以从事货物生产或者提供应税劳务为主,并兼营货物批发或者零售的纳税人,年应征增值税销售额(以下简称应税销售额)在50万元以下(含本数,下同)的;(2)除第(1)项规定以外的纳税人,年应税销售额在80万元以下的。以从事货物生产或者提供应税劳务为主,是指纳税人的年货物生产或者提供应税劳务的销售额占年应税销售额的比重在50%以上。

小规模纳税人的经营规模较小,会计核算不健全,无法报送有关增值税的税务资料。其确认工作,由主管税务机关依税法规定的标注予以认定。

小规模纳税人销售货物或者应税劳务则不得使用增值税专用发票,只能使用普通发票。小规模纳税人购进货物或者接受应税劳务,无论是否从销售方取得增值税专用发票,均不得抵扣进项税额。

2. 一般纳税人

所谓一般纳税人,是指年应税销售额超过规定的小规模纳税人标准,会计核算健全的企业。下列纳税人一般不属于一般纳税人:(1)年应税销售额未超过小规模纳税人标准的企业;(2)个体经营者以外的其他个人;(3)非企业性单位;(4)不经常发生增值税应税行为的企业。增值税一般纳税人须向税务机关办理认定手续,以取得法定资格。

一般纳税人销售货物或者应税劳务,除另有规定外,必须使用增值税专用发票。一般纳税人购进货物或者接受应税劳务,从销售方取得的增值税专用发票上注明的增值税额作为进项税额,可以在销项税额中抵扣。

(二)征税范围

根据我国《增值税暂行条例》及其实施细则的规定,增值税的征税范围主要包括在我国境内销售或进口货物,以及提供加工、修理修配劳务两类。

1. 销售或进口货物。销售、进口货物是指有偿转让货物的所有权。货物是指除房屋和其他建筑物之外的有形动产,包括电力、热力、气体在内。

2. 提供加工、修理修配劳务。其中,加工是指受托加工货物,即委托方提供原料及主要材料,受托方按照委托方的要求,制造货物并收取加工费的业务;修理修配是指受托对损伤和丧失功能的货物进行修复,使其恢复原状和功能的业务。

同时,我国增值税法还另外规定了属于增值税增税范围的三类特殊行为:

1. 视同销售货物行为。单位或个体经营者的下列行为,视同销售货物,征收增值税:(1)将货物交付他人代销;(2)销售代销货物;(3)设有两个以上机构并实行统一核算的纳税人,将货物从一个机构移送其他机构用于销售,但相关机构设在同一县(市)的除外;(4)将自产或委托加工的货物用于非应税项目;(5)将自产、委托加工或购买的货物用于投资,提供给其他单位或个体经营者;(6)将自产、委托加工或购买的货物分配给股东或投资者;(7)将自产、委托加工的货物用于集体福利或个人消费;(8)将自产、委托加工或购买的货物无偿赠送他人。

2. 混合销售行为。一项销售行为如果既涉及增值税应税货物,又涉及非应税劳务(即应纳营业税,而不纳增值税的劳务),为混合销售行为。应该注意的是,混合销售涉及的货物和非应税劳务必须是针对同一项销售行为而言的,也就是说,提供非应税劳务是直接为了销售一批货物而同时做出的,二者之间是紧密相连的从属关系。它与既从事增值税的应税项目,又从事营业税的应税项目,二者之间没有直接从属关系的兼营行为是完全不同的。

纳税人发生混合销售行为,视为销售货物,应当征收增值税。纳税人的销售行为是否属于混合销售,由国家税务总局所属征税机关确定。

3. 兼营非应税劳务行为。兼营非应税劳务是指增值税纳税人在从事应税货物销售或提供应税劳务的同时,还从事非应税劳务(即营业税规定的各项劳务),且从事的非应税劳务与某一项销售货物或提供应税劳务并无直接的联系和从属关系。如某建筑装饰材料商店,一方面批发、零售货物,另一方面又对外承揽属于应纳营业税的安装、装饰业务。

纳税人兼营不同税率的货物或者应税劳务,应当分别核算不同税率货物或者应税劳务的销售额;未分别核算销售额的,从高适用税率。

(三)税率和征收率

1. 基本税率。一般纳税人销售或者进口除低税率外的其他货物,提供加工、修理修配劳务,税率一律为17%。

2.低税率。纳税人销售或者进口下列货物,税率为13%:

(1)粮食、食用植物油;

(2)自来水、暖气、冷气、热水、煤气、石油液化气、天然气、沼气、居民用煤炭制品;

(3)图书、报纸、杂志;

(4)饲料、化肥、农药、农机、农膜;

(5)国务院规定的其他货物。

3.零税率。纳税人出口货物,除国务院另有规定的外,税率为零。

4.征收率。小规模纳税人增值税征收率为3%。

税率和征收率的调整,由国务院决定。

(四)应纳税额的计算

1.一般纳税人应纳税额的计算

纳税人销售货物或者提供应税劳务,应纳税额为当期销项税额抵扣当期进项税额后的余额。应纳税额计算公式:

$$应纳税额=当期销项税额-当期进项税额$$

当期销项税额小于当期进项税额不足抵扣时,其不足部分可以结转下期继续抵扣。

销项税额是纳税人销售货物或者应税劳务,按照销售额依率计算并向购买方收取的增值税额。销项税额计算公式:

$$销项税额=销售额\times税率$$

其中,销售额为纳税人销售货物或者应税劳务向购买方收取的全部价款和价外费用,但是不包括收取的销项税额。销售额以人民币计算。纳税人以人民币以外的货币结算销售额的,应当折合成人民币计算。纳税人销售货物或者应税劳务的价格明显偏低并无正当理由的,由主管税务机关核定其销售额。

需要注意的是,增值税是价外税,公式中的销售额必须是不包括收取的销项税额的销售额。含税销售额与不含税销售额的换算公式是:

$$不含税销售额=含税销售额\div(1+增值税税率)$$

进项税额是指纳税人购进货物或者接受应税劳务所支付或者负担的增值税额。

下列进项税额准予从销项税额中抵扣:

(1)从销售方取得的增值税专用发票上注明的增值税额。

(2)从海关取得的海关进口增值税专用缴款书上注明的增值税额。

(3)购进农产品,除取得增值税专用发票或者海关进口增值税专用缴款书外,按照农产品收购发票或者销售发票上注明的农产品买价和13%的扣除率计算的进项税额。该进项税额计算公式是:

进项税额=买价×扣除率

(4)购进或者销售货物以及在生产经营过程中支付运输费用的,按照运输费用结算单据上注明的运输费用金额和7%的扣除率计算的进项税额。该进项税额计算公式:

进项税额=运输费用金额×扣除率

准予抵扣的项目和扣除率的调整,由国务院决定。

以下项目,其进项税额不得从销项税额中的抵扣:

(1)纳税人购进货物或者应税劳务,取得的增值税扣税凭证不符合法律、行政法规或者国务院税务主管部门有关规定的;

(2)用于非增值税应税项目、免征增值税项目、集体福利或者个人消费的购进货物或者应税劳务;

(3)非正常损失的购进货物及相关的应税劳务;

(4)非正常损失的在产品、产成品所耗用的购进货物或者应税劳务;

(5)国务院财政、税务主管部门规定的纳税人自用消费品。

(6)第(2)至第(5)项货物的运输费用和销售免税货物的运输费用。

2.小规模纳税人应纳税额的计算

小规模纳税人销售货物或者应税劳务,实行按照销售额和征收率计算应纳税额的简易办法,并不得抵扣进项税额。应纳税额计算公式:

应纳税额=销售额×征收率

同样一般纳税人应纳税额的计算一样,公式中的销售额必须是不包括收取的销项税额的销售额。含税销售额与不含税销售额的换算公式是:

不含税销售额=含税销售额÷(1+征收率)

3.进口货物应纳税额的计算

纳税人进口货物,按照组成计税价格依率直接计算应纳税额,不抵扣任何税额,即在计算进口环节的应纳增值税税额时不得抵扣发生在我国境外的各种税金。组成计税价格和应纳税额计算公式:

组成计税价格=关税完税价格+关税+消费税

应纳税额=组成计税价格×税率

(五)减税、免税(税收优惠)

下列项目免征增值税:

1. 农业生产者销售的自产农产品;
2. 避孕药品和用具;
3. 古旧图书;
4. 直接用于科学研究、科学试验和教学的进口仪器、设备;
5. 外国政府、国际组织无偿援助的进口物资和设备;
6. 由残疾人的组织直接进口供残疾人专用的物品;
7. 销售的自己使用过的物品。

除上述七项免税项目外,增值税的免税、减税项目由国务院规定。任何地区、部门均不得规定免税、减税项目。

此外,纳税人销售额未达到国务院财政、税务主管部门规定的增值税起征点的,也免征增值税。

(六) 纳税地点与纳税期限

1. 纳税地点

固定业户应当向其机构所在地的主管税务机关申报纳税。总机构和分支机构不在同一县(市)的,应当分别向各自所在地的主管税务机关申报纳税;经国务院财政、税务主管部门或者其授权的财政、税务机关批准,可以由总机构汇总向总机构所在地的主管税务机关申报纳税。

固定业户到外县(市)销售货物或者应税劳务,应当向其机构所在地的主管税务机关申请开具外出经营活动税收管理证明,并向其机构所在地的主管税务机关申报纳税;未开具证明的,应当向销售地或者劳务发生地的主管税务机关申报纳税;未向销售地或者劳务发生地的主管税务机关申报纳税的,由其机构所在地的主管税务机关补征税款。

非固定业户销售货物或者应税劳务,应当向销售地或者劳务发生地的主管税务机关申报纳税;未向销售地或者劳务发生地的主管税务机关申报纳税的,由其机构所在地或者居住地的主管税务机关补征税款。

进口货物,应当向报关地海关申报纳税。

扣缴义务人应当向其机构所在地或者居住地的主管税务机关申报缴纳其扣缴的税款。

2. 纳税期限

增值税的纳税期限分别为 1 日、3 日、5 日、10 日、15 日、1 个月或者 1 个季度。纳税人的具体纳税期限,由主管税务机关根据纳税人应纳税额的大小分别核定;不能按照固定期限纳税的,可以按次纳税。

纳税人以 1 个月或者 1 个季度为 1 个纳税期的,自期满之日起 15 日内申报纳税;以1日、3日、5日、10日或者15日为1个纳税期的,自期满之日起5日内预缴税款,于次月1日起15日内申报纳税并结清上月应纳税款。

二、营业税法

营业税是指对应税商品和应税劳务的营业额征收的一种流转税。它起源于欧洲中世纪的许可金制度,由法国于1791年改许可金制为营业税率先实施,按营业额的大小征收。营业税是世界各国普遍征收的税种,具有税源普遍,征管简便等优点,缺点是容易产生重复征税。自新中国成立以来,我国一直对营业收入征税,但其征收制度历经变化。我国的营业税最初作为工商业税的一部分实行普遍征收,1953年被并入商品流通税和货物税,1958年并入工商统一税和工商税后被取消,1984年恢复为独立税种,1994年税制改革得到保留。有学者认为,我国营业税的发展趋向应该是,逐步缩减营业税的征税范围,将相关应税劳务和应税商品转为增值税的征税范围,并最终用增值税彻底取代营业税。从2012年1月1日起,经国务院批准,我国在上海、北京等8个省市实行交通运输业和部分现代服务业营业税改增值税试点。

我国现行营业税的基本法律规范,主要是1994年开始实施的《中华人民共和国营业税暂行条例》及《中华人民共和国营业税暂行条例实施细则》。

(一)纳税主体

营业税的纳税人,是指在我国境内提供应税劳务、转让无形资产或者销售不动产的单位和个人。应税劳务是指属于交通运输业、建筑业、金融保险业、邮电通信业、文化体育业、娱乐业、服务业税目征收范围的劳务,但不包括应纳增值税的"加工修理修配"劳务。无形资产,是指不具实物形态,但能带来经济利益的资产,包括土地使用权、商标权、专利权、非专利技术、著作权、商誉权。不动产,是指不能移动或移动后会引起性质、形状变化的财产,包括建筑物或构筑物以及其他土地附着物。单位是指国有企业、集体企业、私有企业、股份制企业、其他企业和行政单位、事业单位、军事单位、社会团体及其他单位。个人是指个体工商户及其他有经营行为的个人。

营业税的纳税人必须要满足三个条件:(1)提供应税劳务、转让无形资产或者销售不动产的行为发生在我国境内;(2)上述交易行为属于营业税的征税范围。(3)上述交易行为必须是有偿的,"有偿"包括取得货币、货物或其他经济利益。

根据《营业税暂行条例实施细则》的规定,有下列情形之一的,可确定为在我国境内提供应税劳务、转让无形资产或者销售不动产:(1)所提供的劳务发生在境内;(2)在境内载运旅客或货物出境;(3)在境内组织旅客出境旅游;(4)所转让的无形资产在境内使用;(5)所销售的不动产在境内。(6)在我国境内提供保险劳务,包括境内保险机构提供的保险劳务,但境内保险机构为出口货物提供保险除外;境外保险机构以在境内的物品为标的提供的保险劳务。

(二)税目和税率

我国营业税的税目按照行业、类别的不同分别设置并适用不同的比例税率。现行营业税共设置了9个税目,税率分别从3%至20%不等。

1.交通运输业,含水路运输、陆路运输、航空运输、管道运输、搬运装等,税率为3%。

2.建筑业,含建筑、安装、修缮、装饰和其他工程作业等,税率为3%。

3.金融保险业,含银行、保险、投资证券公司、典当行等,税率为5%。

4.邮电通讯业,含邮政和电信等,税率为3%。

5.文化体育业,税率为3%。

6.娱乐业,包括经营歌厅、舞厅、卡拉OK歌舞厅、音乐茶座、台球、高尔夫球、保龄球、网吧、游艺场等娱乐场所及上述娱乐场所为顾客提供饮食及其他各种服务,税率为5%~20%。

7.服务业,包括代理业、旅店业、饮食业、旅游业、仓储业、租赁业、广告业和其他服务业,税率为5%。

8.转让无形资产,包括转让土地使用权、商标权、专利权、专利技术、著作权和商誉等,税率为5%。

9.销售不动产,包括销售建筑物和其他土地附着物,税率为5%。

(三)减税、免税(税收优惠)

营业税的免税、减税项目由国务院规定,任何地区内部均不得规定免税、减税项目。

1.《营业税暂行条例》规定的免征营业税的项目:

(1)托儿所、幼儿园、养老院、残疾人福利机构提供的育养服务,婚姻介绍,殡葬服务。

(2)残疾人员个人为社会提供的劳务。

(3)学校和其他教育机构提供的教育劳务,学生勤工俭学提供的劳务。

(4)农业机耕、排灌、病虫害防治、植保、农牧保险以及相关技术培训业务,家禽、牲畜、水生动物的配种和疾病防治。

(5)纪念馆、博物馆、文化馆、美术馆、展览馆、书艺院、图书馆、文物保护单位举办文化活动的门票收入,宗教场所举办文化、宗教活动的门票收入。

2.国务院规定的免征营业税的项目

(1)单位和个人从事技术转让、技术开发业务和与之相关的技术咨询、技术服务业取得的收入。

(2)个人转让著作权。

(3)将土地使用权转让给农业生产者,用于农业生产。

(4)保险公司开展的1年期以上返还性人身保险业务的保费收入。所谓返还性人身保险业务,是指保期1年以上、到期返还本利的普通人寿保险、养老年金保险、健康保险。

(5)工会疗养院(所)可视为"其他医疗机构",免征营业税。

(6)凡经中央及省级财政部门批准纳入预算管理或财政专户管理的行政事业性收费、基金,无论是行政单位还是事业单位收取的,均不征收营业税。

(7)立法机关、司法机关、行政机关的收费,同时具备下列条件的,不征收营业税:①国务院、省级人民政府或其所属财政、物价部门以正式文件允许收费,而且收费标准符合文件规定的;②所收费用由立法机关、司法机关、行政机关自己直接收取的。

(8)社会团体按财政部门或民政部门规定标准收取的会费,不征收营业税;各党派、共青团、工会、妇联、中科院、青联、台联、侨联所收取的党费、会费,比照上述规定执行。

(四)应纳税额的计算

营业税属于价内税,其税款计算简便。纳税人提供应税劳务、转让无形资产或者销售不动产,按照营业额和法定的适用税率计算应纳税额,计算公式为:

应纳税额＝营业额×税率

1.营业额的确定

营业额是营业税的计税依据,是指纳税人提供应税劳务、转让无形资产或者销售不动产向对方收取的全部价款和价外费用。价外费用包括向对方收取的手续费、基金、集资费、代收款项、代垫款项及其他各种性质的价外收费。

《营业税暂行条例》明确规定了各征税对象营业额的具体界定规则。

2.营业税起征点的规定

营业税起征点是指纳税人营业额合计到达起征点,达到或超过起征点的,全部计税,没有达到起征点的,不征税。其适用范围限于个人。

(1)按期纳税的起征点为月营业额200～800元;

(2)按次征税的起征点为每次(日)营业额50元。

省、自治区、直辖市财政厅(局)、税务局应当在规定的幅度内,根据实际情况确定本地区适用的起征点,并报财政部、国家税务总局备案。

(五)纳税地点与纳税期限

1.纳税期限

纳税期限分别为5日、10日、15日或者1个月。不能按固定期限纳税的,可以按次纳税。以一个月为一期纳税的,自期满之日起10日内申报纳税;以5日、10日、15日为一期纳税的,自期满之日起5日内预缴税款,于次月1日起10日内申报纳税并结清上月应纳税款。

金融业(不包括典当业)的纳税期限为1个季度,自纳税期满之日起10日内申报纳税。保险业的纳税期限为一个月。

2.纳税地点

营业税的纳税地点是根据纳税人的不同情况和便于税收征管的原则确定的,具体规定为:

(1)纳税人提供应税劳务,应当向应税劳务发生地主管税务机关申报纳税。纳税人从事运输业务,应当向其机构所在地主管税务机关申报纳税。

(2)纳税人转让土地使用权,应当向土地所在地主管税务机关申报纳税;纳税人转让其他无形资产,应当向其机构所在地主管税务机关申报纳税。

(3)纳税人销售不动产,应当向不动产所在地主管税务机关申报纳税。

(4)纳税人提供的应税劳务发生在外县(市),应向劳务发生地主管税务机关申报纳税而未申报纳税的,由其机构所在地或者居住地主管税务机关补征税款。

(5)纳税人承包的工程跨省、自治区、直辖市的,向其机构所在地主管税务机关申报纳税。

(6)纳税人在本省、自治区、直辖市范围内发生应税行为,其纳税地点需要调整的,由省、自治区、直辖市人民政府所属税务机关确定。

(7)营业税的扣缴义务人应当向其机构所在地主管税务机关申报缴纳其扣缴的营业税税款。但建筑安装工程业务的总承包人扣缴承包或转包的非跨省(自治区、直辖市)工程的营业税税款,应当向分包或转包工程的劳务发生地主管税务机关解缴。

三、消费税法

消费税是对特定消费品或特定消费行为征收的一种流转税。消费税作为一种古老的税种,它的产生可以追溯到古罗马帝国时期。当时,由于农业、手工业的发展及城市的兴起与商业的繁荣,古罗马帝国相继开征了诸如盐税、酒税等产品税,这就是消费税的雏形。消费税发展至今,已成为世界各国普遍征收的税种,目前已被120多个国家或地区所征收,而且还有上升的趋势。目前,世界各国均面临可持续发展的巨大压力,消费税的开征和调整有利于各国建立一个既有利于环境和生态保护又有利于经济发展的绿色税收法律制度。消费税是流转税的主体税种,它不仅可以保证国家财政收入的稳定增长,而且还可以调节产业结构和消费结构,限制某些奢侈品、高能耗品的生产,正确引导消费,抑制超前消费。早在1951年,我国就根据《全国税政实施要则》的规定颁布了《特种消费行为税暂行条例》,开始征收特种消费行为税。后来由于种种原因,消费税被迫取消。1994年税制改革时,作为与增值税的配套税种,消费税得以确定征收,是由原税制的商品税、增值税中分离出来的新税种。

我国现行消费税的基本法律规范,是1994年开始实施的《中华人民共和国消费暂行条例》及《中华人民共和国消费暂行条例实施细则》。

(一)纳税主体

消费税的纳税人是指在中华人民共和国境内生产、委托加工和进口条例规定的消费品的单位和个人。"单位"指各种不同所有制企业和行政单位、事业单位、军事单位、社会团体及其他单位。"个人"指个体经营者及其他个人。

在中华人民共和国境内是指生产、委托加工和进口应税消费品的起运地或所在地在中国境内。

(二)税目与税率

我国现行消费税税目共有14个,税率则采用定额税率、比例税率和复合税率等三种形式,具体如下表所示。

消费税税目、税率(税额)表

税　　目	税　　率
一、烟 1.卷烟 　(1)甲类卷烟 　(2)乙类卷烟 2.雪茄烟 3.烟丝	 45％加 0.003 元/支 40％加 0.003 元/支 25％ 30％
二、酒及酒精 1.白酒 2.黄酒 3.啤酒 　(1)甲类啤酒 　(2)乙类啤酒 4.其他酒 5.酒精	 20％加 0.5 元/500 克(或者 500 毫升) 240 元/吨 250 元/吨 220 元/吨 10％ 5％
三、化妆品	30％
四、贵重首饰及珠宝玉石 1.金银首饰、铂金首饰和钻石及钻石饰品 2.其他贵重首饰和珠宝玉石	 5％ 10％
五、鞭炮、烟火	15％
六、成品油 1.汽油 　(1)含铅汽油 　(2)无铅汽油 2.柴油 3.航空煤油 4.石脑油 5.溶剂油 6.润滑油 7.燃料油	 0.28 元/升 0.20 元/升 0.10 元/升 0.10 元/升 0.20 元/升 0.20 元/升 0.20 元/升 0.10 元/升
七、汽车轮胎	3％
八、摩托车 1.气缸容量(排气量,下同),在 250 毫升(含 250 毫升)以下的 2.气缸容量在 250 毫升以上的	 3％ 10％

续表

税　目	税　率
九、小汽车	
1.乘用车	
(1)气缸容量在1.0升(含1.0升)以下的	1%
(2)气缸容量在1.0升以上至1.5升(含1.5升)的	3%
(3)气缸容量在1.5升以上至2.0升(含2.0升)的	5%
(4)气缸容量在2.0升以上至2.5升(含2.5升)的	9%
(5)气缸容量在2.5升以上至3.0升(含3.0升)的	12%
(6)气缸容量在3.0升以上至3.0升(含4.0升)的	25%
(7)气缸容量在4.0升以上的	40%
2.中轻型商用客车	5%
十、高尔夫球及球具	10%
十一、高档手表	20%
十二、游艇	10%
十三、木制一次性筷子	5%
十四、实木地板	5%

(三)应纳税额的计算

消费税属于价内税，或在生产加工或在进口或在零售等单一环节征税，实行从价定率和从量定额和从价从量复合计征三种办法，计算公式为：

从价定率：应纳税额＝应税消费品的销售额×比例税率

从量定额：应纳税额＝应税消费品的销售数量×定额税率

复合计征：应纳税额＝应税销售额×比例税率＋应税销售数量×定额税率

1.销售额的确定

销售额是纳税人销售应税消费品向购买方收取的全部价款和价外费用，包括消费税但不包括增值税。价外费用是指价外向购买方收取的基金、集资费、返还利润、补贴、违约金(延期付款利息)和手续费、包装费、储备费、优质费、运输装卸费、代收款项、代垫款项以及其他各种性质的价外收费。

由于消费税销售额，包括消费税但不含增值税，当销售额包含增值税的，在计算应纳消费品的销售额时，必须先将其换算为不含增值税销售额，换算公式为：

应纳消费品的销售额＝含增值税销售额÷(1＋增值税税率或征收率)

2.销售数量的确定

(1)销售应税消费品的,为应税消费品的销售数量。

(2)自产自用应税消费品的,为应税消费品的移送使用数量。

(3)委托加工应税消费品的,为纳税人收回的应税消费品数量。

(4)进口的应税消费品为海关核定的应税消费品进口征税数量。

(四)纳税期限和纳税地点

1.纳税期限

消费税的纳税期限分别为1日、3日、5日、10日、15日或者1个月。纳税人的具体纳税期限,由主管税务机关根据纳税人应纳税额的大小分别核定,不能按照固定期限纳税的,可以按次纳税。

纳税人以1个月为一期纳税的,自期满之日起10日内申报纳税;以1日、3日、5日、10日或者15日为一期纳税的,自期满之日起5日内预缴税款,于次月1日起10日内申报纳税并结清上月应纳税款。

纳税人进口应税消费品,应当自海关填发税款缴纳证的次日起15日内缴纳税款。

2.纳税地点

纳税人销售的应税消费品以及自产自用的应税消费品,除国务院另有规定外,应当向纳税人核算地主管税务机关申报纳税。

委托加工的应税消费品,除受托方为个体经营者须由委托方收回后自己缴纳消费税外,由受托方向所在地主管税务机关缴交税款。

纳税人进口的应税消费品,由进口人或者其代理人向报关地海关申报纳税。

纳税人到外县(市)销售或者委托外县(市)代销自产应税消费品的,于应税消费品销售后,回纳税人核算地或所在地缴纳消费税。

纳税人的总机构与分支机构不在同一省(自治区、直辖市)的,应在生产应税消费品的分支机构所在地缴纳消费税。如需改由总机构汇总在总机构所在地纳税的,需经国家税务总局批准;纳税人的总机构与分支机构在同一省(自治区、直辖市)内,而不在同一县(市)的,应在生产应税消费品的分支机构所在地缴纳消费税。如需改由总机构汇总在总机构所在地纳税的,需经省级国家税务局批准。

第三节 所得税法律制度

导入案例

外资企业"长亏不倒"之乱象

在统一内外资企业所得税之前,外资企业在我国享受税收优惠政策远大于内资企业,理应比内资企业具有更强竞争力。然而,在我国国有企业、集体企业、股份制企业和私营企业利润都在不断增长的背景下,外商及港澳台商投资企业却存在利润不断下降的奇怪现象。据全国涉外企业所得税汇算清缴公布的结果,在 2003 年度和 2004 年度,外资企业亏损面分别为 47.07% 和 44.73%。面对长年累月的亏损,企业通常就会考虑停止投资或改变经营方向,但许多外资企业在长期亏损的面前,其投资热情却日益高涨。相关资料表明,近年来我国每年实际利用外商直接投资均超过 500 亿美元,已成为全球最大的外国直接投资(FDI)流入国之一。许多外资企业似乎乐此不疲,专做"赔本买卖",越"亏损"越增大投资。

问题:(1)请分析外资企业"长亏不倒"、专做"赔本买卖"的真正缘由。(2)外资企业避税的常见手段有哪些?(3)如何采取有效措施强化涉外税收的反避税工作?

所得税,亦称收益税,是指以纳税人在一定期间内的纯所得(净收入)额为征税对象的一类税。所得税最早出现于 18 世纪,英国在英法战争期间首先开征所得税,目前几乎所有国家或地区都开征了所得税,但各个国家或地区对所得税的分类方式并不完全相同,名称也多种多样。国际上通行的是以纳税人为标准,将所得税划分为公司所得税和个人所得税。在税收法律制度的设计方面,存在分类所得税制度(亦称个别所得税制)、综合所得税制度(亦称一般所得税制)和分类综合所得税制度(亦称混合所得税制)三种模式,以分类综合所得税制为主。所得税是发达国家的主体税种,日本和美国的个人所得税占其国家税收收入的 60%~80%。

与流转税法仍然停留在行政法规层次相比,我国的所得税立法显然领先一步,业已在法律层面出台了所得税的法律规范。1980年9月10日第五届全国人民代表大会第三次会议通过《中华人民共和国个人所得税法》,随后至今历经5次修正。2007年3月16日《中华人民共和国企业所得税法》在第十届全国人民代表大会第五次会议表决通过。该法自2008年1月1日开始实施,统一适用于原适用《企业所得税暂行条例》的内资企业和适用《外商投资企业和外国企业所得税法》的外商投资企业与外国企业。内外资企业所得税的统一,使得我国有了名副其实的企业所得税法。

一、企业所得税法

新颁布实施的我国《企业所得税法》和《企业所得税法实施条例》,参照国际通行做法,实现了"四个统一"。第一,统一税法,从公平竞争的市场法则出发,将内外资企业所得税制加以整合,实行"两税合一"的税制改革。第二,统一税率,并将企业所得税基本税率降至25%。第三,统一内外资企业税前扣除范围和标准,改变了在扣除成本费用问题上,内资企业偏紧、外资企业偏松的局面。第四,统一税收优惠政策,以新的产业优惠为主、区域优惠为辅的所得税优惠格局取代以往区域优惠为主的格局形式。

我国新《企业所得税法》的出台,有利于为内外资企业创造公平竞争的税收环境,有利于促进经济增长方式转变和产业结构升级,有利于促进区域经济的协调发展,有利于提高我国利用外资的质量和水平,有利于推动我国税制的现代化建设,具有重大而深远的意义。

(一)纳税主体

企业所得税的纳税人是指在中华人民共和国境内的企业和其他取得收入的组织。其中,企业分为居民企业和非居民企业,但不包含个人独资企业和合伙企业。

1. 居民企业

居民企业是指依法在中国境内成立,或者依照外国(地区)法律成立但实际管理机构在中国境内的企业。

根据《企业所得税实施条例》的规定,在中国境内成立的企业,包括依照中国法律、行政法规在中国境内成立的企业、事业单位、社会团体以及其他取得收入的组织;实际管理机构,是指对企业的生产经营、人员、账务、财产等实施实质性全面管理和控制的机构。

2. 非居民企业

非居民企业是指依照外国（地区）法律成立且实际管理机构不在中国境内，但在中国境内设立机构、场所的，或者在中国境内未设立机构、场所，但有来源于中国境内所得的企业。

根据《企业所得税法实施条例》的规定，依照外国（地区）法律成立的企业，包括依照外国（地区）法律成立的企业和其他取得收入的组织；机构、场所特指在中国境内从事生产经营活动的机构、场所，包括：(1)管理机构、营业机构、办事机构；(2)工厂、农场、开采自然资源的场所；(3)提供劳务的场所；(4)从事建筑、安装、装配、修理、勘探等工程作业的场所；(5)其他从事生产经营活动的机构、场所。非居民企业委托营业代理人在中国境内从事生产经营活动的，包括委托单位或者个人经常代其签订合同，或者储存、交付货物等，该营业代理人视为非居民企业在中国境内设立的机构、场所。

（二）征税对象

企业所得税的征税对象是纳税人在每一纳税年度内的生产经营所得、其他所得和清算所得。生产经营所得是指纳税人从事物质生产、交通运输、商品流通、劳务服务以及经国务院财政主管部门确认的其他营利性事业取得的所得；其他所得则包括股息、利息、租金、转让资产、特许使用费及营业外收益等所得。清算所得是指企业的全部资产可变现价值或者交易价格减除资产净值、清算费用以及相关税费等后的余额。

1. 居民企业的征税对象

居民企业来源于中国境内、境外的所得为其企业所得税的征税对象，包括销售货物所得、提供劳务所得、转让财产所得、股息红利等权益性投资所得、利息所得、租金所得、特许权使用费所得、接受捐赠所得和其他所得。

2. 非居民企业的征税对象

非居民企业在中国境内设立机构、场所的，应当就其所设机构、场所取得的来源于中国境内的所得，以及发生在中国境外但与其所设机构、场所有实际联系的所得，缴纳企业所得税。

非居民企业在中国境内未设立机构、场所的，或者虽设立机构、场所但取得的所得与其所设机构、场所没有实际联系的，应当就其来源于中国境内的所得缴纳企业所得税。

上述实际联系，是指非居民企业在中国境内设立的机构、场所拥有据以取得所得的股权、债权，以及拥有、管理、控制据以取得所得的财产等。

3.所得来源的确定

来源于中国境内、境外的所得,按照以下原则确定:

(1)销售货物所得,按照交易活动发生地确定;

(2)提供劳务所得,按照劳务发生地确定;

(3)转让财产所得,不动产转让所得按照不动产所在地确定,动产转让所得按照转让动产的企业或者机构、场所所在地确定,权益性投资资产转让所得按照被投资企业所在地确定;

(4)股息、红利等权益性投资所得,按照分配所得的企业所在地确定;

(5)利息所得、租金所得、特许权使用费所得,按照负担、支付所得的企业或者机构、场所所在地确定,或者按照负担、支付所得的个人的住所地确定;

(6)其他所得,由国务院财政、税务主管部门确定。

(三)税率

企业所得税税率实行比例税率,基本税率为25%,低税率为20%。基本税率适用于居民企业和在中国境内设有机构、场所且所得与机构、场所有关联的非居民企业。低税率适用于在中国境内未设立机构场所,或虽设立机构、场所但取得的收入与其机构、场所没有实际联系的非居民企业。目前非居民企业减按10%的所得税税率征收企业所得税。

(四)应纳税额的计算

企业应纳税额等于企业的应纳税所得额乘以适用税率,减除依所得税法"关于税收优惠的规定"减免和抵免的税额后的余额,基本计算公式为:

应纳税额＝应纳税所得额×适用税率－减免税额－抵免税额

1.应纳税所得额的确定

(1)居民企业应纳税所得额的确定。

企业每一纳税年度的收入总额,减除不征税收入、免税收入、各项扣除以及允许弥补的以前年度亏损后的余额,为应纳税所得额,具体计算公式为:

应纳税所得额＝收入总额－不征税收入－免税收入－
各项扣除－以前年度亏损

其中,收入总额是指企业以货币形式和非货币形式从各种来源取得的收入,包括:①销售货物收入;②提供劳务收入;③转让财产收入;④股息、红利等权益性投资收益;⑤利息收入;⑥租金收入;⑦特许权使用费收入;⑧接受捐赠收入;⑨其他收入。

不征税收入包括:①财政拨款;②依法收取并纳入财政管理的行政事业性收费、政府性基金;③国务院规定的其他不征税收入。

免税收入包括:①国债利息收入;②符合条件的股息红利等权益性收入;③符合条件的非营利性组织收入。

扣除项目包括企业实际发生的、与取得收入直接相关的、符合生产经营活动常规、应当计入当期损益或者有关资产成本的必要和正常的合理支出,包括成本、费用、税金、损失和其他支出。其中,企业发生的公益性捐赠支出,不超过年度利润总额12%的部分,准予扣除;企业发生的职工福利费支出,不超过工资薪金总额14%的部分,准予扣除;企业拨缴的工会经费,不超过工资薪金总额2%的部分,准予扣除;除国务院财政、税务主管部门另有规定外,企业发生的职工教育经费支出,不超过工资薪金总额2.5%的部分,准予扣除,超过部分,准予在以后纳税年度结转扣除;企业发生的与生产经营活动有关的业务招待费支出,按照发生额的60%扣除,但最高不得超过当年销售(营业)收入的5‰;企业发生的符合条件的广告费和业务宣传费支出,除国务院财政、税务主管部门另有规定外,不超过当年销售(营业)收入15%的部分,准予扣除,超过部分,准予在以后纳税年度结转扣除。

企业纳税年度发生的亏损,准予向以后年度结转,用以后年度的所得弥补,但结转年限最长不得超过五年。

(2)非居民企业应纳税所得额的确定。

非居民企业的股息、红利等权益性投资收益和利息、租金、特许权使用费所得,以收入全额为应纳税所得额;非居民企业的转让财产所得,以收入全额减除财产净值后的余额为应纳税所得额;非居民企业的其他所得,参照前两项规定的方法计算应纳税所得额。

2.减免税额和抵免税额

我国《企业所得税法》以及实施条例第四章"税收优惠",对企业所得税的减免税额和抵免税额作出了直接规定,主要包括:

(1)对从事农林牧渔业项目的所得、从事国家重点扶持的公共基础设施项目投资经营的所得、从事符合条件的环境保护、节能节水项目的所得、符合条件的技术转让所得等免征、减征企业所得税;对符合条件的小型微利企业,减按20%的税率征收企业所得税;对国家需要重点扶持的高新技术企业,减按15%的税率征收企业所得税;民族自治地方的自治机关对本民族自治地方的企业应缴纳的企业所得税中属于地方分享的部分,可以决定减征或者免征。

(2)企业购置用于环境保护、节能节水、安全生产等专用设备的投资额,可以按一定比例实行税额抵免。

(五)纳税期限和纳税地点

1. 纳税期限

企业所得税按纳税年度计算。纳税年度自公历1月1日起至12月31日止。企业在一个纳税年度中间开业或者终止经营活动,使该纳税年度的实际经营期不足12个月的,应当以其实际经营期为一个纳税年度。企业依法清算时,应当以清算期间作为一个纳税年度。

企业所得税分月或者分季预缴。企业应当自月份或者季度终了之日起15日内,向税务机关报送预缴企业所得税纳税申报表,预缴税款。企业应当自年度终了之日起5个月内,向税务机关报送年度企业所得税纳税申报表,并汇算清缴,结清应缴应退税款。企业在年度中间终止经营活动的,应当自实际经营终止之日起60日内,向税务机关办理当期企业所得税汇算清缴。企业应当在办理注销登记前,就其清算所得向税务机关申报并依法缴纳企业所得税。

2. 纳税地点

除税收法律、行政法规另有规定外,居民企业以企业登记注册地为纳税地点;但登记注册地在境外的,以实际管理机构所在地为纳税地点。居民企业在中国境内设立不具有法人资格的营业机构的,应当汇总计算并缴纳企业所得税。

非居民企业在中国境内设立机构、场所的,应当就其所设机构、场所取得的来源于中国境内的所得,以及发生在中国境外但与其所设机构、场所有实际联系的所得,以机构、场所所在地为纳税地点。非居民企业在中国境内设立两个或者两个以上机构、场所的,经税务机关审核批准,可以选择由其主要机构、场所汇总缴纳企业所得税。非居民企业在中国境内未设机构、场所,或者虽设机构、场所但取得的所得与其所设机构、场所没有实际联系的所得,以扣缴义务人所在地为纳税地点。

二、个人所得税法

个人所得税是以个人(自然人)取得的各项应税所得为对象征收的一种税。1799年由英国最早开征,目前是世界各国普遍征收的主体税种。新中国成立后,政务院于1950年1月发布了新中国税制建设的纲领性文件《全国税政实施要则》,其中涉及对个人所得征税的主要是薪资报酬所得税和存款利息所得税,但由于种种原因,一直没有开征。1980年后,我国相继开征了对外籍个人征收的个人所得税、对国内居民征收的城乡个体工商业户所得税和个人收入调节税。1994年,我国将上述三税修订合一,初步建立起符合我国实际的个人所得税制度。

我国现行个人所得税的基本法律规范,一是1980年9月10日第五届全国人民代表大会第三次会议通过、2011年6月30日第十一届全国人民代表大会常务委员会第二十一次会议第六次修正的《中华人民共和国所得税法》,二是1994年1月28日国务院令第142号发布、2011年7月19日国务院第三次修订的《中华人民共和国个人所得税实施条例》。上述两部法律,均为自2011年9月1日起施行。新中国个人所得税法颁布实施30年来,虽然业已历经6次修正,但面对社会经济形势的发展变化,不少专家学者建议立法部门借鉴国际经验和通行做法进一步修正我国的个人所得税法,在实行分类综合所得税制的同时,考虑以家庭为单位取代个人作为个人所得税的纳税主体,并出台个人所得税的年度汇缴政策。

(一)纳税对象

我国个人所得税的纳税义务人,包括中国公民、个体工商户、外籍个人(包括无国籍人员,下同)和港、澳、台同胞。依据其住所和居住时间标准,个人所得税纳税义务人分为居民纳税人和非居民纳税人。

1.居民纳税人

(1)在我国境内有住所的个人,包含在中国境内定居的中国居民和外国侨民。所谓在中国境内有住所的个人,是指因户籍、家庭、经济利益关系而在中国境内习惯性居住的个人。

(2)在我国境内无住所,而在境内居住满一年的个人。所谓在中国境内居住满一年是指一个纳税年度在中国居住365日(自公历1月1日至当年12月31日),临时离境的(在一个纳税年度中一次不超过30日或者多次累计不超过90日的离境),不扣减日数。

2.非居民纳税人

(1)在中国境内无住所又不居住的个人,包括外籍人员、华侨、中国港澳台地区的同胞。

(2)在中国境内无住所而在境内居住不满一年的个人,包括外籍人员、华侨、中国港澳台地区的同胞。

此外,自2000年1月1日起,个人独资企业和合伙企业投资者也属于个人所得税的纳税义务人。

(二)纳税义务范围

居民纳税人,应对我国负有无限纳税义务,应就其来源于中国境内和境外的所得,依法纳税。

非居民纳税人,只对我国负有有限纳税义务,应只就其来源于中国境内的所得,依法纳税。

(三)应税项目

个人所得税的应税项目包括以下11大类:

1. 工资、薪金所得。它是个人因任职或者受雇而取得的工资、薪金、奖金、年终加薪、劳动分红、津贴、补贴以及与任职或者受雇有关的其他所得。

2. 个体工商户的生产、经营所得。它包括个体工商户从事工业、手工业、建筑业、交通运输业、商业、饮食业、服务业、修理业以及其他行业生产、经营取得的所得;个人经政府有关部门批准,取得执照,从事办学、医疗、咨询以及其他有偿服务活动取得的所得;其他个人从事个体工商业生产、经营取得的所得;上述个体工商户和个人取得的与生产、经营有关的各项应纳税所得。

3. 对企事业单位的承包经营、承租经营所得。它是指对企事业单位的承包经营、承租经营所得,是指个人承包经营、承租经营以及转包、转租取得的所得,包括个人按月或者按次取得的工资、薪金性质的所得。

4. 劳务报酬所得。它是指个人从事设计、装潢、安装、制图、化验、测试、医疗、法律、会计、咨询、讲学、新闻、广播、翻译、审稿、书画、雕刻、影视、录音、录像、演出、表演、广告、展览、技术服务、介绍服务、经纪服务、代办服务以及其他劳务取得的所得。

5. 稿酬所得。它是个人因其作品以图书、报刊形式出版、发表而取得的所得。

6. 特许权使用费所得。它是个人提供专利权、商标权、著作权、非专利技术以及其他特许权的使用权取得的所得;提供著作权的使用权取得的所得,不包括稿酬所得。

7. 利息、股息、红利所得。它是个人拥有债权、股权而取得的利息、股息、红利所得。

8. 财产租赁所得。它是指个人出租建筑物、土地使用权、机器设备、车船以及其他财产取得的所得。

9. 财产转让所得。它是指个人转让有价证券、股权、建筑物、土地使用权、机器设备、车船以及其他财产取得的所得。

10. 偶然所得。它是指个人得奖、中奖、中彩以及其他偶然性质的所得。

11. 其他所得。它是除上述各项所得之外,国务院财政部门认为确有必要征税的个人所得。

(四)税率

我国现行个人所得税采用分类所得税制,其税率包括比例税率和超额累进税率两种方式。

1. 工资、薪金所得,适用七级超额累进税率,税率为3%至45%。

2. 个体工商户的生产、经营所得和对企事业单位的承包经营、承租经营所得,适用5%至35%的五级超额累进税率。

3. 稿酬所得,适用比例税率,税率为20%,并按应纳税额减征30%。

4. 劳务报酬所得,适用比例税率,税率为20%。对劳务报酬所得一次收入畸高的,即一次收入的应纳税所得额超过2万元的,可以实行加成征收,具体办法由国务院规定。

5. 特许权使用费所得,利息、股息、红利所得,财产租赁所得,财产转让所得,偶然所得和其他所得,适用比例税率,税率为20%。

(五)应纳税额的计算

1. 工资、薪金所得,以每月收入额减除费用3500元后的余额,为应纳税所得额。在中国境内的外商投资企业和外国企业中工作的外籍人员、应聘在中国境内企业、事业单位、社会团体、国家机关中工作的外籍专家;在中国境内有住所而在中国境外任职工或者受雇取得工资、薪金所得的个人及国务院财政、税务主管部门确定的其他人员等四类人则可以在每月减除3500元的基础上再减除标准为1300元的附加减除费用,为应纳税所得额。应纳税额的计算公式为:

$$应纳税额 = 应纳税所得额 \times 适用税率 - 速算扣除数$$
$$= (每月收入额 - 3500元或4800元) \times 适用税率 - 速算扣除数$$

2. 个体工商户的生产、经营所得,以每一纳税年度的收入总额,减除成本、费用以及损失后的余额,为应纳税所得额,其应纳税额的计算公式为:

$$应纳税额 = 应纳税所得额 \times 适用税率 - 速算扣除数$$
$$= (全年收入总额 - 成本、费用及损失) \times 适用税率 - 速算扣除数$$

3. 对企事业单位的承包经营、承租经营所得,以每一纳税年度的收入总额,减除必要费用(按月减除3500元)后的余额,为应纳税所得额,其应纳税额的计算公式为:

$$应纳税额 = 应纳税所得额 \times 适用税率 - 速算扣除数$$
$$= (纳税年度收入总额 - 必要费用) \times 适用税率 - 速算扣除数$$

4.劳务报酬所得,每次收入不超过4000元的,减除费用800元;4000元以上的,减除20%的费用,其余额为应纳税所得额,其应纳税额的计算公式为:

(1)每次收入不足4000元的

　　应纳税额＝应纳税所得额×适用税率
　　　　　　＝(每次收入额－800)×20%

(2)每次收入超过4000元的

　　应纳税额＝应纳税所得额×适用税率
　　　　　　＝每次收入额×(1－20%)×20%

(3)每次收入的应纳税所得额超过20000元的

　　应纳税额＝应纳税所得额×适用税率－速算扣除数
　　　　　　＝每次收入×(1－20%)×适用税率－速算扣除数

5.稿酬所得,每次收入不超过4000元的,减除费用800元;4000元以上的,减除20%的费用,其余额为应纳税所得额,其应纳税额的计算公式为:

(1)每次收入不足4000元的

　　应纳税额＝应纳税所得额×适用税率×(1－30%)
　　　　　　＝(每次收入额－800)×20%×(1－30%)

(2)每次收入超过4000元的

　　应纳税额＝应纳税所得额×适用税率×(1－30%)
　　　　　　＝每次收入额×(1－20%)×20%×(1－30%)

6.特许权使用费所得、财产租赁所得,每次收入不超过4000元的,减除费用800元;4000元以上的,减除20%的费用,其余额为应纳税所得额,其应纳税额的计算公式为:

(1)每次(月)收入不足4000元的

　　应纳税额＝应纳税所得额×适用税率

其中,应纳税所得额＝每次(月)收入额－准予扣除项目－修缮费用(800元为限)－800元,税率为20%(2001年1月1日起,财产租赁所得暂按10%的税率)

(2)每次(月)收入超过4000元的

　　应纳税额＝应纳税所得额×适用税率

其中,应纳税所得额＝[每次(月)收入额－准予扣除项目－修缮费用(800元为限)]×(1－20%),税率为20%(2001年1月1日起,财产租赁所得暂按10%的税率)

7. 财产转让所得,以转让财产的收入额减除财产原值和合理费用后的余额,为应纳税所得额,其应纳税额的计算公式为:

应纳税额＝应纳税所得额×适用税率
　　　　＝(转让财产收入总额－财产原值－合理费用)×20%

8. 利息、股息、红利所得,偶然所得和其他所得,以每次收入额为应纳税所得额,其应纳税额的计算公式为:

应纳税额＝应纳税所得额×适用税率
　　　　＝每次收入额×20%或5%

(六)征收管理

个人所得税,以所得人为纳税义务人,以支付所得的单位或者个人为扣缴义务人。个人所得超过国务院规定数额的,在两处以上取得工资、薪金所得或者没有扣缴义务人的,以及具有国务院规定的其他情形的,纳税义务人应当按照国家规定办理纳税申报。扣缴义务人应当按照国家规定办理全员全额扣缴申报。

扣缴义务人每月所扣的税款,自行申报纳税人每月应纳的税款,都应当在次月15日内缴入国库,并向税务机关报送纳税申报表。

工资、薪金所得应纳的税款,按月计征,由扣缴义务人或者纳税义务人在次月15日内缴入国库,并向税务机关报送纳税申报表。特定行业的工资、薪金所得应纳的税款,可以实行按年计算、分月预缴的方式计征,具体办法由国务院规定。

个体工商户的生产、经营所得应纳的税款,按年计算,分月预缴,由纳税义务人在次月15日内预缴,年度终了后3个月内汇算清缴,多退少补。

对企事业单位的承包经营、承租经营所得应纳的税款,按年计算,由纳税义务人在年度终了后30日内缴入国库,并向税务机关报送纳税申报表。纳税义务人在一年内分次取得承包经营、承租经营所得的,应当在取得每次所得后的15日内预缴,年度终了后3个月内汇算清缴,多退少补。

从中国境外取得所得的纳税义务人,应当在年度终了后30日内,将应纳的税款缴入国库,并向税务机关报送纳税申报表。

第四节 税收征收管理法律制度

> **导入案例**

从发票大案看我国税收制度

2008年2月22日,湖北荆州市地税局税务人员对全市餐饮业定额发票进行检验时,接到举报称,某餐厅使用的为假发票。税务人员迅速将涉嫌制假的发票送检,经鉴定,一本25份的发票为假发票,遂向荆州市公安局经侦支队报案。23日,警方又在该餐厅查到另一本25份的假发票,荆州警方于是在26日正式立案。同年7月28日,湖北省公安厅、省国税局、省地税局联合宣布,成功破获该起公安部督办的湖北省制售假发票第一大案,全省12个市州开展的打击制售假发票的"荆楚灭鼠行动"告捷。该制售假发票的窝点,以手机短信群发的方式四处寻找买家,定制各类税务发票,再利用物流公司托运送货,代收赃款,实行制售"一条龙"服务,形成了一个以武汉为中心辐射全国16个省市区的特大制售假发票网络团伙。此案共捣毁印刷窝点4个,制版点3个,打掉制售假发票团伙12个,抓获犯罪嫌疑人44人,收缴制假设备32台,假发票胶版679张。查获假发票12种,35390本,168万份,可开票面金额高达1098亿余元,避免地方税收流失50亿元以上。

问题:有业界人士认为,屡禁不绝的发票大案背后,折射出了我国税收体制中税负过重、以票抵税"一票千金"及税收征管的诸多不合理制度。请辨析该观点。

税收征收管理是各级税务机关对纳税人依法征收税款和对税收征纳过程进行组织管理、监督检查工作的总称。加强税收征收管理工作,对于规范税收征收和缴纳行为,保障国家税收收入,保护纳税人的合法权益,促进经济和社会发展,具有重要意义。我国现行税收征收管理的基本法律规范,是第七届全国人民代表大会常务委员会于1992年9月4日颁布的《中华人民共和国税收征收管理法》。该法分别于1995年2月28日第八届全国人民代表大会常务委员会第 12 次会议和 2001 年 4 月 28 日第九届全国人民代表大会常务委员会第 21 次会议进行了修订。

一、税务管理

税务管理包括税务登记管理、账簿凭证管理和纳税申报管理三大部分。

(一)税务登记

1. 开业税务登记

工商行政管理机关应当将办理登记注册、核发营业执照的情况,定期向税务机关通报。纳税人应当在领取营业执照的法定期限内办理税务登记。

企业,企业在外地设立的分支机构和从事生产、经营的场所,个体工商户和从事生产、经营的事业单位(以下统称从事生产、经营的纳税人)自领取营业执照之日起 30 日内,持有关证件,向税务机关申报办理税务登记。税务机关应当自收到申报之日起 30 内审核并发给税务登记证件。

2. 变更登记

从事生产、经营的纳税人,税务登记内容发生变化的,自工商行政管理机关办理变更登记之日起 30 日内或者在向工商行政管理机关申请办理注销登记之前,持有关证件向税务机关申报办理变更或者注销税务登记。纳税人税务登记内容发生变化,不需要到工商行政管理机关或者其他机关办理变更登记的,应当自发生变化之日起 30 日内,持有关证件向原税务登记机关申报办理变更税务登记。

3. 注销登记

纳税人发生解散、破产、撤销及其他情形依法终止纳税义务的,应当在向工商行政管理机关或者其他机关办理注销登记之前,持有关证件向原税务登记机关申报办理注销税务登记;按照规定不需要在工商行政管理机关或者其他机关办理注销登记的,应当自有关机关批准或者宣告终止之日起 15 日内,持有关证件向原税务机关申报办理注销税务登记。

纳税人被工商行政管理机关吊销营业执照或者被其他机关予以撤销登记的,应当自营业执照被吊销或者被撤销登记之日起 15 日内,向原税务登记机关申报办理注销税务登记。

(二)账簿凭证管理

1. 账簿凭证的设置管理

纳税人、扣缴义务人按照有关法律、行政法规和国务院财政、税务主管部门的规定设置账簿,根据合法、有效凭证记账,进行核算。

从事生产、经营的纳税人应当自领取营业执照或者发生纳税义务之日起15日内,按照国家有关规定设置账簿。扣缴义务人应当自税收法律、行政法规规定的扣缴义务发生之日起10日内,按照所代扣、代收的税种,分别设置代扣代缴、代收代缴税款账簿。

生产、经营规模小又确无建账能力的纳税人,可以聘请经批准从事会计代理记账业务的专业机构或者经税务机关认可的财会人员代为建账和办理账务;聘请上述机构或者人员有实际困难的,经县以上税务机关批准,可以按照税务机关的规定,建立收支凭证粘贴簿、进货销货登记簿或者使用税控装置。

从事生产、经营的纳税人的财务、会计制度或者财务、会计处理办法和会计核算软件,应当报送税务机关备案。

2.账簿凭证的保管管理

从事生产、经营的纳税人、扣缴义务人必须按照国务院财政、税务主管部门规定的保管期限保管账簿、记账凭证、完税凭证及其他有关资料。账簿、记账凭证、完税凭证及其他有关资料不得伪造、变造或者擅自损毁。

账簿、记账凭证、报表、完税凭证、发票、出口凭证以及其他有关涉税资料应当保存10年;但是,法律、行政法规另有规定的除外。

3.发票的管理

税务机关是发票的主管机关,负责发票印制、领购、开具、取得、保管、缴销的管理和监督。发票的管理办法由国务院规定。

增值税专用发票由国务院税务主管部门指定的企业印制;其他发票,按照国务院税务主管部门的规定,分别由省、自治区、直辖市国家税务局、地方税务局指定企业印制。

未经前款规定的税务机关指定,不得印制发票。

(三)纳税申报

1.纳税申报的对象

(1)纳税人。纳税人必须依照法律、行政法规规定或者税务机关依照法律、行政法规的规定确定的申报期限、申报内容如实办理纳税申报,报送纳税申报表、财务会计报表以及税务机关根据实际需要要求纳税人报送的其他纳税资料。

(2)扣缴义务人。扣缴义务人必须依照法律、行政法规规定或者税务机关依照法律、行政法规的规定确定的申报期限、申报内容如实报送代扣代缴、代收代缴税款报告表以及税务机关根据实际需要要求扣缴义务人报送的其他有关资料。

2. 纳税申报的内容

纳税申报的内容,主要体现在纳税人和扣缴义务人提交的报告表上,主要包括税种、税目、应纳税项目或应代扣代缴项目或代收代缴项目、计税依据、扣除项目及标准、适用税率或单位税率、应退税项目及税额、应纳税额或应代扣代缴税额或应代收代缴税额、税款所属期限、延期缴纳税款、欠税和滞纳金等内容。

3. 纳税申报的方式

纳税人、扣缴义务人可以直接到税务机关办理纳税申报或者报送代扣代缴、代收代缴税款报告表,也可以按照规定采取邮寄、数据电文或者其他方式办理上述申报、报送事项。可见,纳税人可以采用的申报方式包括直接申报、邮寄申报和数据电文及其他方式等四种。

二、税款征收

(一)税款的征收原则

1. 税款优先原则

税务机关征收税款,税收优先于无担保债权,法律另有规定的除外;纳税人欠缴的税款发生在纳税人以其财产设定抵押、质押或者纳税人的财产被留置之前的,税收应当先于抵押权、质权、留置权执行。

纳税人欠缴税款,同时又被行政机关决定处以罚款、没收违法所得的,税收优先于罚款、没收违法所得。

2. 国家赔偿原则

税务机关及其工作人员滥用职权违法采取税收保全措施、强制执行措施,或者采取税收保全措施、强制措施不当,使纳税人、扣缴义务人或纳税担保人的合法权益蒙受损失的,应当依法承担赔偿责任。

(二)税款的征收结算

我国《税收征收管理法》及其实施细则,确定了五种税款征收方式,即查账征收、查定征收、查验征收、定期定额征收和其他方式等五种。

其中,其他方式包括委托代征税款、邮寄纳税、利用网络申报和用IC卡纳税等方式。

税务机关应当根据方便、快捷、安全的原则,积极推广使用支票、银行卡、电子结算方式缴纳税款。

(三)税款征收的主要规定

除税务机关、税务人员以及经税务机关依照法律、行政法规委托的单位和人员外,任何单位和个人不得进行税款征收活动。税务机关依照法律、行政法规的规定征收税款,不得违反法律、行政法规的规定开征、停征、多征、少征、提前征收、延缓征收或者摊派税款。

任何部门、单位和个人作出的与税收法律、行政法规相抵触的决定一律无效,税务机关不得执行,并应当向上级税务机关报告。

扣缴义务人依照法律、行政法规的规定履行代扣、代收税款的义务。对法律、行政法规没有规定负有代扣、代收税款义务的单位和个人,税务机关不得要求其履行代扣、代收税款义务。扣缴义务人依法履行代扣、代收税款义务时,纳税人不得拒绝。纳税人拒绝的,扣缴义务人应当及时报告税务机关处理。

对未按照规定办理税务登记的从事生产、经营的纳税人以及临时从事经营的纳税人,由税务机关核定其应纳税额,责令缴纳;不缴纳的,税务机关可以扣押其价值相当于应纳税款的商品、货物。扣押后缴纳应纳税款的,税务机关必须立即解除扣押,并归还所扣押的商品、货物;扣押后仍不缴纳应纳税款的,经县以上税务局(分局)局长批准,依法拍卖或者变卖所扣押的商品、货物,以拍卖或者变卖所得抵缴税款。

税务机关有根据认为从事生产、经营的纳税人有逃避纳税义务行为的,可以在规定的纳税期之前,责令限期缴纳应纳税款;在限期内发现纳税人有明显的转移、隐匿其应纳税的商品、货物以及其他财产或者应纳税的收入的迹象的,税务机关可以责成纳税人提供纳税担保。如果纳税人不能提供纳税担保,经县以上税务局(分局)局长批准,税务机关可以依法采取税收保全措施。

从事生产、经营的纳税人、扣缴义务人未按照规定的期限缴纳或者解缴税款,纳税担保人未按照规定的期限缴纳所担保的税款,由税务机关责令限期缴纳,逾期仍未缴纳的,经县以上税务局(分局)局长批准,税务机关可以依法采取强制执行措施。

三、税务检查

根据我国《税收征收管理法》的规定,税务机关有权进行下列税务检查:

1. 检查纳税人的账簿、记账凭证、报表和有关资料,检查扣缴义务人代扣代缴、代收代缴税款账簿、记账凭证和有关资料;

2. 到纳税人的生产、经营场所和货物存放地检查纳税人应纳税的商品、货物或者其他财产,检查扣缴义务人与代扣代缴、代收代缴税款有关的经营情况;

3. 责成纳税人、扣缴义务人提供与纳税或者代扣代缴、代收代缴税款有关的文件、证明材料和有关资料;

4. 询问纳税人、扣缴义务人与纳税或者代扣代缴、代收代缴税款有关的问题和情况;

5. 到车站、码头、机场、邮政企业及其分支机构检查纳税人托运、邮寄应纳税商品、货物或者其他财产的有关单据、凭证和有关资料;

6. 经县以上税务局(分局)局长批准,凭全国统一格式的检查存款账户许可证明,查询从事生产、经营的纳税人、扣缴义务人在银行或者其他金融机构的存款账户。税务机关在调查税收违法案件时,经设区的市、自治州以上税务局(分局)局长批准,可以查询案件涉嫌人员的储蓄存款。税务机关查询所获得的资料,不得用于税收以外的用途。

四、法律责任

我国《税收征收管理法》及其实施细则,对纳税人、扣缴义务人出现的违反税务管理基本规定的、违反账簿管理规定的、违反纳税申报规定的、偷税抗税的、骗取国家出口退税的、非法印制发票的等违法犯罪行为,规定了罚款、吊销证照等方式的行政法律责任及罚金、有期徒刑、无期徒刑和死刑等方式的刑事法律责任。

【本章小结】

税收是调节国民收入分配的重要手段,税法是国家为了满足公共需要,无偿获取可支配财富的标准和行为规范,是国家宏观调控法的核心内容,是经济法的重要组成部分。通过本章的学习,要求学生了解税收的概念、特征、职能等税收基本原理,领会税法的概念、税收立法概况及其发展趋势,理解并掌握税法的构成要素、我国现行的税收法律制度及主要税种应纳税额的计算、税收征收管理的主要内容,增强依法纳税意识,并能够运用有关法律知识解决实际问题。

思考题：

1. 简述我国现行的税收制度。

2. 请举出违反税法的典型案例，试析其法律责任。

3. 某建筑装饰材料商店为增值税一般纳税人，同时兼营工具租赁和装修业务。该商店分别核算货物销售额和应税劳务营业额。在某一纳税期限内，该商店购进商品，取得的增值税专用发票上注明价款 300000 元，税款 51000 元，已通过认证；销售商品取得销售收入价税合计 333450 元，装修业务 95400 元，租赁业务收入 4800 元。

请计算该商店当期应纳的增值税和营业税，装修业务营业税税率 3‰，租赁业务营业税税率 5‰。

4. 某高校教师洪某在 2009 年 5 月取得的收入包括：①单位支付的工资 5400 元；②出版著作一部，稿酬 40000 元；③为某企业开展讲座取得酬金 6000 元；④将闲置房屋一套出租他人居住，取得约租金 2400 元，缴纳营业税、房产税等税费 420 元，房屋修缮费用 380 元。

请计算洪某当月应该缴纳的各项个人所得税及总额。

5. 某新型墙砖厂是一家私营合伙企业，生产页岩烧结多孔砖，年销售额 300 万元，税务资料完整、会计核算健全。经当地税务部门批准，该厂从 2005 年开始实行查账征收。2008 年 5 月份，该厂法定代表人李某将该厂整体承包给张某经营，规定承包期限为 5 年，承包款 200 万元于合同生效时一次性付清。随后，李某作为发包人将承包事项向税务部门作了书面报告，并根据账面记载向当地税务部门结清属于自己承担的税款后，带着以前年度的账证资料离开了当地。2009 年 6 月，当地国税局稽查人员找到李某，发现李某带离的账证资料都已丢失，无法进行税务稽查。张某承包经营后，在稽查所属期限内，账面反映累计申报销售收入 358146 元。而当地国税局稽查人员通过对该厂自制的发货单及收款凭证等资料检查后发现，张某在稽查所属期限内共发生 243 笔的销售业务，销售收入高达 948762 元，有 590616 元的销售收入记入"外账"，没有申报纳税。属于逃避缴纳税款的税务违法行为，因此依法向其追缴少缴的增值税税款 46968.86 元，依法加收滞纳金 3522.66 元，并处一倍罚款 46968.86 元。

请问：(1)财务会计账簿凭证的保管期限是几年？(2)未按规定保管账簿凭证应承担什么法律责任？(3)该私营合伙企业属于增值税一般纳税人还是小规模纳税人？(4)发包后，谁是该企业增值税的纳税义务人？(5)针对设立

"外账"以逃避缴纳税款的税务违法行为,税务部门依法可以追究什么法律责任?(6)该企业是否需要交纳企业所得税?

6.甲公司原有一配套加工厂。该配套加工厂与公司不在同一地址,早已停工闲置。因盘活资产需要,甲公司将该加工厂的土地使用权和房屋等资产以"产权整体转让"的方式转让给了乙公司。甲公司认为,以"整体转让"方式将加工厂的产权整体转让给乙公司,无需进行纳税相关账务处理。

请问:(1)甲公司的主张是否合法?(2)股权转让与资产转让的税务处理有何不同?(3)甲公司的"产权整体转让"是否应该缴税,缴纳何种税?

第六章 银行法律制度

第一节 银行法概述

> **导入案例**
>
> ### 四万亿投资的来龙去脉
>
> 为避免美国金融风暴带来全面的经济衰退,我国银行积极支持国家两年新增投资4万亿的经济刺激计划,采取适度宽松的政策为各方投资主体的资金来源提供有力保障,银行因此采取了适度宽松的货币政策。至2009年4月末,我国金融机构各项贷款余额达到35.55万亿元,超过同期我国GDP总额(约31.8万亿元),占GDP的112%。2009年前9个月,新增贷款达8.67万亿元,同比增加5.19万亿元。中国经济在银行信贷的强力支撑下,率先走出经济调整,银行信贷成为稳定和支撑经济的核心力量。至于民众对于新增投资去向的疑虑,国家发改委明确表示,4万亿元投资计划的重点投向领域都是广大人民群众生产生活急需的、社会效益高于经济经济效益、市场机制难以充分发挥作用的领域,也是中央财政发挥结构调整主导作用的领域,具体包括:(1)廉租住房等保障性住房建设,投资约4000亿元;(2)农村水电路气房等民生工程和基础设施建设,投资约3700亿元;(3)铁路、公路、机场、水利等重大基础设施建设和城市电网改造,投资约15000亿元;(4)医疗卫生、教育、文化等社会事业发展,投资约1500亿元;(5)节能减排和生态工程建设,投资约2100亿元;(6)自主创新、结构调整和技术改造,投资约3700亿元;(7)灾后恢复重建,投资约10000亿元。
>
> 问题:(1)银行信贷对于经济的持续复苏和保增长具有怎样的作用?(2)银行贷款远超过GDP的情势下,金融对实体经济意味着什么?(3)如

何认识银行在国家宏观经济调控方面的地位和作用?

一、银行概述

(一)银行的概念

所谓银行,通常是指经营存款、放款、汇兑、储蓄、信托等业务,承担信用风险的金融机构。它是经营货币信用的特殊企业,是一种以货币为媒介的信用中介机构。

(二)银行的历史发展

最初出现的银行都是商业银行。它是在货币兑换业、货币经营业的基础上发展而来的,是商品经济、货币交换和社会分工充分发展的历史产物。

近代最早的银行出现在1580年,是在意大利成立的威尼斯银行。世界最早的资本主义股份银行则是1694年在国家帮助下成立的英格兰银行。现代资本主义国家的银行结构和组织形式种类繁多。按其职能划分有:中央银行、商业银行、投资银行、储蓄银行和各种专业信用机构。目前已基本形成了以中央银行为中心、股份商业银行为主体、各类银行并存的现代资本主义国家银行体系。

中国历史上最早出现的银行,是1845年由英国人在广州设立的丽如银行(又称"东方银行")。中国通商银行是我国自办的第一家银行,成立于1897年。新中国成立之后,历经几次改革,目前已形成了以中央银行、政策性银行、商业银行和其他金融机构为主体的银行体系。

(三)银行的作用

作为社会资金的集散中心,银行是控制国民经济命脉的神经中枢。与其信用中介、支付中介、信用创造及金融服务职能相适应,银行在现代社会经济生活的方方面面发挥着举足轻重的重要作用。

1.与其吸收公众存款的基本业务相对应,银行可以为社会经济发展提供充裕的资金保障,被誉为社会资本的蓄水池。

2.与其发放贷款的基本业务相对应,银行可以通过执行宽松或从紧的货币政策以配合国家经济政策的运行,保障经济发展,优化产业结构,提高经济效益,被誉为社会救济的调节器。

3.与其办理结算的基本业务相对应,银行可以极大地提高资金运行的安全性,加速社会资金的周转速度,被誉为社会资金的保险柜。

4.与其业务监管的信息建设相对应,银行可以掌握和反映社会经济活动的信息,为国家宏观调控经济运行的决策提供必要依据,被誉为社会经济的气象站。

二、银行法概述

(一)银行法的概念

银行法是国家调整银行组织和银行业务活动的法律规范的总称,包括法律、行政法规和规章等规范性法律文件。就其内容体系而言,银行法可以分为银行组织法、银行业务法和银行监管法。银行组织法用以规范银行的性质、地位、组织体系、管理体制、职责权限等;银行业务法用以规范银行的从业范围以及在业务活动中当事人的权利义务等,银行监管法用以明确银行管理目标、确定管理权责、规范管理手段及贯彻国家货币政策等。各国的立法实践,通常从银行的性质和职能角度出发,制定中央银行法、商业银行法等法律规范。各国的中央银行法和商业银行法通常既包括银行组织法的内容,也包含银行业务法的内容。

(二)银行法的调整对象

银行法的调整对象,主要涉及三个方面的经济关系,即银行组织关系、银行业务关系和银行管理关系。其中,银行组织关系和银行管理关系主要是中央银行等银行监管机构与各类银行之间的组织管理和业务监督关系,银行业务关系主要是各类银行和市场主体之间在金融活动过程中产生的经济关系。

(三)银行法的作用

银行法是组织、参与或监管金融活动的各方主体所必须共同遵守的行为准则,在贯彻国家货币政策、规范各方金融行为、维护金融秩序和保障各方合法权益等方面具有重要作用。

第二节 中央银行法律制度

导入案例

各国央行降息大比拼

1999年东亚经济危机爆发之际,日本央行将基准利率下调至零,并在随后几年里维持在该水平。历史似乎又在重演,为了应对美国的金融危机带来的全球性的经济衰退,2009年新年前后,各国央行为了提振信心,纷纷采取降息措施以刺激投资和消费。伴随降息浪潮的,是各国央行的利率水平已经接近或是连续刷新历史最低纪录,甚至有学者预言会有国家重新走入零利率时代。我国央行也相应调整货币政策,从2008年9月起,连续五次下调利率,四次下调存款准备金率,调控频率和力度创我国央行货币调控历史之最。专家认为,连续降息最直观的效果就是降低企业运行成本、推动经济增长,百姓也会从中受益。其中道理显而易见:企业兴,则就业稳;就业稳,则收入增;收入增,则内需足;内需足,则经济旺。

问题:(1)中央银行的职能是什么?(2)它的货币政策目标是什么,有哪些工具可以供其实现货币政策目标?

一、中央银行法

(一)中央银行

中央银行是指负责制定和执行国家的货币政策、实行金融管理和监督、控制货币流通和信用活动的金融中心机构。中央银行代表国家制定和实施货币政策,监督管理各方的金融活动,在一个国家的金融体系中居于主导和枢纽地位,属于国家金融体系的核心机构。中央银行主要存在三种类型。

1. 单一中央银行制。推行单一中央银行制度的国家,由国家单独建立中央银行机构,包括一元式和二元式。一元式的单一中央银行制度,是指一个国家只有一家统一的中央银行,其机构设置常采用总分行制。包括我国在内的世界上绝大部分国家均采用这一模式。二元式的单一中央银行制,是指在一个国家建立中央和地方两级中央银行机构。其中,中央级机构为最高权力管理机构,地方级机构也享有独立权利。美国采用这种模式。

2. 复合中央银行制。推行复合中央银行制的国家,并未设立专门行使中央银行职能的银行,而是由一家大银行将中央银行监管职能和一般银行的经营职能集于一身。前苏联采用这种模式。

3. 准中央银行制。推行准中央银行制的国家,采用只设类似中央银行的机构或者由政府授权商业银行行使部分中央银行职能的体制。新加坡属于这种模式。

此外,还有部分区域设置跨国中央银行,由参加某个货币联盟的所有成员国联合组成中央银行。比如,欧盟设置了除英国等少数国家以外的欧洲央行,总部在德国的金融中心法兰克福;由尼日尔、塞内加尔、多哥、象牙海岸和贝宁等国组成的西非货币联盟同样设立了跨国的中央银行。

(二)中央银行法

中央银行法是调整规制中央银行包括内部关系和外部关系在内的各类社会关系的法律规范的总称。其内容一般包括中央银行的性质、地位、职能、职责、组织形式、组织机构以及金融调控、金融监管和金融服务等内容,是组织法和行为法的统一。

我国第八届全国人民代表大会第三次会议于 1995 年 3 月 18 日通过了《中华人民共和国中国人民银行法》,该法由第十届全国人民代表大会第六次会议于 2003 年 12 月 27 日做了修正。《中国人民银行法》是我国金融领域的第一部基本法,它的颁布和实施是巩固和完善我国中央银行体制的重要里程碑。

二、中国人民银行的地位和性质

中国人民银行是我国的中央银行,在国务院领导下,制定和执行货币政策,防范和化解金融风险,维护金融稳定。中国人民银行的全部资本由国家出资,属于国家所有,服务于国家、政府和各银行金融机构,具有三大传统职能:

1. 中国人民银行是政府的银行。它经理国库,持有、管理经营国家外汇储备、黄金储备,代表国家行使职能,并把国家作为直接客户。

2. 中国人民银行是发行的银行。它垄断国家货币发行权,即我国统一货币人民币的发行权,并负责控制货币的投放和回笼,调节货币流通。

3. 中国人民银行是银行的银行。它并不经营普通银行业务、不以营利为目的,不与具体的工商企业和个人直接建立客户关系,只为普通银行等金融机构提供贷款和清算等服务。

有学者主张,在现代市场经济条件下,中央银行的三大职能应该是金融服务职能、金融监管职能和金融调控职能。

三、中国人民银行的组织机构

中国人民银行实行行长负责制,设行长一人,副行长若干人。行长领导中国人民银行的工作,副行长协助行长工作。中国人民银行行长的人选,根据国务院总理的提名,由全国人民代表大会决定;全国人民代表大会闭会期间,由全国人民代表大会常务委员会决定,由中华人民共和国主席任免。中国人民银行副行长由国务院总理任免。

中国人民银行根据履行职责的需要设立分支机构,作为中国人民银行的派出机构。中国人民银行对分支机构实行统一领导和管理。中国人民银行的分支机构根据中国人民银行的授权,维护本辖区的金融稳定,承办有关业务。

四、中国人民银行的职责

为确保中央银行职能的实现,《中国人民银行法》赋予中国人民银行的职责共有13项,具体包括:(1)发布与履行其职责有关的命令和规章;(2)依法制定和执行货币政策;(3)发行人民币、管理人民币的流通;(4)监督管理银行间同业拆借市场和银行间债券市场;(5)实施外汇管理,监督管理银行间外汇市场;(6)监督管理黄金市场;(7)持有、管理、经营国家的外汇储备和黄金储备;(8)经理国库;(9)维护支付、清算系统的正常运行;(10)指导、部署金融业反洗钱工作,负责反洗钱的资金监控;(11)负责金融业的统计、调查、分析和预测;(12)作为国家的中央银行,从事有关的国际金融活动;(13)国务院规定的其他职责。

五、中国人民银行的主要业务

与其职责相适应,中国人民银行的业务主要包括六大类:

(一)制定和执行货币政策

货币政策是国家实现宏观经济政策的重要保障。中国人民银行在国务院领导下依法独立执行货币政策,履行职责,开展业务,不受地方政府、各级政府部门、社会团体和个人的干涉。

中国人民银行通过推行存款准备金制度、基准利率制度、再贴现制度、再贷款制度和公开市场操作制度、特种存款、信用控制等货币政策工具,实现其货币政策目标,以稳定币值、促进经济发展。

(二)发行人民币

我国法定货币——人民币的印制和发行,由中国人民银行统一负责,按照中国人民银行的规定兑换、收回或销毁残缺、亏损的人民币。以人民币支付我国境内的一切公共和私人的债务,任何单位和个人不得拒收。任何单位和个人不得印制、发售代币票券,以代替人民币在市场上流通。

人民币的发行是通过各级发行库和业务库之间的调拨来实现的。发行库属于中国人民银行为保管货币发行基金而设置的金库,是办理货币发行的具体机构。业务库是各银行基层分、支行办理日常现金收付而设置的金库。

(三)经理国库

国库又称金库,是国家预算资金的出纳保管机构。我国中央国库的总库,设在中国人民银行。中国人民银行依照法律、行政法规的规定经营国库;财政部不再单独设立国库,其预算资金以委托方式由中国人民银行管理。

(四)清算业务

中国人民银行应当组织或者协助组织银行业金融机构相互之间的清算系统,协调银行业金融机构相互之间的清算事项,提供清算服务,维护支付、清算系统的正常运行,并会同国务院银行业监督管理机构制定支付结算规则。

(五)贷款业务

中国人民银行不得向地方政府、各级政府部门提供贷款,原则上不得向非银行金融机构以及其他单位和个人提供贷款。但是,为执行货币政策的需要、解决商业银行临时性资金不足,中国人民银行可以向符合贷款条件的商业银行提供贷款,并决定其贷款的数额、期限、利率和方式,贷款的期限不得超过一年。

(六)监管稽查

中国人民银行依法监测金融市场的运行情况,对金融市场实施宏观调控,促进其协调发展,有权对金融机构以及其他单位和个人的各项经营行为进行检查监督,有权要求银行业金融机构报送必要的资产负债表、利润表以及其他财务会计、统计报表和资料,可以根据执行货币政策和维护金融稳定的需要,建议国务院银行业监督管理机构对银行业金融机构进行检查监督。

第三节 商业银行法律制度

导入案例

伪造存折冒领存款纠纷案

2007年3月20日,曹某在湖北大冶某银行开立了个人账户,并领取了存折一张。同年7月25日,曹某发现其账户存款被人冒领了3万元,随即报警。经调查发现,曹某的存款系他人窃取存款密码后伪造存折,在安徽省凤台县领走的。此后,曹某多次找大冶某银行协商赔偿未果,遂起诉至法院请求判令银行支付其存款本金 3 万元及损失。该银行辩称:本案系因他人盗窃所致,应按先刑后民的原则处理;曹某密码、存折等信息保管不善是存款被冒领的主要原因,对此损失应由曹某自行承担。

问题:(1)银行先刑后民的主张能否成立?(2)本案应当如何处理?

一、商业银行法

(一)商业银行

商业银行一般是指以吸收存款、发放贷款和办理结算为主要业务,并以银行利润为主要经营目标的企业法人。商业银行的形成途径主要有两种方式,早期商业银行的产生主要是由旧式的高利贷银行转变而来,大多数的现代商业银行则是以股份公司的形式组建而成。商业银行的名称源于它早期所开展的业务。早期的银行以经营工商企业存贷款为业务,人们习惯地把发放短期贷款作为主要业务的银行,称为商业银行。随着商品货币经济的发展,尽管这种银行的业务范围不断扩大,业务种类也日益丰富,但商业银行的称呼却一直被沿用到现在。

我国现阶段的商业银行,包括国有独资商业银行、股份制商业银行和城市商业银行,以及外资银行、合资银行等形式。其中,中国工商银行、中国建设银行、中国农业银行和中国银行原属我国的四大国有专业银行。中国工商银行原是负责工商信贷业务的专业银行,以工商企业的信贷、结算、现金管理和工资基金监督及办理城镇居民储蓄为主要业务。中国建设银行原是负责管理固定资产投资和贷款的国有专业银行,以管理国家基本建设支出预算、制定基本建设财务管理制度、审查各地区、各部门的基本建设财务计划和决算为主要业务。中国农业银行原是负责办理农村金融业务的国有专业银行,以集中管理农村信贷、领导和管理农村信用合作社为主要业务。中国银行原是统一经营外币业务的国有专业银行,以统一经营全国的外币买卖业务、办理一切贸易和非贸易的外币国际结算、吸收外币存款为主要业务。目前,它们都已经完成或正在进行上市改制工作,业务范围业已出现重合,成为我国的四大商业银行。

由货币经营业基础上发展而来的商业银行历经几百年的发展演变,现已成为世界各国经济活动中最主要的资金集散机构,其对经济活动的影响力居于各国各类银行与非银行金融机构之首,将信用中介、支付中介、信用创造和金融服务等四大职能集于一身。

(二)商业银行法

商业银行法是调整规范商业银行在组织设立和业务活动过程中所发生的社会关系的法律规范的总称。其内容涉及商业银行的法律地位、组织形式、设立运行、业务范围、经营管理及监督管理等各个方面,是组织法和行为法的统一。

第八届全国人民代表大会常务委员会第十三次会议于1995年5月10日通过了《中华人民共和国商业银行法》,该法由第十届全国人民代表大会常务委员会第六次会议于2003年12月27日做了修正,是一部全面规范我国商业银行的基本法。

二、商业银行的设立

(一)设立条件

设立商业银行,应当具备下列条件:

(1)有符合我国商业银行法和公司法规定的章程;
(2)有符合规定的注册资本最低限额;
(3)有具备任职专业知识和业务工作经验的董事、高级管理人员;
(4)有健全的组织机构和管理制度;
(5)有符合要求的营业场所、安全防范措施和与业务有关的其他设施;
(6)其他审慎性条件。

其中,设立全国性商业银行的注册资本最低限额为10亿元人民币;设立城市商业银行的注册资本最低限额为1亿元人民币;设立农村商业银行的注册资本最低限额为5000万元人民币。

各类商业银行的注册资本应当是实缴资本,国务院银行业监督管理机构根据审慎监管的要求可以调整注册资本最低限额,但不得少于上述规定的限额。

(二)设立程序

1. 提交申请书等文件资料

设立商业银行,申请人应当向国务院银行业监督管理机构提交下列文件、资料:(1)申请书,申请书应当载明拟设立的商业银行的名称、所在地、注册资本、业务范围等;(2)可行性研究报告;(3)国务院银行业监督管理机构规定提交的其他文件、资料。

2.填写申请表等文件资料

设立商业银行的申请,经审查符合商业银行设立条件的,申请人应当填写正式申请表,并提交下列文件、资料:(1)章程草案;(2)拟任职的董事、高级管理人员的资格证明;(3)法定验资机构出具的验资证明;(4)股东名册及其出资额、股份;(5)持有注册资本5%以上的股东的资信证明和有关资料;(6)经营方针和计划;(7)营业场所、安全防范措施和与业务有关的其他设施的资料;(8)国务院银行业监督管理机构规定的其他文件、资料。

3.审查批准

包括我国在内的世界各国银行业都采取特许经营制。在我国设立商业银行,应当经国务院银行业监督管理机构审查批准。未经国务院银行业监督管理机构批准,任何单位和个人不得从事吸收公众存款等商业银行业务,任何单位不得在名称中使用"银行"字样。已经获得银行经营许可证的商业银行不得出租或出借银行的许可证;经银监会批准,银行经营许可证可以转让。

4.注册登记

经批准设立的商业银行,由国务院银行业监督管理机构颁发经营许可证,并凭该许可证向工商行政管理部门办理登记,领取营业执照。

(三)分支机构的设立

商业银行根据业务需要可以在中华人民共和国境内外设立分支机构。设立分支机构必须经国务院银行业监督管理机构审查批准。在中华人民共和国境内的分支机构,不按行政区划设立。商业银行在中华人民共和国境内设立分支机构,应当按照规定拨付与其经营规模相适应的营运资金额。拨付各分支机构营运资金额的总和,不得超过总行资本金总额的60%。经批准设立的商业银行及其分支机构,由国务院银行业监督管理机构予以公告。

经批准设立的商业银行分支机构,由国务院银行业监督管理机构颁发经营许可证,并凭该许可证向工商行政管理部门办理登记,领取营业执照。商业银行分支机构不具有法人资格,在总行授权范围内依法开展业务,其民事责任由总行承担,由总行对其实行全行统一核算,统一调度资金,实行分级管理的财务制度。

三、商业银行的变更

商业银行进行变更名称、注册资本、总行或者分支行所在地,调整业务范围,变更持有资本总额或者股份总额5%以上的股东,修改章程,商业银行的分立、合并和国务院银行业监督管理机构规定的其他变更事项,应当经国务院银行业监督管理机构批准。

此外,商业银行更换董事、高级管理人员时,应当报经国务院银行业监督管理机构审查其任职资格。

四、商业银行的接管和终止

(一)商业银行的接管

1.接管原因。商业银行已经或者可能发生信用危机,严重影响存款人的利益时,国务院银行业监督管理机构可以对该银行实行接管。

2.接管实施。接管由国务院银行业监督管理机构决定并组织实施。接管决定由国务院银行业监督管理机构予以公告。接管自接管决定实施之日起开始。自接管开始之日起,由接管组织行使商业银行的经营管理权力。

3.接管目的。接管的目的是对被接管的商业银行采取必要措施,以保护存款人的利益,恢复商业银行的正常经营能力。

4.接管期限届满,国务院银行业监督管理机构可以决定延期,但接管期限最长不得超过两年。

5.接管后果。被接管的商业银行的债权债务关系不因接管而变化。

6.接管终止。接管决定规定的期限届满或者国务院银行业监督管理机构决定的接管延期届满;接管期限届满前,该商业银行已恢复正常经营能力;接管期限届满前,该商业银行被合并或者被依法宣告破产,接管终止。

(二)商业银行的终止

商业银行终止的原因包括解散、被撤销和被宣告破产。

1.因解散而终止。商业银行因分立、合并或者出现公司章程规定的解散事由需要解散的,应当向国务院银行业监督管理机构提出申请,并附解散的理由和支付存款的本金和利息等债务清偿计划。经国务院银行业监督管理机构批准后解散。商业银行解散应当依法成立清算组进行清算,按照清偿计划及时偿还存款本金和利息等债务。国务院银行业监督管理机构监督清算过程。

2.因撤销而终止。商业银行及其分支机构自取得营业执照之日起无正当理由超过6个月未开业的,或者开业后自行停业连续6个月以上的,由国务院银行业监督管理机构吊销其经营许可证,并予以公告。商业银行因吊销经营许可证被撤销的,国务院银行业监督管理机构应当依法及时组织成立清算组进行清算,按照清偿计划及时偿还存款本金和利息等债务。

3.因破产而终止。商业银行不能支付到期债务,经国务院银行业监督管理机构同意,由人民法院依法宣告其破产。商业银行被宣告破产的,由人民法院组织国务院银行业监督管理机构等有关部门和有关人员成立清算组进行清算。商业银行破产清算时,在支付清算费用、所欠职工工资和劳动保险费用后,应当优先支付个人储蓄存款的本金和利息。

五、商业银行的组织机构

商业银行的组织形式、组织机构适用《中华人民共和国公司法》的规定,包括设立股东大会、董事会和监事会。

国有独资商业银行设立监事会。监事会的产生办法由国务院规定。监事会对国有独资商业银行的信贷资产质量、资产负债比例、国有资产保值增值等情况以及高级管理人员违反法律、行政法规或者章程的行为和损害银行利益的行为进行监督。

有下列情形之一的,不得担任商业银行的董事、高级管理人员:(1)因犯有贪污、贿赂、侵占财产、挪用财产罪或者破坏社会经济秩序罪,被判处刑罚,或者因犯罪被剥夺政治权利的;(2)担任因经营不善破产清算的公司、企业的董事或者厂长、经理,并对该公司、企业的破产负有个人责任的;(3)担任因违法被吊销营业执照的公司、企业的法定代表人,并负有个人责任的;(4)个人所负数额较大的债务到期未清偿的。

六、商业银行的基本业务

商业银行的经营范围由商业银行章程规定,报国务院银行业监督管理机构批准。其可以经营的业务具体包括:(1)吸收公众存款;(2)发放短期、中期和长期贷款;(3)办理国内外结算;(4)办理票据承兑与贴现;(5)发行金融债券;(6)代理发行、代理兑付、承销政府债券;(7)买卖政府债券、金融债券;(8)从事同业拆借;(9)买卖、代理买卖外汇;(9)从事银行卡业务;(11)提供信用证服务及担保;(12)代理收付款项及代理保险业务;(13)提供保管箱服务;(14)经国务院银行业监督管理机构批准的其他业务。此外,经中国人民银行批准,商业银行可以经营结汇、售汇业务。

商业银行业务活动的一般原则,是以效益性、安全性、流动性为经营原则,实行自主经营、自担风险、自负盈亏和自我约束。

(一)存款业务

1.存款原则。商业银行办理个人储蓄存款业务,应当遵循存款自愿、取款自由、存款有息、为存款人保密的原则。对个人储蓄存款,商业银行有权拒绝任何单位或者个人查询、冻结、扣划,但法律另有规定的除外。对单位存款,商业银行有权拒绝任何单位或者个人查询,但法律、行政法规另有规定的除外;有权拒绝任何单位或者个人冻结、扣划,但法律另有规定的除外。

2.存款利率。商业银行应当按照中国人民银行规定的存款利率的上下限,确定存款利率,并予以公告。

3.存款准备金。商业银行应当按照中国人民银行的规定,向中国人民银行交存存款准备金,留足备付金。

4.揽储规则。商业银行不得违反规定提高利率以及采用其他不正当手段吸收存款。

5.支取规则。商业银行应当保证存款本金和利息的支付,不得拖延、拒绝支付存款本金和利息。

(二)贷款业务

1.贷款审查。商业银行贷款,应当对借款人的借款用途、偿还能力、还款方式等情况进行严格审查。商业银行贷款,应当实行审贷分离、分级审批的制度。

2.担保贷款。商业银行贷款,借款人应当提供担保。商业银行应当对保证人的偿还能力,抵押物、质物的权属和价值以及实现抵押权、质权的可行性进行严格审查;商业银行向关系人发放担保贷款的条件不得优于其他借款人同类贷款的条件。

所谓关系人是指商业银行的董事、监事、管理人员、信贷业务人员及其近亲属以及前述人员投资或者担任高级管理职务的公司、企业和其他经济组织。

3.信用贷款。经商业银行审查、评估,确认借款人资信良好,确能偿还贷款的,可以不提供担保,但商业银行不得向关系人发放信用贷款。

4.贷款合同。商业银行贷款,应当与借款人订立书面合同。合同应当约定贷款种类、借款用途、金额、利率、还款期限、还款方式、违约责任和双方认为需要约定的其他事项。

5.贷款利率。商业银行应当按照中国人民银行规定的贷款利率的上下限确定贷款利率。

6.放贷方规则。商业银行不得违反规定降低利率以及采用其他不正当手段发放贷款。

7. 资产负债比例。商业银行贷款,应当遵守资产负债比例规定,具体包括:(1)资本充足率不得低于 8%;(2)贷款余额与存款余额的比例不得超过 75%;(3)流动性资产余额与流动性负债余额的比例不得低于 25%;(4)对同一借款人的贷款余额与商业银行资本余额的比例不得超过 10%;(5)国务院银行业监督管理机构对资产负债比例的其他规定等。

8. 贷款偿还。借款人应当按期归还贷款的本金和利息。借款人到期不归还担保贷款的,商业银行依法享有要求保证人归还贷款本金和利息或者就该担保物优先受偿的权利。商业银行因行使抵押权、质权而取得的不动产或者股权,应自取得之日起两年内予以处分。借款人到期不归还信用贷款的,应当按照合同约定承担责任。

(三) 其他业务

1. 业务限制。目前,我国对银行业、保险业和证券业等实行分业经营和分业监管体制。除国家另有规定外,商业银行在中华人民共和国境内不得从事信托投资和证券经营业务,不得向非自用不动产投资或者向非银行金融机构和企业投资,但国家另有规定的除外。

2. 结算业务。商业银行办理票据承兑、汇兑、委托收款等结算业务,应当按照规定的期限兑现,收付入账,不得压单、压票或者违反规定退票。有关兑现、收付入账期限的规定应当公布。

3. 金融债券。商业银行发行金融债券,应当依照法律、行政法规的规定报经批准。

4. 境外借款。商业银行到境外借款,应当依照法律、行政法规的规定报经批准。

5. 同业拆借。商业银行进行同业拆借,应当遵守中国人民银行的规定。禁止利用拆入资金发放固定资产贷款或者用于投资。拆出资金限于交足存款准备金、留足备付金和归还中国人民银行到期贷款之后的闲置资金。拆入资金用于弥补票据结算、联行汇差头寸的不足和解决临时性周转资金的需要。

6. 账户开设。企业事业单位可以自主选择一家商业银行的营业场所开立一个办理日常转账结算和现金收付的基本账户,不得开立两个以上基本账户。任何单位和个人不得将单位的资金以个人名义开立账户存储。

7. 营业时间。商业银行的营业时间应当方便客户,并予以公告。商业银行应当在公告的营业时间内营业,不得擅自停止营业或者缩短营业时间。

8. 服务收费。商业银行办理业务,提供服务,按照规定收取手续费。收费项目和标准由国务院银行业监督管理机构、中国人民银行根据职责分工,分别会同国务院价格主管部门制定。

七、商业银行的监督管理

商业银行的监督管理机制，主要包含四个方面：

1. 商业银行的内部监管。商业银行应当按照有关规定，制定本行的业务规则，建立、健全本行的风险管理和内部控制制度。商业银行应当建立、健全本行对存款、贷款、结算、呆账等各项情况的稽核、检查制度。商业银行对分支机构应当进行经常性的稽核和检查监督。

2. 国务院银行业监管机构的监管。商业银行应当按照国务院银行业监督管理机构的要求，提供财务会计资料、业务合同和有关经营管理方面的其他信息。商业银行应当按照规定向国务院银行业监督管理机构报送资产负债表、利润表以及其他财务会计、统计报表和资料。国务院银行业监督管理机构有权依法随时对商业银行的存款、贷款、结算、呆账等情况进行检查监督。检查监督时，检查监督人员应当出示合法的证件。

3. 中国人民银行的监管。商业银行应当按照规定向中国人民银行报送资产负债表、利润表以及其他财务会计、统计报表和资料。中国人民银行有权依法对商业银行进行检查监督。

4. 审计监管。商业银行应当依法接受审计机关的审计监督。

第四节　政策性银行法律制度

导入案例

我国政策性银行改制定位的法律困境

尽管我国自1994年以来相继成立的政策性银行，服从国家产业政策和区域经济发展政策的安排，积极为重点产业、基础设施、进出口企业和农产品流通等领域提供强大的政策性信贷支持，也为我国经济发展做出了重大贡献。但在当今金融体系发展及改革的形式下，为了尽可能地满足经济发展的需要，我国政策性银行不得不进行商业化改革。目前，国家开发银行已经于2008年12月16日改制为国家开发银行股份有限公司，并在北京正式揭牌成立,中国进出口银行的改制业已于 2009 年基本定调为"改革不改政策性",中国农业发展银行整体改制择机上市的方案则尚未有实质性进展。我国的政策性银行事实上都是根据有关部门的通知文件成立的,至今仍没有成文的法律予以规范,其改制定位问题,困扰始终。商业银行的商业贷款业务有《商业银行法》的立法保障,而试图进行商业化改制的政策性银行,其正在试点经营的商业贷款却缺乏法律依据。在某种程度上,国家开发银行和中国进出口银行改制过程中开展的商业贷款业务都是不合法的。对于改制过程中的商业贷款问题,中国进出口银行相关人士表示"说白了,我们是没有法律保护"。

问题:(1)政策性银行究竟有哪些弊端?(2)当今中国社会确实不再需要政策性银行么?(3)立法应该如何界定政策性银行的职能定位、业务范围、风险控制和治理结构等基本问题?

一、政策性银行法

(一)政策性银行

1. 政策性银行的概念

政策性银行是指由政府出资创建、参股或保证的,服务和服从于国家经济和社会政策,在特定领域从事政策性金融业务的金融机构。

2. 政策性银行的特征

作为政策性的金融机构,政策性银行的出现是国家干预、协调经济运行的产物,它与商业银行和其他金融机构相比,具有浓厚的政策色彩,其特征具体包括:

(1)资金来源。政策性银行的资本多为国家财政拨付,虽可发行金融债券或向央行举债,但通常不能吸收居民个人储蓄存款。

(2)经营原则。政策性银行以贯彻、配合政府的经济政策为原则,注重国家整体利益、社会效益和社会进步。

(3)贷款利率。政策性银行不以利润最大化为经营目标,但仍有利率需求以维持其保本经营。当然,政策性的贷款利率明显低于商业银行同期同类贷款利率,贷款期限也较长。

(4)业务范围。政策性银行不与商业银行等商业性金融机构相竞争,具有自身特定的业务范围和特定的服务对象。

3. 政策银行的现状

尽管政策性银行产生的时间较晚，但当今世界上许多国家也都建立有政策性银行，其种类较为全面，并构成较为完整的政策性银行体系。如日本著名的"二行九库"体系，包括日本输出入银行、日本开发银行、日本国民金融公库、住宅金融公库、农林渔业金融公库、中小企业金融公库、北海道东北开发公库、公营企业金融公库、环境卫生金融公库、冲绳振兴开发金融公库、中小企业信用保险公库；韩国则设有韩国开发银行、韩国进出口银行、韩国中小企业银行、韩国住宅银行等政策性银行。

作为特定历史阶段的产物，政策性银行对20世纪战后50年代特殊时期经济的恢复与发展，起到了积极和重要的作用。但是，随着市场经济的逐渐成熟，到20世纪80年代，各国政策性银行纷纷转型，有的业务收缩，有的机构转型，或商业化，或综合开发。其中，将政策性银行转型为综合性开发金融机构，开展部分政策性金融和大量商业性金融服务在内的综合性业务，成为国际上政策性银行改革的主流。

4. 政策性银行的职能

作为一个专门充当政府宏观调控经济运行、促进社会经济发展的经济管理工具的特殊金融机构，政策性银行的主要职能有：

(1) 扶持职能。政策性银行放贷支持的主要是商业性银行不愿意进入或涉及不到的领域。当然，即使是在政策性银行特定业务领域内的工商企业等市场主体，其融资贷款服务需求仍然是首先取决于市场机制的安排。如果市场机制安排能够满足政策性银行特定服务对象的融资贷款需求，那么政策性就无需再行介入其融资贷款活动。也就是说，只有当市场机制不予选择或无法满足政策性银行特定服务对象的融资贷款需求时，政策性银行才有为其服务对象提供融资补充的必要。政策性银行的融资补充活动，对于扶持包括高技术风险、投资回报周期长、投资回报率低在内的特定产业，确保特定产业与其他国民经济各产业的均衡发展，无疑具有极为重要的作用。

(2) 服务职能。政策性银行丰富的实践经验和出色的专业技能，不仅可以为其客户提供各方面的金融与非金融服务，同时也可以为政府制定产业政策提供必要的信息服务并服务于国家经济政策。

(二) 政策性银行法

政策性银行法是调整规范政策性银行在组织设立和业务活动过程中发生的社会关系的法律规范的总称，是组织法和行为法的统一。其具体内容通常包括政策性银行的宗旨、地位、组织机构、设立、变更和终止、法律地位、业务范围、业务行为、资金运作和利益补偿等。

设立政策性银行的国家,一般都有制定政策性银行法,而且通常都是先立法再依法设立并经营,如日本、韩国等国家。目前,我国中央银行有《中华人民共和国中国人民银行法》,商业银行有《中华人民共和国商业银行法》,但缺少对政策性银行的立法。我国政策性银行的法律地位、职责职能、业务范围等原则性规定尚未以法律形式确定下来,政策性银行就已经先行设立运营。这也是我国政策性银行改制过程中需要进一步明确解决的问题之一。目前,政策性银行设立和运作的政策、法律依据,主要是国务院于1993年12月25日发布的《关于金融体制改革的决定》、《关于组建中国农业发展银行的通知》等组建政策性银行的通知及政策性银行各自的银行章程和内部规定。

二、中国政策性银行

根据《关于金融体制改革的决定》,我国于1994年相继组建了国家开发银行、中国进出口银行和中国农业发展银行等三大政策性银行。目前,我国政策性银行已经在我国是否还需要政策性银行的争论中启动了改制工作。

（一）国家开发银行

国家开发银行成立于1994年3月17日,注册资本为500亿元人民币,全部由财政部拨付。经过几年的融资及发展,国家开发银行至2008年底的资产总额为38212亿人民币。国家开发银行总部在北京,设行长一人,副行长若干人,均由国务院任命;实行行长负责制,行长负责全行工作,副行长协助行长工作。目前,国家开发银行在全国设有32家分行和4家代表处。

国家开发银行原是一家以国家重点建设为主要融资对象的政策性投资开发银行,是中国中长期投融资领域的主力银行,主要办理国家重点建设政策性贷款及贴息业务,其经营办理的主要业务包括：(1)管理运用国家预算内经营建设资金和贴息资金；(2)向国内外发行金融债券及财政担保建设债券业务；(3)经批准在国外发行债券,根据国家计划筹借国际商业借款业务；(4)办理有关外国政府和国际金融组织贷款的转贷款业务,具体被授权负责世界银行和亚洲开发银行给中国政府贷款的转贷款工作；(5)办理人民币同业拆借业务；(6)向国家基础设施、基础产业、支柱产业的大中型基本建设和技术改造等政策性项目及其配套工程发放政策性贷款业务；(7)建设项目贷款的评审、咨询和担保业务,为重点建设项目寻找国内外合资伙伴,提供投资机会和投资信息；(8)外汇贷款业务；(9)外汇担保业务；自营外汇买卖；(10)资信调查、咨询、减征业务等。

国家开发银行改制为国家开发银行股份有限公司,从国有独资银行变为股份制银行,国家信用被要求保留至 2010 年。改制后的国家开发银行,在业务范围上可以从事包括吸收居民储蓄存款之外的公众存款、发放短中长期贷款、代理发行承销政府债券、保理业务等,但是其定位属于批发银行,将从批发业务的特点出发,发展与高端客户的战略合作,走与零售型商业银行拼储蓄的人海战术的差异化路线。

(二)中国进出口银行

中国进出口银行成立于 1994 年 4 月 26 日,原是直属国务院领导的政策性金融机构,为独立法人,实行独立核算,自担风险、保本经营。其注册资本为 33.8 亿人民币(后增至 50 亿),全部由财政部核拨,发展至 2008 年底的资产总额为 56672 亿人民币。中国进出口银行设董事会,实行董事会领导下的行长负责制,董事会由董事长一人、副董事长二人、董事若干人组成。正副董事长由国务院任命,董事由有关部门提名,报国务院批准。行长为法定代表人。中国进出口银行总部设在北京,目前在国内设有 10 余家营业性分支机构和代表处,在境外设有东南非代表处、巴黎代表处和圣彼得堡代表处,与 500 多家银行建立了代理行关系。

中国进出口银行是我国外经贸支持体系的重要力量和金融体系的重要组成部分,是我国机电产品、成套设备和高新技术产品进出口和对外承包工程及各类境外投资的政策性融资主渠道,其业务范围主要有:(1)办理出口信贷和进口信贷;(2)办理对外承包工程和境外投资贷款;(3)办理中国政府对外优惠贷款;(4)提供对外担保;(5)转贷外国政府和金融机构提供的贷款;(6)办理本行贷款项下的国际国内结算业务和企业存款业务;(7)在境内外资本市场、货币市场筹集资金;(8)办理国际银行间的贷款,组织或参加国际、国内银团贷款;(9)从事人民币同业拆借和债券回购;(10)从事自营外汇资金交易和经批准的代客外汇资金交易;(11)办理与本行业务相关的资信调查、咨询、评估和见证业务等。

2009 年,中国进出口银行改制方案获得国务院的原则性批准。中国进出口银行的改制并没有走国家开发银行的商业化改革思路,而是"改革不改政策性",其未来的属性依然被定位为一家以支持本国产品出口为主,提供比商业银行更加优惠金融服务的政策性银行。中国农业发展银行改制的突破之一,在于其可以自营部分业务。

(三)中国农业发展银行

中国农业发展银行成立于1994年11月18日,是直属国务院领导的唯一一家农业政策性银行,具有法人资格,实行独立核算,自主、保本经营。中国农业发展银行的注册资本为200亿人民币,至2008年底的资产总额为13546亿元人民币。中国农业发展总行设在北京,设行长一人,副行长若干人,均由国务院任命;实行行长负责制,行长负责全行工作,副行长协助行长工作。目前,中国农业发展银行在全国共有30个省级分行、330个二级分行和1811个县级支行。

中国农业发展银行服从和服务于国家宏观调控,全面落实国家各项强农惠农政策,把实现良好的社会效益作为最重要的价值追求,其业务范围主要有:(1)办理粮食、棉花、油料收购、储备、调销贷款;(2)办理肉类、食糖、烟叶、羊毛、化肥等专项储备贷款;(3)办理农、林、牧、副、渔业产业化龙头企业和粮棉油加工企业贷款;(4)办理粮食、棉花、油料种子贷款;(5)办理粮食仓储设施及棉花企业技术设备改造贷款;(6)办理农业小企业贷款和农业科技贷款;(7)办理农村基础设施建设贷款。支持范围包括农村路网、电网、水网(含饮水工程)、信息网(邮政、电信)建设,农村能源和环境设施建设;(8)办理农业综合开发贷款;(9)办理农业生产资料贷款;(10)发行金融债券;(11)代理财政支农资金的拨付;(12)国际结算;(13)外汇存款、汇款等。

中国农业发展银行整体改制择机上市的改制方案,截止2009年11月,尚未有实质性的突破和进展。

第五节 银行业监督法律制度

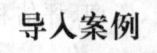导入案例

贷款企业拒绝银监会提供财务资料的要求

广西银监局防城港银监分局对建行防城港市支行开展贷款偏离度检查时,发现某贷款企业存在财务报表不真实、经营状况反映不全、报表报送不及时、在数个金融机构同时取得贷款等问题。防城港银监分局检查组遂要求建行防城港市支行提供该贷款户2005年一季度财务报表,并要

求到该贷款户现场核实经营情况。该贷款企业借故拖延,迟迟不予提交其财务报表等财务资料,银监局又无法实地核查贷款户经营状况,导致防城港银监分局因此无法对上千万元贷款偏离度做出准确判断。据统计,2005年银监会收到各地银行业监管机构调查受阻的报告近百起,涉及百余起案件的查处。随着银行业务创新和电子化的深入发展,银行业务逐步延伸到经济发展的各个角落,经济犯罪突出表现为银行违法案件。相当一部分的银行违法案件,都以恶意串通、内外勾结的方式作案,作案手段隐蔽,科技化程度高而难以及时查处,危及客户的资金安全和银行业的健康发展。

问题:(1)中国银行业监督管理委员会是否享有对银行业金融机构以外的相关单位和个人进行调查取证的权力?(2)赋予银监会调查权对于监管绩效和监管权威有何影响?(3)应该如何规范银监会的调查权?

金融是现代经济的核心,金融监管是金融稳定的必要保障,也是国民经济健康稳定发展和社会长治久安的重要保证。银行业、证券业和保险业是金融领域的三大支柱。我国自1984年起,形成中央银行和专业银行的二元银行体制。银行业、证券业、保险业和信托业等金融业最初是由我国央行,即中国人民银行来综合监管。1992年8月,国务院决定成立证券委和中国证监会,将证券业的监管职能从人民银行分离出来。1998年,国务院决定成立保险监督管理委员会,将保险业的监管职能从人民银行中分离出来。2003年,十届全国人大一次会议决定成立中国银行业监督管理委员会(简称银监会),将银行会从中国人民银行中分离出来。至此,我国金融业分业经营、分业监管的体制得以完全建立。

2003年12月27日,第十届全国人民代表大会常务委员会第六次会议通过《中华人民共和国银行业监督管理法》,该法由十届全国人民代表大会常务委员会第二十四次会议于2006年10月31日做了修正。我国《银行业监督管理法》的颁布实施对于加强银行业的监督管理、规范监督管理行为、防范和化解银行业风险、保护存款人和其他客户的合法权益及促进银行业的健康发展,提供了坚实的法律基础。

一、监管目标及原则

(一)监管目标

银行业监督管理的目标是促进银行业的合法、稳健运行,维护公众对银行业的信心。银行业监督管理应当保护银行业公平竞争,提高银行业竞争能力。

(二)监管原则

银行业监督管理机构对银行业实施监督管理,应当遵循依法、公开、公正和效率的原则。

二、监督管理机构

(一)机构设置

国务院银行业监督管理机构负责对全国银行业金融机构及其业务活动监督管理的工作,根据履行职责的需要设立派出机构。国务院银行业监督管理机构对派出机构实行统一领导和管理。国务院银行业监督管理机构的派出机构在国务院银行业监督管理机构的授权范围内,履行监督管理职责。

(二)人员安排

银行业监督管理机构从事监督管理工作的人员,应当具备与其任职相适应的专业知识和业务工作经验。银行业监督管理机构工作人员,应当忠于职守,依法办事,公正廉洁,不得利用职务便利牟取不正当的利益,不得在金融机构等企业中兼任职务。银行业监督管理机构工作人员,应当依法保守国家秘密,并有责任为其监督管理的银行业金融机构及当事人保守秘密。

(三)监管制度

国务院银行业监督管理机构应当公开监督管理程序,建立监督管理责任制度和内部监督制度。除此之外,国务院审计、监察等机关,应当依照法律规定对国务院银行业监督管理机构的活动进行监督。

国务院银行业监督管理机构可以和其他国家或者地区的银行业监督管理机构建立监督管理合作机制,实施跨境监督管理。国务院银行业监督管理机构同其他国家或者地区的银行业监督管理机构交流监督管理信息,应当就信息保密作出安排。

银行业监督管理机构及其从事监督管理工作的人员依法履行监督管理职责,受法律保护。地方政府、各级政府部门、社会团体和个人不得干涉。银监会在处置银行业金融机构风险、查处有关金融违法行为等监督管理活动中,地方政府、各级有关部门应当予以配合和协助。

三、监管职责

在中华人民共和国境内设立的商业银行、城市信用合作社、农村信用合作社等吸收公众存款的金融机构以及政策性银行等银行金融机构的境内外业务活动及经银监会批准在境外设立的金融机构的业务活动,均在银监会的监管职责范围之内。银监会依照法律、行政法规制定并发布对银行业金融机构及其业务活动监督管理的规章、规则。

（一）组织设立的监管

国务院银行业监督管理机构依照法律、行政法规规定的条件和程序,审查批准银行业金融机构的设立、变更、终止以及业务范围。申请设立银行业金融机构,或者银行业金融机构变更持有资本总额或者股份总额达到规定比例以上的股东的,国务院银行业监督管理机构应当对股东的资金来源、财务状况、资本补充能力和诚信状况进行审查。国务院银行业监督管理机构对银行业金融机构的董事和高级管理人员实行任职资格管理。具体办法由国务院银行业监督管理机构制定。

（二）业务经营的监管

银行业金融机构业务范围内的业务品种,应当按照规定经国务院银行业监督管理机构审查批准或者备案。需要审查批准或者备案的业务品种,由国务院银行业监督管理机构依照法律、行政法规作出规定并公布。未经国务院银行业监督管理机构批准,任何单位或者个人不得设立银行业金融机构或者从事银行业金融机构的业务活动。

银行业监督管理机构应当对银行业金融机构的业务活动及其风险状况进行现场检查和非现场监管,建立银行业金融机构监督管理信息系统,分析、评价银行业金融机构的风险状况。现场检查监管方式,银监会应当制定现场检查程序,规范现场检查行为。

银行业金融机构应当严格遵守审慎经营规则。其审慎经营规则,由法律、行政法规规定,也可以由国务院银行业监督管理机构依照法律、行政法规制定。具体包括风险管理、内部控制、资本充足率、资产质量、损失准备金、风险集中、关联交易、资产流动性等内容。

（三）其他方面的监管

国务院银行业监督管理机构应当建立银行业金融机构监督管理评级体系和风险预警机制,根据银行业金融机构的评级情况和风险状况,确定对其现场检查的频率、范围和需要采取的其他措施。

国务院银行业监督管理机构应当建立银行业突发事件的发现、报告岗位责任制度。银行业监督管理机构发现可能引发系统性银行业风险、严重影响社会稳定的突发事件的,应当立即向国务院银行业监督管理机构负责人报告;

国务院银行业监督管理机构负责人认为需要向国务院报告的,应当立即向国务院报告,并告知中国人民银行、国务院财政部门等有关部门。国务院银行业监督管理机构应当会同中国人民银行、国务院财政部门等有关部门建立银行业突发事件处置制度,制定银行业突发事件处置预案,明确处置机构和人员及其职责、处置措施和处置程序,及时、有效地处置银行业突发事件。

四、监管措施

(一)财务审查

银行业监督管理机构根据履行职责的需要,有权要求银行业金融机构按照规定报送资产负债表、利润表和其他财务会计、统计报表、经营管理资料以及注册会计师出具的审计报告。

(二)现场检查

银行业监督管理机构根据审慎监管的要求,可以采取下列措施进行现场检查:(1)进入银行业金融机构进行检查;(2)询问银行业金融机构的工作人员,要求其对有关检查事项作出说明;(3)查阅、复制银行业金融机构与检查事项有关的文件、资料,对可能被转移、隐匿或者毁损的文件、资料予以封存;(4)检查银行业金融机构运用电子计算机管理业务数据的系统。

进行现场检查,应当经银行业监督管理机构负责人批准。现场检查时,检查人员不得少于两人,并应当出示合法证件和检查通知书;检查人员少于两人或者未出示合法证件和检查通知书的,银行业金融机构有权拒绝检查。

(三)面谈说明

银行业监督管理机构根据履行职责的需要,可以与银行业金融机构董事、高级管理人员进行监督管理谈话,要求银行业金融机构董事、高级管理人员就银行业金融机构的业务活动和风险管理的重大事项作出说明。

(四)责令披露

银行业监督管理机构应当责令银行业金融机构按照规定,如实向社会公众披露财务会计报告、风险管理状况、董事和高级管理人员变更以及其他重大事项等信息。

(五)限期整改

银行业金融机构违反审慎经营规则的,国务院银行业监督管理机构或者其省一级派出机构应当责令限期改正;逾期未改正的,或者其行为严重危及该银行业金融机构的稳健运行、损害存款人和其他客户合法权益的,经国务院银行业监督管理机构或者其省一级派出机构负责人批准,可以区别情形,采取下列措施:(1)责令暂停部分业务、停止批准开办新业务;(2)限制分配红利和其他收入;(3)限制资产转让;(4)责令控股股东转让股权或者限制有关股东的权利;(5)责令调整董事、高级管理人员或者限制其权利;(6)停止批准增设分支机构。

银行业金融机构整改后,应当向国务院银行业监督管理机构或者其省一级派出机构提交报告。国务院银行业监督管理机构或者其省一级派出机构经验收,符合有关审慎经营规则的,应当自验收完毕之日起3日内解除对其采取的前款规定的有关措施。

(六)接管撤销

银行业金融机构已经或者可能发生信用危机,严重影响存款人和其他客户合法权益的,国务院银行业监督管理机构可以依法对该银行业金融机构实行接管或者促成机构重组,接管和机构重组依照有关法律和国务院的规定执行。银行业金融机构有违法经营、经营管理不善等情形,不予撤销将严重危害金融秩序、损害公众利益的,国务院银行业监督管理机构有权予以撤销。

银行业金融机构被接管、重组或者被撤销的,国务院银行业监督管理机构有权要求该银行业金融机构的董事、高级管理人员和其他工作人员,按照国务院银行业监督管理机构的要求履行职责。在接管、机构重组或者撤销清算期间,经国务院银行业监督管理机构负责人批准,对直接负责的董事、高级管理人员和其他直接责任人员,可以采取下列措施:(1)直接负责的董事、高级管理人员和其他直接责任人员出境将对国家利益造成重大损失的,通知出境管理机关依法阻止其出境;(2)申请司法机关禁止其转移、转让财产或者对其财产设定其他权利。

(七)申请冻结

经国务院银行业监督管理机构或者其省一级派出机构负责人批准,银行业监督管理机构有权查询涉嫌金融违法的银行业金融机构及其工作人员以及关联行为人的账户;对涉嫌转移或者隐匿违法资金的,经银行业监督管理机构负责人批准,可以申请司法机关予以冻结。

(八)调查措施

银行业监督管理机构依法对银行业金融机构进行检查时,经设区的市一级以上银行业监督管理机构负责人批准,可以对与涉嫌违法事项有关的单位和个人采取下列措施:(1)询问有关单位或者个人,要求其对有关情况作出说明;(2)查阅、复制有关财务会计、财产权登记等文件、资料;(3)对可能被转移、隐匿、毁损或者伪造的文件、资料,予以先行登记保存。

  银行业监督管理机构采取前款规定措施,调查人员不得少于两人,并应当出示合法证件和调查通知书;调查人员少于两人或者未出示合法证件和调查通知书的,有关单位或者个人有权拒绝。对依法采取的措施,有关单位和个人应当配合,如实说明有关情况并提供有关文件、资料,不得拒绝、阻碍和隐瞒。

五、法律责任

  (一)银行业监管管理委员会方面的法律责任

  银行业监督管理机构从事监督管理工作的人员有下列情形之一的,依法给予行政处分;构成犯罪的,依法追究刑事责任:(1)违反规定审查批准银行业金融机构的设立、变更、终止,以及业务范围和业务范围内的业务品种的;(2)违反规定对银行业金融机构进行现场检查的;(3)未依照《银行业监督管理法》第 28 条规定报告突发事件的;(4)违反规定查询账户或者申请冻结资金的;(5)违反规定对银行业金融机构采取措施或者处罚的;(6)违反法律规定对有关单位或者个人进行调查的;(7)滥用职权、玩忽职守的其他行为;(8)银行业监督管理机构从事监督管理工作的人员贪污受贿,泄露国家秘密、商业秘密和个人隐私。

  (二)银行业金融机构方面的法律责任

  根据《银行业监督管理法》的规定,银行业金融机构的下列违法犯罪行为,具体包括:(1)未经批准设立分支机构的;(2)未经批准变更、终止的;(3)违反规定从事未经批准或者未备案的业务活动的;(4)违反规定提高或者降低存款利率、贷款利率的;(5)未经任职资格审查任命董事、高级管理人员的;(6)拒绝或者阻碍非现场监管或者现场检查的;(7)提供虚假的或者隐瞒重要事实的报表、报告等文件、资料的;(8)未按照规定进行信息披露的;(8)严重违反审慎经营规则的;(9)拒绝执行逾期整改等措施的,银监会将视其性质和情节轻重要求银行业金融机构分别承担责令改正、行政处分、罚款、吊销营业执照等法律责任,构成犯罪的,将依法追究刑事责任。

  银行业金融机构违反法律、行政法规以及国家有关银行业监督管理规定的,银行业监督管理机构除依法处罚银行业金融机构外,还可以区别不同情形,对银行业金融机构的管理人员采取下列措施:(1)责令银行业金融机构对直接负责的董事、高级管理人员和其他直接责任人员给予纪律处分;(2)银行业金融机构的行为尚不构成犯罪的,对直接负责的董事、高级管理人员和其他直接责任人员给予警告,处5万元以上50万元以下罚款;(3)取消直接负责的董事、高级管理人员一定期限直至终身的任职资格,禁止直接负责的董事、高级管理人员和其他直接责任人员一定期限直至终身从事银行业工作。

【本章小结】

　　银行是商品经济、货币交换和社会分工充分发展的产物,业已发展成为一个国家最为主要的金融机构。各个国家的银行立法实践,通常是从银行的性质和职能出发,分别出台中央银行法、商业银行法和政策性银行法。银行法是组织法和行为法的统一体,主要规定银行的性质、地位、组织体系、管理体制、职责权限和从业范围及其在业务活动中当事人的权利义务等内容。银行法是国家宏观调控法的重要组成部分,在贯彻国家货币政策、规范各方金融行为、维护金融秩序和保障各方合法权益等方面具有重要作用。通过本章的学习,要求学生了解银行的历史及其分类,把握中央银行和商业银行及政策性银行的职能、法律地位、业务范围及其监管管理方面的法律规制。

思考题:

1. 比较分析中央银行和政策性银行的职能。
2. 简述商业银行存贷款业务的基本规则。
3. 简述商业银行资本充足率的意义。
4. 2006年12月6日,郭女士与甲房地产开发商签订商品房买卖合同,合同约定的交房期限为2007年9月30日,合同还明确约定开发商逾期交房达60天(含60天)以上的,买受人可以解除该商品房买卖合同。商品房买卖合同订立后,郭女士以按揭贷款的方式向开发商支付了全部购房价款。2008年1月1日,开发商仍未能交付合同项下的商品房,郭女士在要求解除与开发商的商品房买卖合同的同时,要求解除与银行的按揭贷款合同。开发商不同意解除合同,而银行则认为按揭贷款合同与商品房买卖合同是不同的法律关系,不应与商品房买卖合同一并处理。三方无法协商一致,郭女士诉至法院。
请问:银行的主张能否成立?本案应如何处理?
5. 某楼盘业主任某、袁某、李某(简称"业主")向A银行借款购房,B公司为保证人。保证合同中约定,B公司承担连带保证责任,并在银行开立保证金账户,如借款人未按合同约定履行还款义务,B公司保证在接到银行书面索款通知后30日内履行还款义务,如B公司未主动履行,即表示B公司授权银行从其开立的账户中扣收。2001年10月31日至2003年3月20日,因未及时扣到业主供楼款,银行先后在B公司账户内扣划款项200余万元。2003年4月18日,B公司向银行发出《关于协商处理垫付部分业主按揭款的函》,2003年12月5日,B公司向业主发出催缴欠款的律师函,2004年3月29日,银行向B公司出具书面扣款证明。B公司向业主追偿未果后,于2005年4月5日在另案中起诉业主,但因超过诉讼时效而败诉。2006年1月18日B公司致函银行,就扣款提出异议并要求银行返还扣款,银行拒收。B公司遂于2006年6月7日向某区人民法院起诉银行,诉称银行扣款之时未履行提前30日通知的义务,迟至2004年3月29日方书面通知B公司,银行扣款属于随意扣划储户存款的行为,已构成对储户财产权之侵权,故要求银行返还扣款及其利息。银行辩称,B公司的诉请已超过诉讼时效,银行扣款系行使保证合同项下权利,并不构成侵权。

请问:(1)银行关于诉讼时效的主张能否成立?(2)B公司选择以侵权行为起诉是否合适?(3)本案应该如何处理?

第七章 证券法律制度

第一节 证券法概述

导入案例

证券法与股权分置改革

2005年,我国《证券法》进行第2次修正,当年5月26日,全国人大财经委《证券法》修改起草组工作小组组长许健接受了中国证券报记者的采访,表示现行《证券法》就是一部"全流通法"。许健说:"一些市场人士希望借《证券法》修改的契机,解决中国股市的股权分置问题,这实际上是张冠李戴,是没有仔细研读这部法律导致的错误想法。在整部《证券法》里,根本就不存在国有股、法人股和社会公众股的股权结构划分,更没有说国有股和法人股不能上市流通。这就意味着现行的《证券法》实际上默认了所有的股权都是可以流通的。"截止2009年7月底,中国的上市公司为1628家,沪深股市总市值23.57万亿元,流通市值11.67万亿元,市值全球排名第三位。

问题:(1)截止2009年7月底,股票流通市值与总市值的比例是多少?(2)如何看待中国股市股权分置改革的前因后果?(3)如何理解证券法的规制与股市"全流通"的关系?

一、证券

证券一词的外延非常广泛,根据其记载权利的不同,证券通常有广义和狭义之分。广义的证券是指记载并代表持有者享有一定权益的各类凭证的总称,包括股票、债券、汇票、本票、支票、邮票、车票、船票、提单、仓单、入场券、银行存折等。狭义的证券,主要是指资本证券,包括股票、公司债券和国务院依法认定的其他证券。有学者在广义和狭义的证券之外,提出了中义的证券的主张,是指包括资本证券、货币证券和实物证券在内的有价证券,也就是狭义的有价证券。

证券法上的证券,属于狭义的证券,特指包括股票、公司债券和国务院依法认定的其他证券。其中,国务院依法认定的其他证券主要指证券投资基金、企业债券及包含权证、股指期货在内的证券衍生产品等。

二、证券市场

货币市场和资本市场是金融市场的两大支柱。证券市场是资本市场的典型代表,它是指证券发行和交易的场所。证券市场为各类市场主体提供了买卖股票、债券和其他证券的系统服务,是各类市场主体进行各种直接融资活动的重要平台。各类市场主体可以通过各类证券的发行和交易以募集和融通资金并取得预期利益。

(一)证券发行市场和证券交易市场

证券发行市场又称一级市场,它是证券发行人通过发行新证券进行筹资活动的市场。证券发行市场,一方面可以为资本的需求者提供募集资金的渠道,另一方面也可以为资本的供应者提供投资的场所。证券交易市场又称二级市场,即证券流通市场,它是指对已发行的证券进行买卖、转让和交易的市场。证券交易市场为证券持有人提供了随时卖掉所持证券进行变现的机会,同时为新的投资者提供投资机会。

(二)场内交易市场和场外交易市场

场内交易市场是指在证券交易所内进行证券交易所形成的市场,以集中竞价方式为证券交易机制,监管严格。场外交易市场是指在证券交易所外进行证券交易所形成的市场,常在证券商的营业柜台以议价方式达成证券交易,因而也称为柜台买卖,难以监管。尽管业界认同场外交易场所存在的必要性,但是因场外交易市场常会对场内交易市场造成冲击而且难以监管,不少国家在特定时期持限制或禁止的态度。

(三)主板市场与二板市场

主板市场是一个国家和地区证券发行和交易的主要场所,它先于二板市场产生,是传统意义上的典型的证券交易市场,该市场对包含营业期限、股本大小、盈利水平和最低市值等在内的上市企业标准和门槛条件高,主要是为大型成熟企业的筹资服务。二板市场也被称为创业板市场,它一般是指主板市场之外的证券交易场所,上市企业标准和门槛条件较低,主要定位大多是为高成长性、创新型和高科技型企业融资服务。美国的全美证券交易所为美国的主板市场,美国的纳斯达克市场为美国的二板市场。世界上著名微软公司和英特尔公司就是通过在美国的创业板市场进行筹资基础上迅速成长起来的新兴企业。目前,我国的上海证券交易所为主板市场交易场所,而深圳的证券交易所为我国创业板市场的交易场所。

为推进创业板市场的顺利运作,我国在2004年5月启动了中小企业板市场,设在深圳证券交易所,为处于细分行业龙头的中小企业提供融资服务。经过5年的发展,累计已有300家企业在中小企业板上市。在中小企业板上市的企业在性质、规模和类型等方面与创业板市场的企业有许多类似之处,它们在中小企业板的上市运行,为创业板市场的运作提供了宝贵的实践经验。历经十年风雨的中国创业板市场也最终得以于2009年10月23日正式启动。

此外,我国还存在三板市场的概念,它是代办股份转让市场,由业经中国证券业协会批准的具有代办股份转让业务资格的证券公司为非上市公司或退市后上市公司的股份流通提供特别转让服务。

三、证券法概述

(一)证券法的概念和调整对象

证券法是指调整规范证券发行、证券交易和证券监管等证券关系过程中所发生的各类社会关系的法律规范的总称。所谓证券关系特指证券市场主体在证券发行、上市、交易、登记、存管、结算、服务和证券市场监管过程中所形成的各种社会关系。证券市场主体是证券市场发行、交易及监管活动的参加者,主要有证券发行人、证券投资者、证券公司、证券交易所、证券登记结算机构、会计师事务所等其他证券中介机构、证券市场监管机构等。

证券法以证券关系为其调整对象,具体包括证券发行关系、证券交易关系、证券监管关系和其他证券关系。其中,证券发行关系是指由证券发行人向证券投资者出售证券所发生的社会关系;证券交易关系是指证券投资者之间进行证券买卖等证券流通行为所形成的社会关系;证券监管关系是证券市场监管机构在进行市场监管过程中与证券关系参加者形成的社会关系;其他证券关系则是指有关机构为证券发行和交易活动提供服务所产生的社会关系,包括证券上市、登记、存管、结算和服务环节所形成的社会关系。

(二)证券法的基本原则

证券法的基本原则是各类证券活动所必须遵循的最为基本的行为准则,

它是证券法基本精神的集中体现,贯穿证券立法、执法和司法活动过程的始终。

1. 公开、公平和公正原则

"三公原则"是衡量证券发行和证券交易行为的根本原则。公开原则要求有关证券市场的信息必须公开披露以保证证券市场具有充分的透明度,以供投资者进行自主投资抉择,是公平和公正的前提。公开原则不仅要求证券发行与交易的双方当事人主体地位平等,而且强调当事人交易机会和权利保护的平等。公正原则则包含两方面的要求,一是要求证券发行、交易和监管规则的统一适用,二是要求证券监管机构秉公执法。

2. 自愿、有偿和诚实信用原则

自愿意味着当事人可依法行使自己的合法权利,按照自己的意愿自由参与证券交易活动。有偿意味着证券市场主体在参与证券活动过程中应当依照价值规律的要求进行等价交换,取得他人财产利益必须向对方支付相应的价款或酬金,除非法律另有规定或当事人另有约定之外。诚实信用是指证券商事市场主体在参与证券活动的过程中应当诚实守信,以善意的方式履行其义务,不得规避法律和合同。

3. 守法原则

守法原则要求证券市场主体在进行证券发行、交易活动时,必须遵守法律和行政法规的规定,禁止进行欺诈、内幕交易和操纵证券市场的行为。

4. 分业经营、分业管理原则

现阶段,我国金融业尚不适合推行综合监管机制。目前,我国对于证券业、银行业、信托业和保险业等,推行分业经营、分业监管的机制。

5. 政府统一监管和行业自律原则

政府对于证券市场的统一监管由中国证监会负责,行业自律则由证券经营机构成立证券业协会的自律组织进行自我管理、自我教育。

(三)新中国的证券立法

改革开放以后,我国的证券市场逐步得以恢复和发展。1990年12月全国证券交易自动报价系统在北京正式开通。同月,上海建立了新时期我国第一家证券交易所。1991年7月深圳证券交易所建立。同年8月中国证券业协会宣告成立。《中华人民共和国证券法》于1998年12月29日第九届全国人民代表大会常务委员会第六次会议审议通过,自1999年7月1日开始实施。《证券法》的颁布实施,是我国社会主义市场经济发展中的一件大事,它标志着我国证券市场从此走向规范管理、健康发展的道路。该法分别于2004年

8月28日和2005年10月27日由第十届全国人民代表大会常务委员会第十一次会议和第十届全国人民代表大会常务委员会第十八次会议进行了修订。

《证券法》施行之前,我国证券发行和交易的主要依据是国务院及财政部、国务院证券委员会、中国证券监督管理委员会、中国人民银行颁发的法规、规章。

第二节 证券发行制度

导入案例

用友软件股票发行案

2001年3月16日,北京用友软件股份有限公司幸运地成为我国第一家按核准制要求发行股票的企业。2001年4月23日,用友软件以发行价每股36.68元、市盈率64.35倍在上海证券交易所上网定价发行25000万股A股。用友凭借上市募集资金达8亿多元,净资产从2000年底的8384万元飙升了10倍。用友软件的董事长王文京,是该公司的最大股东,一夜之间就跻身国内50大富豪之列。

问题:(1)结合本案案情,阐释我国证券发行审核制度和股票发行价格定价机制改革的重要意义。(2)目前股票公开发行的方式有哪些?请比较其优劣。

一、证券发行概述

(一)证券发行的概念

证券发行是指证券发行人依照法定程序以同一条件向投资者发售并交付证券的行为,由证券募集和证券交付两部分组成。证券发行的实质是,证券发行人以证券形式吸收闲散资金,使之转化为国家建设、企业经营或科学研究的资本,投资者通过认购证券进行投资。

(二)证券发行的特征

根据《证券法》的规定和证券市场的实践,我国的证券发行具有如下特征:

1.证券发行主体的特定性。证券发行是特定主体的活动。为维护证券发行市场的秩序,保障社会投资者的合法权益,世界多数国家对证券发行人的主体资格都设置了特定的条件要求。证券发行人特定的资格要求,构成了投资者权益保护的第一道门槛。

2.证券发行客体的特殊性。股票、债券和其他证券是证券发行的客体。作为特殊金融商品的证券,它对社会经济的影响与普通商品存在巨大差异。证券的发行因而与图书等普通商品的发行有着不同的质的规定性。

3.证券发行程序的法定性。各国证券法对证券发行的程序都作出了严格的限定,尤其是证券的公开发行,以最大限度地维护证券发行市场的秩序,有利于保障投资者在证券发行市场上的投资权益。

4.证券发行条件的同一性。同一性要求证券发行人在为同一次证券发行时,应当对所有的投资者实施价格同一、方式同一和期限同一的发行条件。

(三)证券发行的种类

依据不同的标准,证券发行可以作以下分类:

1.公开发行和非公开发行

依据证券发行对象不同加以划分,证券发行可以分为公开发行和非公开发行。公开发行是发行人向不特定的投资者或者向超过一定数量的特定投资者出售证券的行为。非公开发行是指向少数特定的投资者发行证券的行为。

2.股票发行和债券发行

依据证券品种不同加以划分,证券发行可以分为股票发行和债券发行以及其他证券的发行。股票发行是指股份有限公司向公众发行股票的行为,包括设立发行、增资发行和配股发行等。债券发行是指债券发行主体向社会发行债券的行为,包括政府债券发行、金融债券、企业债券等债券的发行。

3.直接发行和间接发行

依据是否借助承销机构加以划分,证券发行可以分为直接发行和间接发行。直接发行是指证券发行人直接向投资公众发售证券的行为,也有学者称其为自办发行。间接发行是指证券发行人通过证券承销机构代为发售证券的行为,包括证券包销和证券代销。直接发行成本低、风险高;间接发行成本高、风险小。目前的证券发行大多采用间接发行方式。

4.设立发行和新股发行

依据发行目的的不同加以划分,证券发行可以分为设立发行和新股发行。此种分类主要适用于股票的发行。设立发行是指发行人为设立股份有限公司而发行股票的行为,包括发起设立和募集设立两种方式。新股发行是指股份公司为增加公司资本或调整股权结构而增发股份的行为。我国证券市场上的配股、送股和增资发行等,都属于此类。

5.平价发行、折价发行、溢价发行和中间价发行

依据证券发行价格和证券票面金额的关系加以划分,证券发行可以分为平价发行、折价发行、溢价发行和中间价发行。平价发行,是指证券发行价格等于证券票面金额的发行方式,也被称为面值发行。折价发行,是指证券发行价格低于证券票面金额的发行方式。溢价发行,是指证券发行价格高于证券票面金额的发行方式。中间价发行,是指证券发行价格以证券票面金额和市场价的中间价格来确定的发行方式。我国立法,不允许折价发行证券,规定溢价发行所得的溢价款必须列入公司资本公积金。中间价发行通常适用于配股发行。

二、证券发行的一般规则

(一)证券公开发行

公开发行是发行人向不特定的投资者或者向超过一定数量的特定投资者出售证券的行为。《证券法》第10条第2款以列举方式界定了证券公开发行的范围,规定公开发行包括向不特定对象发行证券的、向特定对象发行证券累计超过200人的和法律、行政法规规定的其他发行行为属于证券公开发行。

1.向不特定对象发行证券。界定公开发行的首要因素是发行对象是否特定。不管发行证券的数量多少,也不论不特定对象的数量多少,发行人向不特定对象发行证券的行为都属于公开发行。《证券法》没有对"不特定对象"和"特定对象"做出明确界定,因而在证券发行的实践中,如何区分"不特定对象"和"特定对象"是法律适用的关键问题。

2.向特定对象发行证券累计超过200人。界定公开发行的第二个因素是发行人数。即使发行人只是针对特定对象发行证券,只要该特定对象总数累计超过200人的也构成了公开发行。该条款与《公司法》关于发起人不得超过200人的规定相互衔接,有助于防范规避法律的情形。"特定对象"主要包括发行人的内部人员,如股东、公司员工及其亲属、朋友等,以及与发行人有联系的公司、机构和人员;另一类是机构投资者,如基金管理公司、保险公司等。

《证券法》将"累计"一词放在"发行"之后,避免了是"一次累计"还是"多次累计"的争议,表明累计是指发行人只要是向特定对象发行证券,无论发行多少次,累计不得超过200人,而不是指某一次发行的人数。其目的是防止发行人通过多次向不超过200人的特定对象发行证券,规避有关部门的核准和

监管。

3.法律、行政法规规定的其他发行行为。这是一个概括性、兜底式的规定。考虑到证券市场的蓬勃发展和制度创新,《证券法》难以对证券的公开发行做出穷尽列举式的全面规定,这种技术处理方法有利于保证证券立法的稳定性和延续性。同时,《证券法》第10条第3款规定:"非公开发行证券,不得采用广告、公开劝诱和变相公开方式。"也就是说,发行人向200人以下特定对象发行证券时,不得采用广告、公开劝诱和变相公开方式。如果采用了上述方式发行证券,也就属于公开发行。这是从证券发行方式上界定公开发行的情形,属于法律规定的其他公开发行行为的范畴。

(二)证券非公开发行

非公开发行是指发行人向少数特定的投资者发行证券的行为。少数特定的投资者是指累计向不超过200人的特定对象发行证券的行为。"非公开发行证券"的典型情况是以发起方式设立股份有限公司和股份公司定向募集新股。发起设立股份有限公司是由特定的发起人认购公司股份,根据《公司法》规定,发起人最多为200人,这样的设立方式属于非公开发行股份;定向募集新股累计向不超过200人的特定对象发行股票的,属于非公开发行股份。新《证券法》对于非公开发行证券不要求向证券监管部门报批,这对一些小型公司、高科技公司发行股票以及吸引战略投资者等提供了条件。

我国证券非公开发行制度的主要特点有:(1)发行人向投资者发行证券仅针对特定对象,而且各次累加人数在200人以内;(2)投资者一般为具有较强风险判断和承担能力的法人或机构投资者;(3)证券的发行程序必须严守非公开方式;(4)发行人的信息披露要求比公开发行低;(5)特定对象购买非公开发行证券的投资意图明显,而且立法对于其投资购买的证券往往有着较长的锁定期。

三、股票的公开发行

股票公开发行是指股份有限公司依照法定程序向投资者发售并交付股票的行为。股票是股份公司签发的证明股东所持股份的凭证。因此,股票的发行人只能是股份有限公司,非股份公司不能发行股票。

(一)发行条件

股份公司公开发行新股是指股份公司根据生产经营的需要扩充公司资本的行为。《证券法》第13条规定,股份有限公司公开发行新股,应当符合下列条件：

1. 具备健全且运行良好的组织机构；
2. 具有持续盈利能力，财务状况良好；
3. 最近三年财务会计文件无虚假记载，无其他重大违法行为；
4. 经国务院批准的国务院证券监督管理机构规定的其他条件。

此外，《证券法》还规定了禁止公开发行新股的情形。根据《证券法》第15条规定："公司对公开发行股票所募集资金，必须按照招股说明书所列资金用途使用。改变招股说明书所列资金用途，必须经股东大会作出决议。擅自改变用途而未作纠正的，或者未经股东大会认可的，不得公开发行新股。"擅自改变募集资金用途而未作纠正的，或者未经股东大会认可的，不得发行新股。这属于公开发行新股的消极条件。

（二）发行程序

1. 形成新股发行决议。《公司法》第134条的规定，股份公司发行新股，应当依照公司章程的规定由股东大会或者董事会对下列事项作出决议：(1)新股种类及数额；(2)新股发行价格；(3)新股发行的起止日期；(4)向原有股东发行新股的种类及数额。

2. 申报准备。根据《证券法》第14条的规定，股份公司公开发行新股，应当向国务院证券监督管理机构报送下列文件：(1)募股申请；(2)公司营业执照；(3)公司章程；(4)股东大会决议；(5)招股说明书；(6)财务会计报告；(7)代收股款银行的名称及地址；(8)承销机构名称及有关的协议；(9)发行保荐书等。

3. 保荐程序。股票公开发行的实践要求，股份公司公开发行新股必须经由保荐人的保荐。《上市公司证券发行管理办法》则进一步明文规定，上市公司申请公开发行股票，应当由保荐人保荐。相关的具体操作规范适用中国证监会颁布的《证券发行上市保荐制度暂行办法》。

4. 审核程序。中国证监会对于股份公司公开发行新股的审核，应该遵守《发行审核委员会办法》的规范。核准期间方面则应适用《证券法》第24条关于3个月的时限规范。

5. 发售承销程序。股份公司公开发行新股的发售程序，大致包括公告募集文件、发行定价、签订承销协议和承销团协议、申购验资、股款缴纳划拨、股份交割登记等环节。

股份公司首次公开发行股票(英文是 initial public offerings，简称IPO发行)，则应遵循《首次公开发行股票并上市管理办法》等法律法规的另行规定。

四、公司债券的公开发行

公司债券的公开发行是指公司以借贷资金为目的,依照法定程序向投资人发售并交付债券的法律行为。

(一)发行条件

公司公开发行公司债券,应当符合以下几个方面的条件:

1.净资产条件,即股份有限公司的净资产不低于人民币3000万元,有限责任公司的净资产不低于人民币6000万元。

2.债券余额条件,即公司公开发行累计债券余额不超过公司净资产的40%。

3.平均可分配利润条件,即公司最近3年平均可分配利润足以支付公司债券1年的利息。

4.募集资金投向条件,即公司筹集的资金投向符合国家产业政策。

5.债券利率条件,即公司债券的利率不超过国务院限定的利率水平。

6.募集资金用途,即募集资金必须用于核准的用途,不得用于弥补亏损和非生产性支出。

7.其他,包括国务院规定的其他条件。

《证券法》第18条还规定了发行人再次发行公司债券的禁止性条件,即有下列情形之一的,不得再次公开发行公司债券:(1)前一次公开发行的公司债券尚未募足;(2)对已公开发行的公司债券或者其他债务有违约或者延迟支付本息的事实,并仍处于继续状态;(3)违反本法规定,改变公开发行公司债券所募资金的用途。

(二)发行程序

1.形成决议。依照公司法的规定,公司发行公司债券应由董事会制订发行公司债券的方案,并交由股东会作出决议。

2.提交申请。申请公开发行债券,应当向国务院授权的部门提出申请,并报送公司营业执照、公司章程、公司债券募集办法、资产评估报告和验资报告、国务院授权的部门规定的其他文件等。

3.发行审核。公司债券的核准机构是国务院授权的部门,应当自受理证券发行申请文件之日起3个月内,依照法定条件和法定程序作出予以核准或者不予核准的决定,发行人根据要求补充、修改发行申请文件的时间不计算在内;不予核准的,应当说明理由。

4.公开发行。发行申请获得核准之后,发行人必须履行公告公司债券募集办法等信息披露义务,进行公司债券的发售工作。

可转换公司债券的发行条件和发行程序,另有规定。

第三节 证券上市制度

导入案例

水仙退出　股市进步

2001年4月23日,中国证监会做出决定,PT水仙自即日起终止上市。上海水仙电器股份有限公司终被摘牌,这家已在股市的风风雨雨中摔打8年的上市公司,以连续4年亏损、资不抵债、重组一再失败的悲惨结局退出了上海证券交易所的股票交易行列。截止2008年底,在水仙退市后的8年里,"优胜劣汰"逐步成为中国证券市场的法则,沪深两市共有44家上市公司被勒令退市。

问题:(1)请结合我国关于终止股票上市的立法规制,谈谈ST水仙退市的意义。(2)有学者认为退市制度是证券市场的一只"狼",我们应当如何防范ST股票逃离"狼口"以维系证券市场新陈代谢机制的正常运转?

一、证券上市的概念

证券上市特指公开发行的证券依法获准在证券交易所内挂牌交易的行为。证券上市是证券发行和证券交易的中间环节,它既是证券发行的目标,也是证券交易的前提。证券上市制度,对于规范上市公司的上市行为、保证上市公司的品质、保障证券投资者的投资选择权和实现证券监管机构的监管职能,都具有重大意义。

目前,公司申请股票、可转换公司债券或法律、行政法规规定实行保荐制度的其他证券上市交易,应聘请具有保荐资格的机构担任保荐人。

一、证券上市的条件

上市条件是证券法所规定的证券上市的标准。各国法律在设定证券上市条件时,既要考虑保证证券的有效流通,也要考虑证券交易安全。为保证证券的有效流通,就必须要有足够规模的证券公开发行并由数量众多的投资者持有。为保证证券交易安全,则要求上市公司必须具有良好的盈利能力以保证证券投资的安全性。

(一)股票上市的条件

股份有限公司申请股票上市,应当符合下列条件:

1. 股票经国务院证券监督管理机构核准已公开发行;
2. 公司股本总额不少于人民币 3000 万元;
3. 公开发行的股份达到公司股份总数的 25% 以上;公司股本总额超过人民币 4 亿元的,公开发行股份的比例为 10% 以上;
4. 公司最近 3 年无重大违法行为,财务会计报告无虚假记载。

此外,证券交易所可以规定高于前款规定的上市条件,并报国务院证券监督管理机构批准。

国家鼓励符合产业政策并符合上市条件的公司股票上市交易。

(二)债券上市的条件

公司申请公司债券上市交易,应当符合下列条件:

1. 公司债券的期限为 1 年以上;
2. 公司债券实际发行额不少于人民币 5000 万元;
3. 公司申请债券上市时仍符合法定的公司债券发行条件。

二、证券上市的程序

严格的上市程序,是规范证券上市行为的基础,也是证券交易安全的重要保证。

(一)股票上市的程序

1. 提交上市申请。申请股票上市交易,应向证券交易所提出申请,并向证券交易所报送下列文件:(1)上市报告书;(2)申请股票上市的股东大会决议;(3)公司章程;(4)公司营业执照;(5)依法经会计师事务所审计的公司最近 3 年的财务会计报告;(6)法律意见书和上市保荐书;(7)最近一次的招股说明书;(8)证券交易所上市规则规定的其他文件。

2.签署上市协议。股份公司股票上市交易的申请,由证券交易所承担审核职责。股票上市交易申请经证券交易所审核同意后,签订上市协议。

3.公告上市文件。股票上市申请获准并签订上市协议后,签订上市协议的公司应当在规定的期限内公告申请股票上市时提交的有关文件,并将该文件置备于指定场所供公众查阅。签署上市协议的公司,同时还应公告下列事项:(1)股票获准在证券交易所交易的日期;(2)持有公司股份最多的前10名股东的名单和持股数额;(3)公司的实际控制人;(4)董事、监事、高级管理人员的姓名及其持有本公司股票和债券的情况。

(二)债券上市的程序

1.提交上市申请。申请公司债券上市交易,应当向证券交易所报送下列文件:(1)上市报告书;(2)申请公司债券上市的董事会决议;(3)公司章程;(4)公司营业执照;(5)公司债券募集办法;(6)公司债券的实际发行数额;(7)证券交易所上市规则规定的其他文件。

申请可转换为股票的公司债券上市交易,还应当报送保荐人出具的上市保荐书。

2.签署上市协议。与股票上市交易一样,债券上市交易同样必须经审核同意签署上市协议后,方能上市交易。

3.公告上市文件。债券上市交易获准并签订上市协议后,签订上市协议的公司应当在规定的期限内公告申请公司债券上市时提交的文件及有关文件,并将其申请文件置备于指定场所供公众查阅。

三、证券上市的暂停与终止

证券上市的暂停与终止,能够有效地督促证券发行人采取积极措施确保其上市交易的证券能够维持上市资格的条件要求,是确保证券交易安全和投资安全的必要措施,也是证券市场进退自如、新陈代谢机制的重要保证。

(一)股票上市的暂停和终止

1.股票上市的暂停

上市公司有下列情形之一的,由证券交易所决定暂停其股票上市交易:(1)公司股本总额、股权分布等发生变化不再具备上市条件;(2)公司不按照规定公开其财务状况,或者对财务会计报告作虚假记载,可能误导投资者;(3)公司有重大违法行为;(4)公司最近3年连续亏损;(5)证券交易所上市规则规定的其他情形。

2. 股票上市的终止

上市公司有下列情形之一的,由证券交易所决定终止其股票上市交易:(1)公司股本总额、股权分布等发生变化不再具备上市条件,在证券交易所规定的期限内仍不能达到上市条件;(2)公司不按照规定公开其财务状况,或者对财务会计报告作虚假记载,且拒绝纠正;(3)公司最近3年连续亏损,在其后1个年度内未能恢复盈利;(4)公司解散或者被宣告破产;(5)证券交易所上市规则规定的其他情形。

(二)债券上市的暂停和终止

1.债券上市的暂停

公司债券上市交易后,公司有下列情形之一的,由证券交易所决定暂停其公司债券上市交易:(1)公司有重大违法行为;(2)公司情况发生重大变化不符合公司债券上市条件;(3)发行公司债券所募集的资金不按照核准的用途使用;(4)未按照公司债券募集办法履行义务;(5)公司最近两年连续亏损。

2.债券上市的终止

公司有重大违法行为或未按照公司债券募集办法履行义务,经查实后果严重的;或者存在公司情况发生重大变化不符合公司债券上市条件、发行公司债券所募集的资金不按照核准的用途使用和公司最近两年连续亏损等情形,在限期内未能消除的,由证券交易所决定终止其公司债券上市交易。公司解散或者被宣告破产的,由证券交易所终止其公司债券上市交易。

(三)公告与复核

证券交易所决定暂停或者终止证券上市交易的,应当及时公告,并报国务院证券监督管理机构备案。公司对证券交易所作出的暂停上市、终止上市决定不服的,可以向证券交易所设立的复核机构申请复核。

第四节 证券交易制度

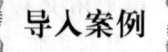

中科创业股价操纵案

2001年4月1日,北京市第二中级人民法院对深圳市中科创业投资股份有限公司操纵证券交易价格案一审公开宣判,以操纵证券交易价格罪判处上海华亚实业发展公司罚金人民币2300万元;以操纵证券交易价格罪分别判处丁福根、董沛霖、何宁一、李芸、边军勇、庞博等6名被告人4年至2年零2个月有期徒刑,并对丁福根、边军勇、庞博分别判处罚金50万元至10万元。中科创业涉案金额高达54亿元,涉案单位有126家营业部和56多家融资单位,中科创业案卷宗有500多册,摞起来有2米多高,时称中国证券业头号大案。该案的查处,标志着中国股市庄股时代的终结,但也点中了法律死穴——难以震慑证券犯罪。

问题:(1)证券交易的常见犯罪有哪些?(2)其具体量刑标准如何?(3)结合证券交易犯罪的现状,谈谈证券交易犯罪的量刑标准是否存在修正完善的必要?

一、证券交易的概念

证券交易,通常也称为证券买卖,是指证券投资者在证券交易市场有偿转让证券的行为,包括场内交易和场外交易。

场内交易是指在证券交易所内进行的证券交易,具有交易场所集中固定、交易方式为集中竞价、交易人员需有会员资格等特点。场外交易则是在证券交易所以外进行的证券交易,具有交易市场分散无形、交易方式灵活、交易人员无资格限制等特点。

随着市场经济的发展和金融工具的创新,证券交易的方式业已形成现货交易和信用交易、期货交易和期权交易方式并存的格局。

二、证券交易的基本规则

(一)证券交易的条件

1.标的条件。证券交易当事人依法买卖的证券,必须是依法发行并交付的证券。非依法发行的证券,不得买卖。

2.期限条件。依法发行的股票、公司债券及其他证券,法律对其转让期限有限制性规定的,在限定的期限内不得买卖。

3.场所条件。依法公开发行的股票、公司债券及其他证券,应当在依法设立的证券交易所上市交易或者在国务院批准的其他证券交易场所转让。

(二)证券交易的方式

1.集中竞价交易和分散议价交易。证券在证券交易所上市交易,应当采用公开的集中交易方式或者国务院证券监督管理机构批准的其他方式。

2.现货交易和期货交易。证券交易以现货和国务院规定的其他方式进行交易。

(三)证券交易的形式

证券交易当事人买卖的证券可以采用纸面形式或者国务院证券监督管理机构规定的其他形式。早期的股票多采用纸面形式。现在交易的股票均为无纸化形式。

(四)账户保密

证券交易所、证券公司、证券登记结算机构必须依法为客户开立的账户保密。

(五)交易收费

证券交易的收费必须合理,并公开收费项目、收费标准和收费办法。证券交易的收费项目、收费标准和管理办法由国务院有关主管部门统一规定。

三、限制、禁止的证券交易行为

(一)证券交易的限制

1.发起人的交易限制

《公司法》规定,发起人持有的本公司股份,自公司成立之日起 1 年内不得转让。《首次公开发行股票并上市管理办法》则规定,发起人自股份公司成立后,持续经营时间应当在 3 年以上,但经国务院批准的除外。

2.公司高管的交易限制

《公司法》规定"公司董事、监事、高级管理人员应当向公司申报所持有的本公司的股份及其变动情况,在任职期内每年转让的股份不得超过其所持有本公司股份总数的 25%;所持本公司股份自公司股票上市之日起一年内不得转让。上述人员离职后半年内,不得转让其所持有的本公司股份。公司章程可以对公司董事、监事、高级管理人员转让其所持有的本公司股份作出限制性规定。"《证券法》则规定,上市公司董事、监事、高级管理人员、持有上市公司股份 5%以上的股东,将其持有的该公司的股票在买入后 6 个月内卖出,或者在卖出后 6 个月内又买入,由此所得收益归该公司所有,公司董事会应当收回其所得收益。但是,证券公司因包销购入售后剩余股票而持有 5%以上股份的,卖出该股票不受 6 个月时间限制。

3. 证券服务机构和人员的交易限制

证券交易所、证券公司和证券登记结算机构的从业人员、证券监督管理机构的工作人员以及法律、行政法规禁止参与股票交易的其他人员,在任期或者法定限期内,不得直接或者以化名、借他人名义持有、买卖股票,也不得收受他人赠送的股票。任何人在成为上述人员时,其原已持有的股票,必须依法转让。

为股票发行出具审计报告、资产评估报告或者法律意见书等文件的证券服务机构和人员,在该股票承销期内和期满后6个月内,不得买卖该种股票;为上市公司出具审计报告、资产评估报告或者法律意见书等文件的证券服务机构和人员,自接受上市公司委托之日起至上述文件公开后5日内,不得买卖该种股票。

4. 投资者的交易限制

通过证券交易所的证券交易,投资者持有或者通过协议、其他安排与他人共同持有一个上市公司已发行的股份达到5%时,应当在该事实发生之日起3日内,向国务院证券监督管理机构、证券交易所作出书面报告,通知该上市公司,并予公告;在上述期限内,不得再行买卖该上市公司的股票。

投资者持有或者通过协议、其他安排与他人共同持有一个上市公司已发行的股份达到5%后,其所持该上市公司已发行的股份比例每增加或者减少5%,应当依照前款规定进行报告和公告。在报告期限内和作出报告、公告后两日内,不得再行买卖该上市公司的股票。

(二)禁止的证券交易行为

证券交易具有人数众多、数额较大、专业性强等特点,证券交易中的违法行为因而往往具有很强的隐蔽性和破坏性。各国证券法为了能够确保证券交易公平、有序地运行,维护证券市场的良好秩序,通常都会通过强化证券交易规则来防范各种非法证券交易行为。

根据我国《证券法》第5条和第3章第4节对禁止的证券交易行为的专门规定,我国证券法所禁止的证券交易行为主要包括内幕交易、操纵证券市场、欺诈客户和其他禁止的证券交易行为。

证券交易所、证券公司、证券登记结算机构、证券服务机构及其从业人员对证券交易中发现的禁止的交易行为,应当及时向证券监督管理机构报告。

1. 内幕交易

所谓内幕交易是指知悉证券交易内幕信息的人和非法获取内幕信息的人,利用内幕信息进行证券交易以获取利益的证券交易。证券交易内幕信息的知情人包括:(1)发行人的董事、监事、高级管理人员;(2)持有公司 5%以上股份的股东及其董事、监事、高级管理人员,公司的实际控制人及其董事、监事、高级管理人员;(3)发行人控股的公司及其董事、监事、高级管理人员;(4)由于所任公司职务可以获取公司有关内幕信息的人员;(5)证券监督管理机构工作人员以及由于法定职责对证券的发行、交易进行管理的其他人员;(6)保荐人、承销的证券公司、证券交易所、证券登记结算机构、证券服务机构的有关人员;(7)国务院证券监督管理机构规定的其他人。内幕信息是指证券交易活动中,涉及公司的经营、财务或者对该公司证券的市场价格有重大影响的尚未公开的信息,具体包括:(1)上市公司的经营方针和经营范围发生的重大变化、重大投资行为和重大的购置资产的决定等我国《证券法》第 67 条第 2 款所列的 12 项重大事件;(2)公司分配股利或者增资的计划;(3)公司股权结构的重大变化;(4)公司债务担保的重大变更;(5)公司营业用主要资产的抵押、出售或者报废一次超过该资产的 30%;(6)公司的董事、监事、高级管理人员的行为可能依法承担重大损害赔偿责任;(7)上市公司收购的有关方案;(8)国务院证券监督管理机构认定的对证券交易价格有显著影响的其他重要信息。

禁止证券交易内幕信息的知情人和非法获取内幕信息的人利用内幕信息从事证券交易活动。证券交易内幕信息的知情人和非法获取内幕信息的人,在内幕信息公开前,不得买卖该公司的证券,或者泄露该信息,或者建议他人买卖该证券。持有或者通过协议、其他安排与他人共同持有公司 5%以上股份的自然人、法人、其他组织收购上市公司的股份,本法另有规定的,适用其规定。

内幕交易行为给投资者造成损失的,行为人应当依法承担赔偿责任。

2. 操纵市场

所谓操纵市场是指单位和个人以获取非法利益为目的,利用资金优势、持股优势或信息优势或滥用职权影响证券市场价格或证券交易量,诱使证券投资者在他们故意制造的证券市场假象下买卖证券,扰乱证券市场秩序的行为。

我国《证券法》禁止任何人以下列手段操纵证券市场:(1)单独或者通过合谋,集中资金优势、持股优势或者利用信息优势联合或者连续买卖,操纵证券交易价格或者证券交易量;(2)与他人串通,以事先约定的时间、价格和方式相互进行证券交易,影响证券交易价格或者证券交易量;(3)在自己实际控制的账户之间进行证券交易,影响证券交易价格或者证券交易量;(4)以其他手段操纵证券市场。

操纵证券市场行为给投资者造成损失的,行为人应当依法承担赔偿责任。

3. 欺诈客户

所谓欺诈客户是指证券公司及其从业人员在证券交易过程中违反客户真实意思,严重损害客户利益的行为。

我国《证券法》禁止证券公司及其从业人员从事下列损害客户利益的欺诈行为:(1)违背客户的委托为其买卖证券;(2)不在规定时间内向客户提供交易的书面确认文件;(3)挪用客户所委托买卖的证券或者客户账户上的资金;(4)未经客户的委托,擅自为客户买卖证券,或者假借客户的名义买卖证券;(5)为牟取佣金收入,诱使客户进行不必要的证券买卖;(6)利用传播媒介或者通过其他方式提供、传播虚假或者误导投资者的信息;(7)其他违背客户真实意思表示,损害客户利益的行为。

欺诈客户行为给客户造成损失的,行为人应当依法承担赔偿责任。

4. 其他禁止的证券交易行为

根据我国证券法的规定,其他禁止的证券交易行为包括:(1)编造、传播虚假信息;(2)法人非法利用他人账户或出借自己账户的证券账户;(3)资金违规流入股市;(4)挪用公款买卖证券;(5)国企违反规定买卖上市交易的股票。

第五节 上市公司收购

导入案例

我国首例要约收购案

2003年4月9日,沪深股市出现了有史以来的首例要约收购案,南京钢铁联合公司向南钢股份的所有股东发布要约收购公告,对挂牌交易股份的要约收购价格为5.86元/股,对非挂牌交易股份的收购价格为3.81元/股。要约收购总金额约为8.5亿元,全部以现金方式支付。要约收购公告发出后至2003年7月,没任何股份进行应约,本次要约收购最终以无人应约结束。

问题:(1)当时二级市场南钢股份的价格近7元,请分析南京钢铁联合公司的收购价格的合理性和合法性?(2)为什么对流通股和非流通的收购价格会有差异?(3)如何理解有关专家关于中国证券史上的首例要约收购"实际上是收购人避免实质性履行全面要约收购义务的游戏"的观点?

一、上市公司收购

(一)上市公司收购的概念

所谓上市公司收购是指投资者通过证券交易所竞价购买或要约收购或协议收购的方式获得被收购公司一定数量的股份,以取得或巩固对被收购公司控制权的行为。投资者即收购人,可以是自然人、法人或其他经济组织;被收购公司常被称为目标公司。

(二)上市公司收购的特征

上市公司收购具有如下主要特征:

1. 目标公司特定为上市公司。非上市公司的收购不纳入《证券法》的调整范畴;

2. 收购标的特定为公司股权,而非公司资产;

3. 收购程序法定,非依法定程序的收购无效;

4. 收购目标明确,是要获得目标公司的控制权。

(三)上市公司收购的方式和种类

根据我国《证券法》的规定,投资者可以采取要约收购、协议收购及其他合法方式收购上市公司。

此外,根据目标公司经营者对收购要约的态度,公司收购可以分为敌意收购和友好收购;根据收购人收购股份的主观意愿,公司收购可以分为自愿收购和强制收购;根据收购目标公司的股份份额,公司收购可以分为部分收购和全部收购。

二、要约收购

(一)要约收购的概念

所谓要约收购是指收购人向目标公司的全体股东发出收购要约收购目标公司的股份以取得或巩固目标公司控制权的行为,包括全面要约收购和部分要约收购。它是上市公司收购的最基本方式之一,经常适用于目标公司股东比较分散的情形。

（二）要约收购的法定情形

通过证券交易所的证券交易，投资者持有或者通过协议、其他安排与他人共同持有一个上市公司已发行的股份达到30％时，继续进行收购的，应当依法向该上市公司所有股东发出收购上市公司全部或者部分股份的要约。

（三）要约收购的报告制度

依照前条规定发出收购要约，收购人必须事先向国务院证券监督管理机构报送上市公司收购报告书，并载明下列事项：(1)收购人的名称、住所；(2)收购人关于收购的决定；(3)被收购的上市公司名称；(4)收购目的；(5)收购股份的详细名称和预定收购的股份数额；(6)收购期限、收购价格；(7)收购所需资金额及资金保证；(8)报送上市公司收购报告书时持有被收购公司股份数占该公司已发行的股份总数的比例。

收购人还应当将上市公司收购报告书同时提交证券交易所。

（四）要约收购的基本规则

1. 收购约定。收购要约应当约定，被收购公司股东承诺出售的股份数额超过预定收购的股份数额的，收购人按比例进行收购。

2. 收购公告。收购人在依照前条规定报送上市公司收购报告书之日起15日后，公告其收购要约。在上述期限内，国务院证券监督管理机构发现上市公司收购报告书不符合法律、行政法规规定的，应当及时告知收购人，收购人不得公告其收购要约。

3. 收购期限。收购要约约定的收购期限不得少于30日，并不得超过60日。

4. 收购要约的效力。在收购要约确定的承诺期限内，收购人不得撤销其收购要约。收购人需要变更收购要约的，必须事先向国务院证券监督管理机构及证券交易所提出报告，经批准后予以公告。收购要约提出的各项收购条件，适用于被收购公司的所有股东。采取要约收购方式的，收购人在收购期限内，不得卖出被收购公司的股票，也不得采取要约规定以外的形式和超出要约的条件买入被收购公司的股票。

三、协议收购

（一）协议收购的概念

所谓协议收购就是指收购人直接与目标公司大股东直接达成股权转让协议，取得目标公司的股份以获得和巩固目标公司控制权的行为。

(二)协议收购的基本规则

1.采取协议收购方式的,收购人可以依照法律、行政法规的规定同被收购公司的股东以协议方式进行股份转让。以协议方式收购上市公司时,达成协议后,收购人必须在3日内将该收购协议向国务院证券监督管理机构及证券交易所作出书面报告,并予公告。在公告前不得履行收购协议。

2.采取协议收购方式的,协议双方可以临时委托证券登记结算机构保管协议转让的股票,并将资金存放于指定的银行。

3.采取协议收购方式的,获得目标公司的股份以30%为上限;收购人收购或者通过协议、其他安排与他人共同收购一个上市公司已发行的股份达到30%时,继续进行收购的,应当向该上市公司所有股东发出收购上市公司全部或者部分股份的要约。但是,经国务院证券监督管理机构免除发出要约的除外。

四、上市公司收购的法律后果

收购期限届满,被收购公司股权分布不符合上市条件的,该上市公司的股票应当由证券交易所依法终止上市交易;其余仍持有被收购公司股票的股东,有权向收购人以收购要约的同等条件出售其股票,收购人应当收购。

收购行为完成后,被收购公司不再具备股份有限公司条件的,应当依法变更企业形式。收购行为完成后,收购人与被收购公司合并,并将该公司解散的,被解散公司的原有股票由收购人依法更换。收购行为完成后,收购人应当在15日内将收购情况报告国务院证券监督管理机构和证券交易所,并予公告。

在上市公司收购中,收购人持有的被收购的上市公司的股票,在收购行为完成后的12个月内不得转让。

第六节 证券市场的法律责任

导入案例

中国首例证券民事纠纷案

1998年11月,红光实业因虚报利润骗取上市资格,受到了中国证监会的处罚。当时,已经走过8年春秋的中国证券市场,仍然缺乏中小投资者向作假上市公司索赔的法律依据。上海锦天城律师事务所的严义明律师,通过在报纸上刊登诉讼代理启示找到了一名当事人,踏上了中国证券市场民事审判赔偿的维权之路。从1998年至2001年,"红光案"三起三落始终未被受理。2002年1月15日,最高人民法院发布了《关于受理证券市场因虚假陈述引发的民事侵权纠纷案件有关问题的通知》,方始正式确认对该类案件人民法院应有条件予以立案受理。2002年11月25日,中国首例证券民事纠纷案——11位投资者诉红光虚假证券信息纠纷,在成都经法院调解结案,这是当时同类案件中唯一由法院审结的案例。11位股民获得总诉讼标的90%的赔偿,金额约22.5万元。之后,有关中级法院受理的证券民事赔偿案件达900多件,涉及12家上市公司。2003年1月9日,证券业界的《1·9规定》,即最高人民法院《关于审理证券市场因虚假陈述引发的民事赔偿案件的若干规定》出台,受害股民纷纷再次拿起法律武器把作假上市公司告上法庭,而各地方法院也为此类官司大开绿灯。

问题:(1)证券法律法规有哪些具体表现形式?(2)证券市场的法律责任主体和法律责任形式有哪些?

一、证券发行的法律责任

未经法定机关核准,擅自公开或者变相公开发行证券的,责令停止发行,退还所募资金并加算银行同期存款利息,处以非法所募资金金额1%以上5%以下的罚款;对擅自公开或者变相公开发行证券设立的公司,由依法履行监督管理职责的机构或者部门会同县级以上地方人民政府予以取缔。对直接负责的主管人员和其他直接责任人员给予警告,并处以3万元以上30万元以下的罚款。

发行人不符合发行条件,以欺骗手段骗取发行核准,尚未发行证券的,处以30万元以上60万元以下的罚款;已经发行证券的,处以非法所募资金金额1%以上5%以下的罚款。对直接负责的主管人员和其他直接责任人员处以3万元以上30万元以下的罚款。发行人的控股股东、实际控制人指使从事上述违法行为,依照上述规定处罚。

二、证券承销的法律责任

证券公司承销或者代理买卖未经核准擅自公开发行的证券的,责令停止承销或者代理买卖,没收违法所得,并处以违法所得1倍以上5倍以下的罚款;没有违法所得或者违法所得不足30万元的,处以30万元以上60万元以下的罚款。给投资者造成损失的,应当与发行人承担连带赔偿责任。对直接负责的主管人员和其他直接责任人员给予警告,撤销任职资格或者证券从业资格,并处以3万元以上30万元以下的罚款。

证券公司承销证券,有下列行为之一的,责令改正,给予警告,没收违法所得,可以并处30万元以上60万元以下的罚款;情节严重的,暂停或者撤销相关业务许可。给其他证券承销机构或者投资者造成损失的,依法承担赔偿责任。对直接负责的主管人员和其他直接责任人员给予警告,可以并处3万元以上30万元以下的罚款;情节严重的,撤销任职资格或者证券从业资格:(1)进行虚假的或者误导投资者的广告或者其他宣传推介活动;(2)以不正当竞争手段招揽承销业务;(3)其他违反证券承销业务规定的行为。

保荐人出具有虚假记载、误导性陈述或者重大遗漏的保荐书,或者不履行其他法定职责的,责令改正,给予警告,没收业务收入,并处以业务收入1倍以上5倍以下的罚款;情节严重的,暂停或者撤销相关业务许可。对直接负责的主管人员和其他直接责任人员给予警告,并处以3万元以上30万元以下的罚款;情节严重的,撤销任职资格或者证券从业资格。

三、证券交易的法律责任

证券交易内幕信息的知情人或者非法获取内幕信息的人,在涉及证券的发行、交易或者其他对证券的价格有重大影响的信息公开前,买卖该证券,或者泄露该信息,或者建议他人买卖该证券的,责令依法处理非法持有的证券,没收违法所得,并处以违法所得1倍以上5倍以下的罚款;没有违法所得或者违法所得不足3万元的,处以3万元以上60万元以下的罚款。单位从事内幕交易的,还应当对直接负责的主管人员和其他直接责任人员给予警告,并处以3万元以上30万元以下的罚款。证券监督管理机构工作人员进行内幕交易的,从重处罚。

违反证券法的规定,操纵证券市场的,责令依法处理非法持有的证券,没收违法所得,并处以违法所得1倍以上5倍以下的罚款;没有违法所得或者违法所得不足30万元的,处以30万元以上300万元以下的罚款。单位操纵证券市场的,还应当对直接负责的主管人员和其他直接责任人员给予警告,并处以10万元以上60万元以下的罚款。

编造、传播虚假信息，扰乱证券市场的，由证券监管机构责令其改正，处以3万元以上20万元以下的罚款；属于国家工作人员的，还应当依法给予行政处分。

违反证券法的规定，法人以他人名义设立账户或者利用他人账户买卖证券的，责令改正，没收违法所得，并处以违法所得1倍以上5倍以下的罚款；没有违法所得或者违法所得不足3万元的，处以3万元以上30万元以下的罚款。对直接负责的主管人员和其他直接责任人员给予警告，并处3万元以上10万元以下的罚款。证券公司为上述规定的违法行为提供自己或者他人的证券交易账户的，除上述的规定处罚外，还应当撤销直接负责的主管人员和其他直接责任人员的任职资格或者证券从业资格。

法律、行政法规规定禁止参与股票交易的人员，直接或者以化名、借他人名义持有、买卖股票的，责令依法处理非法持有的股票，没收违法所得，并处以买卖股票等值以下的罚款；属于国家工作人员的，还应当依法给予行政处分。

上市公司的董事、监事、高级管理人员、持有上市公司股份5%以上的股东，违反证券法的规定买卖本公司股票的，给予警告，可以并处3万元以上10万元以下的罚款。

违反法律规定，在限制转让期限内买卖证券的，责令改正，给予警告，并处以买卖证券等值以下的罚款。对直接负责的主管人员和其他直接责任人员给予警告，并处以3万元以上30万元以下的罚款。

四、其他法律责任

除了上述法律责任的规定之外，我国证券法还规定了证券机构的法律责任、公司收购的法律责任和监管机构的法律责任及其证券从业人员的法律责任等内容。

证券法既规定了上述主体所应承担法律责任的具体情形，同时也规定了他们所应承担的法律责任形式，包括警告、责令改正、撤销从业资格、撤销证券业服务许可、数额不等的罚款、赔偿损失及追究刑事责任等。

【本章小结】

证券市场是资本市场的典型代表，是各类市场主体进行各种直接融资活动的重要平台。市场经济的繁荣发展，需要一个完善发达的证券市场。证券法是证券市场各种主体的基本行为准则，它以证券关系为调整对象，系统规定了证券发行、证券上市、证券交易、上市公司收购、证券交易所、证券公司、证券登记结算机构、证券服务机构、证券业协会、证券监管机构及法律责任等主要内容，在保障证券市场的安全运行、经济资源的优化配置、产业结构的调整和社会资金的筹集以及促进国民经济发展等方面具有重大意义。通过本章的学习，要求学生了解证券和证券市场的分类及其作用，把握我国证券法关于证券发行、证券承销、证券上市、证券交易和证券监管及其法律责任等主要法律规定。

思考题：

1. 简述证券市场的信息披露制度。

2. 请以上市公司收购的典型事例说明公司收购机制的价值。

3. 2009年8月，A上市公司通过上海证券交易所购进B上市公司的股票，累计持有B上市公司已发行的股份5%时，仍然没有停止对B公司股票的买入。

请问：(1) A公司的行为是否违法？(2) 公司收购的主要方式有哪些？(3) 如果A公司通过上海证券交易所购进持有B公司已发行股份的30%时仍继续进行收购，A公司应采取何种收购方式继续进行收购？

4. 2003年4月，振华家电股份有限公司依法获准发行公司债券。该公司制定的《公司债券募集办法》称：本次发行的公司债券总额为人民币1.5亿元；期限1年；年利率3%；到期一次性还本付息；募集资金的用途为引进生产设备及进行生产线的技术改造。该批公司债券由以亚星证券公司为主承销商的承销团承销，承销协议中约定的承销方式为余额包销。在承销过程中，亚星证券公司通过新掌握的真实证据材料，发现振华家电股份有限公司关于本次债券发行的《公司债券募集办法》中披露的公司财务报表存在严重虚假记载，虚构2001年度和2002年度公司税后利润各4200万元人民币。

请问：(1) 本案中的证券承销可否由一家证券公司进行？(2) 亚星证券公司在发现《公司债券募集办法》中的虚假记载后，有权采取什么行动？(3) 假如本案中不存在《公司债券募集办法》有虚假记载的情况，振华家电股份有限公司的本次公司债券在日后有无上市交易的可能？

第八章 会计与审计法律制度

第一节 会计法律制度

导入案例

对于有瑕疵的原始凭证应当怎么办？

从高校会计专业毕业的杨光被一大型公司录用为出纳，工作认真负责。2008年4月，杨光在办理报销业务的过程中发现公司采购部门送来的3张购货发票中有两张有更改迹象，其中一张更改了数量，另一张更改了金额，但更改处均有发票出具单位的业务印章。

问题：根据《会计法》的规定，杨光对这笔报销业务应当如何处理？

一、会计法概述

(一)会计的含义与基本职能

1.会计的含义

以货币为主要计量单位，通过一系列专门的规则与手段，对经济活动进行真实、准确、全面、系统地记录、计算、分析、检查和监督，以提供财务和管理信息的活动。

2.会计的基本职能

会计的基本职能包含两个方面：进行会计核算，实行会计监督。因此，会计法的重点在会计核算和会计监督。

(二)会计法

会计法是调整会计关系的法律规范的总称。会计关系是指会计机构、会计人员在办理会计事务过程中以及国家在管理会计工作过程中发生的经济关系。我国《会计法》于1985年1月21日第六届全国人民代表大会常务委员会第九次会议通过,并于1993年、1999年进行两次修订。

(三)会计法的立法宗旨和适用范围

1. 立法宗旨

《会计法》第1条规定了会计法的立法宗旨:规范会计行为,保证会计资料真实、完整,加强经济管理和财务管理,提高经济效益,维护社会主义市场经济秩序。

2. 适用范围

国家机关、社会团体、公司、企业、事业单位和其他组织办理会计事务应适用《会计法》,个体工商户的会计管理不适用《会计法》。

(四)会计工作的领导体制

《会计法》第7条规定了会计工作的领导体制,即实行统一领导、分级管理的会计工作管理体系。

1. 国务院财政部主管全国的会计工作,国家统一的会计制度由财政部制定;

2. 县级以上地方各级政府财政部门管理本行政区域内的会计工作;

3. 单位负责人负责本单位的会计工作,并对本单位会计资料的真实性、完整性负责。

(五)会计制度的制定

1. 会计制度的含义

会计制度是政府管理部门制定的办理会计事务、进行会计工作所遵循的原则和规范的总称,是国家经济管理制度的重要组成部分。

2. 制定会计制度的权限

(1)国家统一的会计制度由国务院财政部门根据《会计法》制定并公布;

(2)国务院有关部门可以依照《会计法》和国家统一的会计制度制定对会计核算和会计监督有特殊要求的行业实施的会计制度的具体办法或者补充规定,报国务院财政部门审核批准;

(3)中国人民解放军总后勤部可以依照《会计法》和国家统一的会计制度制定军队实施的会计制度的具体办法,报国务院财政部门备案。

3. 国家统一会计制度的种类

根据《会计法》第50条的规定,国家统一的会计制度包括以下四个方面:

(1)会计核算制度。该制度主要是对会计核算的基本原则及会计科目和会计报表等内容所作的规定。例如财政部发布的《企业会计准则》、《工业企业会计制度》、《商品流通企业会计制度》等。

(2)会计监督制度。该制度主要规定有关会计监督方面的内容。

(3)会计机构和会计人员管理制度。该制度主要规定会计人员的资格、业务水平的认定等内容。例如《会计证管理办法》、《会计专业技术资格考试暂行规定》等。

(4)会计工作管理制度。该制度主要对会计工作管理方面的制度。例如《会计核算软件管理的几项规定》、《会计档案管理办法》(与国家档案局联合制订)等。

二、会计核算制度

会计核算的基本内涵是指以货币为主要量度,对各单位的生产经营活动或者预算执行的过程及结果进行连续地、系统地记录、计算、分析,定期编制会计报表,形成一系列会计指标,据以考核目标或计划的完成情况,为制定经营决策和宏观经济管理提供可靠的信息和资料的一项管理活动。会计核算的主要方法有:设置会计账户和会计账簿、复式记账、填制和审核会计凭证、登记会计账簿、成本计算、财产清查、编制会计报表、进行财务分析等。

(一)会计核算的内容

根据《会计法》第10条规定,下列经济业务事项,应当办理会计手续,进行会计核算:

1.款项和有价证券的收付

款项即货币资金,是以货币形态存在的财产,主要包括库存的现金、银行存款及其他货币资金等;有价证券包括国库券、股票、公司债券等。由于这两者的收付直接影响单位资金的增减变化,因此必须及时进行会计核算。

2.财物的收发、增减和使用

对单位拥有或控制的财产物资进行会计记录和核算,可以全面反映单位财物的收、发、结存和使用情况。

3.债权、债务的发生和结算

会计上的债权主要包括应收账款、应收票据、其他应收款、短期或长期投资等。债务包括短期借款、应付票据、应付账款、应付工资、应交税金等等。债权、债务是单位日常生产经营和业务活动中不可缺少的,是会计核算的一个重要的内容。

4.资本、基金的增减

资本、基金的增减会引起单位资金的变化,必须进行会计核算。

5. 收入、支出、费用、成本的计算

单位在生产经营和业务活动中取得的各项收入及发生的各项支出是密切联系的,产生收入,必然要发生一定的成本和费用,因此,也必须进行会计核算。

6. 财务成果的计算和处理

财务成果即单位在一定时期内的全部生产经营过程在财务上获得的成果,具体表现为赢利或亏损。对其进行会计核算会涉及各方面的经济利益,必须严格按照国家规定的会计核算制度进行。

7. 需要办理会计手续进行会计核算的其他事项

(二) 会计核算期及计账本位币

1. 会计年度

《会计法》第11条规定:会计年度自公历1月1日起至12月31日止。

以年度为单位进行核算,采用公历制主要是与我国财政计划年度相一致,便于国民经济的计划管理和财政管理。

2. 记账本位币

会计核算以人民币为记账本位币,业务收支以人民币以外的货币为主的单位,可以选定其中一种货币作为记账本位币,但是编报的财务会计报告应当折算为人民币,以便于财务会计报告的汇总、阅读和使用。

(三) 会计核算的基本要求

1. 会计核算真实性原则

《会计法》第9条规定:各单位必须根据实际发生的经济业务事项进行会计核算,填制会计凭证,登记会计账簿,编制财务会计报告。任何单位不得以虚假的经济业务事项或者资料进行会计核算。

2. 确保会计资料的真实、完整

会计凭证、会计账簿、财务会计报告和其他会计资料,必须符合国家统一会计制度的规定,用电子计算机生成的会计资料,也必须符合国家统一会计制度的规定。

(1) 对会计凭证的要求。

会计凭证包括原始凭证和记账凭证。对于应当办理会计核算的经济业务事项,必须填制或者取得原始凭证并及时送交会计机构。会计机构、会计人员必须按照国家统一的会计制度的规定对原始凭证进行审核,对不真实、不合法的原始凭证有权不予接受,并向单位负责人报告;对记载不准确、不完整的原始凭证予以退回,并要求按照国家统一的会计制度的规定更正、补充。原始凭证记载的各项内容均不得涂改;原始凭证有错误的,应当由出具单位重开或者更正,更正处应当加盖出具单位印章。原始凭证金额有错误的,应当由出具单位重开,不得在原始凭证上更正。记账凭证应当根据经过审核的原始凭证及有关资料编制。

(2)对会计账簿的要求。

各单位必须依法设置会计账簿,账簿的登记必须以经过审核的会计凭证为依据。各单位的记账工作必须按照国家统一的会计制度规定的记账规则进行。首先,会计账簿应当按照连续编号的页码顺序登记;其次,账簿记录发生错误应依照国家统一的会计制度规定的方法更正,并由会计人员和会计机构负责人(会计主管人员)在更正处盖章;第三,要定期进行账账核对、账实核对和账款核对工作,保证会计账簿记录与实物及款项的实有数额相符、会计账簿记录与会计凭证的有关内容相符、会计账簿之间相对应的记录相符、会计账簿记录与会计报表的有关内容相符。建立核对制度的目的在于及时发现记录过程中可能出现的错误,以保证会计资料的真实、可靠。

(3)对财务会计报告的要求。

财务会计报告由会计报表、会计报表附注和财务情况说明书组成,应根据经过审核的会计账簿记录和有关资料编制。最终生成的财务会计报告应由单位负责人、主管会计工作的负责人、会计机构负责人签名并盖章,设置总会计师的,还须由总会计师签名盖章。

通过编制财务会计报告,对日常核算的资料进行整理、分类、计算和汇总,才能完整地揭示和反映一个单位的经营和财务活动的总体情况。财务会计报告除了向本单位、本单位有关财务关系人提供外,还应当及时向政府有关管理部门如财政部门、税务部门等报送,以便政府有关部门层层汇总,并据此进行宏观经济指导。同时向不同的会计资料使用者提供的财务会计报告,其编制依据应当一致。

3.会计核算的程序

(1)根据原始凭证及有关资料编制记账凭证;

(2)根据记账凭证登记会计账簿;

(3)定期进行账账核对、账实核对、账款核对;

(4)根据核对无误的会计账簿,编制财务会计报告。

4.会计记录使用的文字

会计记录的文字应当使用中文。在民族自治地方,会计记录可以同时使用当地通用的一种民族文字。在中华人民共和国境内的外商投资企业、外国企业和其他外国组织的会计记录可以同时使用一种外国文字。

三、会计监督制度

会计监督是会计的两大基本职能之一,又称会计检查,是监督各单位执行国家法律法规和财务会计制度、提高经济效益的重要手段,是社会经济监督的重要组成部分。

(一)会计监督的分类

根据监督内容和监督的主体分为内部的会计监督(即单位内部的会计监督)和外部的会计监督(又包括会计工作的国家监督和社会监督)。

(二)单位内部的会计监督

1.各单位应当按照要求建立、健全单位内部的监督制度

根据《会计法》第27条的规定,单位内部会计督制度应当符合下列要求:

(1)记账人员与经济业务事项和会计事项的审批人员、经办人员、财物保管人员的职责权限应当明确,并相互分离、相互制约;

(2)重大对外投资、资产处置、资金调度和其他重要经济业务事项的决策和执行的相互监督、相互制约程序应当明确;

(3)财产清查的范围、期限和组织程序应当明确;

(4)对会计资料定期进行内部审计的办法和程序应当明确。

2.单位内部的会计监督的主体是单位负责人、会计机构、会计人员

一方面,单位负责人应当保证会计机构、会计人员依法履行职责,不得对其进行干涉、限制、打击报复,不得授意、指使、强令其违法办理会计事项。另一方面,会计机构、会计人员应依法履行自己的职责,对违反《会计法》和国家统一会计制度规定的会计事项,有权拒绝办理或者按照职权予以纠正。

3.会计机构、会计人员对于账实不符和账款不符的处置

会计机构、会计人员发现账簿记录与实物、款项及有关资料不相符的,有权自行处理的,应当及时处理;无权处理的,应当立即向单位负责人报告,请求查明原因,作出处理。

(二)会计工作的社会监督

1.任何单位和个人实施的社会监督

任何单位和个人对于违反《会计法》和国家统一会计制度规定的行为,均有权检举。收到检举的部门、负责处理的部门应当依法处理并应当为检举人保密。

2. 社会中介组织(会计师事务所)实施的社会监督

在社会主义市场经济条件下,由社会中介组织(会计师事务所)实施的社会监督是不可缺少的。会计师事务所是由注册会计师组成的社会中介组织,根据1994年1月1日施行的《注册会计师法》规定,注册会计师是依法取得注册会计师证书并接受委托从事审计和会计咨询、会计服务业务的执业人员,而会计师事务所是依法设立并承办注册会计师业务的机构。注册会计师、会计师事务所应当依法独立、公正地执行业务,同时法律法规规定须经过注册会计师审计的单位,应当如实提供会计资料及有关情况。任何单位、个人不得以任何方式要求或示意注册会计师及其所在的事务所出具不实或不当的审计报告。

(三)会计工作的国家监督

即由有关国家机关代表国家对会计工作行使监督检查的权利。

1. 明确行使监督权的国家机关及其监督的职责

财政、审计、税务、人民银行、证券监管、保险监管等部门依法对有关单位的会计资料实施监督检查并出具检查结论。

2. 避免重复查账

有关监督检查部门已经作出的检查结论能够满足其他监督检查部门履行本部门职责需要的,其他监督检查部门应当加以利用,避免重复查账。这主要是针对当前不少政府对企业重复查账,加重企业负担的问题而作出的明确规定,这样既可以减少执法成本,又能避免加重企业负担。

3. 监督检查部门负有保密的义务

有关国家机关对在检查中知悉的国家秘密和商业秘密负有保密的义务。

四、会计机构和会计人员管理制度

会计机构是各单位办理会计事务的职能部门,会计人员是从事会计工作的人员。建立健全的会计机构,配备与工作要求相适应的具有一定素质和数量的会计人员,是做好会计工作,充分发挥会计职能作用的重要保证。

(一)会计机构的设置和会计人员的配备

1. 各单位应根据会计业务的需要设置会计机构或在有关机构中设置会计人员并指定会计主管人员。不具备设置条件的,应当委托经批准设立的从事会计代理记账业务的中介机构代理记账。

2.总会计师的设置

总会计师是在单位主要领导人领导下,主管经济核算和财务会计工作的负责人,建立该制度是提高经济效益的要求。

(1)总会计师的设置范围。

国有的和国有资产占控股地位或者主导地位的大、中型企业必须设置总会计师。

(2)总会计师的任职资格。

总会计师必须具有会计师以上专业技术任职资格并在取得会计师任职资格后,主管一个单位或者单位内部一个重要方面的财务会计工作时间不少于3年。

4.会计机构内部的稽核制度

稽核是稽查和复核的简称。根据《会计法》第37条的规定,出纳人员不得兼任稽核、会计档案保管和收入、支出、费用、债权债务账目的登记工作。

(二)会计人员的从业资格

会计工作是一项专业性很强的工作,办理会计事务的会计人员必须熟练掌握会计工作的方法和相关规范才能胜任。因此,国家对会计人员的从业资格提出严格要求。

1.一般从业资格的要求

从事会计工作的人员,必须取得会计从业资格证书,即从事会计工作必须先取得"会计证"。我国的会计证制度从1991年起实行,1996年制订《会计证管理办法》,1997年1月1日施行。会计证是具备一定会计专业知识和技能的人员从事会计工作的资格证书,未取得会计证的人员,各单位不得任用其担任会计工作。会计证实行注册登记制度,取得会计证的人员被聘用从事会计工作,应向发证机关进行注册登记,同时也实行两年一次的年检制度,凡脱离会计工作岗位连续时间超过3年,所持会计证自行失效。

2.单位会计机构负责人及会计主管人员的任职资格

(1)必须取得会计从业资格证书。

(2)应当具备会计师以上专业技术职务资格或者从事会计工作3年以上经历。

五、违反会计法应承担的法律责任

根据承担法律责任主体的不同,《会计法》规定的法律责任主要涉及以下

两个方面的内容:

(一)会计单位、会计人员、主管人员和直接责任人员的法律责任

1.不依法进行会计管理、核算和监督的法律责任

《会计法》第42条规定,有下列行为之一的,由县级以上人民政府财政部门责令限期改正,可以对单位并处3000元以上5万元以下的罚款;对其直接负责的主管人员和其他直接责任人员,可以处2000元以上2万元以下的罚款;属于国家工作人员的,还应当由其所在单位或者有关单位依法给予行政处分:

(1)不依法设置会计账簿的;

(2)私设会计账簿的;

(3)未按照规定填制、取得原始凭证或者填制、取得的原始凭证不符合规定的;

(4)以未经审核的会计凭证为依据登记会计账簿或者登记会计账簿不符合规定的;

(5)随意变更会计处理方法的;

(6)向不同的会计资料使用者提供的财务会计报告编制依据不一致的;

(7)未按照规定使用会计记录文字或者记账本位币的;

(8)未按照规定保管会计资料,致使会计资料毁损、灭失的;

(9)未按照规定建立并实施单位内部会计监督制度或者拒绝依法实施的监督或者不如实提供有关会计资料及有关情况的;

(10)任用会计人员不符合本法规定的。

有上述所列行为之一,构成犯罪的,依法追究刑事责任。会计人员有上述所列行为之一,情节严重的,由县级以上人民政府财政部门吊销会计从业资格证书。其他法律对上述所列行为的处罚另有规定的,依照有关法律的规定办理。

2.伪造、变造、编制虚假会计资料或者隐匿、故意销毁会计资料的法律责任

《会计法》第43条规定:伪造、变造会计凭证、会计账簿,编制虚假财务会计报告,构成犯罪的,依法追究刑事责任。有前款行为,尚不构成犯罪的,由县级以上人民政府财政部门予以通报,可以对单位并处5000元以上10万元以下的罚款;对其直接负责的主管人员和其他直接责任人员,可以处3000元以上5万元以下的罚款;属于国家工作人员的,还应当由其所在单位或者有关单位依法给予撤职直至开除的行政处分;对其中的会计人员,并由县级以上人民

政府财政部门吊销会计从业资格证书。

第44条规定:隐匿或者故意销毁依法应当保存的会计凭证、会计账簿、财务会计报告,构成犯罪的,依法追究刑事责任。有前款行为,尚不构成犯罪的,由县级以上人民政府财政部门予以通报,可以对单位并处5000元以上10万元以下的罚款;对其直接负责的主管人员和其他直接责任人员,可以处3000元以上5万元以下的罚款;属于国家工作人员的,还应当由其所在单位或者有关单位依法给予撤职直至开除的行政处分;对其中的会计人员,并由县级以上人民政府财政部门吊销会计从业资格证书。

3.授意、指使、强令会计机构、会计人员及其他人员伪造、变造、编制虚假会计资料或者隐匿、故意销毁会计资料的法律责任

《会计法》第45条规定:授意、指使、强令会计机构、会计人员及其他人员伪造、变造会计凭证、会计账簿,编制虚假财务会计报告或者隐匿、故意销毁依法应当保存的会计凭证、会计账簿、财务会计报告,构成犯罪的,依法追究刑事责任;尚不构成犯罪的,可以处5000元以上5万元以下的罚款;属于国家工作人员的,还应当由其所在单位或者有关单位依法给予降级、撤职、开除的行政处分。

4.单位负责人对依法履行职责的会计人员实施打击报复行为的法律责任

《会计法》第46条规定:单位负责人对依法履行职责、抵制违反会计法规定行为的会计人员以降级、撤职、调离工作岗位、解聘或者开除等方式实行打击报复,构成犯罪的,依法追究刑事责任;尚不构成犯罪的,由其所在单位或者有关单位依法给予行政处分。对受打击报复的会计人员,应当恢复其名誉和原有职务、级别。

(二)财政部门及其他有关部门的工作人员的法律责任

1.财政部门及有关行政部门的工作人员在实施监督管理中滥用职权、玩忽职守、徇私舞弊或者泄露国家秘密、商业秘密,构成犯罪的,依法追究刑事责任;尚不构成犯罪的,依法给予行政处分;

2.收到检举的部门、负责处理的部门将检举人姓名和检举材料转给被检举单位和被检举人个人的,由所在单位或者有关单位依法给予行政处分。

第二节 审计法律制度

导入案例

国有银行进行股份制改造后是否仍然属于审计范围?

2006年底,某市审计局决定对本市的国有控股银行进行审计。在审计过程中,某银行拒绝提供有关资料,理由是虽然该银行原来属于国有独资银行,但现在已经进行了股份制改造,虽然国有资本仍占控股地位,但只占到该银行30%的股份,不到50%,因此不必审计。与此同时,该市市委也给审计局打来电话,称该银行对本市经济贡献很大,所以要求审计局给予照顾。

问题:(1)该银行是否应当纳入审计范围?(2)该市市委的做法是否违背《审计法》的规定?

一、审计法概述

(一)审计的含义

审计是指专职从事审计工作的机构和人员,根据国家的法律、法规,对被审计单位的财政、财务收支及其有关的经济活动的真实、合法和效益进行检查、评价的一种经济监督活动。我国的审计包括三种类型,即国家审计、内部审计和社会审计。国家审计是指国家审计机关和审计人员依法对被审计单位进行的审计。内部审计是单位内部的审计机构和审计人员对本单位及下属单位的财务收支及有关的经济活动,进行内部审查和评价的活动,主要是为本单位的内部监督管理服务的。社会审计是指依法成立的社会审计机构和审计人员接受委托人的委托,对被审计单位的财务收支及有关经济活动,进行审查和评价的服务活动。

根据《审计法》的规定,审计机关依照法律规定独立行使审计监督权,不受其他行政机关、社会团体和个人的干涉。审计机关和审计人员办理审计事项,应当客观公正,实事求是,廉洁奉公,保守秘密。

(二)审计法

审计法是调整审计关系的法律规范的总称。审计关系是指从事审计工作的专职机构和人员在审计过程中以及国家在管理审计工作过程中发生的经济关系,包括国家审计关系、内部审计关系和社会审计关系。《中华人民共和国审计法》于1998年8月31日第八届全国人民代表大会常务委员会第九次会议通过,并于2006年进行修订。

(三)审计法的立法宗旨和适用范围

1. 立法宗旨

《审计法》第1条规定了审计法的立法宗旨:加强国家的审计监督,维护国家财政经济秩序,提高财政资金使用效益,促进廉政建设,保障国民经济和社会健康发展。

2. 适用范围

《审计法》第2条第2款规定了审计法的适用范围:国务院各部门和地方各级人民政府及其各部门的财政收支,国有的金融机构和企业事业组织的财务收支,以及其他依照本法规定应当接受审计的财政收支、财务收支,依法应当接受审计监督。

(四)审计工作的领导体制

国务院设立审计署,在国务院总理领导下,主管全国的审计工作。审计长是审计署的行政首长。

地方各级审计机关负责本行政区域内的审计工作,向本级人民政府行政首长和上一级审计机关负责并报告工作,审计业务以上级审计机关领导为主。《审计法》第8条规定:地方省、自治区、直辖市、设区的市、自治州、县、自治县、不设区的市、市辖区的人民政府的审计机关,分别在省长、自治区主席、市长、州长、县长、区长和上一级审计机关的领导下,负责本行政区域内的审计工作。第9条规定:地方各级审计机关对本级人民政府和上一级审计机关负责并报告工作,审计业务以上级审计机关领导为主。

审计机关的派出机构在审计机关的授权下依法进行审计工作。

可见,我国的审计体制采取的是归属于政府的行政型模式。

二、审计机关的职责与权限

(一)审计机关的职责

根据《审计法》第三章的规定,审计机关具有如下职责:

1. 对本级各部门(含直属单位)和下级政府预算的执行情况和决算以及其他财政收支情况,进行审计监督。

2. 审计署对中央银行的财务收支,进行审计监督。

3. 对国有金融机构的资产、负债、损益,进行审计监督。

4. 对国家的事业组织和使用财政资金的其他事业组织的财务收支,进行审计监督。

5. 对国有企业的资产、负债、损益,进行审计监督。

6. 根据国务院规定对国有资本占控股地位或者主导地位的企业、金融机构进行审计监督。

7. 对政府投资和以政府投资为主的建设项目的预算执行情况和决算,进行审计监督。

8. 对政府部门管理的和其他单位受政府委托管理的社会保障基金、社会捐赠资金以及其他有关基金、资金的财务收支,进行审计监督。

9. 对国际组织和外国政府援助、贷款项目的财务收支,进行审计监督。

10. 对任期经济责任的审计监督。即按照国家有关规定,对国家机关和依法属于审计机关审计监督对象的其他单位的主要负责人,在任职期间对本地区、本部门或者本单位的财政收支、财务收支以及有关经济活动应负经济责任的履行情况,进行审计监督。其目的是加强对领导干部的监督,严格责任追究制度。

11. 对其他法律、行政法规规定应当由审计机关审计的事项进行审计监督。

12. 审计机关有权对与国家财政收支有关的特定事项,向有关地方、部门、单位进行专项审计调查,并向本级人民政府和上一级审计机关报告审计调查结果。

13. 审计机关根据被审计单位的财政、财务隶属关系或者国有资产监督管理关系,确定审计管辖范围。审计机关之间对审计管辖范围有争议的,由其共同的上级审计机关确定。

14. 依法属于审计机关审计监督对象的单位,应当按照国家有关规定建立健全内部审计制度;其内部审计工作应当接受审计机关的业务指导和监督。

15. 社会审计机构审计的单位依法属于审计机关审计监督对象的,审计机关按照国务院的规定,有权对该社会审计机构出具的相关审计报告进行核查。

(二)审计机关的权限

1. 审计机关有权要求被审计单位按照审计机关的规定提供预算或者财务

收支计划、预算执行情况、决算、财务会计报告,在金融机构开立账户的情况,社会审计机构出具的审计报告,以及其他与财政收支或者财务收支有关的资料,被审计单位不得拒绝、拖延、谎报。

2.审计机关进行审计时,有权检查被审计单位的财务会计资料以及其他与财政收支、财务收支有关的资料和资产,被审计单位不得拒绝。

3.审计机关进行审计时,有权就审计事项的有关问题向有关单位和个人进行调查,并取得有关证明材料。有关单位和个人应当支持、协助审计机关工作。

4.审计机关进行审计时,被审计单位不得转移、隐匿、篡改、毁弃会计凭证、会计账簿、财务会计报告以及其他与财政收支或者财务收支有关的资料,不得转移、隐匿所持有的违反国家规定取得的资产,否则审计机关有权予以制止。必要时,经县级以上人民政府审计机关负责人批准,有权封存有关资料和违反国家规定取得的资产;对其中在金融机构的有关存款需要予以冻结的,应当向人民法院提出申请。审计机关对被审计单位正在进行的违反国家规定的财政收支、财务收支行为,有权予以制止;制止无效的,经县级以上人民政府审计机关负责人批准,通知财政部门和有关主管部门暂停拨付与违反国家规定的财政收支、财务收支行为直接有关的款项,已经拨付的,暂停使用。审计机关采取前两款规定的措施不得影响被审计单位合法的业务活动和生产经营活动。

5.审计机关认为被审计单位所执行的上级主管部门有关财政收支、财务收支的规定与法律、行政法规相抵触的,应当建议有关主管部门纠正;有关主管部门不予纠正的,审计机关应当提请有权处理的机关依法处理。

6.审计机关可以向政府有关部门通报或者向社会公布审计结果。

7.审计机关履行审计监督职责,可以提请其他有关国家机关予以协助。

三、审计的程序

根据《审计法》第五章的规定,审计机关进行审计工作时一般分为如下步骤:

(一)组成审计组织,向被审计单位送达审计通知书

《审计法》第38条第1款规定:审计机关根据审计项目计划确定的审计事项组成审计组,并应当在实施审计3日前,向被审计单位送达审计通知书;遇有特殊情况,经本级人民政府批准,审计机关可以直接持审计通知书实施

审计。

(二)派出审计组对审计事项进行审计

审计人员向有关单位和个人进行调查时,应当出示审计人员的工作证件和审计通知书副本。审计人员通过审查会计凭证、会计账簿、财务会计报告,查阅与审计事项有关的文件、资料,检查现金、实物、有价证券,向有关单位和个人调查等方式进行审计,并取得证明材料。

(三)审计组向审计机关提出审计报告

《审计法》第40条规定:审计组对审计事项实施审计后,应当向审计机关提出审计组的审计报告。审计组的审计报告报送审计机关前,应当征求被审计对象的意见。被审计对象应当自接到审计组的审计报告之日起10日内,将其书面意见送交审计组。审计组应当将被审计对象的书面意见一并报送审计机关。

(四)审计机关提出审计报告,作出审计决定

《审计法》第41条第1款规定:审计机关按照审计署规定的程序对审计组的审计报告进行审议,并对被审计对象对审计组的审计报告提出的意见一并研究后,提出审计机关的审计报告;对违反国家规定的财政收支、财务收支行为,依法应当给予处理、处罚的,在法定职权范围内作出审计决定或者向有关主管机关提出处理、处罚的意见。

(五)审计报告和审计决定的送达

审计机关将其出具的审计报告和作出的审计决定送达被审计单位和有关主管单位。审计决定自送达之日起生效。

此外,《审计法》还规定当上级审计机关认为下级审计机关作出的审计决定违反国家有关规定的,可以责成下级审计机关予以变更或者撤销,必要时也可以直接作出变更或者撤销的决定。

四、违反审计法应承担的法律责任

根据承担法律责任主体的不同,违反审计法应承担的法律责任主要包括被审计单位和审计人员应承担的法律责任两个方面。

(一)被审计单位应承担的法律责任

1.被审计单位违反审计法规定,拒绝或者拖延提供与审计事项有关的资料的,或者提供的资料不真实、不完整的,或者拒绝、阻碍检查的,由审计机关责令改正,可以通报批评,给予警告;拒不改正的,依法追究责任。

2. 被审计单位违反审计法规定,转移、隐匿、篡改、毁弃会计凭证、会计账簿、财务会计报告以及其他与财政收支、财务收支有关的资料,或者转移、隐匿所持有的违反国家规定取得的资产,审计机关认为对直接负责的主管人员和其他直接责任人员依法应当给予处分的,应当提出给予处分的建议,被审计单位或者其上级机关、监察机关应当依法及时作出决定,并将结果书面通知审计机关;构成犯罪的,依法追究刑事责任。

3. 对本级各部门(含直属单位)和下级政府违反预算的行为或者其他违反国家规定的财政收支行为,审计机关、人民政府或者有关主管部门在法定职权范围内,依照法律、行政法规的规定,区别情况采取不同的处理措施。

4. 对被审计单位违反国家规定的财务收支行为,审计机关、人民政府或者有关主管部门在法定职权范围内,依照法律、行政法规的规定,区别情况采取不同的处理措施,并可以依法给予处罚。

5. 审计机关依法责令被审计单位上缴应当上缴的款项,被审计单位拒不执行的,审计机关应当通报有关主管部门,有关主管部门应当依照有关法律、行政法规的规定予以扣缴或者采取其他处理措施,并将结果书面通知审计机关。

6. 被审计单位的财政收支、财务收支违反国家规定,审计机关认为对直接负责的主管人员和其他直接责任人员依法应当给予处分的,应当提出给予处分的建议,被审计单位或者其上级机关、监察机关应当依法及时作出决定,并将结果书面通知审计机关。

7. 被审计单位的财政收支、财务收支违反法律、行政法规的规定,构成犯罪的,依法追究刑事责任。

8. 报复陷害审计人员的,依法给予处分;构成犯罪的,依法追究刑事责任。

(二)审计人员应当承担的法律责任

审计人员滥用职权、徇私舞弊、玩忽职守或者泄露所知悉的国家秘密、商业秘密的,依法给予处分;构成犯罪的,依法追究刑事责任。

【本章小结】

会计法和审计法都属于经济监督法的范畴。本章第一节首先简要介绍了会计和会计法的含义、会计法的立法宗旨和适用范围、会计工作的领导体制等内容,然后阐述了会计制度的几个基本组成部分,即会计核算制度、会计监督制度、会计机构和会计人员管理制度,最后是有关违反会计法规定应当承担的法律责任。第二节从审计法概述、审计机关的职责和权限、审计的程序、违反审计法应承担的法律责任等方面阐述了我国审计制度的基本法律规定。

思考题：

1. 财务会计报告由那些财务会计报表组成？
2. 为确保会计资料的真实、完整，《会计法》对于原始凭证有何要求？
3. 根据《会计法》的规定，应当如何建立健全的单位内部会计监督机制？
4. 简述审计的程序。
5. 某市审计局决定对该市一家国有企业进行审计，依法成立审计组，并由该局某科长任组长。该审计组依法对企业的会计资料进行检查，但在对该单位管理财务收支的电子数据系统进行检查时遭到阻拦，而且发现该企业正在销毁其中的某些数据，并转移有关财产。为了避免国家财产的损失，该审计组组长当机立断，对涉嫌的财产进行封存，并通知有关金融机构对该企业的存款进行冻结。

请问：根据审计法的规定，本案中被审计单位和审计机构审计人员的做法存在哪些问题？

第九章 反不正当竞争法律制度

第一节 反不正当竞争法律制度概述

导入案例

山寨现象

从 2008 年开始,从山寨机到山寨春晚,从山寨明星到山寨网站,山寨一词风靡中国。"早上,我被山寨手机的铃声叫醒,洗完脸抹上迪澳乳液,泡上一碗康帅傅红烧牛肉面,再喝袋豪牛牌酸奶,然后穿上一身阿迪瓦斯运动装,快乐地出门上班。"这是一位山寨族在网上晒出的自己的山寨版生活。就如网络上炒得沸沸扬扬的山寨春晚,口号是"向央视春晚叫板,给全国人民拜年",标记是 CCSTV(CHINA COUNTYSIDE TV 中国山寨电视)。乍一看,与 CCTV 很类似。

问题:从法律角度,如何看待"山寨现象"?

一、反不正当竞争法的产生与发展

市场竞争是商品经济的产物。竞争具有双重功能:正当的、符合商业道德的竞争可以推动市场经济的发展,使得资源得到了合理的配置和有效的利用,促进社会财富的增长;而不正当的竞争会阻碍甚至破坏市场经济的发展。因此,必须建立一套健全良好的规则来约束引导人们的经济行为,使竞争变得健康有序,保证市场机制优点的充分发挥。在这些规则中,法律扮演了极为重要的角色。

世界上第一部反不正当竞争法是 1896 年德国制定的《反不正当竞争法》。从那以后,各国相继制定调整竞争方面的法律,如 1913 年希腊的《反不正当竞争法》,1923 年奥地利的《联邦反不正当竞争法》,1934 年日本的《不正当竞争防止法》等。反不正当竞争法从其产生到现在,已经经历了100多年的时间,也经历了由简单到完善、由幼稚到成熟的发展过程,并且应用到国际领域中。特别是近现代跨国公司跨国集团的建立,使国际贸易中的垄断行为和限制竞争的行为成为普遍现象。因此,各国逐渐加强合作,以限制和解决国际贸易领域中的不正当竞争行为,促进国际贸易的发展,同时也促使现代反不正当竞争法日趋国际化。

从我国来看,随着市场经济的发展,各经济主体的利益本位化日益明显,存在着大量的不正当竞争行为:假冒伪劣、侵犯他人商业秘密、串通招投标、商业贿赂、低价倾销、商业诋毁等等时有发生。各经济主体可以自由广泛地争取利益并不意味着可以不择手段、为所欲为。我国经济体制改革的目标是建立健全的社会主义市场经济体制,为适应市场经济的需要,推动其发展,我们就必须保护和鼓励公平竞争,制止和限制不正当不公平的竞争,并向国际规范靠拢。我国的《反不正当竞争法》于1993年9月2日第八届全国人民代表大会常务委员会第三次会议通过,自1993年12月1日起施行。该法的制定和实施对我国市场经济体制的健全与完善,维护社会主义市场经济的正常运行产生了深远的影响。

二、不正当竞争行为的概念

《反不正当竞争法》第2条规定:所谓不正当竞争行为,是指经营者违反法律规定损害其他经营者的合法权益,扰乱经济秩序的行为。

三、反不正当竞争法的立法宗旨及其立法特点

(一)立法宗旨

《反不正当竞争法》第1条开宗明义地规定了该法的立法宗旨,即为保障社会主义市场经济健康发展,鼓励和保护公平竞争,制止不正当竞争行为,保护经营者和消费者的合法权益。

(二)立法特点

我国的反不正当竞争法采用综合调整的立法模式,列举了11种不正当竞争行为和限制竞争的行为(其中7种是不正当竞争行为,4种是限制竞争行为)。这种列举式的规定简单、明了,为一般的公民个人提供了一个标准来判定正当公平竞争与不正当竞争的法律界限,同时也为执法部门明确了执法尺

度,为认定和查处不正当竞争行为提供了法律依据。但这种立法特点也有不足之处,就是现代经济生活复杂多样化,会不断出现新的不正当竞争行为,这些于立法之后出现的不正当竞争行为就无法被纳入其中,为查处带来一定困难。

四、反不正当竞争法与反垄断法的关系

反不正当竞争法与反垄断法同属于调整市场竞争关系的法律,他们之间有着密切的联系,但追求的价值理念不同。反不正当竞争法追求的价值理念是维护公平的市场竞争秩序,强调竞争的方式和手段;而反垄断法则在于维护自由竞争,预防和制止垄断以及限制竞争的局面出现,强调的是自由竞争的前提。有竞争市场才有活力,而垄断在某种程度上排除了竞争。相应的,他们在立法宗旨和调整范围等方面存在差异。

(一)在立法宗旨上的不同

反不正当竞争法是为保障社会主义市场经济健康发展,鼓励和保护公平竞争,制止不正当竞争行为,保护经营者和消费者的合法权益;而反垄断法则是为了预防和制止垄断行为,保护市场公平竞争,提高经济运行效率,维护消费者利益和社会公共利益,促进社会主义市场经济健康发展。

(二)调整角度不同

反不正当竞争法调整的对象是所有参与市场竞争的经营者之间的关系,维护公平竞争秩序;而只有经济实力强、市场份额大的经营者才可能出现垄断行为和限制竞争的行为,因此反垄断法调整的对象则是具有市场支配地位的经营者之间以及与其他经营者之间的关系。从这个角度而言,反不正当竞争法更注重对大型企业的保护,而反垄断法则注重对中小企业的保护。

第二节 不正当竞争行为的表现形式

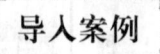
导入案例

一起串通投标案

2002年,来自全国各地的7家建筑公司,在参加温州市三个市政工

程项目投标中,经过事先预谋串通让其中的一家公司中标,然后从中标的公司分取所谓的"合理利润"。案发后,经过公安机关的侦察,三大工程投资总额达2.96亿元,参加投标的6家公司先后从中标单位分取的好处费达1216万元,涉嫌串通投标罪。这是当时全国中标金额最大的、分取好处费最多的一起串通投标案。

问题:串通投标行为属于哪一种不正当竞争行为?应当承担怎样的法律责任?

一、假冒或仿冒行为(或称之为欺骗性交易行为)

《反不正当竞争法》第5条规定了假冒或仿冒行为的四种表现形式:(1)假冒他人的注册商标;(2)擅自使用知名商品特有的名称、包装、装潢,或者使用与知名商品近似的名称、包装、装潢,造成和他人的知名商品相混淆,使购买者误认为是该知名商品;(3)擅自使用他人的企业名称或者姓名,引人误认为是他人的商品;(4)在商品上伪造或者冒用认证标志、名优标志等质量标志,伪造产地,对商品质量作引人误解的虚假表示。

经营者采用这类手段参与市场竞争,实施的是一种欺诈行为,借他人的经济优势,将他人通过诚实劳动和正常合法经营获得的劳动成果占为己有,牟取非法利益,损害竞争对手的利益,扰乱正常的经济秩序,也对消费者的利益造成损害。本章导入案例中的"山寨现象",如果从法律角度去审视,可以说山寨产品是假冒产品穿上一套漂亮的外衣,不仅侵犯他人产品的商标、名称、外观设计等知识产权,而且也违反了"经营者不得使用与知名商品近似的名称、包装、装潢,造成与知名商品相混淆,使购买者误认为是该知名商品"的规定,是一种假冒或者仿冒的不正当竞争行为。

二、商业贿赂行为

(一)商业贿赂的含义

商业贿赂是指在商业活动中,经营者为销售或者购买商品,提供或者接受服务而采用给予对方单位或者个人财物或者其他利益的行为。

在现实生活中,商业贿赂的形式多种多样,例如提供金钱、免费度假旅游、高档宴席、色情服务、赠送昂贵物品、房屋装修、解决子女亲属入学就业等。应该说,商业贿赂从根本上背离了市场经济公平竞争的要求,破坏了正常的市场交易秩序,阻碍了市场机制的有效运行,成为滋生腐败行为和经济犯罪的温床。

从 2006 年开始,治理商业贿赂成为我国反腐败工作的重点。2008 年 11 月,最高人民法院、最高人民检察院联合发布《关于办理商业贿赂刑事案件适用法律若干问题的意见》(以下简称《意见》),针对商业贿赂刑事案件中面临的新情况、新问题进一步明确了法律适用依据。

(二)商业贿赂行为的性质

《反不正当竞争法》第 8 条规定:经营者不得采用财物或者其他手段进行贿赂以销售或者购买商品。在账外暗中给予对方单位或者个人回扣的,以行贿论处;对方单位或者个人在账外暗中收受回扣的,以受贿论处。

(三)商业贿赂行为的界定

在识别商业贿赂行为时,应当注意区分四个概念:回扣、折扣、让利、佣金。在现实生活中,因为它们的表现形式有一定的相似性,常常混为一谈。应当从它们的不同本质特征上进行区分。

折扣亦称让利,是在商品购销活动中经营者在所成交的价款上给对方一定比例的减让而返还给对方一种交易上的优惠。一般只发生在交易的双方当事人之间,不支付给当事人一方的经办人或代理人。

佣金是具有独立地位的中间人为他人提供服务、介绍或撮合交易、代买、代卖商品而得到的报酬。

回扣是经营者一方从交易所得的价款中提取一定款项或其他物品等在账外暗中给对方单位或个人的不正当竞争行为。

总之,回扣的行为通常表现为账外暗中收受或给予,是商业贿赂行为,属于不正当竞争行为;而折扣(让利)、佣金的行为通常表现为公开如实入账,是一种正常交易行为。

三、虚假宣传行为

(一)经营者不得利用广告或者其他方法进行虚假宣传行为

在竞争激烈的市场经济环境中,商品的生产者和服务的提供者往往借助于广告或者其他方法推销自己生产的商品或者提供的服务,以实现生产经营的目的。其中广告作为一种非常有效的促销形式,成为企业参与市场竞争的重要手段,也是连接经营者与消费者的桥梁。正因为如此,《广告法》在规定广告应遵循的基本原则中把广告真实性原则放在第一位。广告的真实性是指广告的内容应当是真实地、客观地传播有关商品或者服务的各种信息,不能虚夸、伪造。这主要是因为广告具有很大的导向性,是对消费者推荐商品或者服务,如果广告的内容不真实,消费者难免上当受骗,对其他经营者来说也是一种不正当竞争行为。

《反不正当竞争法》第9条规定:经营者不得利用广告或者其他方法,对商品的质量、制作成分、性能、用途、生产者、有效期限、产地等作引人误解的虚假宣传。广告的经营者不得在明知或者应知的情况下,代理、设计、制作、发布虚假广告。

应当注意的是这里的虚假宣传的行为包含两种情形:不真实的虚假宣传行为以及引人误解的虚假宣传行为。其中第一种虚假宣传行为因为违背真实性原则属于不正当竞争行为,在认定上没有歧义;而第二种引人误解的虚假宣传行为则比较隐蔽,从表面上看并没有违背真实性原则,但因为存在引人误解的虚假宣传后果,也属于不正当竞争行为。例如某商场在报纸上做大幅促销广告"某种型号电视,买一送一",吸引众多消费者前去购买。而实际情形是买一台电视,送一条毛巾。某旅行社做"某地3日游,包吃、行,200元/人"的广告,游客认为3天才200元,便宜。而实际情况是10月3日那天出发游玩,当天晚上就回来。这都是典型的引人误解的虚假宣传。

(二)广告的经营者不得在明知或者应知的情况下,代理、设计、制作、发布虚假广告

这里的广告经营者实际上包括广告的经营者(即广告公司等)和广告的发布者(电视台等媒介)。《广告法》规定广告经营者、广告发布者在承揽广告业务时应当尽到审查义务,审查广告主的合法经营资格,审查所承揽广告业务的真实合法。如果没有尽到审查义务而代理、设计、制作、发布虚假广告,则应当对虚假宣传所产生的法律后果依法承担连带责任。

四、侵犯商业秘密的行为

(一)商业秘密的含义及其特征

1.含义

商业秘密是指不为公众所知悉,能为权利人带来经济利益,具有实用性并经权利人采取保密措施的技术信息和经营信息。

2.特征

(1)不为公众所知悉,处于保密状态。

(2)能给权利人带来经济利益。即权利人可以通过自己使用或者许可他

人使用而收取使用费的方式给自己带来经济利益。

(3)具有实用性。一般而言,商业秘密具有产业上的价值,可以在工业上制造或使用,并且能够产生积极的效果。

(4)权利人采取保密措施进行保护。即权利人确实精心地采取了有效的保密措施,而不是自己泄密或者放任泄密。与同样具有实用性特点的专利相比,商业秘密是权利人通过秘密保护的方式使自己掌握技术成果,并且只要保密措施做得好,就可以长期独占技术成果。而专利则是在公开的基础上给予专利权人独占性权利,不允许他人未经许可制造或者使用。但专利权人独占性权利有时效限制:发明是20年,实用新型和外观设计是10年时间。期限届满,发明创造就成为公共财富。

(5)表现方式多种多样。在现实生活中,商业秘密可以表现为产品配方、制作工艺、产销策略、客户名单、供货渠道等多种方式。

目前世界上最值钱的商业秘密是可口可乐的原液配方。世界各地可口可乐的罐装厂都是由可口可乐公司提供制造原液。在一瓶可口可乐中,神秘原液的含量仅为0.31%,其他的99.69%是就地取材的水、糖、碳酸和香料等。据说此配方掌握在两个人手中,这两人出门从来不坐一辆汽车,不乘一架飞机。实际上许多世界知名的企业都把商业秘密的保护放在高于一切的地位。有一个流传甚广的故事:1964年,法国的戴高乐总统因外事活动途经法国的克莱蒙菲市,兴致勃勃提出参观世界知名的轮胎制造企业米西林公司。不料这家公司拒绝了总统的要求,理由是总统的随行人员中可能混入商业间谍。借助名人为企业扬名,是许多企业求之不得的事,但米西林公司却甘愿放弃一次接待最高领导人的机会,而把保守自己的商业秘密放在高于一切的地位。这也是该公司一直长盛不衰、独步于世界市场的原因。

(二)经营者不得侵犯他人商业秘密

侵犯商业秘密的行为是指利用非法手段获取、使用、披露其他经营者商业秘密的行为。商业秘密是权利人取得竞争优势的基础,一旦被窃取,就有可能使其丧失竞争优势,遭受经济损失。因此,《反不正当竞争法》把侵犯他人商业秘密的行为界定为不正当竞争行为。

《反不正当竞争法》第10条规定经营者不得采用下列手段侵犯商业秘密:

(1)以盗窃、利诱、胁迫或者其他不正当手段获取权利人的商业秘密;

(2)披露、使用或者允许他人使用以前项手段获取的权利人的商业秘密;

(3)违反约定或者违反权利人有关保守商业秘密的要求,披露、使用或者允许他人使用其所掌握的商业秘密。

第三人明知或者应知前款所列违法行为,获取、使用或者披露他人的商业秘密,视为侵犯商业秘密。

(三)商业秘密保护与雇员就业权和自主择业的平衡

由于拥有商业秘密可以在激烈的市场竞争中处于优势地位,市场主体越来越重视对商业秘密的保护,采取各种措施防止商业秘密的泄露,尤其是对掌握商业秘密的技术人员采取各种约束措施,例如在劳动合同中订立保密条款,甚至要求劳动者在离职后不得到竞争对手的企业中任职。这可能就会涉及干涉雇员的就业权和自主择业权。在劳动关系中,劳动者取得工资而支付的对价——劳动,应当包含一般知识、经验和技能以及商业秘密三个部分。通常,一般知识是指一个劳动者在就业前所获得的必需的生产和生活常识;经验和技能是指劳动者从事本行业所应当掌握的本行业共有的普通技术、积累的非诀窍类的一般经验;而商业秘密是用人单位采取了保密措施的、能带来巨大经济效益的特殊信息。目前,世界各国的商业秘密保护的立法和判例均认为,一般知识和经验、技能属于劳动者的人格财产,不应当纳入商业秘密的范围,因此不应当通过约定予以限制,否则就侵犯了劳动者的就业权利和择业自由。但对于商业秘密的保护则可以通过事先约定加以限制。目前我国对于商业秘密的保护,用人单位大多通过在劳动合同中约定高额的违约金条款或竞业禁止条款来约束劳动者。前者如四川潭氏官府菜与餐饮总监吴林约定500万元高额违约金,吴林离职后到其他餐饮企业任职,法院判决吴林赔偿250万。后者是在劳动合同中约定雇员在任职期间以及离职后一段时间内保守雇主的商业秘密,不得接受竞争对手的聘用。例如,2008年腾讯要求彩虹卸载事件。2006年5月,51.com与美国红衫资本中国基金、海纳亚洲创投完成首轮600万美元的投资协议,公司进入扩张期。从2006年下半年开始,开始以高于腾讯两三倍的工资从腾讯挖人。2007年11月,腾讯QQ将离职的15名员工以违反竞业禁止为由起诉到法院,要求这些员工两年内不得踏足互联网。其中挖角门事件的主要当事方51.com就有13人属于被起诉之列。但是违反竞业禁止义务取证难度较大,即使是轰动全球的微软起诉李开复跳槽谷歌案,最后也是以庭外和解的方式不了了之。当然,本着公平原则,对于竞业禁止的规定,用人单位有给予补偿的义务。

五、低价倾销行为

(一)低价倾销行为的含义

低价倾销是指经营者以排挤竞争对手为目的,以低于成本的价格销售商品的行为。

按照经济学理论,商品的成本价格＝商品的生产成本＋合理的销售费用和管理费用。低价倾销行为不仅损害其他经营者的合法利益,而且会扰乱正常的经济秩序。

(二)低价倾销商品行为的构成条件

低价倾销在主观方面具有排挤竞争对手的为目的,在客观方面实施了低于成本价格销售商品的行为。

(三)不属于低价倾销行为的情形

《反不正当竞争法》第11条规定:有下列情形之一的,不属于不正当竞争行为:(1)销售鲜活商品;(2)处理有效期限即将到期的商品或者其他积压的商品;(3)季节性降价;(4)因清偿债务、转产、歇业降价销售商品。

上述4种情形,虽然在客观方面符合条件,即实施了低于成本的价格销售商品的行为,但主观方面均没有排挤竞争对手的目的,因此不构成低价倾销行为。

低价倾销行为在国际贸易领域中被称为倾销。改革开放20年来,我国对外贸易持续增长,居世界前列,但在全球范围内的反倾销等贸易保护措施越来越多,平均每7起反倾销诉讼案件就有一起涉及我国的产品。这主要和我国出口产品雷同并主要是集中于劳动密集型产品有关,由于竞争过于激烈,大家竞相压价,搞低价倾销,也给外方落下口实,对我国出口到当地的产品征收高额的反倾销税。2005年,当时的商务部部长薄熙来在针对欧盟决定对中国进口的9类纺织品进行反倾销调查时说:中国出口约8亿件衬衫才能抵一架空客380。可见由于竞相压价,我国出口产品利润之薄。

六、不正当的有奖销售行为

(一)有奖销售的含义

有奖销售指经营者以提供奖品或奖金为手段的推销行为,是市场经济条件下经营者常用的一种刺激购买力的促销手段。有奖销售通常有两种:附赠式的和抽奖式的有奖销售。

应当说,符合商业道德的有奖销售可以起到活跃市场、促进公平竞争的经济作用,违背公认的商业道德、采取不正当竞争手段的有奖销售不仅损害其他经营者的合法权益和消费者的利益,也会扰乱社会经济秩序。

(二)不正当有奖销售行为的表现形式

(1)采取谎称有奖或者故意让内定人员中奖的欺骗方式进行有奖销售。

(2)利用有奖销售推销质次价高的商品。

(3)抽奖式的有奖销售,最高奖的金额超过5000元。

其中第(1)类和第(2)类有奖销售行为属于欺诈行为,违背公认的商业道德;而第(3)类则是对抽奖式的有奖销售的最高奖的金额作出限制,主要是因为巨奖销售会引发消费者的暴利心理,传递错误的市场信息,妨碍市场机制的正常发挥,破坏正常的市场竞争秩序,因此《反不正当竞争法》也将最高奖金额超过5000元的抽奖式有奖销售界定为不正当竞争行为加以禁止。

七、商业诋毁行为

(一)商业诋毁行为的含义

商业诋毁指经营者故意捏造、散布虚假事实,损害竞争对手的商业信誉、商品信誉,为自己取得竞争优势的行为。

(二)商业诋毁行为的构成要件

1. 商业诋毁行为是针对竞争对手进行的。

2. 内容表现为散布竞争对手商品或服务的虚假信息,诋毁其商业信誉或商品信誉,使对方蒙受损失的行为。

例如散布竞争对手的生产、经营产品的质量、工艺、技术、价格或服务的质量等方面的虚假信息,公然诋毁其商业信誉,贬低其人格,以削弱其竞争力,使其经济上遭受损失的行为。如果仅仅是采取对比的方式对产品或服务的情况进行客观描述,则不构成商业诋毁。

3. 广告主主观上是故意的,必须是故意捏造、散布虚假的事实。

4. 侵犯的客体是竞争对手的商业信誉和产品或服务的声誉。

良好的商业信誉或者商品信誉可以使权利人在市场竞争中处于优势地位,这种以损害竞争对手合法权益的市场竞争行为破坏市场竞争秩序,违背商业道德,是一种不正当竞争行为。

八、违背购买者的意愿搭售商品或者附加其他不合理条件的行为

即经营者利用其经济优势,违背购买者意愿,在销售一种商品或提供一种服务时,要求购买者以购买另一种商品或接受另一种服务为条件,或者就商品或服务的价格、销售对象、销售地区等进行不合理的限制。

这种行为实际上属于限制竞争的行为,这里的经营者一般是在市场竞争中处于优势地位的经营者,由于其所提供的商品或服务是比较紧俏的,所以才

能够违背购买者的意愿搭售商品或附加不合理条件,而且搭售的商品通常是比较滞销的商品。同时这种不正当竞争行为构成的必备前提条件是违背购买者的意愿而搭售商品或者附加其他不合理条件。倘若没有违背购买者意愿,则是一种正当的销售行为。例如某经营者向消费者推销移动电话时,以优惠的价格说服消费者购买与移动电话相配套的电池、充电器等商品,消费者接受推销,一并购买几种商品。这时候经营者的行为就不属于不正当竞争行为,而是一种正常的销售行为。

九、招标投标中的不正当竞争行为

（一）招标投标的含义

招标投标是市场经济活动中一种竞价缔约的交易方式,广泛应用在货物买卖、建设工程承包、土地使用权转让、政府采购、市政建设等方面,其目的是要在公平、公正、公开的基础上通过竞争择优的方式选择交易对象,并在公平合理的价格上达成交易。

（二）在招标投标中不正当竞争行为的具体表现形式

根据《反不正当竞争法》第15条的规定,招投标中的不正当竞争行为通常有两种表现形式:

1. 投标者串通投标,抬高标价或者压低标价。投标者串通投标,抬高标价或者压低标价,损害的是招标者的利益。如本节导入案例,7家建筑公司串通投标,抬高标价,损害三大市政建设项目建设单位的利益,实际上损害的是国家的利益。

2. 投标者和招标者相互勾结,以排挤竞争对手的公平竞争。投标者和招标者互相勾结,损害的是其他投标者的利益。

无论是哪种形式,都违背公开、公平、公正的招投标基本原则,违背了设立招标投标制度的本意。因此,我国在1999年8月专门通过《招标投标法》,明确禁止串通招标和投标。

十、公用企业或其他依法具有独占地位的经营者的限制竞争行为

（一）公用企业或其他依法具有独占地位的经营者的界定

这里提到的公用企业,是指涉及公用事业的经营者,包括供水、供电、供热、供气、邮政、电讯、公共交通运输等行业的经营者;依法具有独占地位的经营者,是指在某个行业或对某种产品依法或者自然形成的具有某种垄断性质

的经营者,但我国烟草专卖制度除外。

(二)公用企业或其他依法具有独占地位的经营者的限制竞争行为的表现形式

《反不正当竞争法》第6条规定:公用企业或其他依法具有独占地位的经营者,不得限定他人购买其指定的经营者的商品,以排挤其他经营者的公平竞争。

可见,这类不正当竞争行为的主体具有特定性,而公用企业或者其他依法具有独占地位的经营者之所以可以限定他人购买其指定的商品,往往与其所提供的商品或服务是有直接关系。他们在某些行业或对某类商品享有其他经营者无法比拟的经济优势,是人所共求或十分紧俏的。因此,他们最容易利用其优势地位限制其他经营者的公平竞争。此类不正当竞争行为在前些年我国公用服务行业领域内随处可见,例如电信部门安装电话要求用户只能用其提供的电话机,否则不予安装;煤气公司通管道煤气要求用户只能使用某种型号的煤气灶或某企业销售的煤气灶;等等。当然这些年随着消费者权益保护意识的提高,此类不正当竞争行为有减少之势。

在其他采取反不正当竞争法和反垄断法分立立法体例的国家,此类行为通常属于反垄断法调整的范畴。例如在美国,微软公司将其开发的互联网浏览软件与视窗软件捆绑,高价销售。由于视窗软件在个人电脑操作软件市场上的高占有率,这种捆绑销售的做法本质上属于强制搭售,违反购买者意愿,强迫消费者在购买视窗软件的同时不得不附带购买微软提供的浏览软件,这种搭售行为也限制其他互联网浏览软件的经营者的自由竞争,属于滥用经济优势限制竞争的行为。美国司法部与19个州政府以微软垄断市场为由将其告上法庭。2000年4月,美国地方法院判决微软违法。

十一、政府及其所属部门的限制竞争行为

一般说来,反不正当竞争立法主要规范经营者的市场交易行为,而我国的《反不正当竞争法》把这种政府及其所属部门的限制竞争行为列入调整的范围,是我国反不正当竞争立法的特点之一,也体现了我国作为转型国家的一个特色。

根据《反不正当竞争法》第7条的规定,此类不正当竞争行为主要有如下两种表现形式:第一,政府及其所属部门滥用行政权力,限制他人购买其指定的经营者的商品,限制其他经营者正当的经营活动;第二,政府及其所属部门

滥用行政权力,限制外地商品进入本地市场,或者本地商品流向外地市场。

其中第一种行为属于超经济强制交易的行为,对公平竞争秩序横加干预;第二种行为属于地区封锁,从狭隘的地方利益出发,搞地方保护主义、条块分割,采用不合理的甚至是违法的行政手段,人为阻碍全国同一市场的形成,限制各地区之间的贸易往来,保护落后企业和落后产品,谋取行业或地方的局部利益,是一种严重破坏公平竞争的行为。

除了上述11种不正当竞争行为外,由于市场经济活动的复杂性,现在也出现了一些新型的不正当竞争行为。例如,假冒或者仿冒的不正当竞争行为,通常是名不见经传的企业去假冒或者仿冒知名企业。倘若知名的企业去假冒不出名的企业,即所谓反向假冒,应当如何认定其行为的性质?《反不正当竞争法》并没有对此类行为予以规制。前几年曾经发生过一个案例:鳄鱼牌服装假冒枫叶牌服装,鳄鱼经销企业买来枫叶牌西裤,把枫叶牌商标更换为鳄鱼牌商标,每条裤子的售价也从200多元提高到500多元。当时工商行政管理部门主要从保护消费者利益的角度考虑,将该行为认定为欺诈行为并进行查处。再如大城市的大型商场超市为了抢夺客源,把免费班车开到竞争对手周围,使中小超市和便利店遭到过度打压。这种行为是否属于不正当竞争行为?这种行为是否属于不正当竞争行为?由此可见,现代经济活动中的不正当竞争行为已花样层出,《反不正当竞争法》应当以开放的姿态去适应并规制日益变化的社会经济活动。

第三节　不正当竞争行为的监督检查及其法律责任

导入案例

一起因广告引发的不正当竞争案

2003年1月22日,某洗涤用品厂在某晚报上刊登一则由东方广告公司代理策划的广告,声称自己的产品青山牌洗衣粉省钱、省力、节水、节电,连续三年销量居全省第一,可能是全国最好的洗衣粉。该广告还称:"洗涤用品厂提醒你,不要使用有色洗衣粉。"某日化厂生产的山花牌洗衣粉是粉红色,也是消协推荐产品。2003年,山花牌洗衣粉销量比前3年平均销售量减少 4000 多吨。为此,日化厂以洗涤用品厂、广告公司、某晚报社以广告方式实施不正当竞争为由向人民法院提起诉讼,要求三被告停止侵害,赔礼道歉,并赔偿经济损失 116 万元。在庭审过程中,被告没有举证证明该厂产品连续三年销量位居全省第一。

问题:三被告的行为构成何种不正当竞争行为?各自应承担何种法律责任?对三被告的广告违法行为可适用哪些行政处罚措施?应当由哪个国家机关执行处罚?

一、不正当竞争行为的监督检查部门及其职责

(一)监督检查部门

《反不正当竞争法》第 3 条规定:各级人民政府应当采取措施,制止不正当竞争行为,为公平竞争创造良好的环境和条件。县级以上人民政府工商行政管理部门对不正当竞争行为进行监督检查,法律、行政法规规定由其他部门监督检查的,依照其规定。第 16 条规定:县级以上监督检查部门对不正当竞争行为,可以进行监督检查。

1. 县级以上的工商行政管理部门

根据反不正当竞争法的规定,县级以上工商行政管理部门是对不正当竞争行为实施监督检查的主要行政执法机关。

2. 法律法规规定的其他县级以上行政主管部门

法律、法规规定应当由其他部门监督检查的,其他部门就是监督检查部门。这里主要是根据其他行政主管部门职责权限来确定,属于他们职责权限管辖范围内的不正当竞争行为就由其主管机关来实施监督检查。例如食品卫生管理部门负责监督检查食品卫生领域内的不正当竞争行为等。

(二)监督检查部门的职责

根据《反不正当竞争法》第 17 条的规定,监督检查部门在监督检查不正当竞争行为时,有权行使下列职权:

1. 按照规定程序询问被检查的经营者、利害关系人、证明人,并要求提供证明材料或者与不正当竞争行为有关的其他资料。

2. 查询、复制与不正当竞争行为有关的协议、账册、单据、文件、记录、业务函电和其他资料。

3. 检查与假冒仿冒行为有关的财物,必要时可以责令被检查的经营者说明该商品的来源和数量,暂停销售,听候检查,不得转移、隐匿、销毁该财物。

监督检查部门工作人员在行使监督检查职权时,应当出示检查证件,被检查的经营者、利害关系人和证明人应当配合检查,如实提供有关资料或者情况。

二、法律责任

《反不正当竞争法》针对不同种类的不正当竞争行为违法的性质、情节的轻重,规定了民事责任、行政责任、刑事责任,同时对监督检查机关及其工作人员的责任也进行了界定。

(一)民事损害赔偿责任

根据《反不正当竞争法》第20条的规定,经营者实施不正当竞争行为给被侵害的经营者造成损害的,应当承担损害赔偿责任,被侵害的经营者的损失难以计算的,赔偿额为侵权人在侵权期间因侵权所获得的利润;并应当承担被侵害的经营者因调查该经营者侵害其合法权益的不正当竞争行为所支付的合理费用。

(二)不同种类的不正当竞争行为应承担的具体法律责任

《反不正当竞争法》在法律责任这一章,对于所列举的不正当竞争行为应当承担的法律责任作出具体规定。这些责任包括民事责任、行政责任和刑事责任。

(三)监督检查机关及其工作人员的责任

根据《反不正当竞争法》的规定,监督检查不正当竞争行为的国家机关工作人员滥用职权、玩忽职守,构成犯罪的,依法追究刑事责任;不构成犯罪的,给予行政处分;徇私舞弊的,对明知有违反法律规定构成犯罪的经营者故意包庇不使他受追诉的,依法追究刑事责任。

三、行政管理相对人的救济性措施——行政复议和行政诉讼

《反不正当竞争法》第29条规定:当事人对监督检查部门作出的处罚决定不服的,可以自收到处罚决定之日起15日内向上一级主管机关申请复议;对复议决定不服的,可以自收到复议决定书之日起15日内向人民法院提起诉讼;也可以直接向人民法院提起诉讼。

【本章小结】

本章第一节就反不正当竞争法的产生与发展、立法宗旨与立法特点、与反垄断法的关系以及不正当竞争行为的概念进行简要介绍。第二节分别阐述

第九章 反不正当竞争法律制度

11种不正当竞争行为的特点、行为表现和构成要素。第三节介绍对不正当竞争行为的监督检查部门及其职责、违反反不正当竞争法应承担的法律责任及其行政管理相对人的救济性措施。

思考题：

1. 何为不正当竞争行为？
2. 简述反不正当竞争法与反垄断法的区别与联系。
3. 回扣、折扣、让利、佣金在性质上有何不同？
4. 简述低价倾销行为和商业诋毁行为的构成要件。
5. 如何确定经营者实施不正当竞争行为给被侵害的经营者造成损害的损失赔偿额？
6. 2008年3月，某县土地局着手公开拍卖10间宅基地使用权，每间底盘价18万元，共有40人竞投。竞投者们事先约定：各投标人一律先交5万元押金，在拍卖中谁若出格，没收押金；用抽签的方式决定10名中标人，中标人自愿拿出5万元补偿落标人；每间投标价不得高于20万元。这样，该县土地局与10名中标人签订国有土地使用权出让合同。该县土地局保守估计，每间至少可拍卖30万元，但实际拍卖不到20万元，造成损失100多万元。

请问：投标者的行为是否符合法律规定，为什么？

7. 1995年初，珠海巨人集团生产了一种儿童营养液"巨人吃饭香"投放市场。为促销，巨人集团在印制的宣传册上称："据说娃哈哈有激素造成小孩早熟，产生许多现代儿童疾病。"这一宣传给杭州娃哈哈造成不良影响，为此娃哈哈向法院起诉。

请问：该案应如何处理，为什么？

8. 1994年5月，某市邮电局在其营业厅内贴出通告，通告规定：凡由市邮电局安装电话的用户，一律到本市邮电器材公司购买电话机；用户办理装机手续的同时，必须先交纳购电话机款，否则不予办理装机手续。通告执行了一段时间后，有关部门接到用户举报，对邮电局的这一行为进行了查处。经调查发现，市邮电器材公司系邮电局的下属企业。

请问：

(1) 邮电局的行为属于什么性质的违法行为？
(2) 这类行为为什么被有关法律所禁止？
(3) 监督检查部门对邮电局的这一违法行为应如何处理？

第十章 工业产权法律制度

第一节 工业产权法律制度概述

导入案例

李连杰为其武打动作、足球明星们为其临门一脚申请知识产权案

2004年,随着电影《英雄》的热映,被美国《纽约时报》形容为"最后的武士"的李连杰及其在电影中采用的1000多招武术动作家喻户晓。国内新闻媒体大量报道李连杰要为其武打动作申请知识产权,以吸引公众的眼球。同一时期被炒作的还有足球明星们要为他们的射门动作申请知识产权。且不说李连杰精彩的武打动作、足球明星绝妙的临门一脚是否符合专利权、商标权或者著作权的申请条件,仅就报道中提到的申请知识产权这种说法就不准确。就这点来看,李连杰、足球明星们因为诉求不明确而难以获得支持。

问题:李连杰、足球明星们应该怎么做才有可能获得支持?

一、知识产权的含义与分类

(一)知识产权的含义

知识产权(intellectual property),也称为智力成果权,是指创造性智力成果的完成人和工商业标志的所有人依法所享有的权利的统称。

根据我国《民法通则》的规定,知识产权属于民事权利中财产权的范畴。通常财产权可以分为有形的财产权和无形的财产权,前者表现为对物方面的权利,后者表现为对智力成果方面的权利。无形财产权主要指知识产权,包括一切来自工业、科学及文学、艺术领域的智力创作活动所产生的权利以及相关

的权益。在知识经济时代,知识产权在公司价值评估方面所占地位越来越重要。在 2000 年,美国证券市场的上市公司市值 7 万亿美元,其中 2/3 来源于无形资产。无形资产在微软、雅虎、google 的公司资产中更是占到了 97.8%、98% 和 99% 以上。

(二)知识产权的分类

传统的知识产权理论通常把知识产权分为两类,即工业产权和著作权(含邻接权)。但随着科技的发展,社会的进步,人们权利保护意识的提高,知识产权涵盖的范围逐渐扩大,除传统的工业产权和著作权外,还包括了商号权、商业秘密权、地理标记权、植物新品权等权利。

《世界知识产权组织公约》第 2 条第(8)款规定的"知识产权"包括:

(1)关于文学、艺术和科学作品的权利;

(2)关于表演艺术家的演出、录音和广播的权利;

(3)关于人们努力在一切领域的发明的权利;

(4)关于科学发现的权利;

(5)关于工业品式样的权利;

(6)关于商标、服务商标、厂商名称和标记的权利;

(7)关于制止不正当竞争的权利;

(8)以及在工业、科学、文学或艺术领域里一切其他来自知识活动的权利。

根据我国《民法通则》的规定,知识产权包括如下范围:著作权(版权)、专利权、商标权、发现权、发明权以及其他科技成果权。

二、工业产权的含义与分类

(一)工业产权的含义

依照法律对应用于生产和流通中的创造发明和显著标记等智力成果,在一定期限和地区内享有的专有权。

(二)工业产权的分类

根据《保护工业产权巴黎公约》(1967 年)的规定,工业产权包括发明、实用新型、外观设计、商标、服务标记、厂商名称、货源标记、原产地名称以及制止不正当竞争的权利。在我国,工业产权主要指前四者,即专利权和商标权。

三、工业产权的法律特征

（一）专门法律的确认

权利人必须依法向专门主管机关提出申请，经审查批准后以法定的形式确认。权利人在有效期内享有独占性权利。

（二）专有性

经法定形式确认的智力成果的无形财产权专属于创造人或者其所属的单位，从而排除了他人享有同样权利的可能性。有形财产的权利中心是占有权，而无形财产的权利中心是许可权。与有形财产权的一物一权制不同，工业产权只要公布即可以为许多人占有和使用，而且占有不存在有形损耗，使用也不存在排他性，但每增加一个使用者，对权利人来说意味着权利的分享和市场份额的分配。因此，必须赋予权利人以垄断性权利。

（三）地域性

一国法律所保护的工业产权只在该国范围内有效，对其他国家不发生法律效力，即不发生域外的效力。若要在他国得到保护，必须依他国法律重新申请。而有形的财产权一般不受地域限制。

（四）时间性

工业产权的保护有一定期限，如专利权和商标专用权的有效保护期。期限届满后工业产权便成为社会的公知，任何人都可无偿使用。而有形财产权一般随物质财产本身的存在而存在，没有时间和空间的限制。

四、工业产权的国际保护

（一）主要的国际公约、协定

1.《保护工业产权巴黎公约》

该公约于1883年在巴黎签订，目前已有100多个成员国，是影响最大的工业产权保护国际公约。我国在1984年加入该公约。该公约于1985年3月19日在我国正式生效，其主要原则有：国民待遇原则（给缔约国国民与本国国民同等的待遇）、优先权制度（申请时间方面）、独立性原则（以本国法律规定决定是否给予专利权或商标权，不受他国影响）。

2.《与贸易有关的知识产权协定》（TRIPS）

世界贸易组织（WTO）的核心文件之一，是成员国必须遵守的法律文件。此外，还有《商标注册马德里协定》、《专利合作条约》、《商标注册条约》等。

(二)主要的国际机构

世界知识产权组织(WIPO),是联合国专门机构,我国于1980年成为其成员国。

五、工业产权法的含义

工业产权法是调整国家确认、保护工业产权以及在工业产权的使用过程中发生的各种社会关系的法律规范的总称。

我国目前主要的法律规范是《中华人民共和国专利法》、《中华人民共和国商标法》及其实施细则。

第二节 专利法律制度

导入案例

迈克尔·杰克逊与"摆脱地心引力的幻想"
（专利号 US5255452）

2009年6月,美国流行音乐天王迈克尔·杰克逊突然离世,让全世界歌迷陷入悲痛之中。他在其巅峰之作《颤栗》中展示的魔鬼机械舞、《比利·珍》中展示的"月球漫步"舞步都给世人留下深刻的印象。但无论是机械舞、月球漫步,都不是天王的原创,而是由天王发扬光大。真正属于天王原创并申请专利的是"超级45度前倾",包括在MTV中的表演和演唱会中表演的身体前倾45度特技。早在1993年,杰克逊申请了专利,专利号(US5255452),专利名称"摆脱地心引力的幻想"。在MTV中,这种舞步依靠的是一根系在演员腰间的绳索,演员身体的前倾的角度,依靠的是天花板的机械控制。在演唱会的舞台上需要表演特技时候,伴随着炫目的灯光、烟雾、激光,杰克逊就会跟伴舞的演员走近舞台的"特殊区域",通常这时候该区域的灯光会非常暗。工作人员扮演的"歹徒"会立即上场,手拿炸药表演几秒钟。分散观众注意力,给杰克逊准备赢得时间。当杰克逊准备好的时候,"特殊区域"就会被点亮。杰克逊前倾诉45度一气呵成！此专利关键的细节在于杰克逊那双特制的鞋子,鞋后跟与舞台有机械连接,可以把身体支持点牢牢地固定住。但即便如此,离不开强健的背部肌肉身体平衡控制能力和迈克及其他演员刻苦的锻炼、精心排练和磨合!

问题:专利申请应当具备怎样的条件?

一、专利权的概念

(一)专利权的概念

按照专利法的规定,由国家专利行政管理部门授予发明人、设计人或其所属单位,在一定期限内对某项发明创造享有的专用权。

(二)专利的含义

专利(patent)一词最初是指国王亲自签署的带有御玺印鉴的独立权利证书。这种证书的发布通过不密封的信件传递,所经之路上的任何人都可以打开观看,得知授予独占性权利的内容。这实际上蕴含了专利的两个基本特征:一是公开,二是垄断。

二、专利法

专利法是调整确认和保护发明创造的专有权以及在利用专有的发明创造过程中产生的社会关系的法律规范的总称。

《中华人民共和国专利法》于 1984 年 3 月 12 日第六届全国人民代表大会常务委员会第四次会议通过,并在 1992 年、2000 年和 2008 年进行了 3 次修正。此外,国务院颁布《专利法实施细则》作为配套行政法规实施。

《专利法》第 1 条明确规定了该法的立法宗旨:保护专利权人的合法权益,鼓励发明创造,推动发明创造的应用,提高创新能力,促进科学技术进步和经济社会发展。这也点出了专利法的核心价值在于鼓励和保护创新。

三、专利权的主体

(一)专利权主体的含义

可以申请并取得专利权的单位和个人,享有专利权的单位和个人统称为专利权人。

(二)专利权主体的分类

任何发明创造只能是由有思想、有意识、有创造力的自然人来完成,作出发明创造的自然人就被称为发明人、设计人。专利法上所称的发明人、设计人,是指对发明创造的实质性特点作出创造性贡献的人。在完成发明创造过程中,只负责组织工作的人、为物质技术条件的利用提供方便的人或者从事其他辅助工作的人,不是发明人或者设计人。在一般情况下,发明人、设计人可以申请并获得专利。但如果发明人、设计人完成发明创造是一种职务行为,或者是受委托完成的,那么专利的申请人就可能不是发明人、设计人,同样获得专利权的主体也发生变化。但即使是后者,发明人、设计人仍然享有一定的权利,例如有权在专利文件中写明自己是发明人或者设计人。专利法规定的专利权主体主要有三类:

1. 职务发明创造单位(即发明人、设计人所在的单位)

执行本单位的任务或者主要是利用本单位的物质条件所完成的发明创造属于职务发明创造,申请权属于该单位,批准后该单位是专利权人,但另有约定的除外。

根据《专利法实施细则》第11条的规定,执行本单位的任务所完成的职务发明创造包括三种情形:在本职工作中作出的发明创造;履行本单位交付的本职工作之外的任务所作出的发明创造;退职、退休或者调动工作后1年内作出的,与其在原单位承担的本职工作或者原单位分配的任务有关的发明创造。本单位的物质条件是指本单位的资金、设备、零部件、原材料或不对外公开的技术资料等。

职务发明创造的单位应根据发明创造的意义和实施后的经济效益,对发明人或设计人按其贡献的大小,给予奖金或报酬。

2. 非职务发明创造的发明人、设计人

非职务发明创造申请专利的权利属于发明人或设计人,申请被批准后,专利权归申请专利的发明人或设计人所有。任何单位不得压制非职务发明创造。

3. 共同发明人、设计人

由两个或两个以上的单位或个人合作完成的,或者一方委托另一方单位或个人完成的发明创造,为共同发明创造。除另有协议外,申请专利的权利属于完成或者共同完成的单位或个人,申请批准后,申请的单位或个人为专利权人。

四、专利权的客体

(一)专利权客体的含义

专利权的客体是指专利权的保护对象,即依法可以取得专利权的发明创造。

(二)专利权客体的分类

根据《专利法》第 2 条的规定,专利权的客体分为发明、实用新型、外观设计三类。

1. 发明

发明是对产品、方法或者其改进所提出的新的技术方案,包括产品发明和方法发明。

2. 实用新型

实用新型是对产品的形状、构造或者两者的结合所提出的、适于实用的新的技术方案,也称为小发明。实用新型对产品形状、构造的变化,可以提高物品的使用功能。

发明与实用新型的区别在于发明既包括产品发明也包括方法发明,而实用新型仅指具有一定形状的物品发明;发明相较于实用新型对产品的创造性要求更高。例如最先发明小刀的可以是发明,但小刀改进成可折叠式小刀就是实用新型;最先制造出钟表是发明,但把钟表设计成腕表,就是实用新型。在德国,实用新型被称为"小而实用的改良"。

3. 外观设计

对产品的形状、图案、色彩或者其结合所做出的富有美感并适于工业上应用的新设计。外观设计与发明、实用新型不同的是它只涉及美化产品的外表和形状,而不涉及产品的制造和设计技术,使有用物品具有装饰性和美学价值的外表。因此,外观设计的产品应当具有工业实用性和新颖性,富有美感。

在涉及专利权客体的时候,应当注意发明与发现的区别。我们通常把科学和技术相提并论,但只有技术的发明创造可以获得专利,科学原理的发现却不能获得专利。科学发现是人们通过观察、分析和研究,揭示自然界已经存在但尚未被人们所认识的事物、原理或者规律,包括对自然现象、社会现象及其规律的新发现、新认识以及纯粹的科学理论和数学方法等。而发明是前所未有的,是利用自然规律的结果,是新的技术方案,两者有着显著的区别。伟大的物理学家爱因斯坦因发现光电效应和提出狭义相对论($E=mc^2$)而获得诺贝尔物理学奖,但这两项成就属于自然规律,不得申请专利。而他向英、美专利局申请专利的则是他的两项发明:新型冷冻机和光强自动照相机。爱因斯坦曾经在瑞士专利局工作过,很清楚两者的区分。

五、授予专利权的条件

专利权的客体不同,相应的授予专利权的条件也不相同。

(一)授予发明和实用新型专利权的条件

按照《专利法》规定,授予发明和实用新型专利权的条件主要有三个方面:新颖性、创造性、实用性,通常称之为"三性"条件。

1. 新颖性

新颖性是指该发明或者实用新型不属于现有技术,也没有任何单位或者个人就同样的发明或者实用新型在申请日以前向国务院专利行政部门提出过申请,并记载在申请日以后公布的专利申请文件或者公告的专利文件中。

这里的现有技术,是指申请日以前在国内外为公众所知的技术,新颖性的时间标准是以申请日来划定的。

需要特别指出的是,就新颖性来看,在 2008 年《专利法》修订以前,我国对于专利的申请采取的是与大多数发达国家不同的"相对新颖性标准",即一些没有公开发表过的技术,只要没有在国内公开使用过就可以申请专利,国外公开使用不影响其新颖性。这一规定导致我国专利质量不高,既不利于激励自主创新,也妨碍了国外已有技术在我国的应用。而在 2008 年《专利法》修订之后,"相对新颖性标准"提高为"绝对新颖性标准",要求申请专利权的发明创造在国内外都没有为公众所知。

《专利法》第 24 条同时还规定申请专利的发明创造在申请日以前 6 个月内,有下列情形之一的,不丧失新颖性:

(1)在中国政府主办或者承认的国际展览会上首次展出的;
(2)在规定的学术会议或者技术会议上首次发表的;
(3)他人未经申请人同意而泄露其内容的。

2. 创造性

创造性是指与现有技术相比,该发明有突出的实质性特点和显著的进步,该实用新型有实质性特点和进步。

实质性特点是指发明相对于现有技术,对所属技术领域的技术人员来说,不是原技术的简单推导,是非显而易见的。而进步是指发明与最接近的现有技术相比能够产生有益的技术效果。因此,一项技术方案克服了现有技术中存在的缺点和不足,或者为解决某一技术问题提供了一种不同构思的技术方案,或者代表某种新的技术发展趋势,就可以说其具备了创造性。

就创造性而言,发明要求与现有技术相比有本质区别,而且能够产生显著的技术效果。

3.实用性

实用性是指该发明或实用新型能够在工业上制造或使用,并且能够产生积极的效果。

实用性要求不能是停留在抽象思维阶段的理论,而必须能在产业上实施应用的技术方案,能够制造、生产或使用。

(二)授予外观设计专利权的条件

外观设计专利权应当具备新颖性条件,即与申请日以前在国内外出版物上公开发表过或者国内公开使用过的外观设计不相同或者不相近似,并不得与他人在先取得的合法权利相冲突。

在实践中,常见冲突情形主要是外观设计与他人在先取得的商标专用权、著作权的冲突。例如外观设计的设计人未经许可将他人注册商标或者他人的作品作为自己外观设计的一部分或者全部。

(三)授予专利权的消极条件

除违反法律、社会公德或者妨害公共利益的发明创造不授予专利权外,《专利法》第25条规定对下列各项也不授予专利权:

1.科学发现;

2.智力活动的规则和方法;

3.疾病的诊断和治疗方法;

4.动物和植物品种;

5.用原子核变换方法获得的物质;

6.对平面印刷品的图案、色彩或者二者的结合作出的主要起标识作用的设计。

但对动物和植物品种的生产方法,可以依照《专利法》规定授予专利权。

上述这些科研成果,有的不属于技术方案(如科学发现、智力活动的规则和方法),有些不具有实用性,无法在工业上制造或使用(例如疾病的诊断和治疗方法),有些可以根据其他专门法获得保护(如动物和植物品种),采用原子核变换方法具有危险性且产生的物质可能用于制造核武器,对国家甚至人类社会安全具有潜在危险性。因此这些科研成果都被排除在专利权之外。

六、专利权人的权利和义务

（一）专利权人的权利

1. 转让权

专利申请权和专利权均可转让，技术转让合同属于要式合同，转让的双方当事人应当订立书面合同，并向国务院专利行政部门办理登记并公告，转让自登记之日起生效。但向外国人、外国企业或者外国其他组织转让专利申请权或者专利权的，应当依照有关法律、行政法规的规定办理手续。

2. 独占权

专利权人自己实施其专利的权利，他人未经许可不得实施。

《专利法》第11条规定：发明和实用新型专利权被授予后，除本法另有规定的以外，任何单位或者个人未经专利权人许可，都不得实施其专利，即不得为生产经营目的制造、使用、许诺销售、销售、进口其专利产品，或者使用其专利方法以及使用、许诺销售、销售、进口依照该专利方法直接获得的产品。

外观设计专利权被授予后，任何单位或者个人未经专利权人许可，都不得实施其专利，即不得为生产经营目的制造、许诺销售、销售、进口其外观设计专利产品。

美国林肯总统在1860年2月22日的演讲中对专利制度有一段精辟的论述："在没有专利法之前，随便什么人，在什么时候都可以使用别人的发明……专利制度改变这种状况，保证发明人在一定时期内自己的发明独立使用，因此给发明和创造实用物品的天才的火焰添加利益的柴薪。"因此，独占权体现专利制度的精髓。

3. 许可权

专利权属于财产权，专利权人有许可他人实施其专利并收取使用费的权利。

专利权人享有的专利权独占权，可以自己实施其权利，同时也可以通过许可他人实施并收取专利使用费的方式来获取收益。同样，双方应订立专利实施许可书面合同。

4. 标记权

专利权人有权在其专利产品或者该产品的包装上标明专利标识。通过标明专利标记或者专利号，可以起到宣传作用和警示作用。

5. 排除侵害权(请求权)

专利权人在自己的专利权受到侵犯时,有请求专利行政部门进行处理,或者直接向人民法院起诉的权利。

6. 放弃专利权的权利

专利权人可以以书面声明的形式放弃专利权。

(二)专利权人的义务

1. 缴纳专利年费的义务

专利权人不按规定缴纳年费,专利权应予终止。年费的数额因专利的类型不同而有差异,通常发明年费高,而实用新型和外观设计较低。通过年费的收取,一方面可以督促专利权人将专利转入产业化生产,自己制造使用或者许可他人制造使用,产生社会效益;另一方面也可以督促专利权人尽早放弃专利,使之成为社会公知,任何人都可以无偿使用。因此,年费的收取起到调节专利权人与社会之间利益关系的杠杆作用。

2. 职务发明创造的专利权人给予报酬奖励义务

《专利法》第 16 条规定:被授予专利权的单位应当对职务发明创造的发明人或者设计人给予奖励;发明创造专利实施后,根据其推广应用的范围和取得的经济效益,对发明人或者设计人给予合理的报酬。

七、专利权的期限

专利权的期限即专利权人享有的独占性权利的合法期限。根据《专利法》的规定,发明专利权的期限为 20 年,实用新型专利权和外观设计专利权的期限为 10 年,均自申请日起计算。专利权期限届满后,发明创造就成为社会的公知,成为社会的公共财富。

八、专利权的申请

(一)专利申请的基本原则

1. 一项发明一项专利的原则

一件发明或实用新型专利申请应当限于一项发明或实用新型,一件外观设计专利的申请应当限于一种产品所使用的一项外观专利,即同样的发明创造只能被授予一项专利。专利分类极为详细,不同发明创造在一项申请中提出,会给审查工作造成麻烦。当然,如果是属于一个总的发明构思的两项以上的发明或者实用新型,可以作为一件申请提出。同一产品两项以上的相似外观设计,或者用于同一类别并且成套出售或者使用的产品的两项以上外观设计,也可以作为一件申请提出。

2. 申请在先原则

两个以上的申请人分别就同样的发明创造申请专利的,专利权授予最先申请的人。两个以上的申请人在同一日分别就同样的发明创造申请专利的,应当在收到国务院专利行政部门的通知后自行协商确定申请人。

现实生活中,一项发明创造有可能由两个或两个以上的人在不同地方创造完成,若两人都提出申请,按照一项发明一项专利的原则,只能由一人获得专利权。在确定专利权的授予方面,世界上主要有两个立法例:先申请原则(如我国等大多数国家)和先发明原则(如美国)。对于专利审查而言,前者简单易行,只要确定申请日即可,鼓励发明人尽早公开自己的发明创造;后者更公平合理,有利于保护先发明人的利益,但证明手续麻烦。例如电视的发明,由美国两个相距数千里的人各自独立完成,一个叫菲罗,另一个叫弗拉第米尔,为确定谁是先发明人,专利局做了大量工作。菲罗说,他画出第一幅电视传真原理的草图是他小时候在一个小镇上读书时画在教室的黑板上的,其小学老师可以证明。但他已经搬离小镇并与老师多年没有联系了。为此,美国专利局与专利律师就开始寻找这位老师。经过努力,终于在盐湖城找到了。幸好这位老师对当年孩子的发明天才很钦佩,十分清楚记得这件事,这才证明菲罗是第一个发明电视机的人。这样,菲罗被授予电视机的专利权人。

从我国以及大多数国家的选择来看,在专利申请审查方面,在公平与效率的天平上,效率优先。

(二)专利申请的途径

1. 专利申请人直接向国家专利局提出申请;

2. 专利申请人委托专利代理人代办申请。

《专利法》第 19 条规定:在中国没有经常居所或者营业所的外国人、外国企业或者外国其他组织在中国申请专利和办理其他专利事务的,应当委托依法设立的专利代理机构办理。

(三)专利申请的程序

1. 提交申请文件

申请发明或者实用新型专利的,应当提交请求书、说明书及其摘要和权利要求书等文件;申请外观设计专利的,应当提交请求书、该外观设计的图片或者照片以及对该外观设计的简要说明等文件。

2.申请日的确定

国务院专利行政部门收到专利申请文件之日为申请日。如果申请文件是邮寄的,以寄出的邮戳日为申请日。申请人要求优先权的,应当在申请的时候提出书面声明。

3.专利申请的审批

(1)发明专利申请的审批。

对于发明专利申请采取的是实质审查制度,审查是否具备新颖性、创造性、实用性三性条件。这种审查机制可称之为早期公开迟延审查制。

早期公开,即国务院专利行政部门收到发明专利申请后,经初步审查认为符合本法要求的,自申请日起满18个月,即行公布。国务院专利行政部门可以根据申请人的请求早日公布其申请。

迟延审查,即自申请日起3年内,国务院专利行政部门可以根据申请人随时提出的请求,对其申请进行实质审查;申请人无正当理由逾期不请求实质审查的,该申请即被视为撤回。国务院专利行政部门认为必要的时候,可以自行对发明专利申请进行实质审查。

发明专利申请经实质审查没有发现驳回理由的,由国务院专利行政部门作出授予发明专利权的决定,发给发明专利证书,同时予以登记和公告。发明专利权自公告之日起生效。未通过实质审查的,予以驳回。

专利申请人对国务院专利行政部门驳回申请的决定不服的,可以自收到通知之日起3个月内,向专利复审委员会请求复审。专利复审委员会复审后,作出决定,并通知专利申请人。专利申请人对专利复审委员会的复审决定不服的,可以自收到通知之日起3个月内向人民法院起诉。

(2)实用新型和外观设计专利申请的审批。

对实用新型和外观设计专利申请采取的是形式审查制度,即经初步审查没有发现驳回理由的,由国务院专利行政部门作出授予实用新型专利权或者外观设计专利权的决定,发给相应的专利证书,同时予以登记和公告。实用新型专利权和外观设计专利权自公告之日起生效。

九、专利的实施

(一)专利权人的实施

专利权人的独占权,专利权人自己实施其专利的权利,他人未经许可不得实施。

(二)许可他人实施

专利权人的许可权,专利权人通过订立专利许可合同的形式,许可他人实施其专利,获得使用费。

(三)强制许可实施

国务院专利行政部门可以在一定条件下,不需要经过专利权人的同意,准许其他单位和个人实施专利权人的专利。强制许可实施主要涉及四种情形:

1. 专利权人不实施或者未充分实施其专利的强制许可实施

2. 专利权人行使专利权的行为被依法认定为垄断行为的强制许可实施

《专利法》第48条规定有下列情形之一的,国务院专利行政部门根据具备实施条件的单位或者个人的申请,可以给予实施发明专利或者实用新型专利的强制许可:(1)专利权人自专利权被授予之日起满3年,且自提出专利申请之日起满4年,无正当理由未实施或者未充分实施其专利的;(2)专利权人行使专利权的行为被依法认定为垄断行为,为消除或者减少该行为对竞争产生的不利影响的。

3. 根据公共利益需要的强制许可

《专利法》第49条规定,在国家出现紧急状态或者非常情况时,或者为了公共利益,国务院专利行政部门可以给予实施发明专利或者实用新型专利的强制许可。

《专利法》第50条规定,为了公共健康目的,对取得专利权的药品,国务院专利行政部门可以给予制造并将其出口到符合中华人民共和国参加的有关国际条约规定的国家或者地区的强制许可。

4. 从属专利的强制许可

《专利法》第51条规定,一项取得专利权的发明或者实用新型比前已经取得专利权的发明或者实用新型具有显著经济意义的重大技术进步,其实施又有赖于前一发明或者实用新型的实施的,国务院专利行政部门根据后一专利权人的申请,可以给予实施前一发明或者实用新型的强制许可。

九、专利权的终止与无效

(一)专利权的终止

1. 正常终止

即专利权保护期限届满,专利权终止。

2.提前终止

即专利权在期限届满前终止。《专利法》规定,专利权因下述两种原因而提前终止:(1)没有缴纳专利年费;(2)专利权人书面声明放弃专利权。

(二)专利权的无效

1.自国务院专利行政部门公告授予专利权之日起,任何单位或者个人认为该专利权的授予不符合专利法有关规定的,可以请求专利复审委员会宣告该专利权无效,专利复审委员会应当及时审查和作出决定。

2.宣告无效的专利权视为自始即不存在。

3.对专利复审委员会宣告专利权无效或者维持专利权的决定不服的,有权提起行政诉讼。

十、专利权的保护

大发明家托马斯·爱迪生一生作出上千项发明(在美国获得1093项专利),其中最有名的是电灯、电话,为人类的发展和社会的进步作出巨大贡献。当人们夸耀他是天才时,他的回答是:天才就是1%的灵感加上99%的汗水。的确,专利权人取得一项专利必须付出大量的人力、物力、财力,而发明创造与有形财产权不同,只要一公开,任何人都可以使用,若没有相应的保护措施,鼓励发明创造,则不利于整个社会的进步。

(一)专利权保护的范围

发明或者实用新型专利权的保护范围以其权利要求的内容为准,说明书及附图可以用于解释权利要求的内容。外观设计专利权的保护范围以表示在图片或者照片中的该产品的外观设计为准,简要说明可以用于解释图片或者照片所表示的该产品的外观设计。

(二)对专利侵权行为的救济方式

专利权人或者利害关系人对于专利侵权行为可以通过协商、调解、行政裁决、仲裁、诉讼的方式保护自己的权益。

(三)侵犯专利权赔偿数额的确定

按照权利人因被侵权所受到的实际损失确定;实际损失难以确定的,可以按照侵权人因侵权所获得的利益确定。权利人的损失或者侵权人获得的利益难以确定的,参照该专利许可使用费的倍数合理确定。赔偿数额还应当包括权利人为制止侵权行为所支付的合理开支。

权利人的损失、侵权人获得的利益和专利许可使用费均难以确定的,人民法院可以根据专利权的类型、侵权行为的性质和情节等因素,确定给予1万元以上100万元以下的赔偿。

(四)专利侵权案件的诉讼时效

侵犯专利权的诉讼时效为2年,自专利权人或者利害关系人知道或者应当知道侵权行为之日起计算。

(五)不视为侵犯专利权的情形

《专利法》第69条规定有下列情形之一的不视为侵犯专利权:

1. 专利产品或者依照专利方法直接获得的产品,由专利权人或者经其许可的单位、个人售出后,使用、许诺销售、销售、进口该产品的;

2. 在专利申请日前已经制造相同产品、使用相同方法或者已经作好制造、使用的必要准备,并且仅在原有范围内继续制造、使用的;

3. 临时通过中国领陆、领水、领空的外国运输工具,依照其所属国同中国签订的协议或者共同参加的国际条约,或者依照互惠原则,为运输工具自身需要而在其装置和设备中使用有关专利的;

4. 专为科学研究和实验而使用有关专利的;

5. 为提供行政审批所需要的信息,制造、使用、进口专利药品或者专利医疗器械的,以及专门为其制造、进口专利药品或者专利医疗器械的。

第三节 商标法律制度

导入案例

滚石唱片维权尴尬遭遇"注册门"

滚石唱片在20世纪90年代进入中国后,在内地发行了几千种光盘和几万首音乐作品,滚石唱片的商标印在封面上成了畅销的保证。旗下的艺人如罗大佑、李宗盛、周华建、成龙等,为所有爱好音乐的人所熟悉。但树大招风,遭受侵权不断。滚石唱片在长沙的某音像行购买了71个品种的光盘,只有4种是真正的原装正版,不足5%。可是滚石唱片维权的道路很艰难,最主要的原因是滚石唱片虽然在业界如日中天,但在大陆却不是注册商标。是不是滚石唱片商标保护意识弱?非也!滚石唱片在上世纪 90 年代进入内地时就已经申请注册,可是一直没有成功。唱片是该种商品的通用名称,根据《商标法》第 11 条第 1 款的规定,商品的通用名称不得获得商标注册,而没有注册的商标受法律保护的力度比较弱。

问题:(1)申请注册商标应注意哪些问题?应当具备何种条件?
(2)滚石唱片还有何种维权途径?

一、商标的概念

商标,英文为 trademark,是指商品和商业服务的标记。它是商品生产者或经营者用以标明自己所生产或销售的商品和商业服务者提供的服务,与其他人生产或销售的同类商品和提供的同类服务相区别的标记。

因此,可识别性或称为显著性是商标的首要特征。

二、商标的分类

《商标法》第 8 条规定:任何能够将自然人、法人或者其他组织的商品与他人的商品区别开的可视性标志,包括文字、图形、字母、数字、三维标志和颜色的组合,以及上述要素的组合,均可作为商标注册。

商标根据不同的标准有不同的分类方式。常见的有:

(一)文字商标、图形商标、立体商标、组合商标

这是根据商标的表现形式不同进行的区分。

1. 文字商标

文字商标由文字组成,可以是汉字、汉语拼音、外国文字、外文字母、阿拉伯数字,例如长城、同仁堂、全聚德、ABB、555 等都属于文字商标。

2. 图形商标

图形商标由任何可视的平面图形构成,例如纯羊毛标志、真皮标志等。

3. 立体商标

立体商标是由三维构成的可视商标,是 2001 年《商标法》修订新增加的商标形式。一般以商品的外形或者包装等三维标志构成的商标,例如香水瓶、饮料瓶、酒瓶以及商品特有的装潢等。相对于平面商标(二维标记),立体商标的载体是三维的,最著名的立体商标是美国可口可乐公司以饮料瓶的形状作为商标注册,2001 年《商标法》修订之前这在我国是不能注册的。而立体商标的出现使得本属于工业品外观设计的此类设计能够受到《商标法》保护,可以无限期续展,增加保护力度。

4. 组合商标

组合商标由文字、图形和三维标志等组合构成。此类商标图文并茂，便于识别，实践中比较常用。

除此以外，国外还有声音商标（例如安装微软 Windows 操作系统的计算机开机时的启动音乐就已经被微软注册为声音商标、美国米高梅电影公司片头中的公狮的吼叫声）、气味商标（美国于 1990 年的"克拉克"一案中认定使用在缝纫线和绣花线上的花香气味可以作为商标注册）等。

（二）商品商标、服务商标、集体商标、证明商标

这是根据商标的使用途径和商标权人的不同进行的区分。

1. 商品商标

商品商标用于生产、制造、加工、拣选或者经销的商品上的商标。

2. 服务商标

服务商标用于标明所提供的服务项目的商标，其使用的对象是无形的服务。

3. 集体商标

集体商标是以团体、协会或者其他组织名义注册，供该组织成员在商事活动中使用，以表明使用者在该组织中的成员资格的标志，如福建省的"沙县小吃"商标，是 1998 年沙县小吃同业公会向商标局注册的服务商标，同时也是图形商标。此外还有海尔商标、扬州炒饭、米脂婆姨等集体商标。厦门市在 2009 年诞生首个集体商标：同安郭山村蔬菜协会申请注册的"郭山"集体商标。

4. 证明商标

证明商标由对某种商品或者服务具有监督能力的组织所控制，而由该组织以外的单位或者个人使用于其商品或者服务，用以证明该商品或服务的原产地、原料、制造方法、质量或者其他的品质的标志，如纯羊毛标志、绿色食品标志等。

（三）自愿注册商标和强制注册商标

这是根据商标注册要求的不同而进行的区分。根据《商标法》规定，只有人用药品、烟草制品和国家规定必须使用注册商标的其他商品是强制注册商标，其他的均为自愿注册商标。

（四）注册商标和未注册商标

这是根据商标是否登记注册而进行的区分。注册商标是指经过商标局核准注册并刊登在商标公告上的商标，没有在商标局注册登记的商标为未注册

商标。我国对商标注册采取的是以自愿注册为原则、强制注册为补充的规定，除法律规定应当强制注册的商标以外，其他的商标是否注册由商标使用人决定。商标一经注册即取得注册商标的专用权，他人未经许可不得使用。未注册商标受法律保护力度较弱，一般而言，未注册商标的使用不得对抗注册商标，而且一旦被他人注册，则不得再使用，但未注册商标中的驰名商标和有一定影响的商标则可以获得有条件的保护。

三、商标法的概念

商标法是调整在确认、保护商标专用权和商标使用过程中发生的社会关系的法律规范的总称。我国的《商标法》于1982年8月23日第五届全国人民代表大会常务委员会第24次会议通过，同时在1993年和2001年进行两次修正。

四、有关商标使用的限制性规定

根据《商标法》第10条的规定，下列标志不得作为商标使用：
（1）同中华人民共和国的国家名称、国旗、国徽、军旗、勋章相同或者近似的，以及同中央国家机关所在地特定地点的名称或者标志性建筑物的名称、图形相同的；
（2）同外国的国家名称、国旗、国徽、军旗相同或者近似的，但该国政府同意的除外；
（3）同政府间国际组织的名称、旗帜、徽记相同或者近似的，但经该组织同意或者不易误导公众的除外；
（4）与表明实施控制、予以保证的官方标志、检验印记相同或者近似的，但经授权的除外；
（5）同"红十字"、"红新月"的名称、标志相同或者近似的；
（6）带有民族歧视性的；
（7）夸大宣传并带有欺骗性的；
（8）有害于社会主义道德风尚或者有其他不良影响的。
县级以上行政区划的地名或者公众知晓的外国地名，不得作为商标。但是，地名具有其他含义或者作为集体商标、证明商标组成部分的除外；已经注册的使用地名的商标继续有效。

五、商标注册

(一)商标注册、注册商标的含义

1. 商标注册的含义

商标注册是指商标使用人将其使用的商标依照《商标法》规定的注册条件和程序,向商标管理机关提出注册申请,经商标局依法审核批准,在商标注册簿上登录,发给商标注册证,并予以公告,授予注册人以商标专用权的法律活动。

2. 注册商标的含义

经过商标局核准注册并刊登在商标公告上的商标为注册商标。

注册商标与非注册商标最大的区别在于商标注册人对注册商标享有专用权,他人不得侵犯。使用注册商标的,应当标明"注册商标"或者注册标记。

商标专用权是商标权的核心,是商标注册人对其注册商标所享有的专有权利。即商标权人在相同或者类似的商品或服务上,对其注册商标享有专有使用的权利,他人未经许可,不得使用与其注册商标相同或近似的商标,否则,商标权人有权禁止他人的使用行为。商标专有权的专有性体现在独占性和排他性两方面。

(二)商标注册的主体

根据《商标法》第 4 条的规定,商标注册的主体是自然人、法人或其他组织。其中,自然人类别是 2001 年《商标法》修订后新增加的。在 2002 年初,厦门集美灌口水果专业户陈水强注册的"仙灵旗"文字、图案商标是厦门首家自然人商标。

(三)商标注册的基本原则

1. 以自愿注册为原则,强制注册为补充

根据《商标法》规定,在我国,只有人用药品、烟草制品和国家规定必须使用注册商标的其他商品应当强制商标注册,其他的均为自愿注册商标。

对于注册商标,权利人享有法律赋予的商标专用权。有长远的商标品牌战略是关系到企业未来发展的大事,创立品牌、名牌,可以使企业自身产品和服务在市场竞争中处于优势地位。

2. 以申请在先为原则,以使用在先为补充

两个或者两个以上的申请人,在同一种商品或者类似商品上,以相同或者近似的商标申请注册的,初步审定并公告申请在先的商标;同一天申请的,初步审定并公告使用在先的商标,驳回其他人的申请,不予公告。

3.一类商品、一个商标、一份申请的原则

申请人在申请商标注册时应当依照《商标注册用商品和服务国际分类表》(我国从1988年11月1日起用)规定的类别提出申请。如果同一申请人在不同类别的商品上使用同一商标的,应当按商品分类表分别提出注册申请。

对于注册商标,如果需要扩大使用到同类的其他商品上,也应当另行提出注册申请。

(四)注册商标的审查、核准

1.不得作为商标注册的标志

(1)仅有本商品的通用名称、图形、型号的。例如注册"钢笔牌"钢笔、自行车的速写图用于自行车的商标注册都是违反商标法规定的行为。绍兴市酿酒总公司(现中国黄酒集团)注册的"花雕"商标则被国家工商总局商标局以"花雕是黄酒品种的通用名称"为由撤销。

(2)仅仅直接表示商品的质量、主要原料、功能、用途、重量、数量及其他特点的。例如咖啡牌咖啡、保暖牌羽绒服、写字牌钢笔等用于商标注册都违反商标法的规定。日本石原产业株式会社曾经在我国申请注册除草剂商标"稳得杀"时被驳回:稳代表质量,杀代表用途和功能。

(3)缺乏显著特征的。可识别性或称为显著性应是商标的首要特征,商标无显著性或可识别性,就失去商标的意义。例如某水泥厂为其生产的水泥申请使用"925"商标,被国家工商行政管理总局商标局驳回,理由是该商标会被误为是水泥标号,且缺乏商标应有的显著性,因而不予注册商标。

但《商标法》同时规定,上述标志经过使用取得显著特征并便于识别的,可以作为商标注册。例如"五粮液"白酒,表示此类白酒是由五种粮食作为原料酿造而成,经长期使用,已经形成显著特征,因此可以作为商标注册。

2.商标注册的程序

(1)商标注册申请人提交申请文件并缴纳申请费用。这些申请文件包括商标注册申请书、商标图案和有关证明文件。申请人也可以委托商标代理机构办理申请手续。

(2)形式审查。商标局对商标注册申请人申报的事项和提供的材料的真实、准确、完整性进行审查,以决定是否受理。对于申请手续完备、文件填写规范的,商标局予以受理,确认申请日期和申请号,并发给《受理通知书》。

(3)实质审查。商标局依据《商标法》、《商标法实施条例》等法规的规定对申请注册的商标是否符合商标注册的条件进行审查。这是决定商标能否获准注册的关键环节。对于符合注册条件规定的商标,予以初步审定并公告。不符合注册条件的,商标局驳回申请。

(4)公告。对于通过实质审查的申请注册商标,商标法规定公告期为3个月。在公告期内,任何人都可以对初步审定并公告的商标提出异议,其目的是把商标注册工作置于社会监督之下,提高注册商标的质量。

(5)核准注册。对于在3个月公告期内无异议或经裁定异议不成立的商标,商标局予以核准注册,经裁定异议成立的,不予核准注册。国家工商行政管理部门设立商标评审委员会负责处理商标争议事宜。申请人不服裁定的,可以在收到通知之日起15日内申请复审。对复审结果仍不服的,可在收到通知之日起30日内向法院起诉。

经裁定异议成立的,不予核准注册。国家工商行政管理部门设立商标评审委员会负责处理商标争议事宜。申请人不服裁定的,可以在收到通知之日起15日内申请复审。对复审结果仍不服的,可在收到通知之日起30日内向法院起诉。

3. 要求优先权的,应当在提出商标注册申请时提出书面声明

(1)商标注册申请人自其商标在外国第一次提出商标注册申请之日起6个月内,又在中国就相同商品以同一商标提出商标注册申请的,依照该外国同中国签订的协议或者共同参加的国际条约,或者按照相互承认优先权的原则,可以享有优先权。

(2)商标在中国政府主办的或者承认的国际展览会展出的商品上首次使用的,自该商品展出之日起6个月内,该商品的注册申请人可以享有优先权。

六、注册商标的有效期及其续展

(一)注册商标的有效期

注册商标的专用权具有时间性,各国商标法规定的注册商标有效期并不完全相同,如美国为20年,欧洲大陆国家大多规定为10年。

我国《商标法》第37条规定:注册商标的有效期为10年,自核准注册之日起计算。

(二)注册商标的续展

商标的有效期届满后,经商标注册人的申请可以续展,续展次数不限。《商标法》第38条规定:注册商标有效期满,需要继续使用的,应当在期满前6个月内申请续展注册;在此期间未能提出申请的,可以给予6个月的宽展期。宽展期满仍未提出申请的,注销其注册商标。每次续展注册的有效期为

10年。

七、注册商标的转让和使用许可

（一）注册商标的转让

注册商标可以转让,转让人和受让人应当签订转让协议,并共同向商标局提出申请。受让人应当保证使用该注册商标的商品质量。转让注册商标经核准后,予以公告。受让人自公告之日起享有商标专用权。

（二）注册商标的使用许可

商标注册人可以将注册商标通过签订使用许可合同并在商标局备案,许可其他企业或个体工商业者使用,被许可人享有使用权。许可人应当监督被许可人使用其注册商标的质量,被许可人应当保证使用该注册商标的商品质量并在使用该注册商标的商品上标明被许可人的名称和商品的产地。

八、在申请商标注册时应注意的几个问题

商标的设计、注册关系到一个企业的长远发展问题,因此应进行细密、周到、全面的考虑。在设计商标时要注重其独创性、吸引力,朗朗上口,悦耳易记,使消费者易于接受和认可,同时更要注重与产品与服务的关联性。典型的例子是可口可乐商标。1886年,美国亚特兰大的药剂师约翰·潘伯顿无意中创造了可口可乐。他的助手罗宾逊用 Coca-Cola 为这种新奇的饮料命名。20世纪20年代,可口可乐开始传入我国,曾被译为"口渴口腊"、"蝌蚪啃腊",让人不知所云,产品的销售结果可想而知。可口可乐公司公开登报悬赏译名。留英的蒋彝先生神来之笔,将其译为"可口可乐",不仅保持了英文的语音,而且添加丰富的内涵,既生动地暗示产品的清爽口感,又强调产品带来的愉悦与欢乐。除此以外,在申请商标注册时还应当考虑到既要突出自己的显著性特征,又不能侵害他人合法权利。下面这些问题是常见的在商标注册中应注意的事项。

（一）应当具有显著性特征

商标是商品生产者、经营者或者服务者为了将其生产、销售的产品或提供的服务与他人的商品或服务相区别的标记,应具有显著性特征才能达到此目的,否则难以获得商标局的注册。如不能用直接表示商品质量、主要原料、功能、用途数量等作为商标注册,起不到区分商品的作用,但可以间接把商标与商品的原料、功能、质量、用途等联系起来,例如"万里"皮鞋、"百灵"乐器、"永芳"化妆品、"雪碧"汽水等都是成功的商标。

(二)避免被驰名商标所覆盖

驰名商标是指在消费者心目中有崇高信誉和知名度高的商标。世界各国一般都注重对驰名商标的保护,即使不注册也能对抗注册了的一般商标。典型例子即厦门的"惠尔康"商标,虽没有进行注册,但有一定的市场知名度。福州的一家公司意欲抢注,最后"惠尔康"以属于驰名商标为由而在诉讼中胜出。当然这也得益于修订后的《商标法》第31条的规定:申请商标注册不得损害他人现有的在先权利,也不得以不正当手段抢先注册他人已经使用并有一定影响的商标。

《保护工业产权巴黎公约》第6条规定:对于与驰名商标相同或相近似的商标,可以在其注册后5年内请求撤销并禁止其使用。

(三)驰名商标注意防御性注册

一般商标保护重点是禁止混淆,而驰名商标保护重点在于禁止淡化。为了防止驰名商标淡化,实践中一种常见的做法是进行防御性注册,防止他人免费搭车。例如上海冠生园总厂在主体商标"大白兔"基础上注册了各种形态的兔子图形;杭州娃哈哈儿童营养食品公司在"娃哈哈"之外还注册了"哈哈娃"、"娃娃哈";柳州牙膏厂在"两面针"之外还注册了"两两针"、"面面针"、"双面针"、"针两面"、"面两针"等,形成了一个以主体商标为中心的密集防护层。当然,在商标注册时也可以考虑到把企业的名称与商标结合起来(商标专用权与企业名称专用权结合),扩大保护范围与效力,节约宣传推广费用,起到事半功倍的效果。如海尔集团与海尔商标。

【本章小结】

本章第一节阐述了知识产权与工业产权之间的种属关系,工业产权的含义、分类、法律特征及工业产权的国际保护;第二节介绍专利权的概念、主体、客体和授予专利权的条件、专利权的申请及其保护期限、实施以及专利权人的权利义务等内容;第三节讲授商标的概念、分类、注册、注册商标的有效期及续展、转让和使用许可等法律规定。通过本章的学习,能够领会人类智力成果对社会发展进步的巨大促进作用,提高人们保护知识产权的意识。

思考题:

1. 简述授予专利权的条件。
2. 专利权主体有哪些?
3. 专利权人享有哪些权利?

4. 张某是某中学物理教师,多年来深感近视对学生身心的影响,决心制作一种可矫正近视的工具。他利用自己的物理学知识,并请教了很多眼科大夫,查阅了一些医学资料,于1990年初试制成功一种眼镜,对近视眼有一定疗效。拟于当年的6月份向国家专利局提出申请。学校教务处得知后,提出张某为本校职工,该专利申请权应属学校。

请问:该案应如何处理?本案中专利申请权归谁所有?

5. 湖北省某县农科所于1991年6月研制开发一种新型杂交水稻品种,该种水稻抗病能力强,产量高,很有推广前途。农科所于1991年8月向国家专利局就该水稻品种提出专利申请。

请问:对该新型杂交水稻品种,专利局可否授予专利权?

第十一章 产品质量法律制度

第一节 产品质量法概述

导入案例

打假事件推动产品质量法立法发展

1993年2月22日,七届全国人大常委会第三十次会议审议通过产品质量法,没有一张反对票。产品质量法颁布后,声势浩大的"中国质量万里行"活动开始,通过接受老百姓的举报投诉,以打击假冒伪劣,规范市场经营,保护消费者权益,成效明显。但随后发生在河南的一起打假事件,令人始料不及,也暴露出了产品质量法中的不足。河南省质检人员经检查发现某工地使用的电线均为"三无"产品,遂对建筑商进行了处罚。建筑商不服,一纸诉状将河南省质检部门告上了法庭。法官最后判决建筑商胜诉。为何使用"三无"产品却能胜诉?原来《产品质量法》第2条规定:"本法所称产品是指经过加工、制作,用于销售的产品。建设工程不适用本法规定。"原告主张电线是建筑工程不可分割的部分,不属于产品质量法规定的产品范围,质检部门无权进行处罚。针对实践中暴露的种种问题,全国人大常委会于2000年7月审议通过修改《产品质量法》。对于原产品质量法在实施中遇到的问题,在修改后的产品质量法中给予明确规定。如将"建设工程使用的建筑材料、建筑构配件和设备"纳入产品范围。

问题:我国《产品质量法》立法应遵循哪些立法宗旨?该法对产品及产品质量概念如何界定?

一、产品与产品质量

产品是指人们运用劳动手段对劳动对象进行加工而成,用于满足人们生产和生活需要的物品。从经济属性上考察,《产品质量法》中的产品仅存在于经营者与用户、消费者双方构成的商品关系之中。《产品质量法》中的产品由产品质量法律明确界定其内涵和外延,指商品经济社会中用做商品交换关系客体的,并且由有关国家法律予以明确界定的产品。我国《产品质量法》规制的产品仅限于经过加工、制作、用于销售的产品。未经加工的天然形成的产品,如原矿、原煤、石油、天然气等,以及初级农产品,如农、林、牧、渔等产品,不适用该法规定;建设工程不适用《产品质量法》的规定,但建设工程中使用的建筑材料、建筑构配件和设备,属于上述规定的产品范围的,适用《产品质量法》的规定。

产品质量是指产品符合人们需要的内在素质和外观形态的各种特性的综合状态。国际标准化组织颁布的 ISO8402-1986 标准,将质量定义为"产品或服务满足规定或潜在需要的特征和特性的总和"。从法律意义上分析,产品质量主要是指由国家的法律、法规、质量标准等所确定的或由当事人通过合意所确定的有关产品使用、安全、外观等诸种特性的总和。我国产品质量法规定的产品质量必须具备三方面要求:第一不存在危及人身、财产安全的不合理的危险,有保障人体健康和人身、财产安全的国家标准、行业标准的,应当符合该标准;第二具备产品应当具备的使用性能,但是对产品存在使用性能的瑕疵作出说明的除外;第三符合产品或者其包装上注明采用的产品标准,符合以产品说明、实物样品等方式表明的质量状况。

产品质量问题一般来说分为两类:其一产品不适用,多由产品瑕疵而发生;其二产品不安全,多由产品缺陷而发生。所谓产品瑕疵是指产品不符合使用性、不符合明示的产品质量标准,或者不符合以产品说明、实物样品等方式表明的质量状况。产品瑕疵产生的责任是合同责任。产品缺陷是指产品存在不合理的危险,要求生产者在产品可以预见的可能使用范围内具有合理的安全性。我国产品质量法规定的产品缺陷是指产品存在危及人身、他人财产的不合理的危险,或者不符合产品保障人体健康和人身、财产安全的国家标准、行业标准。

二、产品质量法

（一）产品质量法的概念

产品质量法是调整在生产、流通和消费过程中因产品质量所发生的经济关系的法律规范的总称。主要包括产品质量监督管理、产品质量责任、产品质量损害赔偿及产品质量争议处理等法律规范。

我国产品质量的基本法是 1993 年 2 月 22 日第七届全国人民代表大会常务委员会第三十次会议通过,并经 2000 年 7 月 8 日第九届全国人民代表大会常务委员会第十六次会议修正的《中华人民共和国产品质量法》。除此之外,我国还先后颁布了数十个与质量有关的法律、法规、规章、标准,如《中华人民共和国食品安全卫生法》、《中华人民共和国药品管理法》、《中华人民共和国计量法》、《中华人民共和国标准化法》、《中华人民共和国产品质量认证管理条例》等,建立和完善了我国的产品质量法律体系。

(二)产品质量法的调整对象

我国产品质量法调整对象具有多样性和广泛性,是产品质量管理法和产品责任法的统一。该法调整的法律关系具体表现为:

1.产品质量监督管理关系。即各级技术质量监督部门、工商行政管理部门在产品质量的监督检查、行使行政处罚权时与市场经营主体所发生的法律关系。

2.产品质量责任关系。即因产品质量问题引起的消费者与生产者、销售者之间的法律关系。

3.产品质量检验、认证关系。即因中介服务所产生的中介机构与市场经营主体之间的法律关系,及因产品质量检验和认证不实损害消费者权益而产生的法律关系。

(三)产品质量法的立法宗旨和指导原则

根据《产品质量法》的规定,产品质量法的立法宗旨是:

1.加强国家对产品质量的监督管理,促使生产者、销售者保证产品质量。

2.明确产品质量责任,严厉惩治生产、销售假冒伪劣产品的违法行为。

3.切实地保护用户、消费者的合法权益,完善我国的产品质量民事赔偿制度。

4.遏制假冒伪劣产品的生产和流通,维护正常的社会经济秩序。

产品质量法的立法指导原则是:

1.贯彻质量第一的原则。

2.贯彻维护消费者合法权益的原则。

3.实行统一立法、区别管理、监督的原则。

4.实行奖优惩劣的原则。

第二节 产品质量的监督管理制度

> **导入案例**
>
> ### 丰田凯美瑞汽车召回案
>
> 据央视报道称,凯美瑞汽车由于刹车助力器皮膜存在设计缺陷,导致刹车制动距离过长,超出正常范围,从而造成汽车追尾事件,不少凯美瑞消费者因此向国家质检总局投诉。国家质检总局缺陷产品管理中心随机抽取调查了 200 位凯美瑞车主,发现问题主要集中在刹车失灵、变硬、卡滞、有异响等,其中超过 15% 的消费者因此发生过危险状况和交通事故。针对以上问题,广汽丰田在 2009 年 3 月 2 日向国家质检总局递交了申请市场技术服务活动的报告,并在 2008 年 3 月主动变更了真空助力器皮膜形状。但上述举措未能消除凯美瑞用户的不安和焦虑情绪。后经丰田汽车公司同意,广汽丰田于 2009 年 4 月 22 日向国家质检总局缺陷产品管理中心提出主动召回申请,申请召回 2006 年 5 月 15 日至 2008 年 3 月 3 日生产的凯美瑞。此次召回共涉及车辆 259119 辆,召回生效日期为 2009 年 4 月 23 日。广汽丰田将对召回汽车免费更换制动器助力总成,工时为 2 小时。对在本次召回范围内的车辆,已经自行付费更换的车主,将由经销商先返还客户修理费用。
>
> 问题:产品召回制度通过什么程序及法律措施确保实现?

产品质量监督管理与产品责任制度共同构成产品质量问题的两大制度。产品质量监督管理制度具有前期预防性,产品责任制度则为受害人提供事后救济。产品质量监督管理制度在监管产品质量问题上弥补了私法领域的不足,体现了经济法的公法性。

《产品质量法》第 6 条对我国产品质量监督管理体制作出明确规定。产品质量监督管理体制是指产品质量监督管理组织机构的设置及其权限划分的总体制度。我国采用统一管理与分工管理相结合、层次管理与地域管理相结合的原则建立产品质量监督管理体制。具体表现为:国务院产品质量监督管理部门主管全国产品质量监督管理工作。国务院有关部门在各自的职责范围内负责产品质量监督管理工作。县级以上地方产品质量监督部门主管本行政区域内的产品质量监督管理工作。县级以上地方人民政府有关部门在各自的职责范围内负责产品质量监督管理工作。法律对产品质量的监督管理部门另有规定的,依照有关法律的规定执行。

一、产品质量管理制度

(一)产品生产许可证制度

国家对涉及人体健康、人身财产安全及其他需要控制的产品实行生产许可证制度,有利于从源头上对产品质量进行监督管理。我国实行生产许可证管理的产品目录由国务院有关产品的行业管理部门提出,经国务院技术监督行政部门审批公布。生产企业必须具备保证产品质量安全的基本条件,并按规定程序取得生产许可证,方可从事相关产品的生产活动。任何企业未取得生产许可证,不得生产实行生产许可证制度管理的产品。任何单位和个人不得销售或者在经营活动中使用未取得生产许可证的产品。

国家质量监督检验检疫总局负责全国工业产品生产许可证统一管理工作,对实行生产许可证制度管理的产品,统一产品目录,统一审查要求,统一证书标志,统一监督管理。

(二)企业质量体系认证制度

企业质量体系认证是指按照国家质量管理和质量保证系列标准,经过认证机构独立评审,对符合认证要求的企业,颁发认证证书,从而证明企业的质量体系达到相应标准,质量保证能力符合相应要求的活动。企业质量体系认证也称为企业认证、质量体系注册、质量体系评审、质量体系审核等。根据我国《产品质量法》规定,国家根据国际通用的质量管理标准,推行企业质量体系认证制度。企业质量认证体系的对象是企业生产经营管理的职权、职责、生产过程、目标和企业的组织系统,该标志只能用于企业,而不能用于产品。

目前我国对质量体系认证的标准是国家质量技术监督局颁布的 GB/TI9000-ISO9000"质量管理和质量保证"系列国家标准。该标准等同于国际标准化组织(ISO)推荐的 ISO9000 质量管理和质量保证系列国际标准。ISO9000 体系标准鼓励组织在制定、实施质量管理体系时采用过程方法,通过识别和管理众多相互关联的活动,以及对这些活动进行系统的管理和严密的监视与控制,以保证顾客能得到满意的产品。ISO9000 体系标准还提供了持续改进的框架,增加顾客和其他相关方满意的机会。企业可依据自身的具体情况选择对应的质量保证模式标准申请对企业的质量体系进行评价。

企业根据自愿原则申请企业质量体系认证,任何部门和单位不得违反法律规定的自愿原则强制企业申请认证。认证工作由有资格的企业质量体系认证机构承担。经认证合格的,由认证机构颁发企业质量体系认证证书。企业获得认证证书有助于提高企业对内加强质量管理,实现质量方针和质量目标,可以对外提供质量担保,增强市场竞争能力,同时还对企业参加国际贸易、消除技术壁垒起到积极作用。

企业的质量体系认证并非政府行政行为,而是一种独立的社会认证,由具有认证资格的认证机构负责具体的实施工作。认证机构的认证资格由国务院产品质量监督部门认可的或者国务院产品质量监督部门授权的部门认可。国务院产品质量监督管理部门统一管理企业质量体系认证工作,由县级以上地方人民政府管理产品质量监督工作的部门负责执法。

(三)产品质量认证制度

产品质量认证是指依据有关的产品标准和技术要求,经认证机构确认,并通过颁发认证证书和认证标志以证明该产品符合相应标准和技术要求的活动。《产品质量法》规定,国家参照国际先进的产品标准和技术要求,推行产品质量认证制度。产品质量认证制度的推行,是通过对符合认证标准的产品颁发认证标志,便于消费者识别,也有利于提高经认证合格的企业和产品的市场信誉,增强产品的市场竞争能力,以激励企业加强质量管理,提高产品质量水平。

产品进行质量认证通常应当以具有国际水平的国家标准或行业标准为依据。对于现行国家标准或行业标准内容不能满足认证需要的,应当由认证委员会组织制订补充技术要求。对于我国名、特、优产品开展产品质量认证,应当以经国家质量技术监督局确认的标准和技术要求作为认证依据。对于我国已与国外有关认证机构签订双边或多边合作协议的产品,应按照合作协议规定采用的标准为依据进行产品质量认证。产品质量认证制度的具体实施按照国务院1991年5月7日发布的《中华人民共和国产品质量认证管理条例》以及1992年1月30日国家技术监督局发布的《产品质量认证管理条例实施办法》、《产品质量认证委员会管理办法》、《产品质量认证检验机构管理办法》、《产品质量认证质量体系检查员和检验机构评审员管理办法》、《产品质量认证证书和认证标志管理办法》等规章的规定进行。

产品质量认证分为安全认证和合格认证。凡根据安全标准进行认证或只对商品标准中有关安全的项目进行认证的,称为安全认证。它是对商品在生产、储运、使用过程中是否具备保证人身安全与避免环境遭受危害等基本性能的认证,属于强制性认证。按照世贸有关协议和国际通行规则,我国从2002年5月1日起实行国家强制认证制度(CCC),对涉及人类生命、健康安全、动植物生命健康和安全,以及环境保护和公共安全的产品实行统一的强制性产品认证制度。凡列入强制性产品认证目录内的产品,没有获得指定认证机构颁发的认证证书,没有按规定加施认证标志,一律不得出厂、销售、进口或者在其他经营活动中使用。合格认证是依据商品标准的要求,对商品的全部性能进行的综合性质量认证,一般属于自愿性认证。实行合格认证的产品,必须符合《标准化法》规定的国家标准或者行业标准的要求。对于未列入"CCC"目录的产品若需要认证,则采用自愿认证的方式。实行自愿认证有助于提高商品的知名度和竞争力。

通过产品质量认证,符合认证标准的产品将获得产品质量认证标志。产品质量认证标志是由产品质量认证机构设计,按照法定程序批准、发布的一种专用标志。用以证明某项产品符合规定标准或者技术规范,经认证机构允许,可以在获准认证的产品上使用。目前,经国家技术监督局批准的产品质量认证标志有三种:长城认证标志,用于获准认证的电工产品;PRC 认证标志,用于获准认证的电子元器件产品;方圆认证标志,用于获准认证的其他产品。此外,一些较有影响的国际机构和外国的认证机构按照自己的认证标准,也对向其申请认证并经认证合格的我国国内生产的产品颁发其认证标志。如国际羊毛局的纯羊毛标志,美国保险商实验室的 UL 标志等,都是在国际上有较大影响的认证标志。

我国产品质量认证方式采用国际上通行的第三方认证制度。即由独立于生产方和购买方的第三方认证机构公正地证明某一产品的质量符合规定的标准。认证机构的认证资格由国务院产品质量监督部门认可的或者国务院产品质量监督部门授权的部门认可。

根据我国法律规定,中国企业、外国企业均可提出认证申请。提出认证申请的企业应具备以下条件:(1)经营者自认为其产品符合国家标准或者行业标准的要求。(2)产品质量稳定,能正常批量生产。(3)生产企业的质量体系符合国家质量管理和质量保证标准及补充要求。

对于通过认证的产品,企业可以在产品或其包装上使用产品质量的认证标志;除接受国家法律和行政法规规定的检查外,免于其他检查,并享有优质优价、优先推荐参加国优产品评定等优惠条件。但取得产品质量认证的企业仍必须接受认证委员会对其认证产品及质量体系的监督、检查,如达不到认证时所规定的条件,应当停止使用认证标志。产品质量认证机构对不符合认证标准而使用认证标志的产品,未依法要求其改正或者取消其使用认证标志资格的,对因产品符合认证标准给消费者造成的损失,与产品的生产者、销售者承担连带责任;情节严重的,撤销其认证资格。

二、产品质量监督制度

产品质量监督包括国家监督、社会监督和企业监督三种类型。

(一)国家监督

国家监督是指国务院及地方各级产品质量监督部门依法对生产领域、流通领域的产品质量进行强制性监督检查的活动。国家监督是产品质量监督的主要方式。

1. 产品抽查制度

国家对产品质量的监督检查制度主要实行产品抽查制度。重点对可能危及人体健康和人身、财产安全的产品(如食品、药品、医疗器械、易燃易爆品等)、影响国计民生的重要工业产品(如钢材、水泥、机电产品、化肥)以及消费者、有关组织反映有质量问题的产品进行抽查。其他法律如《药品管理法》、《计量法》等法律,对某些特殊产品如药品、计量、食品、进出口商品等进行监督检查另有规定的,依照有关法律的规定执行。

为保证抽查结果的真实性和合理性,《产品质量法》规定抽查的样品应当从市场上或者企业成品仓库内的待销产品中随机抽取。根据监督抽查的需要,可以对产品进行检验。检验抽取样品的数量不得超过检验的合理需要,并不得向被检查人收取检验费用。监督抽查所需检验费用按照国务院规定列支。

我国对产品抽查制度的结果实行复议制度。生产者、销售者对抽查检验的结果有异议的,可以自收到检验结果之日起15日内向实施监督抽查的产品质量监督部门或者其上级产品质量监督部门申请复检,由受理复检的产品质量监督部门作出复检结论,复检结论为最终结论。

监督抽查工作由国务院产品质量监督部门规划和组织。县级以上地方产品质量监督部门在本行政区域内也可以组织监督抽查。法律对产品质量的监督检查另有规定的,依照有关法律的规定执行,但要防止重复抽查。

2.产品召回制度

产品召回制度是指产品的生产商、销售商或进口商对于其生产、销售或进口的产品存在危及消费者的人身财产安全缺陷的,依法将该产品从市场上收回,并免费对其进行修理或更换的制度,是政府介入经济活动并对其进行调节和干预的产物。产品召回制度发源于美国。1966年美国实施《国家交通与机动车安全法》首次将召回制度应用于机动车产品领域,随后扩展到诸多涉及产品安全和公共健康的领域,在一系列立法中引入了缺陷产品召回制度,如《消费者产品安全法》、《儿童安全保护法》、《食品、药品及化妆品法》等。目前实行召回的国家还有日本、韩国、加拿大、英国和澳大利亚等国家,召回制度已成为世界发达国家普遍采纳的法律制度。我国目前在缺陷产品召回问题上已存在一定的立法实践,但尚未建立严格意义上的缺陷产品召回制度。目前《产品质量法》尚未对缺陷产品召回制度作出明确规定。有关规定散见于地方性立法及行政规章中,如2002年10月上海市颁布的《上海市消费者保护条例》首次对产品召回制度用立法的形式作出规定;2004年10月1日《缺陷汽车产品召回管理规定》及其配套法规正式实施,在汽车产品领域实施缺陷产品召回;2007年8月27日《食品召回管理规定》正式实施,在食品领域引入缺陷产品召回制度;2007年12月6日公布实施了《药品召回管理办法》,针对药品领域进行缺陷产品召回等。2009年4月7日国务院法制办公室发出通知就《缺陷产品召回管理条例(草案)》公开征求意见。

产品召回制度对于预防和消除缺陷产品对公民人身和财产的危害具有独特的功能,具体表现在:

(1)预防性。一般的违约责任救济和侵权责任救济通常建立在已经明确的损害后果上,当事人主张法律救济时,损害通常已经发生。召回制度则建立在潜在的损害基础上,只要发现了缺陷产品造成损害的个案,生产者就应将同类产品全部召回,对其进行检测和修理。该制度有利于防患于未然,避免了该类产品造成大规模的损害。

(2)主动性。在产品召回制度中,生产者负有主动召回所有同类缺陷产品的义务。产品召回的启动往往不需要消费者等受害人的主动请求。生产者也因此要承担更为严格的义务和责任。

(3)广泛性。所有依法需要召回缺陷产品的生产者都具有召回的义务,为同类缺陷产品的所有消费者提供救济的渠道。

(4)公益性。生产者及时召回缺陷产品,有利于保障不特定公众的利益和安全。通过法律手段要求生产者主动召回缺陷产品体现了对处于弱势一方的消费者的保护,因此产品召回制度具有公益性。

产品召回的实施主体包括三类:

(1)产品召回监管者。产品召回是对缺陷产品潜在风险的防范,需要生产者付出巨大的成本。因此需通过建立国家监管制度保证召回的实施。在制造商未主动承担召回责任时,主管部门应当要求制造商按照指令召回程序的规定进行产品召回。根据《缺陷汽车产品召回管理规定》,国家质量监督检验检疫总局负责全国缺陷汽车召回的组织和管理工作;各省、自治区、直辖市质量技术监督部门和各直属检验检疫机构(以上称地方管理机构)负责组织本行政区域内缺陷汽车召回的监督工作。

(2)产品召回实施者。通常由制造商和进口商承担缺陷产品召回的责任。

(3)产品召回协助者。销售商和租赁商是销售渠道的中间环节,是实施产品召回的协助者。另外公布产品召回信息的新闻媒体、对产品召回进行监督的消费者团体及对缺陷产品进行检验鉴定的中立权威产品质量鉴定机构等也有义务协助产品召回的实施。主管部门针对汽车产品可能存在的缺陷进行调查时,有关单位和个人也应当予以配合。

产品召回的对象是缺陷产品。《缺陷产品召回管理条例(草案)》将缺陷产品定义为"因设计、生产、指示等原因在某一批次、型号或者类别中存在具有同一性的、已经或者可能对人体健康和生命安全造成损害的不合理危险的产品"。该条规定对缺陷产品的界定范围过窄,没有考虑产品已经或可能对消费者财产安全造成损害的情形。《缺陷汽车产品召回管理规定》则将缺陷定义为由于设计、制造等方面的原因而在某一批次、型号或类别的汽车产品中普遍存在的具有同一性的危及人身、财产安全的不合理危险,或者不符合有关汽车安全的国家标准的情形。根据该法规定,判断汽车产品是否存在缺陷应遵循三条原则:(1)经检验机构检验安全性能存在不符合有关汽车安全的技术法规和国家标准的。(2)因设计、制造上的缺陷已给车主或他人造成人身、财产损害的。(3)虽未造成车主或他人人身、财产损害,但经检测、实验和论证,在特定条件下缺陷仍可能引发人身或财产损害的。

产品召回有制造商主动召回和主管部门指令召回两种途径。

生产者通过收到有关产品人身伤害的消费者投诉、获知产品人身伤害事故、接到所在地的省级以上质检部门进行缺陷调查的通知、生产者认为产品可能存在与人体健康和生命安全有关的缺陷的、生产者通过其他途径获知可能存在缺陷等方式获知产品可能存在缺陷的应进行缺陷产品调查,经确认产品存在与人体健康和生命财产安全有关的缺陷的,生产者应当立即停止生产、销售缺陷产品,主动召回缺陷产品,并向所在地的省级以上质检部门报告。生产者应当根据缺陷调查和风险评估的结果采取以下召回措施进行控制与消除该缺陷:(1)依法向社会发布警示信息,告知消费者停止消费或者使用,或者补充、修正消费说明。(2)通知有关销售者和服务业经营者停止对该缺陷产品的销售、使用、租赁等经营活动。对销售者尚未售出的存在该缺陷的产品,通知其停止销售并予以撤回。(3)对已经售出的缺陷产品,进行修理、更换、退货等。(4)生产者应当对召回的缺陷产品依法进行无害化技术处理,对严重危害人体健康和生命安全的缺陷产品,应当予以销毁。

存在下列情形时国务院质检部门应当向生产者发出责令召回通知或者公告,并通知所在地的省级质检部门,依法采取相应措施:生产者经调查确认产品存在与人体健康和生命安全有关的缺陷,应当主动召回但未召回的;生产者故意隐瞒产品存在与人体健康和生命安全有关的缺陷的;由于生产者的过错造成缺陷产品危害扩大或者再度发生的。

召回程序通常包括缺陷产品的报告和投诉、缺陷产品危害初步评估、产品缺陷鉴定、召回确认和召回计划的制订、发布召回信息、实施召回、验收和召回终止等环节。

生产者未依照法律规定履行产品召回义务的,应承担相应法律责任。如《食品安全法》规定"食品生产经营者未依法召回或者停止经营不符合食品安全标准的食品,县级以上质量监督、工商行政管理、食品药品监督管理部门可以责令其召回或者停止经营。食品生产经营者在有关主管部门责令其召回或者停止经营不符合食品安全标准的食品后,仍拒不召回或者停止经营,最高可处以货值金额10倍的罚款,并吊销许可证。"《缺陷产品召回管理条例(草案)》规定生产者未停止生产、销售缺陷产品,主动召回缺陷产品,隐瞒或者虚报其生产的产品缺陷危害的事实构成产品质量法律法规规定的违法行为的,依照有关法律法规追究相关责任;未构成产品质量法律法规规定的违法行为的,予以警告,责令限期改正;逾期仍未改正的,可处以20万元以上50万元以下罚款;构成犯罪的,依法追究刑事责任。

(二)社会监督

任何单位和个人有权对违反《产品质量法》规定的行为,向产品质量监督部门或者其他有关部门检举。产品质量监督部门和有关部门应当为检举人保密,并按省、自治区、直辖市人民政府的规定给予奖励。

消费者有权就产品质量问题,向产品的生产者、销售者查询;向产品质量监督部门、工商行政管理部门及有关部门申诉,接受申诉的部门应当受理申诉,负责处理。

保护消费者权益的社会组织可以采取消费者警示等提示消费者信息、进行消费者教育等方式维护消费者合法权益;就消费者反映的产品质量问题建议有关部门负责处理;支持消费者对因产品质量造成的损害向人民法院起诉。

(三) 企业监督

企业也是产品质量监督的主体,企业内部应建立和完善自检互检体系。我国《产品质量法》规定,生产者、销售者应当建立健全内部产品质量管理制度,严格实施岗位质量规范、质量责任及相应的考核办法,保证所生产的产品与销售的产品的质量。

第三节 生产者、销售者的产品质量责任和义务

> 导入案例

销售者诉生产者饮料有异物案

欧阳某(原告)是广州市某食杂店的业主。1997 年 12 月 31 日,他在出售给一顾客的一瓶 200ml 玻璃瓶装百事可乐饮料里发现有一支折叠的塑料吸管,便将该瓶百事可乐饮料保存下来,并拍摄了相片,至今瓶盖尚未开启。该瓶百事可乐饮料是原告向第三人广州市荔湾全兴饮料经营部分部所购的整箱(每箱 24 瓶)中的一瓶。事后,原告与被告广州百事可乐饮料有限公司交涉未果,遂向广州市海珠区人民法院提起诉讼称:其是被告广州百事可乐饮料有限公司的长期客户,一直为该公司推销百事可乐的系列产品。此次事件发生时,该顾客说其卖伪劣产品,引起众多的群众围观。事后,附近的街坊群众都流传其所经营的食杂店卖伪劣产品,致使几个月来其销售额直线下落,名声极坏。遂要求被告赔偿营业损失30500 元、精神损失费 3 万元、照片费用 58 元、交通费 127.50 元、电话费34.50 元、误工费 875 元,共 61595 元;要求被告为其消除影响、恢复名誉。被告答辩称:原告所述百事可乐饮料是本公司的产品。因原告每月销售最多不超过 4 箱的百事可乐饮料,此事的发生不可能给原告带来如原告所述的损失,只同意给原告补偿照片费用、交通费、电话费、误工费合

计 500 元。一审法院经审理查明：第三人售给原告的百事可乐饮料，其中有一瓶瓶盖未开启的饮料里有 1 支塑料吸管，该瓶饮料存在危及人身健康之虞，因此，该产品的生产者对此应承担相应的民事责任，被告对原告该瓶饮料应予更换，原告因此所支出的拍摄相片费用、交通费、电话费、误工费，被告理应予以赔偿。但原告提出的上述费用赔偿数额 1095 元，既缺乏依据，也不合理。判决被告在判决生效之日起 7 日内给原告更换 200ml 玻璃瓶装百事可乐饮料一瓶并赔偿原告相片费用、交通费、电话费、误工费 500 元。二审做出维持原判的判决。

问题：依据我国《产品质量法》规定，生产者与销售者有何产品质量责任和义务？

一、生产者的产品质量责任和义务

产品质量法规定，生产者应当对其生产的产品质量负责。这一规定要求生产者以保证产品质量作为其首要义务。生产者不履行或不完全履行其产品质量法定义务时，必须依法承担相应的产品质量责任。

（一）生产者应当对其生产的产品质量负责

产品质量应当符合下列要求：

1. 产品不存在危及人身、财产安全的不合理的危险，有保障人体健康和人身、财产安全的国家标准、行业标准的，应当符合该标准。

2. 具备产品应当具备的使用性能，但是，对产品存在使用性能的瑕疵作出说明的除外。

3. 符合在产品或者其包装上注明采用的产品标准，符合以产品说明、实物样品等方式表明的质量状况。

（二）产品或其包装标识应符合法定要求

产品标识是用于识别产品及其质量、数量、特征、特殊性能和使用方法的标签。根据产品的不同特点与使用要求，产品标识可以标注在产品上，也可以标注在产品包装上。产品标识应符合以下要求：

1. 有产品质量检验合格证明。产品质量检验合格证明是指生产者出具的用于证明产品质量符合相应要求的证件。应当包括：合格证、合格印章、质量要求标准。

2. 有中文标明的产品名称、生产厂厂名和厂址。

3. 根据产品的特点和使用要求，需要标明产品规格、等级、所含主要成分的名称和含量的,用中文予以标明。需要事先让消费者知晓的,应当在外包装上标明,或者预先向消费者提供有关资料。

4. 限期使用的产品,应当在显著位置清晰地标明生产日期和安全使用期或者失效日期;使用不当,容易造成产品本身损坏或者可能危及人身、财产安全的产品,应当有警示标志或者中文警示说明。

裸装的食品和其他根据产品的特点难以附加标识的裸装产品,可以不附加产品标识。

(三)特殊产品包装应符合法定要求

易碎、易燃、易爆、有毒、有腐蚀性、有放射性等危险物品以及储运中不能倒置和其他有特殊要求的产品,其包装质量必须符合相应要求,依照国家有关规定作出警示标志或者中文警示说明,标明储运注意事项。

(四)不得违反禁止性规定

生产者不得违反以下四项禁止性规定:

1. 不得生产国家明令淘汰的产品。
2. 生产者不得伪造产地,不得伪造或者冒用他人的厂名、厂址。
3. 生产者不得伪造或者冒用认证标志等质量标志。
4. 生产者生产产品,不得掺杂、掺假,不得以假充真、以次充好,不得以不合格产品冒充合格产品。

二、销售者的产品质量责任和义务

《产品质量法》规定,销售者应当履行产品质量义务,对销售的产品负责。具体应承担以下产品质量责任和义务:

(一)进货验收义务

销售者应当执行进货检查验收制度,验明产品合格证明和其他标识。执行进货检查验收制度,是确保销售者进货的质量、区分销售者与生产者责任的重要手段。执行进货检查验收制度,包括对产品内在质量的检验和外在质量的检验。如果销售者不执行进货检查验收制度,或者明知产品不合格依然接受货物并进行销售,应依法承担相应的法律责任。

(二)保持产品质量的义务

销售者应当采取措施,保持销售产品的质量。销售者应当根据产品的特点,采取必要的防雨、防晒、防霉变,对某些特殊产品采取控制湿度、温度等措施,以保持产品进货时的质量状态。

(三)有关产品标志的义务

销售者销售的产品的标识应当符合《产品质量法》关于产品或者包装上的标志的各项规定,包括:产品质量检验合格证明、产品名称、生产厂厂名和厂址,产品规格、等级、所含主要成分的名称和含量,限期使用的产品应标明生产日期和安全使用期或者失效日期,使用不当容易造成产品本身损坏或者可能危及人身、财产安全的产品,有警示标志或者中文警示说明。

(四)不得违反禁止性规定

销售者不得违反以下四项禁止性规定:

1. 不得伪造产地,不得伪造或者冒用他人的厂名、厂址。
2. 不得伪造或者冒用认证标志等质量标志。
3. 不得掺杂、掺假,不得以假充真、以次充好,不得以不合格产品冒充合格产品。
4. 不得销售国家明令淘汰并停止销售的产品和失效、变质的产品。

第四节　产品质量责任

导入案例

曾某诉谢某秘鲁鱼粉产品质量责任案

2005年4月4日至5月10日,曾某(石子岭猪场经营者)到谢某经营的梅县城东谢田饲料门市多次购买了包括秘鲁鱼粉在内的猪饲料原料共计13243.10元。曾某将这些饲料混合后饲养猪,猪吃后不断出现呕吐、腹泻等中毒症状,甚至死亡。2005年6月,曾某向梅县畜牧水产局和梅县工商局城东工商所投诉,经梅县工商局和梅县畜牧水产局调查,发现谢某所经营的秘鲁鱼粉没有标明厂名、厂址,无批文、无商标。梅县工商局对谢某饲料门市所剩鱼粉依法封存扣留。并将封存的秘鲁鱼粉委托广东省兽药与饲料监察总所检验,该所于6月30日作出《检验报告》,检验结果为秘鲁鱼粉中铬含量超过标准值的73倍。7月13日,梅县工商行政管理局以谢某经营产品不符合行业标准为由,对其作出《行政处罚决定书》:(1)责令停止销售;(2)没收现场查获的不合格鱼骨粉32公斤;(3)没收销售收入 64.80 元、并处罚款 200 元的行政处罚。由于曾某所购买的秘鲁鱼粉与谢某被封存送检的秘鲁鱼粉是同一批次的,2005 年 10 月 20 日,经梅县消费者委员会白渡镇分会主持调解,双方未能达成协议,梅县消费者委员会白渡镇分会作出《终止调解书》。2006 年 4 月 26 日,曾某遂向法院提起诉讼,请求判令谢某赔偿饲料损失、鉴定费、差旅费 14000 元,并承担本案诉讼费。法院经审理判决被告谢某向原告曾某赔偿饲料款 13243.10 元、鉴定费 280 元,共 13523.10 元。案件受理费 570 元,其他诉讼费 200 元,合计 770 元,由被告谢某负担。

问题:(1)经营者违反《产品质量法》规定的产品质量责任与义务应承担哪些方面的法律责任?(2)分析本案中受害人可以通过哪些途径保护自己的合法权益?

一、产品质量的民事责任

产品质量的民事责任即产品质量损害赔偿责任,是指产品的生产者和销售者因违反法律、法规规定质量标准以及合同约定的质量要求,给用户和消费者造成损失依法应当承担的民事赔偿责任。

依照我国《产品质量法》的规定,产品质量的民事责任可分为产品瑕疵责任和产品责任。

(一)产品瑕疵责任

产品瑕疵责任是指产品质量不符合应当具备的使用性能或应当符合的明示的质量状况的要求时,销售者所应承担的责任。产品瑕疵责任是基于合同关系而产生的违约责任,因此责任形式主要是修理、更换、退货、赔偿损失等。

产品瑕疵责任产生的具体情形有:

1. 不具备产品应当具备的使用性能而事先未作说明。
2. 不符合在产品或者其包装上注明采用的产品标准。
3. 不符合以产品说明、实物样品等方式表明的质量状况。

售出的产品有上列情形之一的,销售者应当负责修理、更换、退货;给购买产品的消费者造成损失的,销售者应当赔偿损失。销售者负责修理、更换、退货、赔偿损失后,属于生产者的责任或者属于向销售者提供产品的其他销售者(供货者)的责任的,销售者有权向生产者、供货者追偿。如果销售者在出售产品时有欺诈行为的,适用《消费者权益保护法》第 49 条的规定。销售者未按照上述规定给予修理、更换、退货或者赔偿损失的,由产品质量监督部门或者工商行政管理部门责令改正。

(二)产品责任

产品责任也称为产品缺陷责任、产品侵权责任,是指因产品存在缺陷造成人身、缺陷产品以外的其他财产损害的,生产者、销售者应当承担的赔偿责任。根据《产品质量法》的规定,缺陷产品是指产品存在危及人身、他人财产安全的不合理的危险;产品有保障人体健康和人身、财产安全的国家标准、行业标准的,是指不符合该标准。

1. 产品责任归责原则

产品责任的归责原则,是指缺陷产品的生产者或销售者就缺陷产品造成他人人身伤害或财产损失应当承担何种形式的法律责任,它决定着产品责任的构成要件、举证责任的分配以及免责事由的设定。《产品质量法》第 41 条规定:"因产品存在缺陷造成人身、缺陷产品以外的其他财产损害的,生产者应当承担赔偿责任。"第 42 条规定:"由于销售者的使产品存在缺陷,造成人身、他人财产损害的,销售者应当承担赔偿责任。"可见我国实行以严格责任原则为主,并以过错原则和连带责任原则为补充的产品责任归责原则。

2. 产品责任构成要件

(1)生产者的产品责任构成要件。

生产者承担产品责任应符合以下要件:第一产品存在缺陷,包括制造缺陷、设计缺陷和警示缺陷;第二造成损害事实,即因产品缺陷造成用户人身、缺陷产品以外的其他财产损害;第三产品缺陷与损害后果间有因果关系,即损害后果必须是由产品缺陷造成的。

生产者能够证明有下列情形之一的,不承担赔偿责任:未将产品投入流通的;产品投入流通时,引起损害的缺陷尚不存在的;将产品投入流通时的科学技术水平尚不能发现缺陷的存在的。

(2)销售者的产品责任构成要件。

销售者承担产品责任除需上述生产者产品责任构成要件外,还应具备销售者有过错要件。即由于销售者的过错使产品存在缺陷,造成人身、他人财产损害的,销售者才应承担赔偿责任。但销售者不能指明缺陷产品的生产者也不能指明缺陷产品的供货者的,销售者应当承担赔偿责任。

3. 赔偿范围

因产品存在缺陷造成受害人人身伤害的,侵害人应当赔偿医疗费、治疗期间的护理费、因误工减少的收入等费用;造成残疾的,还应当支付残疾者生活自助具费、生活补助费、残疾赔偿金以及由其扶养的人所必需的生活费等费用；造成受害人死亡的，并应当支付丧葬费、死亡赔偿金以及由死者生前扶养的人所必需的生活费等费用。

因产品存在缺陷造成受害人财产损失的，侵害人应当恢复原状或者折价赔偿。受害人因此遭受其他重大损失的，侵害人应当赔偿损失。

4. 产品责任纠纷的处理

因产品存在缺陷造成人身、他人财产损害的，受害人可以向产品的生产者要求赔偿，也可以向产品的销售者要求赔偿。属于产品的生产者的责任，产品的销售者赔偿的，产品的销售者有权向产品的生产者追偿。属于产品的销售者的责任，产品的生产者赔偿的，产品的生产者有权向产品的销售者追偿。

因产品存在缺陷造成损害要求赔偿的诉讼时效期间为两年，自当事人知道或者应当知道其权益受到损害时起计算。因产品存在缺陷造成损害要求赔偿的请求权，在造成损害的缺陷产品交付最初消费者满10年后丧失；但是，尚未超过明示的安全使用期的除外。

因产品质量发生民事纠纷时，当事人可以通过协商或者调解解决。当事人不愿通过协商、调解解决或者协商、调解不成的，可以根据当事人各方的协议向仲裁机构申请仲裁；当事人各方没有达成仲裁协议或者仲裁协议无效的，可以直接向人民法院起诉。仲裁机构或者人民法院可以委托产品质量检验机构，对有关产品质量进行检验。产品质量检验机构必须具备相应的检测条件和能力，经省级以上人民政府产品质量监督部门或者其授权的部门考核合格后，方可承担产品质量检验工作。法律、行政法规对产品质量检验机构另有规定的，依照有关法律、行政法规的规定执行。

（三）民事赔偿优先原则

《产品质量法》确定了民事赔偿优先原则，对于违反产品质量法的规定，应当同时承担民事赔偿责任和缴纳罚款、罚金等行政责任时，其财产不足以同时支付时，先承担民事赔偿责任。

二、产品质量的行政责任与刑事责任

生产者、销售者因违反产品质量监督管理法律、法规，应承担产品质量行政责任乃至产品质量刑事责任。《产品质量法》专章以罚则的形式规定了生产者、销售者违反产品质量法的行政责任及刑事责任。主要包括以下种类：

(一)生产、销售不符合保障人体健康和人身、财产安全标准的产品的法律责任

生产、销售不符合保障人体健康和人身、财产安全的国家标准、行业标准的产品的,责令停止生产、销售,没收违法生产、销售的产品,并处违法生产、销售产品(包括已售出和未售出的产品)货值金额等值以上三倍以下的罚款;有违法所得的,并处没收违法所得;情节严重的,吊销营业执照。这里"情节严重"的情形,包括生产、销售不符合保障人体健康和人身、财产安全的标准的产品数额较大,违法获利较多,或者多次实施生产、销售不符合保障人体健康和人身、财产安全标准的产品,屡教不改,或者造成了比较严重的人身伤害、财产损失等;构成犯罪的,依法追究刑事责任,这里"构成犯罪",是指依照刑法的有关规定,已构成生产、销售伪劣商品的犯罪。

(二)在产品中掺杂、掺假,以假充真,以次充好,或者以不合格产品冒充合格产品的法律责任

在产品中掺杂、掺假,以假充真,以次充好,或者以不合格产品冒充合格产品的,责令停止生产、销售,没收违法生产、销售的产品,并处违法生产、销售产品货值金额50%以上三倍以下的罚款;有违法所得的,并处没收违法所得;情节严重的,吊销营业执照;构成犯罪的,依法追究刑事责任。这里讲的构成犯罪,是指依照刑法的有关规定,已构成生产、销售伪劣商品的犯罪。

(三)生产、销售国家明令淘汰产品的法律责任

生产国家明令淘汰的产品的,销售国家明令淘汰并停止销售的产品的,责令停止生产、销售,没收违法生产、销售的产品,并处违法生产、销售产品货值金额等值以下的罚款;有违法所得的,并处没收违法所得;情节严重的,吊销营业执照。

(四)销售失效、变质产品的法律责任

销售失效、变质的产品的,责令停止销售,没收违法销售的产品,并处违法销售产品货值金额两倍以下的罚款;有违法所得的,并处没收违法所得;情节严重的,吊销营业执照;构成犯罪的,依法追究刑事责任。

(五)伪造产品产地的,伪造或者冒用他人厂名、厂址的,伪造或者冒用质量质量标志的法律责任

伪造产品产地的,伪造或者冒用他人厂名、厂址的,伪造或者冒用认证标志等质量标志的,责令改正,没收违法生产、销售的产品,并处违法生产、销售产品货值金额等值以下的罚款;有违法所得的,并处没收违法所得;情节严重的,吊销营业执照。

(六)违反产品标志的法律责任

产品标识不符合《产品质量法》第 27 条规定的,责令改正;有包装的产品标识不符合《产品质量法》第 27 条第(四)项、第(五)项规定,情节严重,责令停止生产、销售,并处违法生产、销售产品货值金额 30% 以下的罚款;有违法所得的,并处没收违法所得。

销售者销售《产品质量法》第 49 条至第 53 条规定禁止销售的产品,有充分证据证明其不知道该产品为禁止销售的产品并如实说明其进货来源的,可以从轻或者减轻处罚。

(七)拒绝接受依法进行的产品质量监督检查的

拒绝接受依法进行的产品质量监督检查的,给予警告,责令改正;拒不改正,责令停业整顿;情节特别严重的,吊销营业执照。

【本章小结】

本章主要阐述了产品质量法律制度。第一节介绍了产品和产品质量的内涵;产品质量法的概念、调整对象、立法宗旨及指导原则。第二节介绍了我国产品质量监督管理制度。重点阐明了企业质量认证制度、产品质量认证制度、产品抽查制度、产品召回制度等产品监督管理的具体制度。第三节介绍了生产者和销售者应承担的责任和义务。第四节介绍了违反产品质量法应承担的产品质量责任,具体包括产品质量的民事责任、行政责任和刑事责任。

思考题:

1. 生产者、销售者有哪些产品质量责任和义务?
2. 简述产品质量责任和产品责任的异同。
3. 产品责任的归责原则与一般民事侵权责任的归责原则有什么不同?为什么?
4. 韩某从某啤酒厂买了 3 箱清爽型啤酒,用汽车送到自己居住的楼下,请同事张某帮他搬上去,在搬运过程中,突然箱内一啤酒瓶爆炸,张某的右眼被飞起的碎瓶口击中,流血不止。经治疗,张某的右眼视力在出院只有 0.2,而且据医生说,视力是否会继续下降,尚难断定。事故发生后,张某要求某啤酒厂赔偿自己所受的经济损失。某啤酒厂认为自己不应负责任,因为经检验,张某所受损害是因酒瓶质量太差引起的,张某应要求生产酒瓶的厂家赔偿。啤酒厂只对酒负责,不对包装物负责。

请问：(1)某啤酒厂是否应承担赔偿责任？说明理由。(2)假设某啤酒厂应负责，应该赔偿张某哪些费用？(3)某啤酒厂在承担赔偿责任后能否向酒瓶生产厂追偿？说明理由。

5.2005年3月7日，原告赵某(甲)在被告北京某卫生洁具公司(乙)购买了一台丙公司(丙)生产的华清牌电热水淋浴器。3月10日，甲又购买了一台北京丁公司(丁)生产的三水牌多功能漏电保护器。该月中旬，甲方在家中安装了该两件电器。4月4日晚，甲在使用该淋浴器时，突被按键漏电击中，整个右手烧伤，送医院抢救，被截除小拇指。为此，甲先与乙交涉，要求赔偿。乙称责任应由生产者承担，乙无过错，拒绝赔偿。甲遂向法院起诉，状告乙、丙、丁，要求三方负连带责任，赔偿损失。乙辩称，该电淋浴器只属本公司销售，赔偿责任应由生产者承担，与销售无关。丙辩称，本公司生产产品符合国家标准，以往从未发生过产品责任事故，无证据证明生产者有过错而可以认定生产者应承担责任。丁的漏电保护器失灵可能是事故的主要原因。丁辩称，甲违反有关说明书的警示说明，违反安装说明，擅自安装超大功率电器，致使漏电保护器失效酿成事故，但漏电保护器失灵亦不至于造成电器伤人，丙的产品存在质量问题。法院在调查中，经技术监督局对华清淋浴器、三水漏电保护器进行质量检验，鉴定结论认定：第一淋浴器的制造工艺存在缺陷，特定情况下淋浴器开关按键可能漏电；第二漏电保护器已被烧毁无法鉴定，但对同样商品检测未发现质量问题；第三甲安装淋浴器与漏电保护器连接时未按丁的说明书正确安装，以致使用时漏电保护器不能正常工作。

请问：(1)乙方作为销售者是否应予以赔偿，为什么？(2)丙方作为生产者应承担什么责任？(3)丁方是否应承担责任？(4)甲方有无过错对本案处理有何影响？

6.某市稻米村食品厂生产的港式面包以其风味独特、质优价廉畅销市面。2000年下半年，该厂由于疏于管理，生产工人未遵守配料规定，偷工减料致使该厂的面包质量下降。2001年1月份以来，不断有人向消费者协会反映食用了稻米村的港式面包后，腹部不适、恶心呕吐。还有人反映在这种港式面包中发现了苍蝇、线头等异物，还发现有的面包上无生产日期和失效期。鉴于投诉者的投诉越来越多，消费者协会向市工商管理局反映此事，工商管理局依法对稻米村食品厂进行行政处罚，没收产品并处以罚款。

请问：(1)什么是产品生产者的产品质量的行政责任？(2)《产品质量法》规定了哪些产品质量的行政制裁？(3)该稻米村食品厂的行为违反了什么规定？应承担什么责任？

第十二章 消费者权益保护法律制度

第一节 消费者权益保护法概述

导入案例

王海"打假",结局各异

1996年8月27日和9月3日,原告王海分两次在被告天津伊势有限公司购买了5部日本索尼公司生产的SPP-L338型无绳电话机,每部价格2920元,共计人民币14600元。1996年9月20日以该电话机非国家正式进口且无邮电部进网许可证,不能销售、使用等理由要求被告退货并赔偿人民币14600元,被告承认其销售的索尼无绳电话机没有办理邮电部进网许可证,同时提出该无绳电话机无质量问题,原告王海购买该种无绳电话机是以获得赔偿为目的,而不是为了个人消费,不符合《消费者权益保护法》的有关规定,因此不同意退货及赔偿。原告遂诉至天津市和平区人民法院。天津市和平区法院一审审理认为,原告从被告处购买的5部索尼SPP-L338型无绳电话机,系国家明令禁止进口、销售、使用,不符合我国制式的不合格产品,遂判决被告的销售行为已构成欺诈,应承担赔偿责任。

与本案最相类似而判决结果却大相径庭的是,王海1996年9月在天津市龙门大厦永安公司购买了两部索尼无绳电话机,共价值6346元。后他向该公司投诉,以其所购买的无绳电话机属于国家禁止销售、使用之商品为由,要求退货并加倍赔偿,因协商未果,王海起诉至天津市河北区法院,要求该公司加倍赔偿。而天津市河北区法院经审理于1998年1月7日作出一审判决:王海与龙门大厦永安公司之间的买卖合同无效;龙门大厦永安公司退还王海无绳电话机款;驳回王海"加倍赔偿"的请求。

问题:(1)请问我国《消费者权益保护法》的特征及立法原则?(2)根据《消费者权益保护法》的规定,对"消费者"应如何界定?(3)《消费者权益保护法》与《合同法》等其他民事法律规定对消费者的合法权益保护有何异同?

一、消费者的概念与特征

消费者是指为满足生活消费需要而购买、使用经营者提供的商品或者接受经营者提供的服务的市场主体。

消费者是人类社会商品经济阶段出现的具有特定的经济和法律含义的概念。国际标准化组织"消费者政策委员会"于1978年在日内瓦召开的第一届年会上,把"消费者"定义为"为个人目的购买或者使用商品和接受服务的个体社会成员"。在这一定义的影响下,我国1985年6月颁布的《消费品使用说明总则》中首次规定了"消费者"是"为满足个人或家庭的生活需要而购买、使用商品或服务的个体社会成员"。从我国的《消费者权益保护法》来看,虽然该法并未明确规定消费者的定义,但是从该法的第2条将"为生活消费需要购买、使用商品或者接受服务"的行为界定为消费行为可以看出,消费者是指为满足生活需要而购买、使用商品或接受服务的,由国家专门法律确认其主体地位和保护其消费权益的个人。

法律意义上的消费者具有如下特征:

1. 消费者的主体是个体消费者

凡购买、使用商品或者接受服务的消费者个人,都可以成为法律认可的消费者。

2. 消费者的消费性质属于生活消费

消费包括生产性消费和生活性消费。个体消费者的消费行为主要集中在生活消费领域。消费者是为了个人生活需要而购买或使用商品与服务的,其目的是为了满足个人或家庭生活需要,而不是为了生产经营的需要,这也是消费者与经营者的根本区别。但在特殊情况下也包括生产资料的消费者,如农民的生产性消费活动等。

3. 消费者的消费方式表现为购买、使用商品和接受服务

消费方式包括直接消费和间接消费。消费者本人购买、使用商品和接受服务应受到法律保护;但在某些情况下,间接消费者也会成为消费者权益保护法的对象,如消费者购买的商品或者服务是提供给他人使用或消费。消费者

购买、使用商品或接受服务并不一定支付相应的对价,交易形式上的有偿、无偿不是成为决定消费者构成要件的标准。

4.消费者地位由法律确定,受特定的消费者权益保护法保护

国家以专门的法律即《消费者权益保护法》规定和确认消费者的法律地位,消费者是与政府、经营者并列构成并参与市场经济运行的三大法律主体之一。

二、消费者权益保护法

(一)消费者权益保护法的概念

消费者权益保护法是调整在保护消费者权益的过程中发生的经济关系的法律规范的总称。消费者权益保护法有广义和狭义之分。广义上的消费者权益保护法是指所有涉及消费者权益保护的各种法律规范组成的有机整体。包括由消费者权益保护基本法和其他专门的单行消费者权益保护的法律和法规,以及其他法律法规中的有关法律条款的规定组成的有机整体。在我国广义上的消费者权益保护法包括《广告法》、《价格法》、《食品卫生法》、《产品质量法》等在内的诸多有关消费者权益保护的法律,法规;狭义上的消费者权益保护法则仅指1993年10月31日第八届全国人大常委会第四次会议通过的《中华人民共和国消费者权益保护法》。通常意义上所指的消费者权益保护法是指狭义的消费者权益保护法。

(二)消费者权益保护法的特征

1.消费者权益保护法侧重消费者权益的保护,充分认识到消费者的弱势地位,对生产经营者予以一定的限制。

2.消费者权益保护法多为强制性、禁止性规范,体现了国家对市场经济进行规制的特点。

3.在归责原则方面,一定程度上实行无过错责任,在责任主体的认定上突破了合同关系的相对性,扩大了合同效力的涉及面,在保护消费者权益方面更为有利。在责任类型上不仅规定了民事赔偿责任,而且直接规定了一定的行政责任及刑事责任。

(三)消费者权益保护法的适用范围

《消费者权益保护法》适用于消费者为生活消费需要购买、使用商品或者接受服务,以及经营者为消费者提供其生产、销售的商品或者提供服务等行为。另外,农民购买、使用直接用于农业生产的各种生产资料的生产性消费活

动也受消费者权益保护法的保护。

(四)消费者权益保护法的基本原则

《消费者权益保护法》的原则是指贯彻于消费者权益保护法之中的,保护消费者利益的基本准则。

1. 自愿、平等、公平、诚实信用的原则

消费者与经营者在法律地位上是平等的。《消费者权益保护法》第4条规定:"经营者与消费者进行交易,应当遵循自愿、平等、公平、诚实信用的原则。"

2. 消费者特别保护原则

消费者与经营者之间存在信息、资源、力量对比等方面的不均衡,消费者处于弱势地位。因此国家通过特定的法律形式,给予消费者特别保护。包括从立法、司法、执法、行政等各个方面担负起了保护消费者的责任。

3. 国家保护和社会监督相结合的原则

在国家对消费者提供特别保护之外,社会各界都有相应的责任、义务对消费者进行保护。《消费者权益保护法》规定,保护消费者的合法权益是全社会的共同责任。国家鼓励、支持一切组织和个人对损害消费者合法权益的行为进行社会监督。大众传播媒介应当做好维护消费者合法权益的宣传,对损害消费者合法权益的行为进行舆论监督。

第二节 消费者的权利与经营者的义务

导入案例

首例"流氓软件"纠纷案终审维持原判

2006年4月,何先生将上海很棒信息技术有限公司诉上法庭。何先生称自己在下载QQ密码防盗专家特别版共享软件时,被强制下载安装了"很棒小秘书"软件。从此电脑就开始不断弹出广告窗口,同时"小秘书"还占用电脑CPU的使用率和内存空间,导致电脑运行速度缓慢,无法操作。为此何先生只好请电脑公司的人来卸载"小秘书"程序,支付了150元。何先生故起诉要求该公司立即停止制造和通过网络或其他途径传播"很棒小秘书"软件,公开登报赔礼道歉,赔偿他的修复损失。为纪念反流氓软件联盟成立于 9 月 4 日,何先生特地只要求赔偿实际损失 150 元中的 94 元。一审法院经审理后认定,"很棒小秘书"侵犯了消费者财产权、知情权和选择权,判决其向原告赔偿 94 元。被告不服一审判决提起上诉。二审法院审理后认为,原审法院审理程序合法。很棒公司在向公众提供很棒小秘书软件下载的过程中,未尽充分告知义务,侵犯了消费者的知情权和选择权。作为一名普通的上网用户,消费者在电脑出现使用困扰后,寻求专业机构的帮助并为此支付清除软件的费用符合一般常理,财产损失与很棒公司未尽充分告知义务的行为之间存在因果关系,很棒公司应对此承担民事责任。因此驳回很棒公司的上诉,维持一审原判。

问题:根据《消费者权益保护法》的规定,消费者应享有哪些权利,经营者应承担什么义务?

消费者权益,是指消费者依法享有的权利及该权利受到保护时给消费者带来的应得利益,其核心是消费者的权利。《消费者权益保护法》通过规定消费者权利及经营者义务,对消费者权益给予保护。

一、消费者的权利

消费者的权利是指消费者为了满足生活消费需要,依法为或不为一定行为,以及要求经营者和其他有关主体为或不为一定行为的法律许可。消费者权利是我国宪法规定的公民享有的基本权利在消费生活领域的具体化,是法律必须予以保障的基本权利。

消费者权利的概念涵盖以下三方面的内容:

1. 消费者有权在法律规定的范围内,做出一定行为或者不做出一定行为。
2. 消费者根据法律规定或者双方约定,有权要求经营者实施一定行为或者不实施一定行为,以实现自己的某种利益。
3. 消费者在自己合法权益受到经营者损害时,有权运用法律手段进行自我保护或请求有关国家机关予以保护。

消费者的权利是伴随消费者运动发展起来的。消费者运动最早发源于美国,经历了由自发到自觉,由分散的个人到有组织的保护的发展过程。一般认为,最早明确提出消费者权利的是美国总统约翰·肯尼迪。他在 1962 年在其向国会提出的《关于保护消费者利益的总统特别国情咨文》中提出消费者权利包括四项内容:(1)寻求安全的权利;(2)了解事实真相的权利;(3)选择商品的权利;(4)意见被尊重的权利。1969年尼克松总统又补充了消费者的第五项权利即方便救济的权利。消费者索赔权问题的提出,丰富了消费者权利的内容,使得消费者权利的体系更加完善。消费者的这五项权利被公认为消费者的五项基本人权,成为各国消费者权益保护的奋斗目标。

我国《消费者权益保护法》对消费者权利进行了专门规定,共设立了九项权利:

(一)安全保障权

安全保障权,是指消费者在购买、使用商品和接受服务时所享有的保障其人身、财产安全不受损害的权利,是消费者最基本的权利。安全保障权包括两方面内容:一是人身安全权。即消费者在使用商品或接受服务时享有生命不受危害、身体健康状况不受损害的权利。二是财产安全权。即消费者的财产不受损失的权利,财产损失表现为财产在外观上发生损毁或财产价值的减少。

(二)知情权

知情权,是指消费者享有知悉其购买、使用的商品或者接受的服务的真实情况的权利。知悉真情是消费者选择和接受消费的前提,也是正确使用商品和接受服务及避免损害的必备条件。消费者有权根据商品和服务的不同情况,要求经营者提供商品的价格、产地、生产者、用途、性能、规格、等级、主要成分、生产日期、有效期限、检验合格证明、使用方法说明书、售后服务或者服务的内容、规格、费用等有关情况,并有权索要服务单据。

(三)自主选择权

自主选择权是指在购买商品或者接受服务时,消费者享有的自主选择商品或者服务的权利。自主选择权体现了消费者的消费自由,经营者不得进行强迫交易。自主选择权的内容包括:自主选择提供商品或者服务的经营者的权利;自主选择商品品种或者服务方式的权利;自主决定购买或者不购买任何一种商品、接受或者不接受任何一项服务的权利;在自主选择商品或服务时所享有的进行比较、鉴别和挑选的权利。

(四)公平交易权

公平交易权是指消费者在购买商品或者接受服务时享有公平交易的权利。具体体现在:消费者在购买商品或者接受服务时,有权获得质量保障、价格合理、计量准确等公平交易的条件,这些条件应当符合平等、自愿、公平、等价有偿、诚实信用等市场交易的基本原则;消费者在购买商品或者接受服务时,有权拒绝经营者的强制交易行为。

(五)求偿权

求偿权指消费者因购买、使用商品或者接受服务受到人身、财产损害时,享有依法获得赔偿的权利。求偿权是弥补消费者所受损害的必不可少的救济性权利。消费者权益保护领域求偿权的主体具有广泛性。求偿权主体不仅是与经营者缔结消费合同的商品的购买者或服务的接受者,还包括商品的使用者及受商品、服务损害的第三人。

(六)结社权

结社权是指消费者享有依法成立维护自身合法权益的社会团体的权利。结社权是宪法赋予公民的基本权利之一,体现在消费者领域就是消费者享有依法成立消费者协会等维护自身合法权益的社会团体的权利。消费者的结社权使分散的消费者组织起来,使其能与处于强势地位的经营者相抗衡。

(七)获取知识权

获取知识权是指消费者享有有关消费和消费者权益方面的知识的权利。有关知识主要包括有关消费态度的知识、有关商品和服务的基本知识和有关市场的基本知识;获得有关消费者权益保护方面的法律、法规、政策、保护机构、争议的解决等方面的知识。获取知识权是行使知情权、自主选择权等权利的重要保障。

(八)受尊重权

受尊重权是指消费者在购买、使用商品和接受服务时所享有的其人格尊严、民族风俗习惯得到尊重的权利。受尊重权是宪法及民法通则规定的各种人身保护原则和制度在消费生活中的具体体现。受尊重权首先意味着消费者的人格权不受侵犯,人格权是公民作为一个独立的人必须享有受法律保护的利益,它包括生命健康权、姓名权、肖像权、名誉权、荣誉权、婚姻自主权等。其次,消费者受尊重权还意味着消费者的民族风俗习惯受到尊重。经营者在商品包装、商标及广告中不得使用有损少数民族形象的文字、图画,不得强迫少数民族消费者接受本民族禁忌的食品或其他商品。

(九)监督权

监督权是指消费者享有对商品和服务以及保护消费者权益工作进行监督的权利。消费者监督权的内容主要包括两个方面:一是对商品和服务进行监督。任何消费者在日常消费生活中,发现经营者提供商品或服务不符合国家规定的要求都有权向有关部门反映,并要求处理。二是对消费者保护工作的监督。消费者有权检举、控告侵害消费者权益的行为和国家机关及其工作人员在保护消费者权益工作中的违法失职行为,有权对保护消费者权益工作提出批评、建议。

二、经营者的义务

经营者的义务是指法律确认的或者经营者与消费者所约定的,在消费领域经营者对消费者必须为一定行为或不为一定行为,以满足消费者利益的法律约束。消费者权利的实现,一定程度上有赖于经营者义务的履行。

经营者义务的含义具体包括以下三方面内容:

1. 经营者必须为一定行为或不为一定行为的目的是为了满足消费者的利益。

2. 经营者的义务是一种受国家强制力约束的法律义务,经营者不履行将承担法律责任。

3. 经营者所负的作为或不作为义务与消费者所享有的权利范围和限度一致。

基于经营者义务据以产生的依据可将其分为法定义务和约定义务。经营者的约定义务是因经营者与消费者通过合同约定而产生的义务。经营者的法定义务是指经营者所负有的基于法律或法规直接规定产生的义务。《消费者权益保护法》规定经营者必须履行以下法定义务:

(一)依法定或约定履行义务

经营者向消费者提供商品或者服务,应当依照《中华人民共和国产品质量法》和其他有关法律、法规的规定履行义务。此外,经营者和消费者有约定的,应当按照约定履行义务,但双方的约定不得违背法律、法规的规定。

经营者提供商品或者服务,按照国家规定或者消费者的约定,承担包修、包换、包退或者其他责任的,应当按照国家规定或者约定履行,不得故意拖延或者无理拒绝。

(二)听取意见和接受消费者监督

经营者应当听取消费者对其提供的商品或者服务的意见,接受消费者的监督。

(三)保证商品或者服务安全

经营者应当保证其提供的商品或者服务符合保障人身、财产安全的要求。对可能危及人身、财产安全的商品和服务,应当向消费者作出真实的说明和明确的警示,并说明和标明正确使用商品或者接受服务的方法以及防止危害发生的方法。

经营者发现其提供的商品或者服务存在严重缺陷,即使正确使用商品或者接受服务仍然可能对人身、财产安全造成危害的,应当立即向有关行政部门报告和告知消费者,并采取防止危害发生的措施。

(四)经营者的真实信息告知义务

经营者应当向消费者提供有关商品或者服务的真实信息,不得作引人误解的虚假宣传。经营者应当标明真实名称和标记,租赁他人柜台或者场地的经营者,应当标明其真实名称和标记。在价格标示方面,商店提供商品应当明码标价。

经营者对消费者就其提供的商品或者服务的质量和使用方法等问题提出的询问,应当作出真实、明确的答复。

(五)经营者出具单据的义务

经营者提供商品或者服务,应当按照国家有关规定或者商业惯例向消费者出具购货凭证或者服务单据;消费者索要购货凭证或者服务单据的,经营者必须出具。

(六)经营者保证质量的义务

经营者应当保证在正常使用商品或者接受服务的情况下其提供的商品或者服务应当具有的质量、性能、用途和有效期限;但消费者在购买该商品或者接受该服务前已经知道其存在瑕疵的除外。

经营者以广告、产品说明、实物样品或者其他方式表明商品或者服务的质量状况的,应当保证其提供的商品或者服务的实际质量与表明的质量状况相符。

(七)不得从事不公平、不合理的交易

经营者不得以格式合同、通知、声明、店堂告示等方式作出对消费者不公平、不合理的规定,或者减轻、免除其损害消费者合法权益应当承担的民事责任。

格式合同、通知、声明、店堂告示等违反上述规定的,其内容无效。

(八)禁止侵犯消费者人身权

经营者不得对消费者进行侮辱、诽谤,不得搜查消费者的身体及其携带的物品,不得侵犯消费者的人身自由。消费者的人身自由不受侵犯主要表现在:(1)消费者自己自由支配人身行动,不受他人干涉。(2)消费者的人身自由不受经营者的限制或剥夺。(3)消费者的人身及物品不被经营者非法搜查。

第三节　消费者合法权益保护机构及其职责

> **导入案例**
>
> ### 中国消费者协会比较试验诉讼案
>
> 　　2002年4月,中国消费者协会(以下简称"中消协")消费指导委员会委托国家电子计算机质量监督检验中心对20种品牌的电脑进行了一次检验。5月16日,检验中心分别出具了检验报告,结论为:超群牌、沐泽牌、柏安牌电脑电磁兼容性检验中的辐射干扰一项不合格,其他品牌的电脑所检测(试验)的各项技术指标全部合格。中消协消费指导工作委员会分别向上述品牌电脑生产厂家发出了征询意见函,称"比较试验结果只对样品负责,并将向消费者公布……请贵公司于2002年6月21日前将对测试结果的书面答复意见反馈给我会。逾期未收到书面答复意见,我会将视为贵公司认同此结果。"结果三家电脑生产厂家均未对该函进行书面答复。中消协遂将检验结果刊登在其刊物《中国消费者》2002年第8期上。为此,三家电脑公司以中消协侵害了自己的名誉权为由向法院起诉。法院审理后认为中消协委托具有相应资质的检验机构对同类商品或产品进行比较试验并予以公布的行为并未被法律所禁止,也未侵害社会公共利益,而且中消协没有贬损某一企业或某一产品的故意,它只是将产品的质量情况进行比较,为引导消费者的正确消费提供参考性意见,应当说是行使社会监督职责的行为。因此不构成对三家电脑公司的侵权。三原告电脑遭退货受损,系因其产品本身质量问题所致,中消协不应对此承担责任。据此,法院判决驳回三原告的诉讼请求。
>
> 　　问题:消费者协会对消费者合法权益进行监督保护时具备什么职能?权利上有何限制?

一、国家对消费者合法权益的保护

　　保护消费者合法权益是国家立法、行政和司法机关的共同责任。国家保护消费者的合法权益不受侵害,是《消费者权益保护法》确定的一项基本法律

制度。具体体现在:

(一)国家对消费者合法权益的立法保护

国家在制定有关消费者权益的法律、法规时,应该听取消费者的意见和要求。此外,立法机关在把消费者政策上升为法律时,也应该听取消费者的意见和要求。

(二)国家对消费者合法权益的行政保护

各级人民政府应当加强领导,组织、协调督促有关行政部门做好保护消费者合法权益的工作。各级人民政府应当加强监督,预防危害消费者人身、财产安全行为的发生,及时制止危害消费者人身、财产安全的行为。这实际上是对消费者的保障安全权的重点确认和保护。

我国《消费者权益保护法》除对各级政府在消费者权益保护方面的义务作出规定以外,还特别强调政府的一些具体职能部门在消费者权益保护方面的义务。根据该法规定,各级人民政府工商行政管理部门和其他有关行政部门,应当依照法律、法规的规定,在各自的职责范围内,采取措施,保护消费者的合法权益。此外,有关行政部门应当听取消费者及其社会团体对经营者交易行为、商品和服务质量的意见,及时调查处理。

(三)国家对消费者合法权益的司法保护

对违法犯罪行为有惩处权力的有关国家机关,应当依照法律、法规的规定,惩处经营者在提供商品和服务中侵害消费者合法权益的违法犯罪行为,以切实保护消费者的合法权益。对于损害消费者合法权益的行为,受害人可以向人民法院起诉,请求法律保护。为了及时、有效地惩处侵害消费者合法权益的违法犯罪行为,人民法院应当采取措施,方便消费者提起诉讼。对于符合《中华人民共和国民事诉讼法》起诉条件的消费者权益争议,人民法院必须受理,并应及时审理,以使消费者权益争议尽快得到解决。

二、社会对消费者合法权益的保护

消费者权益涉及广泛的经济生活领域,需要动员广泛的社会力量,发挥各方面积极性,才能形成消费者权益保护的社会机制,使消费者保护法律制度真正落实到实处。《消费者权益保护法》第6条规定:"保护消费者合法权益是全社会的共同责任。国家鼓励、支持一切组织和个人对损害消费者合法权益的行为进行社会监督。"

社会监督的主体是除国家以外的社会生活中实际存在的组织和个人的监

督、大众传媒机构的监督以及一切与消费者权益有关的企业、事业单位、社会团体的监督。

其中消费者组织在保护消费者合法权益方面起着重要作用。根据《消费者权益保护法》的规定,我国消费者组织有两种类型:一类是消费者协会,另一类是其他消费者组织。消费者协会是我国最重要、最普遍的具有半官方性的消费者组织,包括中国消费者协会和地方消费者协会。中国消费者协会是由国务院批准成立的、负责全国范围内消费者权益保护工作的社会团体;地方消费者协会是由同级人民政府批准建立,办事机构挂靠在同级工商行政管理部门的保护消费者权益的社会团体。中国消费者协会与地方各级消费者协会之间是业务上的指导关系,而没有行政隶属关系。其他消费者组织是指消费者协会之外的,由消费者依法自发成立的维护自身合法权益的社会团体。

(一)消费者协会的职能

消费者协会必须依法履行其职能,各级人民政府对消费者协会履行职能应予以支持。消费者协会履行以下职能:

1. 向消费者提供消费信息和咨询服务。

2. 参与有关行政部门对商品和服务的监督、检查。

3. 就有关消费者合法权益的问题,向有关行政部门反映、查询、提出建议。

4. 受理消费者的投诉,并对投诉事项进行调查、调解。

5. 投诉事项涉及商品和服务质量问题的,可以提请鉴定部门鉴定,鉴定部门应当告知鉴定结论。

6. 就损害消费者合法权益的行为,支持受损害的消费者提起诉讼。

7. 对损害消费者合法权益的行为,通过大众传播媒介予以揭露、批评。

(二)消费者组织的权利限制

为了保证消费者组织的公正性和独立性,《消费者权益保护法》对消费者组织的权利作出两项限制性规定:

1. 消费者组织不得从事商品经营和营利性服务。首先消费者协会的性质是社会团体,根据我国法律规定,除科技性社会团体外,其他社会团体不得从事生产经营活动;其次禁止消费者协会从事经营活动是消费者协会公正独立地履行保护消费者权益职责的基本要求。

2. 消费者组织不得以牟利为目的,向社会推荐商品和服务。消费者组织可以通过报刊、电视等传播媒介或通过新闻发布会、专题讲座等方式进行优质产品和服务的推荐工作,但不得以牟取利润为目的,以免破坏消费者协会推荐工作的客观性和公正性。

第四节 消费者权益争议的解决及法律责任的确定

导入案例

贾国宇人身损害赔偿案

1995年3月8日晚,贾国宇与家人及邻居在春海餐厅聚餐,春海餐厅提供给他们使用的炉具为被告厨房用具厂生产的YSQ—A"众乐"牌卡式炉,提供的燃气为气雾剂公司生产的罐装"白旋风"牌边炉石油气。贾国宇等人使用完第一罐,换置第二罐继续使用约10分钟时,使用中的气罐发生爆炸,致贾国宇面部、双手烧伤。后经医院诊断为:面部、双手背部深2度烧伤,面积为8%。贾国宇为此向北京市海淀区人民法院提起诉讼,将北京国际气雾剂有限公司、龙口市厨房配套设备用具厂、北京市海淀区春海餐厅告上法庭。除要求经营者给予医疗费等实际损害的赔偿外,还提出了残疾赔偿金65万元的赔偿要求。本案前后委托鉴定或评估4次,其中除国家技术监督局的鉴定是解决产品质量责任问题,另有北京市法庭科学技术鉴定、中国人民解放军第三零四医院今后医疗评估、中国医学科学院整形外科医院会诊,均是为确定贾国宇的损害程度和今后治疗费用。法院经审理认定:气雾剂公司生产的"白旋风"牌边炉石油气气罐没有根据气罐承压能力科学、安全地按比例装填气体,充装使用方法的中英文标注不一致,内容互相矛盾,属于不合格产品。上述质量问题是造成此次事故的基本原因,气雾剂公司无可推卸地应当承担相当于70%的主要责任。"众乐"牌卡式炉与燃气瓶连接部位存在漏气可能,使用时安装不慎的可能性更大,存在危及人身、财产安全的不合理危险,且不符合坚固耐用不漏气的行业生产标准,质量存在缺陷。在炉内存有小火酿成事故的因果关系中,漏气环节是一个不可缺少的过错诱因。因此,厨房用具厂也负有30%的责任。现没有证据证明春海餐厅提供服务中存在过错,贾国宇要求该餐厅赔偿损失的诉讼请求,不予支持。因此判令被告北京国际气雾剂有限公司、龙口市厨房配套设备用具厂连带赔偿原告贾国宇治疗费等共计17万余元,同时赔偿原告残疾赔偿金10万元。此案直接导致最高人民法院对1994年1月1日实施的《中华人民共和国消费者权益保护法》第41条第2款有关残疾赔偿金的规定做出司法解释,将赔偿残疾赔偿金和死亡赔偿金等精神损害赔偿制度扩大适用到人身伤害领域。

问题:(1)消费者权益受到侵害应如何确定侵权责任主体?(2)经营者违反《消费者权益保护法》应承担哪些责任?(3)《消费者权益保护法》对侵犯人身权的民事责任作出了哪些专门规定?

一、争议的解决途径

消费者与经营者发生消费者权益争议的,可以通过下列途径解决:

1. 与经营者协商和解

消费争议发生后,消费者可以选择与经营者在平等、自愿基础上进行协商,最终达成和解协议,解决纠纷。协商和解不是法定的必经程序,但往往是消费者在购买、使用商品或者接受服务时与经营者发生争议后首先采用、也是采用最多的救济途径。

2. 请求消费者协会调解

消费者协会具有受理消费者投诉,对投诉事项进行调查、调解的职能。消费者可就其与经营者间的消费争议请求消费者协会依法调解。消费者协会调解解决消费者争议必须遵守自愿、合法、合理、公正的原则,在明确责任、分清是非的基础上进行。

3. 向有关行政部门申诉

向有关行政部门申诉是指消费者可就争议向工商行政管理机关、技术监督机关及其他对保护消费者合法权益具有责任和职能的行政机关申诉。受理申诉的国家机关通常通过两种方式解决消费争议:其一进行行政调解,受理行政申诉的有权机关在查明事实的基础上,依法对消费者与经营者之间的争议进行调解,使双方自愿达成协议以解决争议;其二进行行政处罚,受理行政申诉的有权机关在处理纠纷过程中,发现经营者有违法行为并查证属实的,应给予行政处罚。行政处罚由具有行政处罚权的行政机关在法律赋予的职权范围内实施。

4. 根据与经营者达成的仲裁协议提请仲裁机构仲裁

消费者可根据争议发生前或发生后与经营者达成的仲裁协议,向仲裁机关就双方争议的事项提起仲裁。仲裁机关对争议所作出的裁决具有法律强制执行力。仲裁裁决做出后,当事人就同一财产权益争议再申请仲裁或向人民法院起诉的,仲裁委员会或人民法院不予受理。

5. 向人民法院提起诉讼

争议发生后,消费者可选择向有管辖权的法院提起诉讼,由法院在查清事实、分清是非的基础上作出判决,解决纠纷。发生法律效力的判决裁定当事人必须履行,一方拒绝履行的,对方当事人有权申请人民法院强制执行。

消费者权益争议解决途径的多元化有利于消费者及时、有效地保护自己的合法权益。

二、侵权责任主体的确定

《消费者权益保护法》对损害消费者合法权益的责任主体作出明确规定,确定了有利于消费者求偿的原则,防止和避免了侵权主体间相互推诿,保证消费者合法权益得到及时保护。

1. 消费者在购买、使用商品时,其合法权益受到损害的,可以向销售者要求赔偿。销售者赔偿后,属于生产者的责任或者属于向销售者提供商品的其他销售者的责任,销售者有权向生产者或其他销售者追偿。在消费者购买、使用商品受损害的情形下,消费者只能起诉销售者,不能直接向生产者或其他销售者追偿。若确实属于生产者或其他销售者之责任,则由赔偿后的销售者向其追偿。这个规定坚持了合同的相对性原则。

2. 消费者或者其他受害人因商品缺陷造成人身、财产损害的,可以向销售者要求赔偿,也可以向生产者要求赔偿。属于生产者责任的,销售者赔偿后,有权向生产者追偿。属于销售者责任的,生产者赔偿后,有权向销售者追偿。这里规定的是产品责任即"因商品缺陷造成人身、财产损害"的责任问题。该规定使消费者权益保护法的保护范围不仅包括与销售者存有合同关系的消费者,而且扩大到了与销售者不存在合同关系的第三人。此时生产者与销售者承担连带赔偿责任。如果事后查明不可归责于生产者或销售者,而是可归责于仓储者或运输者,则前者可向后者追偿。但是消费者不能径直请求仓储者或运输者赔偿。

3. 消费者在接受服务时,其合法权益受到损害的,可以向服务者要求赔偿。

4. 消费者在购买、使用商品或者接受服务时,其合法权益受到损害,因原企业分立、合并的,可以向变更后的承受其权利义务的企业要求赔偿。

5.使用他人营业执照的违法经营者提供商品或者服务,损害消费者合法权益的,消费者可以向其要求赔偿,也可以向营业执照的持有人要求赔偿。

6.消费者在展销会、租赁柜台购买商品或者接受服务,其合法权益受到损害的,可以向销售者或者服务者要求赔偿。展销会结束后或者柜台租赁期满后,也可以向展销会的举办者、柜台的出租者要求赔偿。展销会的举办者、柜台的出租者赔偿后,有权向销售者或者服务者追偿。

7.消费者因经营者利用虚假广告提供商品或者服务,其合法权益受到损害的,可以向经营者要求赔偿。广告经营发布者发布虚假广告的,消费者可以请求行政部门予以惩处。广告经营者不能提供经营者的真实名称、地址的,应承担赔偿责任。

此外,2009年6月1日实施的《中华人民共和国食品安全法》第55条规定:"社会团体或者其他组织、个人在虚假广告中向消费者推荐食品,使消费者的合法权益受到损害的,与食品生产经营者承担连带责任。"根据该条规定,发布食品广告时以虚假内容欺骗消费者并使消费者合法权益受到损害的,作为广告代言人的社会团体、其他组织或个人应当与生产经营者承担连带责任。

三、侵犯消费者合法权益应承担的法律责任

(一)民事责任

1.关于承担民事责任的概括性规定

经营者提供商品或者服务有下列情形之一的,除《消费者权益保护法》另有规定外,应当依照《中华人民共和国产品质量法》和其他有关法律、法规的规定,承担民事责任:

(1)商品存在缺陷的;
(2)不具备商品应当具备的使用性能而出售时未作说明的;
(3)不符合在商品或者其包装上注明采用的商品标准的;
(4)不符合商品说明、实物样品等方式表明的质量状况的;
(5)生产国家明令淘汰的商品或者销售失效、变质的商品的;
(6)销售的商品数量不足的;
(7)服务的内容和费用违反约定的;
(8)对消费者提出的修理、重作、更换、退货、补足商品数量、退还货款和服务费用或者赔偿损失的要求,故意拖延或者无理拒绝的;
(9)法律、法规规定的其他损害消费者权益的情形。

当侵犯消费者权益的行为同时符合消费者权益保护法和民法通则、合同法等普通民事法律的责任要件时,消费者有权选择适用消费者权益保护法予以保护自己的合法权益。

2. 侵犯人身权的民事责任的专门规定

(1)经营者提供商品或者服务,造成消费者或者其他受害人人身伤害的,应当支付医疗费、治疗期间的护理费、因误工减少的收入等费用,造成残疾的,还应当支付残疾者生活自助具费、生活补助费、残疾赔偿金以及其扶养的人所必需的生活费等费用。

(2)经营者提供商品或者服务,造成消费者或者其他受害人死亡的,应当支付丧葬费、死亡赔偿金以及由死者生前扶养的人所必需的生活费等费用。

(3)经营者侵害消费者的人格尊严或者侵犯消费者人身自由的,应当停止侵害、恢复名誉、消除影响、赔礼道歉,并赔偿损失。

3. 侵犯财产权的民事责任的专门规定

(1)经营者提供商品或者服务,造成消费者财产损害的,应当按照消费者的要求,以修理、重作、更换、退货、补足商品数量、退还货款和服务费用或者赔偿损失等方式承担民事责任。消费者与经营者另有约定的,按照约定履行。

(2)对国家规定或者经营者与消费者约定包修、包换、包退的商品,经营者应当负责修理、更换或者退货。经营者对商品实行包修、包换、包退通常称为三包,三包责任的承担顺序为先修理,后更换或者退货。商品在保修期内经两次修理仍不能正常使用的,经营者应当负责更换或者退货。在通常情况下,消费者不得拒绝经营者先对商品存在的质量问题进行修理请求。对包修、包换、包退的大件商品,消费者要求经营者修理、更换、退货的,经营者应当承担运输等合理费用。

对商品实行三包的范围,主要由国家规定,经营者与消费者也可以通过协商约定。目前,国家规定的三包商品主要是家用电器类,1986年7月30日国家经贸委等八部委联合发布了《部分国产家用电器"三包"规定》,1991年1月18日商业部发布了《家用电器商品维修服务工作管理办法》,1995年10月31日国家经贸委等部委发布了《部分商品修理更换退货责任规定》,在这些部门规章中都对应当实行"三包"的商品作出了明确的规定。依照《部分商品修理更换退货责任规定》,凡列入附件目录的产品,实行谁经销谁负责三包的原则。销售者与生产者、销售者与供货者、销售者与修理者之间订立的合同,不得免除三包责任和义务。实践中由商品经营者与消费者协商约定实行"三包"的商品范围更为广泛。

(3)经营者以邮购方式提供商品的,应当按照约定提供。未按照约定提供的,应当按照消费者的要求履行约定或者退回货款;并应当承担消费者必须支付的合理费用。这里的费用指合理范围内的费用,如邮寄费、正常的交通费、合理的鉴定费等。

(4)经营者以预收款方式提供商品或者服务的,应当按照约定提供。未按照约定提供的,应当按照消费者的要求履行约定或者退回预付款;并应当承担预付款的利息、消费者必须支付的合理费用。

(5)依法经有关行政部门认定为不合格的商品,消费者要求退货的,经营者应当负责退货。

(6)经营者提供商品或者服务有欺诈行为的,应当按照消费者的要求增加赔偿其受到的损失,增加赔偿的金额为消费者购买商品的价款或者接受服务的费用的一倍。依据国家工商行政管理局《欺诈消费者行为处罚办法》的规定,欺诈消费者行为是指经营者在提供商品或者服务中,采取虚假或者其他不正当手段欺骗、误导消费者,使消费者的合法权益受到损害的行为。只要证明下列事实存在,即可认定经营者构成欺诈行为:第一经营者对其商品或服务的说明行为是虚假的,足以使一般消费者受到欺骗或误导;在实践中,这些行为都可以根据经营行为的外观加以确定;第二消费者因受误导而接受了经营者的商品或服务,即经营者的虚假说明与消费者的消费行为之间存在因果关系。这是我国第一个适用惩罚性赔偿的立法例,1999年颁布的《合同法》第113条第2款对此作出进一步肯定。

《食品安全法》针对食品领域的经营欺诈行为作出更为严厉的处罚规定,该法第90条规定:食品经营者以假充真或者销售不安全食品,除赔偿消费者的损失以外,消费者还可以要求其支付价款10倍的赔偿金。

(二)行政责任

经营者有下列情形之一,《中华人民共和国产品质量法》和其他有关法律、法规对处罚机关和处罚方式有规定的,依照法律、法规的规定执行;法律、法规未作规定的,由工商行政管理部门责令改正,可以根据情节单处或者并处警告、没收违法所得、处以违法所得一倍以上五倍以下的罚款,没有违法所得的,处以一万元以下的罚款;情节严重的,责令停业整顿、吊销营业执照:

1.生产、销售的商品不符合保障人身、财产安全要求的;

2.在商品中掺杂、掺假,以假充真,以次充好,或者以不合格商品冒充合格商品的;

3.生产国家明令淘汰的商品或者销售失效、变质的商品的;

4. 伪造商品的产地,伪造或者冒用他人的厂名、厂址,伪造或者冒用认证标志、名优标志等质量标志的;

5. 销售的商品应当检验、检疫而未检验、检疫或者伪造检验、检疫结果的;

6. 对商品或者服务作引人误解的虚假宣传的;

7. 对消费者提出的修理、重作、更换、退货、补足商品数量、退还货款和服务费用或者赔偿损失的要求,故意拖延或者无理拒绝的;

8. 侵害消费者人格尊严或者侵犯消费者人身自由的;

9. 法律、法规规定的对损害消费者权益应当予以处罚的其他情形。

经营者对行政处罚决定不服的,《消费者权益保护法》也规定了一定的救济措施。经营者可以自收到处罚决定之日起15日内向向上一级机关申请复议,对复议决定不服的,可以自收到复议决定书之日起15日内向人民法院提起诉讼;也可以直接向人民法院提起诉讼。

(三)刑事责任

经营者实施的损害消费者的行为如果情节恶劣构成犯罪的,应承担刑事责任。依据我国《消费者权益保护法》的有关规定,追究刑事责任的情况主要包括以下几种:

1. 经营者提供商品或者服务,造成消费者或者其他受害人人身伤害,构成犯罪的,依法追究刑事责任。

2. 以暴力、威胁等方法阻碍有关行政部门工作人员依法执行职务的,依法追究刑事责任;拒绝、阻碍有关行政部门工作人员依法执行职务,未使用暴力、威胁方法的,由公安机关依照《中华人民共和国治安管理法》的规定处罚。

3. 国家机关工作人员玩忽职守或者包庇经营者侵害消费者合法权益的行为的,由其所在单位或者上级机关给予行政处分;情节严重,构成犯罪的,依法追究刑事责任。

【本章小结】

本章主要阐述了消费者权益保护法律制度。第一节介绍了消费者的概念和法律特征及消费者权益保护法的概念、特征、适用范围及基本原则。第二节介绍了消费者权利的概念、内容及我国《消费者权益保护法》设立的消费者法定权利和经营者法定义务。第三节阐述了国家、社会对消费者权益的全方位、立体的保护;第四节介绍了消费者权益的争议解决途径、侵权主体的确定及侵犯消费者合法权益所应承担的法定责任。消费者权益保护是国家的一项基础性制度,也是全社会的共同责任。

第十二章 消费者权益保护法律制度

思考题：

1. 简述消费者权利的内容,并举例说明。

2. 我国《消费者权益保护法》规定了哪些经营者与消费者的争议解决途径？

3. 简述侵害消费者合法权益责任主体的确定。

4. 简述《消费者权益保护法》关于经营者侵犯人身权的民事责任的专门规定。

5. 1996 年 5 月,女青年张某与刘某至某百货商场化妆品自选柜台选购化妆品。两人在此挑选、试用化妆品约 20 分钟,终因未曾选中合适的化妆品而离开商场。二人走到店门口时,化妆品自选柜台的营业员和一位保安人员追了上来,指控二人偷了化妆品柜台陈列的货物,二人坚决否认,双方相持不下,这时,另一位商场保安人员上来对张、刘二人说:"请你们到商场保卫科把事情说清楚。"到保卫科后,商场保安人员要求检查刘、张二人随身所带的皮包,遭到二人的拒绝。保安人员对刘、张说:"如果你们确实没有偷窃商场的货物,就应该接受我们的检查来证明你们的清白。"迫于无奈,刘、张二人交出了自己的皮包。经检查,未发现任何商场的化妆品。此后,保安人员进一步提出要对二人搜身检查并立即找来两位女营业员对刘、张二人强行进行搜身检查,仍然没有找到任何商场的东西。事后,刘、张二人愤然离开了这家百货商场。1996 年 6 月 1 日,刘、张二人以该百货商场损害了自己的人格尊严为由提出诉讼,要求该商场赔礼道歉,为其恢复名誉并赔偿精神损失费 3000 元。

请问：法院应支持刘、张的诉讼吗？为什么？

6. A 县商业局和供销社联手举办商品展销会,甲在展销会上以 2150 元的价格购买了 B 厂展销的电冰箱一台,将冰箱拉回家后,甲按照说明书的要求安放、接通电源。但是过了很长时间仍然没有动静,打开冰箱发现里面很热。第二天,甲到展销会,请 B 厂技术人员到家里维修,经过两个多小时检修,冰箱恢复正常。但是,用了一周之后,冰箱再也不能制冷了,此时展销会已经结束。甲写信到 B 厂要求维修更换,被告知 B 厂已被合并到 C 厂,B 厂已被撤销。

请问：(1)你认为甲可通过何种途径解决纠纷？(2)甲应向谁提出修理、更换、退货等要求？

7. 任某在一次展销会上看中了一套由肯特公司生产的组合家具,计 5600

元。销售人员刘某称该公司为中外合资企业,生产出口系列产品。于是双方签订了订货合同,任某预交了560元定金。在按规定时间交货时,任某发现货品与样品不符,并存在质量问题。交货人员表示可以上门维修。任某交付了4400元,余下的640元待家具修好后付清。半个月后,家具不但没修好,而且出现了更加严重的质量问题。在多次与销售人员刘某交涉无效的情况下,任某找到家具展销会主办单位兴华公司反映情况,要求协助解决,并提出退货要求,兴华公司许诺一个月内解决。十几天后,任某被告知肯特公司已撤销展销会,华兴公司无法履行退货承诺。于是任某来到消费者协会寻求支持。经查,刘某不是肯特公司业务人员,而其所售家具只有一件是肯特产品。在"消协"的支持下,任某起诉到法院,要求华兴公司返还货款4960元并加倍赔偿5600元,承担经济损失2800元。

请问:任某的要求是否合理,为什么?

8.张某于展览会上向某皮衣厂购得皮衣一件,价值2100元,厂商在柜台上注明"当面检验,概不退货"八个字。张某回来后发现皮衣脱皮,质量不合格。张某向皮衣厂要求退货,皮衣厂拒绝。于是张某向电视台公布,并对皮衣厂进行曝光,使得皮衣厂销售量大减。皮衣厂告张某侵犯其名誉权,要求赔礼道歉,并赔偿经济损失。

请问:(1)皮衣厂列出的八个字告示是否有效?(2)皮衣厂告张某的侵权是否成立?为什么?(3)皮衣厂是否应承担法律责任?

第十三章 合同法律制度

第一节 合同法概述

导入案例

直流电机？交流电机？

某煤业集团有限公司（以下简称甲方）与某机电公司（以下简称乙方）是矿山机电产品的长期供需协作单位。2006年8月，甲乙双方签订了一份机电购销合同，约定由乙方向甲方供应20千瓦电机10台。合同未注明电机是直流电机还是交流电机，但根据价格和双方以往的交易，甲方购买的电机应是直流电机。甲方强调因技术改造急需，该批电机必须在20天内交付，为此双方约定逾期交货由乙方支付违约金6万元。合同签订后，乙方即四处寻找货源，至第19天时尚无着落。乙方经理王某为逃避支付违约金，便准备了10台20千瓦交流电机。

甲方提货时乙方将这批交流电机装车让甲方运走。因双方系长期合作单位，装车后甲方也未仔细察看。直至卸车开箱时甲方才发现乙方所供电机不是自己所需的直流电机，于是指责乙方以假充真，要求支付6万元违约金并交付10台直流电机。双方为此争执一月之久。此时乙方已购进20千瓦直流电机，遂给甲方换了电机，但拒不承认逾期交货，称原合同并未注明电机系直流或交流，致使发货人产生误解，其损失应由甲方自行承担。

请问：(1)乙方的行为违反了合同法的哪一项基本原则？(2)甲乙双方的纠纷应如何解决？

一、合同的概念和特征

(一)合同的概念

合同是反映交易的法律形式。大陆法系学者基本上认为合同是一种合意或协议。英美法系学者大都认为合同是一种允诺。而我国民法理论基本上继受了大陆法的概念,认为合同是一种合意或协议。合同的概念有广义和狭义之分。广义的合同指任何确定权利与义务关系的协议,除了民事法律中的物权合同、债权合同、身份合同外,还包括行政法中的行政合同及劳动法中的劳动合同等协议。狭义的合同专指债权合同,即当事人之间设立、变更、终止民事权利义务关系的协议。我国《合同法》采用的是狭义的合同概念。该法第2条规定:"合同是指平等主体的自然人、法人、其他经济组织之间设立、变更、终止民事权利义务关系的协议。"

(二)合同的特征

合同具有以下法律特征:

1.合同是一种民事法律行为。民事法律行为是民事主体实施的能够引起民事权利和民事义务的产生、变更或终止的合法行为。因此,只有在合同当事人所作出的意思表示符合法律要求,合同才具有法律约束力,受到国家法律的保护。如果当事人作出了违法的意思表示,即使达成协议,也不能产生合同的效力。同时,由于合同是一种民事法律行为,因此民法关于民事法律行为的一般规定,如民事法律行为的生效要件、民事行为的无效和撤销等,均可适用于合同。

2.合同的主体是平等的民事主体,包括平等主体的自然人、法人和其他组织。订立合同的主体在法律地位上是平等的,任何一方都不得将自己的意志强加给另一方。

3.合同是当事人协商一致的产物,是意思表示一致达成的协议。合同是合意的结果,它必须包括以下要素:第一,合同的成立必须要有两个以上的当事人。第二,各方当事人须互相作出意思表示。也就是说当事人各自从追求自身的利益出发而作出意思表示,双方的意思表示是交互的才能成立合同。第三,各方意思表示达成一致。第四,当事人必须在平等、自愿的基础上进行协商、形成合意。

4.合同的内容是设立、变更或终止民事权利义务关系。设立民事权利义务关系,是指当事人订立合同旨在形成某种法律关系,从而具体地享受民事权利、承担民事义务。变更民事权利义务关系,是指当事人通过订立新合同使原有的合同关系在内容上发生变化。变更合同关系通常是在继续保持原合同关系效力的前提下变更合同内容。终止民事权利义务关系,是指当事人通过订立合同,旨在消灭原合同关系。

二、合同的种类

根据不同的标准,合同通常可以分为以下几类:

(一)双务合同和单务合同

根据当事人双方是否存在对待给付义务,可把合同分为双务合同与单务合同。双务合同,是指当事人双方互负对待给付义务的合同。如买卖、互易、租赁、承揽、运送、保险等合同为双务合同。单务合同是指仅当事人一方负担给付义务的合同。如赠与、借用合同等。

双务合同与单务合同的区分具有重要的法律意义:第一,确定合同是否适用同时履行抗辩权。双务合同中,一方权利的享有与他方义务的履行相关联,只有双方均同时履行了自己的义务,才能达到当事人订约的目的,因此只有双务合同适用同时履行抗辩权。第二,明确风险的负担规则。双务合同中,如果当事人因不可抗力导致其不能履行合同义务,其合同义务应被免除,其享有的合同权利亦应消灭。在单务合同中,不存在双务合同中的风险负担问题。第三,明确区分因一方的过错而导致合同不履行的后果。

(二)有偿合同与无偿合同

根据当事人是否可以从合同中取得某种利益,可以将合同分为有偿合同与无偿合同。有偿合同,是指一方通过履行合同规定的义务而给对方某种利益,对方要得到该利益必须为此支付相应代价的合同。有偿合同是商品交换最典型的法律形式。无偿合同方通过履行合同规定的义务而给对方某种利益,对方取得该利益时并不支付任何报酬的合同。有些合同只能是有偿的,如买卖、互易、租赁等合同;有些合同只能是无偿的,如赠与等合同;有些合同既可以是有偿的也可以是无偿的,由当事人协商确定,如委托、保管等合同。双务合同与单务合同在主体要求、义务内容、合同保全及善意取得制度适用上均有所不同。如在善意取得制度中,往往也要求善意第三人需通过有偿合同取得该动产,否则不能成立善意取得。

(三)诺成合同与实践合同

根据合同的成立是否以交付标的物为要件,可将合同分为诺成合同与实践合同。诺成合同,又叫不要物合同,是指当事人意思表示一致即可成立的合同。实践合同,又称要物合同,是指除当事人意思表示一致外,还须交付标的物方能成立的合同。现实生活中,大多数合同均为诺成合同,实践合同仅限于法律规定的少数合同,如保管合同、自然人之间的借款合同。

(四)要式合同与不要式合同

根据合同是否以一定的形式为要件,可将合同分为要式合同与不要式合同。要式合同,是指必须依法律规定的方式而成立的合同,例如法律规定必须采取书面形式,或须经公证,或须经有关机关批准登记的合同等。不要式合同,是指当事人订立的合同依法并不需要采取特定形式的合同。对于一些重要的交易,法律常要求当事人应当采取特定的方式订立合同。除法律有特别规定外,合同可由当事人自由决定合同形式,无论采取何种形式,均不影响合同的成立和生效。

(五)有名合同与无名合同

根据合同是否具有法律规定的名称,可将合同分为有名合同和无名合同。有名合同是指法律上已确定了一定名称及规则的合同,又称典型合同。我国《合同法》分则中规定了15类合同都属于有名合同。无名合同是指有名合同以外的、尚未在法律上统一确定一定名称和规则的合同。根据合同自愿原则,只要不违背法律的禁止性规范和社会公共利益,当事人可以自由订立无名合同。无名合同如经法律确认或在形成统一的交易习惯后,可以经由合同法予以规范而转化为有名合同。有名合同应直接适用合同法的规定或其他有关该合同的立法规定。无名合同的法律适用规则根据《合同法》第124条:"本法分则或者其他法律没有明文规定的合同,适用本法总则的规定,并可以参照本法分则或者其他法律最相类似的规定"及《合同法》第174条:"法律对其他有偿合同有规定的,依照其规定;没有规定的,参照买卖合同的有关规定"的规定,应当比照类似的有名合同的规则,参照合同目的及当事人的意思等进行处理。

三、合同法的概念及其适用

(一)合同法的概念

合同法是调整合同关系的法律规范的总称。我国合同法不是一个独立的法律部门,归属于民法。合同法有广义和狭义之分。狭义上的合同法是指第九届全国人民代表大会第二次会议1999年3月15日通过并于1999年10月1日实施的《中华人民共和国合同法》。广义上的合同法除了《合同法》之外,还包括其他各种法律规定之中的法律规范,如《担保法》、《保险法》、《产品质量法》等许多单行法律法规中关于合同的规范;《民法通则》中有关法律行为、债权等的规定也是我国合同法律规范中不可或缺的组成部分。合同法主要规定了合同的订立、合同的效力及合同的变更、转让、终止及违约责任等问题,是发展市场经济,满足市场主体需要,获得最佳经济效益的重要工具。

(二)合同法的适用范围

我国《合同法》第2条规定:"本法所称合同是平等主体的自然人、法人、其他组织之间设立、变更、终止民事权利义务关系的协议。婚姻、收养、监护等有关身份关系的协议,适用其他法律的规定。"这一规定明确了我国合同法的适用范围,具体为:

1. 合同法适用于平等主体之间订立的民事权利义务关系的协议。

2. 合同法所适用的合同包括各类民事主体基于平等自愿等原则所订立的民事合同。

3. 合同法的适用范围既包括当事人设立民事权利义务的协议,也包括当事人变更、终止民事权利义务的协议。

下列不属于平等主体之间订立的有关权利义务关系的协议不适用于合同法调整:

1. 政府依法维护经济秩序的管理活动,属于行政管理关系,不是民事关系,适用有关政府管理的法律,不适用于合同法。

2. 法人、其他组织的内部管理关系,适用有关公司、企业的法律,不适用于合同法。

3. 婚姻、收养、监护等有关身份关系的协议并不属于交易关系,应适用其他法律的规定。

四、合同法的基本原则

合同法的基本原则是指贯穿于整个合同法律制度和规范中,在立法、司法与当事人合同活动中均应遵守的体现合同法宗旨的原则。合同法的基本原则是合同法的主旨和根本准则,也是制订、解释、执行和研究合同法的出发点。在合同约定不明或有漏洞时,可以依据合同法基本原则予以适当纠正,甚至可以以合同法的基本原则作为处理合同纠纷的依据。

(一)合同自愿原则

《合同法》第4条规定:"当事人依法享有自愿订立合同的权利,任何单位和个人不得非法干预",这一规定确认了合同自愿原则。合同自愿是指当事人依法享有在缔结合同、选择合同相对人、决定合同内容以及在变更和解除合同、选择合同补救方式等方面的自由。合同自愿原则是合同法最基本的原则,是合同法律关系的本质体现。

合同自愿原则包括两方面内容:

1. 当事人合法的合意与法定的任意性规范相比具有优先适用的效力。

2. 尊重当事人的选择自由。这种自由体现在合同关系的各个环节和过程当中:(1)自愿订立合同;(2)选择合同相对人;(3)当事人在不违背法律、行政法规、社会共同利益和公序良俗的情况下,可以自由通过平等协商决定合同内容;(4)选择合同的形式;(5)通过协商依法变更或解除合同;(6)当事人可以约定违约责任,非违约方在对方违约后享有选择补救方式的自由。

当然合同自愿原则并不是绝对的,当事人订立合同、履行合同都应当遵守法律、行政法规,尊重社会公德,不得扰乱社会经济秩序,损害社会公共利益。

(二)平等原则

《合同法》第 3 条规定:"合同当事人的法律地位平等,一方不得将自己的意志强加给另一方。"平等原则是指地位平等的合同当事人,在权利义务对等的基础上,经充分协商达成一致,以实现互利互惠的经济利益目的的原则。平等原则包括三方面内容:

1. 合同当事人的法律地位一律平等

在法律上,合同当事人是平等主体,没有高低、从属之分,不存在命令者与被命令者、管理者与被管理者。

2. 合同中的权利义务对等

所谓"对等",是指享有权利,同时就应承担义务,而且彼此的权利、义务是相应的。

3. 合同当事人必须就合同条款充分协商,取得一致,合同才能成立

合同是双方当事人意思表示一致的结果,是在互利互惠基础上充分表达各自意见,并就合同条款取得一致后达成的协议。因此,任何一方都不得凌驾于另一方之上,不得把自己的意志强加给另一方,更不得以强迫命令、胁迫等手段签订合同。同时还意味着凡协商一致的过程、结果,任何单位和个人不得非法干涉。

(三)诚实信用原则

诚实信用原则是《合同法》中一项极为重要的原则。它常常被称为是债

法中的最高指导原则或"帝王规则"。诚实信用原则是指民事主体在从事民事活动时,应诚实守信,以善意的方式履行其义务,不得滥用权利及规避法律或合同规定的义务。同时,诚实信用原则要求维持当事人之间的利益及平衡当事人利益与社会利益。

诚实信用原则的内容和功能具体体现为以下几点:

1. 确定诚实守信,以善意方式行使权利和履行义务等行为规则。

2. 诚实信用原则要求平衡当事人之间的各种利益冲突和矛盾。

3. 合同没有约定或约定不明确而法律又没有规定的,可以根据诚实信用原则进行解释。

诚实信用原则贯穿于合同行为的各个阶段。在合同的订立、履行、变更、解除的各个阶段,甚至在合同关系终止以后,当事人都应当严格依据诚信原则行使权利和履行义务。

(四)合法原则

《合同法》第 7 条规定:"当事人订立、履行合同,应当遵守法律、行政法规,尊重社会公德,不得扰乱社会经济秩序,损害社会公共利益。"该条规定确定了我国合同法的合法原则。尽管合同是当事人自愿协商订立的,但合同自由并不是绝对的,为维护社会利益和交易秩序,合同法也对合同当事人的自由进行了必要的干预和限制。这些干预和限制属于强制性规范,当事人不遵守将会影响合同的效力。

合法原则具体体现在:

1. 要求当事人在订约和履约中必须遵守法律和行政法规。

2. 出于国家利益和社会需要考虑,国家可能在某些特殊情况下给有关企业下达指令性任务和国家订货任务,当事人应依照有关法律、行政法规规定的权利或义务订立合同。

3. 当事人必须遵守社会公德,不得违背社会公共利益和公共道德。社会公德是以道德为核心的社会规范,相对于法律强行性和禁止性规定而言,具有补充规定的性质。

第二节 合同的订立

> **导入案例**
>
> ### 七星彩中大奖错过领奖期，中奖人状告体彩中心
>
> 2007年7月29日，汪亮解购买了4注七星彩。购买彩票的当天，他回安徽老家照顾病重的岳父，9月份回到北京才知道自己中了500万大奖。2007年9月18日，汪亮解到北京体彩中心兑奖，被告知彩票超过28天兑奖期限，不能兑奖。一审法院经审理认为，汪亮解在投注站购买体育彩票后，即与北京市体彩中心产生彩票合同关系。合同并不符合合同法关于合同无效的规定；虽然属于格式合同，但并没有免除体彩部门的义务，或者加重彩民的责任；28天兑奖期限免除的只是体彩部门在彩民逾期兑奖情形下的兑奖责任，根据合同条款，彩民应当及时兑奖。对于汪亮解提出北京体彩中心没有以适当的方式通知他，法院认为28天兑奖规则印在彩票的背面，汪亮解作为买彩7年的老彩民应该明白。因此2008年10月一审法院判决汪亮解败诉。二审法院经审理认为彩票是一种合法的以小搏大的游戏，需要有事先确定的游戏规则。彩票合同的内容已由彩票发行机构和彩票销售机构事先拟定，并在销售时通过适当的方式提示给彩民，让彩民了解。彩票销售机构没有义务在彩民投注时，对游戏规则一一加以特别解释说明。由于彩票销售面向不特定公众，兑奖告知方式只能考虑到一般公众的文化水平、认知能力以及对彩票的常识性了解，不可能顾及所有的购买者的特殊情况。据此于2009年4月16日作出维持原判的终审判决。
>
> 请问：(1)格式合同有何特点？(2)我国《合同法》为什么要对格式合同的制订和解释作出特别规定？

合同的订立，是指两个或两个以上当事人以设立、变更、终止民事权利义务关系为目的作出意思表示，经过相互磋商达成合意的过程。合同订立是合同成立的前提，没有合同订立的过程，合同就无法成立。

一、订立合同的主体

订立合同的主体是指订立合同的当事人,包括自然人、法人和其他组织。订立合同的主体不同于合同主体,因此即可以是未来合同的当事人,也可以是合同当事人的代理人。合同必须存在两个利益不同的订立合同主体。

(一)订立合同主体的资格

合同以当事人的意思表示为基础,因此,订立合同的主体必须具备独立表达自己意思和理解自己行为性质和后果的能力,即应具备一定的民事权利能力和民事行为能力。自然人和法人(其他组织)作为合同订立主体在民事权利能力和民事行为能力方面的要求不同。

1. 自然人作为订立合同主体的资格要求

自然人订立合同需具备相应的民事权利能力和民事行为能力。

自然人的权利能力始于出生,终于死亡。一般说来,自然人订立合同的权利能力不受限制。但是,自然人的权利能力受到一般的社会发展条件的限制。

自然人的行为能力是根据年龄、智力和精神健康状况来确定的。根据《民法通则》的规定,自然人的行为能力分为完全民事行为能力、限制民事行为能力和无民事行为能力三种类型。完全民事行为能力人可以依法订立任何性质的合同;限制民事行为能力人只能订立与他的年龄、智力、精神健康状况相适应的合同;无民事行为能力人一般无订立合同能力,可由他的法定代理人代理订立合同或征得他的法定代理人的同意。但纯受益合同例外,纯受益合同是纯获法律上的利益而不承担任何义务的合同。《最高人民法院关于贯彻执行若干问题的意见(试行)》(以下简称《民通意见》)第6条规定,无民事行为能力人接受奖励、赠与、报酬,他人不得以行为人无民事行为能力为由主张以上行为无效。

2. 法人(其他组织)作为订立合同主体的资格要求

法人(其他组织)订立合同需具备相应的民事权利能力和民事行为能力。

法人的民事权利和民事行为能力始于法人成立终于法人消灭。一般来说,法人的业务范围或者经营范围就是法人的民事权利能力和行为能力的范围。因法人经营范围有一定的局限性,因此法人只有在核准登记后才有权订立合同;只能在经营范围内订立合同,超越经营范围订立的合同可能导致无效;经营范围不同的法人订立合同的能力也不同。其他组织如合伙、非法人企业、法人的分支机构等的民事权力能力和民事行为能力与法人的民事权利和民事行为能力的界定方式一致。

法人订立合同的能力受到经营范围的限制,但超越经营范围订立的合同并不必然导致无效。最高人民法院《关于适用〈中华人民共和国合同法〉若干问题的解释(一)》第10条规定:"当事人超越经营范围订立合同,人民法院不因此认定合同无效。但违反国家限制经营、特许经营以及法律、行政法规禁止经营规定的除外。"

(二)委托他人代理订立合同

当事人依法可以委托代理人订立合同。代理指以他人的名义,在授权范围内进行对被代理人直接发生法律效力的法律行为。

合同当事人委托他人代理订立合同,应当依法进行,具体包括:

1. 委托人应向代理人授权

代理分为法定代理、委托代理和指定代理。根据《合同法》规定产生的代理属于委托代理。委托代理是指基于被代理人的委托授权而发生的代理,因此代理人只有接受委托人的授权取得代理权,才能取得代订合同的权利。实践中委托授权可通过书面授权委托书、介绍信、单位公章或能够证明委托代理关系的其他形式进行。委托代理中委托人授权不明的,代理人应当向第三人承担民事责任,被代理人负连带责任。

2. 代理人应具备合同主体资格或具有承担相应民事责任的能力

代理人作为合同订立主体,其代理行为对委托人直接产生权利和义务,对对方当事人的利益也产生直接影响,因此应当具备相应的资格和能力。

3. 代理人应在授权范围内行使代理权

如果没有代理权、超越代理权或者代理权终止后的代理行为,除存在表见代理的情形外,只有经过被代理人的追认,被代理人才承担法律责任;未经追认的行为,由代理人承担法律责任。

4. 代理人通常以委托人名义订立合同

代理人代为订立合同应以委托人名义进行,其法律后果由委托人承受。但《合同法》第402条规定:"受托人以自己的名义,在委托人的授权范围内与第三人订立的合同,第三人在订立合同时知道受托人与委托人之间的代理关系的,该合同直接约束委托人和第三人,但有确切证据证明该合同只约束受托人和第三人的除外",表明在第三人订立合同时知悉代理情况的,代理人以自己名义代订的合同对委托人亦有法律约束力。

二、合同的形式

合同的形式,是指合同当事人意思表示一致的外在表现形式。采用法律允许的形式,合同才能生效。根据我国合同法规定,合同的形式包括口头形式、书面形式和其他形式三种:

(一)口头形式

口头合同,是指当事人仅以口头意思表示达成协议的合同。口头合同简便易行,在日常生活中广泛运用,在无特别规定时,合同均可采用口头形式订立。但是,口头合同在发生纠纷时难以取证,不易分清责任。对于不能及时结清的和较重要的合同,不宜采用口头形式。

(二)书面形式

书面形式是指当事人以文字等有形的表现方式订立合同的形式。当事人协商同意的有关修改合同的文书、电报和图表,也是合同的组成部分。我国合同法规定合同书、信件和数据电文(包括电报、电传、传真、电子数据交换)等可以有形地表现所载内容的形式都是合同的书面形式。

法律、行政法规规定采用书面形式的,应当采用书面形式表示。如我国担保法规定,保证合同、抵押合同、质押合同应当采用书面形式,我国房地产法规定不动产的转让应采取书面形式。当事人约定采用书面形式的,应当采用书面形式。

书面形式还可分为一般书面形式和特殊书面形式。一般书面形式指行为人采用普通文字形式进行意思表示。如书面合同、授权委托书、书信和电报等。特殊书面形式指行为人除采用普通文字进行外,还须履行法律所规定的其他形式,才能完成意思表示。如公证、鉴证、审核、登记等。

书面合同通过文字凭据明确了双方的权利义务关系,不但有利于当事人依约履行,在当事人发生纠纷时举证方便,容易分清责任,也便于主管机关和合同管理机关监督、检查。在实践中,书面形式是当事人最为普遍采用的一种合同约定形式。

(三)其他形式

其他形式主要指默示形式,即当事人并不直接用口头或者书面形式进行意思表示,而是通过实施某种作为或者不作为的行为方式进行意思表示。

默示形式包括推定行为和沉默行为。推定行为是作为行为,指以语言、文字以外的某种积极行为所进行的意思表示。例如租期届满,承租人继续交纳房租,出租人接受的可推定双方达成延长租期的合同。沉默形式是不作为的默示形式,指当事人的沉默本身在一定条件下被推定为进行了意思表示,如存在长期供货业务关系的企业之间,一方当事人在收到与其素有业务往来的相对方发出的订货单或提供的货物时,如不及时向对方表示拒绝接受,则推定为同意接受。沉默行为只有在有法定或约定或存在交易习惯的情况下,才可视为同意的意思表示。

三、合同的内容

合同的内容可以从两个方面理解,从民事法律关系方面来说,合同的内容是指合同当事人享有的权利和承担的义务。从内在结构方面来说,合同的内容是指合同的各项条款。合同的条款是指合同条件的表现和固定化,是确定合同当事人权利义务的根据。合同是当事人协商一致的产物,合同的内容除少数由法律直接规定产生,通常以合同条款的形式表现。因此,合同条款应当明确、肯定、完整,而且条款之间不能相互矛盾。否则将影响合同的成立、生效和履行。

(一)合同的一般条款

《合同法》第12条规定,合同的内容由当事人约定,一般包括以下条款:(1)当事人的名称或姓名和住所;(2)标的;(3)数量;(4)质量;(5)价款或者报酬;(6)履行期限、地点和方式;(7)违约责任;(8)解决争议的方法。该条款也称为提示性条款,当事人订立合同时应尽可能包括以上条款。

订立合同时注意必备条款与非必备条款的区别。必备条款又称主要条款,是指根据合同的性质和当事人的特别约定所必须具备的条款,缺少这些条款将影响合同的成立。非必备条款又称普通条款,是指合同的性质在合同中不是必须具备的条款,即使合同不具备这些条款也不应当影响合同的成立,上述提示条款中有的是合同必备条款,有的是非必备条款。

1.当事人的名称或姓名和住所。这是每一个合同都必须具备的条款。当事人是自然人,其住所就是其户籍所在地的居住地;自然人的经常居住地与住所不一致的,其经常居住地视为住所。当事人是法人或其他组织的,其住所是其主要办事机构所在地。如果法人有两个以上的办事机构,以主要办事机构所在地为法人的住所。

2.标的。标的是合同当事人的权利义务指向的对象,是一切合同的必备条款。在合同中标的条款必须清楚写明标的物或服务的具体名称,以使标的特定化。不同性质的合同标的不同,可以是某种物,也可以是某种服务或者智力成果等。

3. 数量。数量是对标的的计量,是衡量标的大小、多少、轻重的尺度。合同的数量是必备条款。标的数量是通过计量单位和计量方法来衡量的,必须使用国家法定计量单位和统一计算方法。订立合同时,标的数量、计量单位和计量方法必须合法、准确、具体。有些标的物由于物理属性可能会产生自然增减的情况,还应当在合同中明确规定合理磅差、正负尾数、超欠幅度、自然损耗率等。

4. 质量。质量是指标的内在素质和外观形态的状况,是标的质的规定性。在签订合同时,质量标准应规定具体、详细。有国家标准或者行业标准的,按国家标准或行业标准签订;没有国家标准和行业标准的,由双方协商签订;对于双方约定提交样品的,如果能够保存,双方应将相同的样品(经双方签封)各自保存一份,如果不易保存,应将样品名称、品种、规格、型号、等级、质地等详细记录清楚,各存一份,以作验收凭证。

5. 价款或者报酬。价款是取得标的物所应支付的代价,是有偿合同的必备条款。价款是标的物本身价值的货币表现形式。在某些情况下,价款也包括运费、装卸费、保险费等其他相关费用。报酬是合同一方当事人对提供劳务或者劳动成果的另一方当事人给付的酬金。

当事人应当约定价款或者报酬的支付方式、币种、支付地点、结算方式等内容。

6. 履行期限、地点和方式。履行期限,就是合同当事人实现权利和履行义务的时间界限。履行期限直接关系到合同义务完成的时间,涉及当事人的经济利益,也是确定合同是否按时履行或者迟延履行的客观依据,履行期限一定要规定得明确具体。

履行地点,是指当事人依据合同规定履行其义务的场所。履行地点是确定标的物验收地点、运输费用由谁负担、风险由谁承受的依据;有时也是确定标的物所有权是否转移以及何时转移的依据,还是合同是否已经得到适当履行的重要依据。

履行方式是合同当事人约定的履行合同义务的方法。履行方式包括时间方式和行为方式。时间方式如履行交付标的物义务时是应当采取一次履行还是分期分批履行;行为方式如履行交付标的物义务时是采取送货、自提还是代办运输方式,结算用汇票、商业汇票托收承付、现金等也是行为方式。凡采用代办运输的,还要明确规定运输工具、运输路线及到站(港)的准确名称和运杂费的承担。

有关合同的履行期限、地点和方式的条款并不是合同的必备条款。当事人就这些条款无约定或约定不明时,可采用合同法的规定填补漏洞。

7.违约责任。违约责任是合同当事人因违反合同所应承担的法律责任。违约责任是促使当事人履行合同义务,使守约方免受或少受损失的法律措施,在合同中明确规定违约责任,有利于保护当事人的合法权益。

当事人可通过约定违约责任条款事先确定违约金的数额、幅度,或者约定因违反合同而产生的赔偿损失额的计算方法。同时也可以设定免责条款限制和免除当事人在未来发生的责任。但即使当事人没有在合同中约定违约责任条款,只要违约方无免责事由,可按法定违约责任制度来确定违约方的责任。

8.解决争议的方法。解决争议的方法是指合同争议的解决方式。解决争议的方式主要有:协商和解、调解、仲裁、诉讼。当事人可以在合同中约定争议发生后是采取诉讼还是仲裁的方式,可以在法律许可的范围内选择适用的法律及管辖的法院等。

(二)格式条款

格式条款是指一方当事人为了反复使用而单方预先制定,并在订立合同时未与对方协商的条款。全部条款都采用格式条款的合同被称为格式合同。格式条款的适用可以简化签约程序,加快交易速度,减少交易成本,在现代经济生活中得到广泛采用,是20世纪合同法发展的重要标志之一。但由于格式条款是由一方当事人拟定,且在合同谈判中不容许对方协商修改,条款内容难免有不公平之处。所以《合同法》对格式条款适用也制订了限制性规则,以保证合同相对人的合法权益。

1.格式条款的特点:

(1)格式条款是一方为了反复使用而预先制订的。

格式条款在订约以前即已经预先拟定,而不是在双方当事人反复协商的基础上制订出来的。拟定格式条款的一方多为固定提供某种商品和服务的公用事业部门、企业和有关的社会团体等。

(2)格式条款是一方与不特定的相对人订立的。

格式条款在订立以前,要约方总是特定的,而承诺方都是不特定的。如果一方根据另一方的要求而起草供对方承诺的合同文件,仍然是一般合同文件而不是格式条款文件。

(3)格式条款的内容具有定型化特点。

首先,格式条款文件普遍适用于和条款的提供者订立合同的不特定相对人,相对人对合同的内容只能表示完全的同意或拒绝,而不能修改、变更合同的内容。其次在格式条款适用过程中,要约人和承诺人双方的地位也是固定的,而不像一般合同在订立过程中,要约方和承诺方的地位可以随时改变。

(4)相对人在订约中居于附从地位。

格式条款文件由单方预先制定,相对人并不参与协商过程,只能对提供者提供的格式条款概括地予以接受或不接受,在合同关系中处于附从地位。

2.格式条款的限制规则

(1)规定了格式条款提供方的义务。

采用格式条款订立合同的,提供格式条款的一方应当遵循公平原则确定当事人之间的权利和义务,并采取合理的方式提请对方注意免除或限制其责任的条款,按照对方的要求,对该条款予以说明。违反提请注意义务的,该格式条款不生效。

(2)规定了格式条款无效的情形。

①提供格式条款一方免除其责任、加重对方责任、排除对方主要权利的,该条款无效。

②造成对方人身伤害的,或因故意或者重大过失造成对方财产损失的免责条款无效。

③一方以欺诈、胁迫的手段订立合同,损害国家利益;恶意串通,损害国家、集体或者第三人利益;以合法形式掩盖非法目的;损害社会公共利益;违反法律、行政法规的强制性规定。

(3)规定了对格式条款的解释。

对格式条款的理解发生争议的,应当按照通常理解予以解释。对格式条款有两种以上解释的,应当作出不利于提供格式条款一方的解释。格式条款和非格式条款不一致的,应当采用非格式条款。

四、合同的订立程序

合同的订立程序是指当事人之间对合同内容进行相互协商,取得一致意见的过程。合同的成立经过要约、承诺阶段。要约和承诺是合同成立的基本规则,也是合同成立必经程序。

(一)要约

1.要约的概念与构成要件

要约又称为发盘、出盘、发价等。要约是希望与他人订立合同的意思表示。发出要约的人称为要约人,接受要约的人则称为受要约人、相对人或承诺人。

一项有效的要约必须符合以下构成要件：

(1)要约是特定的合同当事人所为的意思表示。要约的提出旨在与他人订立合同，获得相对人的承诺，所以要约人必须是订立合同的一方当事人，要约主体应具备合同主体的资格要求。

(2)要约必须向要约人希望与之缔结合同的受要约人发出。原则上要约应向特定相对人提出，以使要约人对承诺人的资格进行选择；特殊情况下要约也可向不特定相对人提出，例如我国《合同法》第15条第2款规定："商业广告的内容符合要约规定的，视为要约。"

(3)要约的内容必须具体、确定。内容具体是指要约的内容必须包含具有足以使合同成立的主要条款。合同的主要条款应当根据合同的性质和内容加以判断。内容确定是指要约内容明确、不能含糊不清，使受要约人通过要约能明确了解要约人的真实意愿。

(4)表明经受要约人承诺，要约人即受该意思表示约束。要约的目的是订立合同，要约人表明他将接受承诺的后果，则意味着要约具有明确的订约目的。因此要约必须表明要约人愿意按要约中所提条件同对方订立合同的旨意。

(5)要约必须送达受要约人。《合同法》第16条规定："要约到达受要约人时生效。"

在法律和实践上应将要约与要约邀请加以区别。要约邀请又称为要约引诱，是希望他人向自己发出要约的意思表示，是要约的前期预备行为。要约邀请不发生行为人必须与对方订立合同的效力，行为人在法律上无需承担责任。要约邀请与要约的区别在于：第一要约是以订立合同为直接目的，要约邀请则是希望对方主动向自己提出订立合同的表示；第二要约大多数是针对特定相对人发出的，而要约邀请一般是针对不特定多数人发出的；第三要约必须包括未来订立合同的主要内容，而要约邀请无需包含合同得以成立的主要内容；第四要约中含有当事人表示愿意接受要约拘束的意思，要约邀请则不含有当事人表示愿意接受拘束的意思。《合同法》第15条明确规定："寄送的价目表、拍卖公告、招标公告、招股说明书、商业广告等为要约邀请。"

2.要约的法律效力

要约的法律效力又称为要约的拘束力。一项有效的要约将对要约人和受要约人产生一定的效力。对要约人的拘束力称为要约的形式拘束力，对受要约人的拘束力称为要约的实质拘束力。

(1)要约的形式拘束力。

要约一经生效,要约人即受到要约的拘束,要约人不得任意撤回、撤销要约或对要约加以限制、变更和扩张。这对保护受要约人的利益,维护正常的交易安全是十分必要的。

(2)要约的实质拘束力。

要约的实质拘束力也称为承诺适格。即受要约人在要约生效时即取得依其承诺而成立合同的法律地位。具体表现在:第一要约生效后,只有受要约人才享有对要约人作出承诺的权利;第二除非得到要约人的允许,受要约人不得随意转让承诺的权利;第三受要约人是否行使承诺的权利由自己决定,即使要约人在要约中明确规定承诺人不作出承诺通知则构成承诺,这种规定对受要约人不产生效力。

3.要约的撤回与撤销

要约的撤回是指要约在发生法律效力前,要约人欲阻止其法律效力而取消要约的意思表示。根据要约的形式拘束力,任何一项要约都是可以撤回的,只要撤回要约的通知先于或者同时到达受要约人,都能产生撤回要约的效力。

要约的撤销是指要约在发生法律效力后,要约人欲使其失去法律效力而取消该项要约的意思表示。根据要约的形式拘束力,要约生效后对要约人有约束力。但为了平衡要约人的利益,在不损害受要约人的前提下,要约应该允许撤销。撤销要约的通知在受要约人发出承诺通知之前到达受要约人,要约可以撤销,但是,如果法律上对要约的撤销不作限制,允许要约人随意撤销要约,就会给受要约人带来不必要的损失,也将在事实上否定要约的法律效力,造成交易活动严重不稳定。因此,《合同法》第 19 条对要约的撤销作出了限制性规定:"有下列情形之一的,要约不得撤销:第一要约中确定了承诺期限或者以其他形式明示要约不可撤销;第二受要约人有理由认为要约是不可撤销的,并且已经为履行合同作了准备工作。"

4.要约的失效

要约的失效是指要约丧失了对要约人和受要约人的法律拘束力。要约失效后,要约人如果还想与他人订立合同,只能重新发出新的要约。要约失效的情形主要有以下几种:

(1)拒绝要约的通知到达要约人;

(2)要约人依法撤销要约;

(3)承诺期限届满,受要约人未作出承诺;

(4)受要约人对要约的内容作出实质性变更。

(二)承诺

1. 承诺的概念和构成要件

承诺又称为收盘或接受,是受要约人同意要约的意思表示。承诺的法律效力在于一经承诺并送达于要约人,合同便告成立。

一项有效的承诺必须具备以下构成要件:

(1)承诺必须由受要约人作出。承诺只能由受约人或其授权的代理人作出。非受要约人作出的表示接受要约的意思表示不是承诺,而是一项要约。受要约人向非要约人作出的接受要约的意思表示也不是承诺,不能产生合同成立的后果。

(2)承诺必须在合理期限内作出。承诺应当在要约确定的期限内到达要约人。要约没有确定承诺期限的,受要约人应在法律规定的期限内做出承诺:①要约以对话方式作出的,应当即时作出承诺,但当事人另有约定的除外;②要约以非对话方式作出的,承诺应当在合理期限内到达。合理期限应考虑受要约人收到要约后做出考虑、决定、发出承诺并到达要约人的时间。

承诺期限的起始点按下列规则确定:要约以信件或者电报作出的,承诺期限自信件载明的日期或者电报交发之日开始计算。信件未载明日期的,自投寄该信件的邮戳日期开始计算。要约以电话、传真等快速通讯方式作出的,承诺期限自要约到达受要约人时开始计算。

(3)承诺的内容应当与要约内容一致。承诺是受要约人愿意按照要约的内容与要约人订立合同的意思表示,因此受要约人在作出承诺时不得限制、扩张或者变更要约的内容,否则不构成承诺,而应视为对原要约的拒绝或者作出一项新要约,或称反要约。然而如果要求承诺与要约内容绝对一致,对合同的达成将产生极大的障碍,为鼓励社会交易的顺利进行,只要承诺没有变更要约的实质性内容,即没有变更未来合同的必要条款,应认定承诺的内容与要约的内容是一致的,合同成立。承诺对要约的内容作出非实质性变更的,除要约人及时表示反对或者要约表明承诺不得对要约的内容作出任何变更的以外,该承诺有效,合同的内容以承诺的内容为准。根据合同法的规定,有关合同标的、数量、质量、价款或者报酬、履行期限、履行地点和方式、违约责任和解决争议方法等的变更,是对要约内容的实质性变更。

2. 承诺的方式

承诺的方式,是指受要约人通过何种方式将承诺的意思送达给要约人。承诺应当以通知的方式作出,但是根据交易习惯或者要约表明可以通过行为作出承诺的,受要约人可以通过实施一定的行为或其他方式作出承诺。

承诺的方式原则上应该符合要约的规定,如果要约中规定了承诺的某种方式,又完全没有排除另外的方式,承诺人若采用了比要约规定的方式更迅速便捷的方式进行承诺的,应当认定承诺有效。

3. 承诺的生效

《合同法》第 25 条规定:"承诺生效时合同成立",因此承诺生效的时间在合同法中具有特别的意义。

承诺通知到达要约人时生效。承诺不需要通知的,根据交易习惯或者要约的要求作出承诺的行为时生效。采用数据电文形式订立合同的,收件人指定特定系统接收数据电文的,该数据电文进入该特定系统的时间,视为到达时间;未指定特定系统的,该数据电文进入收件人的任何系统的首次时间,视为到达时间。

4. 承诺的撤回

承诺通知到达要约人时生效,因此承诺可以撤回。撤回承诺的通知应当在承诺通知到达要约人之前或者与承诺通知同时到达要约人。

5. 承诺的迟延

受要约人超过承诺期限发出承诺的,除要约人及时通知受要约人该承诺有效的以外,为新要约。

受要约人在承诺期限内发出承诺,按照通常情形能够及时到达要约人,但因其他原因承诺到达要约人时超过承诺期限的,除要约人及时通知受要约人因承诺超过期限不接受该承诺的以外,该承诺有效。

五、缔约过失责任

(一)缔约过失责任的概念和特征

缔约过失责任,是指合同当事人在合同缔结过程中,一方因违背其依据诚实信用原则和法律规定的义务致另一方的信赖利益的损失所应承担的损害赔偿责任。我国《合同法》第 42 条、第 43 条专门规定了缔约过失责任制度,完善了债法制度的体系,对维护交易安全、保护当事人利益有重要意义。

缔约过失责任具有以下法律特征:

1. 缔约过失责任是产生于订立合同过程的一种民事责任。缔约过失责任发生在订立合同过程中,只有在合同尚未成立,或者虽然成立但因为不符合法定的生效要件而被确认为无效或被撤销时才会产生。

2. 缔约过失责任的基础是在诚实信用原则下产生的先合同义务。先合同义务依诚实信用原则而产生,是指当事人在订立合同过程中,负有相互协助、通知、说明、照顾、保密、保护等附随义务。当事人一方违背了其应负有的这些义务并破坏了缔约关系时,应承担缔约过失责任。

3. 缔约过失责任保护的是一种信赖利益。信赖利益或称消极利益,一般是指无过错合同一方当事人因合同无效、不成立等原因遭受的实际损失。区别于履行利益或期待利益。

4. 缔约过失责任是一种补偿性的民事责任。缔约过失责任的责任承担方式主要是损害赔偿责任,以信赖利益的损失作为赔偿的基本范围。包括因信赖合同的成立和生效所支出的各种费用,如因信赖对方将要缔约而为缔约做各种准备工作并为此支出的各种合理费用。

(二)缔约过失责任的构成要件

缔约过失责任采取过错责任原则,以当事人违反相关义务并造成损害为条件。具体来说,缔约过失责任具有以下构成要件:

1. 当事人一方违反先合同义务。根据我国《合同法》规定,违反先合同义务的具体表现有:(1)假借订立合同,恶意进行磋商;(2)故意隐瞒与订立合同有关的重要事实或提供虚假情况;(3)有其他违背诚实信用原则的行为。

2. 给对方当事人造成损失。缔约过失责任的目的就是弥补合同订立过程中一方违反先合同义务而给对方造成信赖利益的损失。因此给对方当事人造成损失的事实是承担缔约过失责任的前提。

3. 违反先合同义务的一方必须有过错。过错包括故意或过失。

4. 违反先合同义务的行为与对方所受到的损失之间必须存在因果关系。只有受害人所受的信赖利益损失是由违反先合同义务的行为造成的,才能产生缔约过失责任。

(三)缔约过失责任与违约责任的区分

违约责任是我国《合同法》中一项重要的制度,违约责任是指合同当事人因违反合同所应承担的法律责任。缔约过失责任与违约责任不同:

1. 责任产生的根据不同

缔约过失责任产生的根据是先合同义务。违约责任产生的根据是合同义务。

2. 责任发生的时间不同

缔约过失责任只产生在缔结合同过程中,包括合同成立。而违约责任只能发生在合同成立后且已生效。

3.责任承担的形式不同

缔约过失责任是一种法定责任,只能由法律直接规定。违约责任可以由当事人约定责任承担形式。

4.归责原则不同

缔约过失责任主要适用过错责任原则。违约责任的归责原则一般适用无过错推定原则。作为例外或补充也适用过错推定原则。

5.赔偿范围不同

缔约过失责任的损害赔偿是信赖利益的赔偿,某些特殊情况下可以不受可预见规则的限制。目的是使当事人达到合同未曾发生时的状态。违约责任赔偿的是履行利益,它受到可预见利益的限制。违约责任赔偿结果是使当事人达到合同完全履行时的状态。

第三节　合同的效力

导入案例

不是房东又没有委托书
帮亲戚卖房合同无效

2009年4月26日,陈先生看中海沧的一套商品房,李某出来说房子是她亲戚授权她卖的。双方谈妥房价后签了购买意向书,约定了房屋总价和定金。陈先生随后又找李某签了一份补充协议,约定双方于2009年5月15日之前签订预约买卖协议,并前往公证处办理全权委托公证。李某作为代理人,保证出售房产的行为已经取得房东的同意,如果因为一方的违约造成合同不能成立,就要承担5万元违约金。李某在卖方一栏签名,陈先生在买方一栏签名,代理人一栏则是空白。陈先生当场支付2万元定金。然而到了约定的时间,李某没有配合办理相关手续,陈先生为此将李某告上法院。陈先生认为李某不是没有权利卖房子,而是房价涨了不愿意卖。李某则辩称:不是违约,而是根本无效。她不是房东,没有权利卖房子,当时签订意向书时没有取得房东的授权,事后房东也没有追加承认,所以意向书根本就无效,补充条款也就跟着无效。法院审理后认定意向书无效,根据法律规定,合同无效,有过错一方应当赔偿另一方的损失,法院最终判决李某赔偿陈先生损失6000元。

问题:(1)合同的成立与合同的生效有何区别?(2)合同生效需具备哪些要件?(3)缺乏生效要件的合同将会导致什么法律后果产生?

一、合同的效力概述

(一)合同生效的概念和构成要件

合同的生效,是指已经成立的合同在当事人之间产生一定的法律拘束力。具体体现在合同当事人依据法律和合同的规定所产生的权利依法受到法律保护;当事人根据合同所产生的义务具有法律强制性,违反合同义务应当承担违约责任。

已经成立的合同,必须具备一定的生效要件才能产生法律拘束力。合同的生效要件是判断合同是否具有法律效力的标准,符合法律规定的生效要件的,合同有效;生效要件欠缺或存在瑕疵则可能导致合同无效、效力待定或可撤销。

根据《民法通则》的规定,合同的一般生效要件包括:

1. 主体要件。行为人应具有相应的民事行为能力。
2. 意思要件。意思表示真实。
3. 内容要件。合同的内容应符合法律规定,不违反法律或者社会公共利益。

(二)合同的生效时间

依法成立的合同,自成立时生效。

法律、行政法规规定应当办理批准、登记等手续生效的,在办理了相应的批准、登记手续后生效。根据最高人民法院《关于适用〈中华人民共和国合同法〉若干问题的解释(一)》的规定,法律、行政法规规定的合同应当办理批准、登记等手续才生效,在一审法庭辩论终结前当事人仍未办理批准手续的,或者仍未办理批准、登记等手续的,人民法院应当认定该合同未生效;法律、行政法规规定合同应当办理登记手续,但未规定登记后生效的,当事人未办理登记手续不影响合同的效力,合同标的物所有权及其他物权不能转移。

当事人对合同的效力可以约定附条件、附期限。附生效条件的合同,自条件成就时生效。附生效期限的合同,自期限届至时生效。

(三)合同生效与合同成立

合同的生效与合同的成立通常密切联系,当事人订立合同的目的,就是使合同产生拘束力,从而实现合同规定的权利和利益。但合同的效力与合同的成立是不同的概念。区分合同的生效与合同的成立在实践中有助于正确处理各种纠纷。两者的区别主要在于:

1. 性质不同

合同的成立解决的是合同是否存在的事实问题,属于对合同的事实上的判断。而合同的生效解决的是已经存在的合同是否符合法律规定,是否具有法律效力的问题,属于法律上的判断。

2. 判断标准不同

合同成立以当事人意思表示达成一致为要件,注重当事人意思自治。而合同的生效,则取决于国家法律对该合同的态度和评价,反映了国家对合同关系的干预。

3. 发生的时间不同

一般情况下依法成立的合同自成立起即受到法律保护并生效。但在一些情况下,合同成立时间与生效时间并不一致,如附生效期限、生效条件的合同虽然已成立,但在生效期限届满前、生效条件未成就前并未生效。

4. 效力不同

合同成立的效力与合同生效的效力不同,合同成立以后,当事人不得对自己的要约与承诺随意撤回,合同生效以后当事人必须按照合同的约定履行。

(四)合同的效力范围

1. 合同的相对性

合同的相对性是指合同的效力原则上只能发生在自愿订立合同的特定主体之间。合同的相对性具体体现为:(1)合同主体的相对性。合同关系只能发生在特定的主体之间,只有合同当事人一方能够向合同的另一方当事人基于合同提出请求或提起诉讼。(2)合同内容的相对性。除法律、合同另有规定以外,只有合同当事人才能享有某个合同所规定的权利,并承担该合同规定的义务,合同当事人以外的任何第三人都不能主张合同上的权利。(3)合同责任的相对性。合同责任只能在合同关系的当事人之间发生,合同关系以外的人不负违约责任,合同当事人也不对其承担违约责任。

2. 合同效力的对外扩张

合同的相对性是确定合同效力范围的基本原则,但在实践中合同的履行常受到第三人的影响,为了保证合同的履行和合同目的的实现,在某些特殊情况下,合同关系得以产生对外效力,即对第三人产生法律约束力。合同效力对外扩张主要表现为合同保全、债权的物权化、债权让与与债务承担、为第三人利益的合同、第三人不法侵害等情形。

二、效力待定合同

(一)概念

效力待定合同,是指合同虽然已经成立,但因欠缺合同生效的要件,其法律效力能否发生还不能确定,一般须经权利人确认才能生效的合同。效力待定合同可能因有权人的承认而生效,也可能因有权人拒绝承认而使合同无效。

(二)效力待定合同的类型

1. 限制民事行为能力人订立的合同

限制民事行为能力人可以订立与其年龄、智力、精神健康状况相适应的合同;限制民事行为能力人也可以独立订立纯获利益的合同,如接受奖励、赠予、报酬合同。除上述情形外,限制民事行为能力人订立的合同须经法定代理人事先同意或者事后追认,合同方能产生法律效力。

效力待定合同能否生效取决于法定代理人是否给予追认,追认是指法定代理人明确无误地表示同意限制民事行为能力人与他人签订的合同。这种同意是一种单方意思表示,无需合同的相对人同意即可发生效力。法定代理人的追认应当以明示的方式作出,并且应当为合同的相对人所了解。

为了使合同效力尽快确定,以保护双方交易关系,《合同法》第47规定:"相对人可以催告法定代理人在一个月内予以追认。法定代理人未作表示的,视为拒绝追认。合同被追认之前,善意相对人有撤销的权利。撤销应当以通知的方式作出。"催告是指相对人要求法定代理人在一定时间内明确答复是否承认限制民事行为能力人签订的合同,法定代理人逾期不作表示的,则视为法定代理人拒绝追认。设立相对人的催告权,可以避免限制民事行为能力人签订的合同长期处于不确定状态,维护相对人的利益。相对人的催告应以明示的方式作出。法定代理人经相对人催告后应在一个月内答复,超过期限,法定代理人不作答复的,视为拒绝追认。

2. 行为人无代理权订立的合同

无权代理是指无代理权的人代理他人从事民事行为而与相对人签订的合同。因无权代理而签订的合同有以下三种情形:

(1)根本没有代理权而签订的合同。签订合同的人根本没有经过被代理人的授权,就以被代理人的名义签订的合同。

(2)超越代理权而签订的合同。代理人与被代理人之间有代理关系存在,但是代理人超越了被代理人的授权,与他人签订的合同。

(3)代理关系中止后签订的合同。行为人与被代理人之间原来有代理关系,但是由于代理期限届满、代理事务完成或者被代理人取消委托关系等原因,被代理人与代理人之间的代理关系已不复存在,但原代理人仍以被代理人名义与他人签订的合同。

行为人无代理权订立的合同应经被代理人追认方能有效。未经被代理人追认的,对被代理人不发生效力,由行为人承担责任。相对人可以催告被代理人在一个月内予以追认。被代理人未作表示的,视为拒绝追认。合同被追认前,善意相对人有撤销的权利。撤销应当以通知的方式作出。

3.无处分权人处分他人财产的合同

无处分权人处分他人财产是指无处分权人实施了财产的出让、赠与或在财产上设定抵押处分他人财产的行为。处分财产只能由享有处分权的人行使,无处分权人处分他人财产则构成对他人财产的侵害。个别共有人未经其他共有人同意擅自处分其共有财产,也构成无权处分。但无权处分行为并非必然有害于权利人,因此不应该认为其绝对无效,而应由权利人确定合同的效力。

因无权处分而订立的合同在两种情况下有效:

(1)经权利人追认。追认的意思表示即可以向相对人作出,也可以向无权处分人作出。如果权利人事后向处分人作出追认,实际上是在权利人与处分人之间形成委托代理关系,处分人实际上是代替权利人处分财产,由此产生的法律后果均由权利人承担。

(2)无处分权人订立合同后取得处分权。无处分权人在订立合同后通过继承、买受、受赠等原因取得该项财产的处分权,一旦处分人事后取得财产权利,便可以消除无权处分的状态和导致合同无效的原因,使合同产生效力。

(三)表见代理

表见代理,是行为人虽无代理权却签订了合同,但善意相对人有理由相信其有代理权,则相对人可以向被代理人主张代理的效力,要求被代理人承担责任。从广义的无权代理概念来看,表见代理是无权代理的一种,但实际上表见代理又不同于一般的无权代理。表见代理无需本人追认,即可直接发生代理的效果,代理行为的法律后果由被代理人承担。

表见代理必须具备以下构成要件:

1.行为人没有代理权、超越代理权或代理权已终止。

2.客观上存在使善意相对人相信行为人享有代理权的理由。

3. 相对人主观上须为善意无过失。

4. 相对人与代理人所为法律行为具备成立生效的条件。

表见代理通常表现为以下情形：被代理人对第三人表示已将代理权授予行为人，实际上并未授予；被代理人知道无权代理人以其名义从事代理行为而未表示反对；被代理人将某种有代理权的证明文件交给无权代理人，无权代理人借此与他人进行法律行为；代理授权不明确；代理关系终止后未采取必要措施而使第三人相信行为人仍有代理权等。

三、无效合同

(一) 无效合同的概念和特征

无效合同是相对于有效合同而言的。它是指合同虽然已经成立，但因其欠缺生效的要件，自始不发生法律效力的合同。无效合同分为全部无效合同和部分无效合同两种。合同部分条款无效，并不影响合同其他条款的法律效力。

无效合同具有以下法律特征：

1. 违法性。无效合同违反了法律和行政法规的强制性规定以及社会公共利益。

2. 国家干预性。由于无效合同具有违法性，因此对此类合同应实行国家干预，这种干预主要体现在国家无需当事人请求确认合同无效，可以依据自身职权主动审查合同的效力。

3. 不得履行性。当事人在订立无效合同以后，不得依据合同继续履行，也不承担不履行合同的违约责任。

4. 自始无效性。合同一旦确认无效，就将产生追溯力，使合同自订立之时起就不具有法律效力，以后也不能转化为有效合同。对已经履行的，应当通过返还财产、赔偿损失等方式使当事人的财产恢复到合同订立之前的状态。

(二) 合同无效的法律规定

根据《合同法》第52条规定，有下列情形之一的，合同无效：

1. 一方以欺诈、胁迫的手段订立合同，损害国家利益

欺诈是指一方当事人故意告知对方虚假情况，或者故意隐瞒真实情况，诱使对方当事人作出错误的意思表示。因欺诈而订立的合同，是在受欺诈人因欺诈行为发生错误认识而作意思表示的基础上产生的。胁迫，是以给公民及其亲友的生命健康、荣誉、名誉、财产等造成损害或者以给法人的荣誉、名誉、

财产等造成损害为要挟,迫使相对方作出违背真实意思表示的行为。胁迫也是影响合同效力的原因之一。应当注意的是《合同法》规定一方以欺诈、胁迫等手段订立的合同,只有在损害国家利益时,该合同才为无效。

2. 恶意串通,损害国家、集体或者第三人利益

恶意串通,是指当事人明知或应当知道某种行为将会损害国家、集体或者第三人的利益的情况下而故意共同实施的行为。这种情形在司法实践中并不少见,例如债务人为规避强制执行,而与相对方订立虚假的买卖合同、抵押合同或赠与合同;代理人与第三人勾结而订立合同,损害被代理人的利益的行为等。恶意串通行为中当事人在主观上具有恶意,对社会危害较大。恶意串通所订立的合同,是绝对无效的合同。

3. 以合法形式掩盖非法目的

以合法形式掩盖非法目的是指当事人通过实施合法的行为来掩盖其真实的非法目的,或者实施的行为在形式上是合法的,但在内容上是非法的行为。例如通过合法的买卖行为达到隐匿财产、为滥发财物而采取合法的赠予手段等。对于这种行为,应当区分其外在形式与真实意图,准确认定当事人所实施的合同行为的效力。

4. 损害社会公共利益

禁止损害社会公共利益是合同法的公共利益原则的体现,公共利益表现为某一社会应具有的道德准则,关系到全社会的利益。在法律、行政法规无明确规定,但合同又明显地损害了社会公共利益时,可以适用"损害社会公共利益"条款确认合同无效。

5. 违反法律、行政法规的强制性规定

这里所说的法律是指全国人大及其常委会制定的法律,行政法规指国务院制定的行政法规。人民法院确认合同无效,应当以全国人大及其常委会制定的法律和国务院制定的行政法规为准,不得以地方性法规、行政规章为依据。法律、行政法规依其性质可分为强制性法律规范和任意性法律规范,违反强制性法律规范的合同称为违法合同,违法合同是无效合同。违法合同的认定不以当事人对其行为违法存在过错为要件,只要证明合同行为存在违反法律的强制性规定的客观事实即可。

(三)无效的免责条款

所谓免责条款,是指合同中的双方当事人在合同中约定的,在免除或者限制一方或者双方当事人未来责任的条款。一般而言,免责条款属于合同的组成部分,具有约定性,应当奉行合同自由原则。但是,为了保护合同当事人,尤

其是处于弱者地位的当事人的利益和公序良俗,我国《合同法》第53条明文规定,合同中下列免责条款无效:

1. 造成对方人身伤害的免责条款无效

人身伤害是指对人身权的损害,人身权是民事主体依法享有的与其人身不可分离的权利,包括人格权和身份权。通过合同条款约定即可对他人进行人身伤害无疑是与保护公民的人身权利的宪法原则相违背的,实践中这种条款内容也常与另一方当事人的真实意思相违背,所以必须加以禁止。

行为人造成合同对方当事人人身伤害,无论是故意还是过失,均不能根据事先约定的免责条款免责。

2. 因故意或者重大过失造成对方财产损失的免责条款无效

这类条款严重违反了诚实信用原则,如果允许其存在就意味着允许一方当事人可能利用这种条款欺骗对方当事人,损害对方当事人的合同权益,这是与合同法的立法目的完全相违背的。

四、可撤销合同

(一)可撤销合同概念与特征

可撤销合同指合同当事人订立的合同欠缺生效要件时,一方当事人可以按照自己的意思,请求人民法院或者仲裁机构作出裁定,从而使合同的内容变更或使合同的效力归于消灭的合同。一方当事人请求对合同内容进行变更实质上是使违背当事人一方真实意思表示的那部分内容效力消灭,也是对合同部分内容的撤销,因此可撤销、可变更合同统称为可撤销合同。

可撤销合同具有以下特征:

1. 可撤销合同是当事人意思表示不真实的合同

合同是当事人意思表示的一致。为了维护合同当事人意思表示的真实,将因意思表示不真实而成立的合同确认为可撤销合同,赋予意思表示不真实的当事人以撤销权,通过撤销权的行使使合同归于无效。

2. 可撤销合同的撤销要由撤销权人通过行使撤销权来实现

撤销权人是否行使撤销权由撤销权人自由决定。

3. 可撤销合同在未被撤销前为有效合同

撤销权人在未行使撤销权使合同被撤销前,合同是有效的,并不因合同存在可撤销的因素就认为其无效,当事人应依合同的约定履行义务。但当撤销权人行使撤销权,撤销了合同时,该合同自始归于无效,产生与无效合同相同的法律后果。

(二)导致合同可撤销的法定原因

根据《合同法》第54条规定,下列合同,当事人一方有权请求人民法院或者仲裁机构变更或者撤销:

1. 因重大误解订立的合同

重大误解是指行为人因对行为的性质、对方当事人、标的物的品种、质量、规格和数量等的错误认识,使行为的后果与自己的意思相悖,并造成较大损失的行为。重大误解订立的合同构成要件为:(1)必须对合同主要内容发生了重大误解。如果仅仅对合同的非主要条款发生误解,并且不影响合同的目的及双方当事人的权利义务则不构成重大误解。(2)行为人因误解作出了意思表示,即行为人的误解与其意思表示之间具有因果关系。(3)误解是由误解一方当事人自己的过错造成的,而不是因为他方的欺骗或不正当影响造成。

2. 在订立合同时显失公平的

显失公平,是指一方在紧迫或缺乏经验的情况下而订立的如果履行对其有重大不利的合同。显失公平订立的合同构成要件为:(1)合同的履行对一方当事人有重大不利或明显不公平,主要表现在一方要承担更多的义务而享受极少的权利,或者在经济利益上要遭受重大损失。而另一方则以较少的代价获得较大的利益,承担极少的义务而获得更多的权利。(2)一方获得的利益超过了法律所允许的限度。(3)受损失的一方是在轻率、缺乏经验或紧迫的情况下实施的民事行为。

3. 一方以欺诈、胁迫的手段或者乘人之危,使对方在违背真实意思的情况下订立的合同

如果因欺诈、胁迫订立的合同损害国家利益则将导致合同无效,如果未损害国家利益,受欺诈、胁迫的一方可以自主决定该合同有效或者撤销。适用可撤销合同制度,已经能够充分保护受损害方的利益,也能适应订立合同时各种复杂的情况。

乘人之危,是指行为人利用对方当事人的急迫需要或危难处境,迫使其作出违背本意而接受于其非常不利的条件的意思表示。乘人之危订立的合同构成要件为:(1)表意人在客观上正处于急迫需要或紧急危难的境地。(2)行为人有乘人之危的故意,即相对人明知表意人正处于急迫需要或紧急危难的境地,却故意加以利用,使表意人因此而被迫作出对行为人有利的意思表示。(3)相对人实施了足以使表意人为意思表示的行为。(4)相对人的行为与表意人的意思表示之间有因果关系。(5)表意人因其意思表示而蒙受重大不利。

(三)撤销权的行使与消灭

1. 撤销权的行使

撤销权的行使必须是享有撤销权的当事人向人民法院或者仲裁机构提起撤销权之诉,而不能单方面直接向对方行使。

对可撤销合同是否撤销,或是采取撤销还是变更请求,完全由当事人决定。当事人请求变更的,人民法院或者仲裁机构不得撤销。

2. 撤销权的消灭

(1)具有撤销权的当事人自知道或者应当知道撤销事由之日起一年内没有行使撤销权。

(2)具有撤销权的当事人知道撤销事由后明确表示或者以自己的行为放弃撤销权。

自撤销权消灭之时起,享有撤销权的一方无权再请求人民法院或者仲裁机构撤销合同。

3. 行使撤销权的法律效力

可撤销合同经当事人请求变更的,应按变更后的内容履行;请求撤销的,则合同的效力溯及既往的消灭。

合同被撤销后,因该合同取得的财产,应当予以返还;不能返还或者没有必要返还的,应当折价补偿。有过错的一方应当赔偿对方因此所受到的损失,双方都有过错的,应当各自承担相应的责任。

五、合同被确认无效或被撤销后的法律后果

合同被确认为无效或者被撤销以后,将产生溯及既往的效力,使合同从订立之时起就不具有法律约束力。合同尚未履行的,不得履行;正在履行的,终止履行;已经履行的,对合同引起的财产变动作出处理,以使当事人之间的关系恢复到没有订立合同的状态,具体处理方法为:

(一)返还财产

返还财产,是指合同当事人在合同被确认为无效或者被撤销以后,对已经交付给对方的财产,享有返还财产的请求权,对方当事人对于已经接受的财产负有返还财产的义务。

(二)折价补偿

折价补偿是在因无效合同所取得的对方当事人的财产不能返还或者没有必要返还时,按照所取得的财产的价值进行折算,以金钱的方式对对方当事人

进行补偿的责任形式。

(三)赔偿损失

当合同被确认为无效或被撤销后,如果由于一方或者双方的过错给对方造成损失时,还要承担损害赔偿责任。如果合同双方当事人都有过错,双方应各自承担相应的责任。这种赔偿责任是基于缔约过失责任而发生的。这里的损失应以实际已发生的损失为限,不应当赔偿期待利益,因为无效合同的处理以恢复原状为原则。

(四)收归国有或返还集体、第三人

合同当事人恶意串通,损害国家、集体或者第三人利益的,应给予严厉的惩罚。即将当事人恶意串通损害国家、集体或者第三人利益所取得的财产追缴回来,收归国家或返还给受损失的集体、第三人。这种救济手段一般称为非民法上的法律后果,体现了法律对行为人故意违反禁止性规范的惩戒,应追缴的财产包括双方当事人已经取得的财产和约定取得的财产。

第四节 合同的履行

> **导入案例**
>
> ### 合同约定随行就市,该依何行何市?
>
> 2004年8月,个体户江某与绿园公司签订一份购销合同,约定:绿园公司在一年内为江某提供50吨草鱼,送货到江某处,具体供货时间和数量以江某要货传真为准,价格以当时市场价格7元/公斤为基础,随行就市。此后,双方按约定履行了10吨。2005年3月,江某要货,绿园公司告之当地鱼价上涨9元/公斤,而江某以本地鱼价未上涨为由拒绝涨价。绿园公司不供货,江某告其违约。法院经审理认为:依据《合同法》规定,合同生效后,当事人就质量、价款或者报酬、履行地点等内容没有约定或者约定不明确的,可以协议补充;不能达成补充协议的,按照合同有关条款或者交易习惯确定。仍不能确定的,价款不明确的,按照订立合同时履行地的市场价格履行。本案中,双方约定的交货地为江某所在地,依法应以江某所在地的行情变化为依据。因此判决绿园公司应承担违约责任。

问题:(1)我国《合同法》规定了哪些合同履行的原则与规则？(2)思考这些规定对合同顺利履行的意义。

一、合同履行的概念和原则

(一)合同履行的概念

合同的履行,是指合同依法成立后,当事人双方按照合同规定的内容,全面履行各自承担的义务,从而使合同的权利、义务得到全部实现的行为过程。

合同的履行是合同法的核心内容。合同履行是合同依法成立并生效后必然发生的法律效果,也是构成合同法律效力的主要内容。当事人只有全面、正确地履行合同,才能达成合同目的,保证正常的经济秩序。

(二)合同履行的原则

合同当事人履行合同时,应遵循以下原则:

1. 全面履行原则

《合同法》第60条第1款规定:"当事人应当按照约定全面履行自己的义务。"这一规定确立了全面履行原则。全面履行原则,又称适当履行原则或正确履行原则。它要求当事人按合同约定的标的及其质量、数量,合同约定的履行期限、履行地点、适当的履行方式全面完成合同义务。依法成立的合同,在订立合同的当事人间具有相当于法律的效力,因此,合同当事人应受合同的约束,全面履行合同约定的义务。适当履行原则要求履行主体适当、履行标的适当、履行期限适当、履行方式适当等。

2. 诚实信用原则

诚实信用原则是现代市场交易和合同法的基本指导原则,贯穿于合同领域的各个环节。在合同的履行阶段遵循诚实信用原则体现为:(1)要求当事人除了应履行法律和合同规定的义务以外,还应履行诚信原则所产生的各种附随义务。这些附随义务主要包括:相互协作和照顾的义务、瑕疵的告知义务、忠实的义务等。(2)在法律和合同规定的义务内容不明确或欠缺规定的情况下,当事人应依据诚信原则履行义务。

二、合同履行的规则

合同条款应当明确、具体,以便合同的履行,但是由于客观情况的复杂性和当事人主观认识的局限性,合同条款欠缺或条款约定不明的现象是不可避免的。在执行这些欠缺的条款或者约定不明的条款时,由于理解的不同,往往容易发生纠纷,影响合同的顺利履行。合同履行的规则主要是指当事人就某些事项没有约定或约定不明时的处理方法。

(一)协议补充履行规则

合同生效后,当事人就质量、价款或者报酬、履行地点等内容没有约定或者约定不明确的,可以协议补充;不能达成补充协议的,按照合同有关条款或者交易习惯确定。协议补充履行仍是当事人意思自治的方法,是法律尊重当事人合同自由的表现。

(二)法定补充履行规则

对于合同条款欠缺或约定不明,当事人依照协议补充履行规则仍无法确定的,可依据《合同法》第62条规定的规则确定履行内容:

1. 质量要求不明确的,按照国家标准、行业标准履行;没有国家标准、行业标准的,按照通常标准或者符合合同目的的特定标准履行。

2. 价款或者报酬不明确的,按照订立合同时履行地的市场价格履行;依法应当执行政府定价或者政府指导价的,按照规定履行。

3. 履行地点不明确,给付货币的,在接受货币一方所在地履行;交付不动产的,在不动产所在地履行;其他标的,在履行义务一方所在地履行。

4. 履行期限不明确的,债务人可以随时履行,债权人也可以随时要求履行,但应当给对方必要的准备时间。

5. 履行方式不明确的,按照有利于实现合同目的的方式履行。

6. 履行费用的负担不明确的,由履行义务一方负担。

(三)执行政府定价的履行规则

执行政府定价或者政府指导价的,在合同约定的交付期限内政府价格调整时,按照交付时的价格计价。逾期交付标的物的,遇价格上涨时,按照原价格执行;价格下降时,按照新价格执行。逾期提取标的物或者逾期付款的,遇价格上涨时,按照新价格执行;价格下降时,按照原价格执行。

(四)代为履行债务的规则

代为履行债务是指在合同履行过程中,由合同当事人以外的第三人代为履行合同义务或者代为接受履行。由第三人代替履行的义务必须是债务人可以不亲自履行的义务,而且是法律或当事人没有规定必须由债务人亲自履行的义务。在第三人代替债权人接受履行时,不得因此而使债务人增加履行费用的负担。

当事人约定由债务人向第三人履行债务的,债务人未向第三人履行债务或者履行债务不符合约定,应当向债权人承担违约责任。

当事人约定由第三人向债权人履行债务的,第三人不履行债务或者履行债务不符合约定,债务人应当向债权人承担违约责任。

三、双务合同履行的抗辩权

针对不同的合同类型,合同的履行尚有一些特别的规则,其中最为重要的是双务合同履行中的抗辩权制度。双务合同中双方债务间存在牵连关系,抗辩权制度的设计有利于维持双方当事人利益关系的平衡,促进双务合同的正常履行。双务合同履行中的抗辩权具有阻却不履行之违法性的效力,抗辩权人无需承担违约责任。

(一)同时履行抗辩权

同时履行抗辩权是指双务合同的当事人没有先后履行顺序的,一方在对方未履行前,有拒绝对方请求自己履行合同的权利。

同时履行抗辩权的行使需符合以下构成要件:

1. 因同一双务合同互负债务。
2. 合同中未约定履行顺序且均已届清偿期。
3. 对方未履行或未按照约定正确履行债务。
4. 对方对待给付是可履行的。

(二)先履行抗辩权

先履行抗辩权是指双务合同中有先后给付顺序的,先给付一方未履行时,对方当事人有拒绝其请求履行合同的权利。《合同法》首次对先履行抗辩权做出明确规定。

先履行抗辩权的行使需符合以下构成要件:

1. 因同一双务合同互负债务。
2. 债务的履行有先后顺序。
3. 先履行一方届期未履行或履行债务不符合约定。
4. 应该先履行债务一方有可能履行。

(三)不安抗辩权

不安抗辩权是指当事人互负债务,有先后履行顺序的,先履行的一方有确切证据表明另一方丧失履行债务能力时,在对方没有履行或者没有提供担保之前,有中止合同履行的权利。

不安抗辩权的行使需符合以下构成要件:

1. 双方当事人因同一双务合同而互负债务。

2.当事人一方须有先履行义务且已届履行期。

3.后履行义务一方当事人的履行能力明显降低,有不能为对待给付的现实危险。

该条规定的情形包括:经营状况严重恶化;转移财产、抽逃资金,以逃避债务;谎称有履行能力的欺诈行为及其他丧失或者可能丧失履行能力的情形。

履行能力明显降低,有不能为对待给付的现实危险,须发生在合同成立以后。如果在订立合同时即已经存在,先给付义务人明知而仍然缔约,法律则无必要对其进行特别保护;若不知此种情形,则可以通过合同无效等制度解决。

4.先履行义务人必须有充足的证据证明相对人无能力履行债务。如果先履行义务人没有确切证据而中止履行,应当承担违约责任。

当事人行使不安抗辩权的法律效果是中止履行。中止履行是指暂时停止合同的履行或者延期履行合同,履行义务仍然存在。为防止滥用不安抗辩权,借口后履行一方丧失或可能丧失履行能力而随意拒绝履行自己的债务,兼顾后履行一方的利益,先履行一方行使不安抗辩权的,应及时通知对方当事人,该通知的内容包括中止履行的意思表示和指出后履行一方提供适当担保的合理期限。在后履行义务人提供适当担保时,应当恢复履行;后履行义务人在合理期限内未恢复履行能力并且未提供适当担保的,先履行义务人可以解除合同。解除的方式,由先履行义务人通知后履行义务人,通知到达时发生合同解除效力。后履行义务人有异议时,可以请求人民法院或与仲裁机构确认合同解除效力。

四、合同的保全

合同保全制度,是指法律为防止因债务人财产的不当减少致使债权人债权的实现受到危害,而设置的保全债务人责任财产的法律制度。合同保全制度突破了合同的相对性,对合同当事人以外的第三人直接产生法律效力,有效地防止债务人的财产消极与积极的不正当减少,也为解决当前存在的较严重的"三角债"、"讨债难"等现象提供了法律依据,也有利于充分保障债权人合法权益的实现。

合同保全制度具体包括代位权制度和撤销权制度。

(一)债权人的代位权

1.代位权的概念

债权人的代位权,是指当债务人怠于行使其对次债务人(债务人的债务人)享有的权利而有害于债权人的权利行使时,债权人为使自己的权利不落空,可用自己的名义向次债务人代位行使债务的权利。

2. 代位权行使的条件

代位权的行使须符合以下条件:

(1)债权人对债务人的债权合法有效;同理,债务人对次债务人的债权也必须是合法的债权;

(2)债务人的债权已届清偿期。这是行使代位权的时间界限。债权人行使代位权,必须是两个债权均已到期,即债权人享有的债权和债务人享有的债权均已到期,不可或缺;

(3)债务人怠于行使到期债权,对债权人造成损害。债务人怠于行使到期债权行为表现为:债务人不履行其对债权人的到期债务,又不以诉讼方式或者仲裁方式向次债务人主张其享有的具有金钱给付内容的到期债权,致使债权人的到期债权未能实现。对债权人造成损害是指债务人已经构成对债权人的迟延履行,因怠于行使自己对第三人的权利,就会造成自己无力清偿自己的债务,即债权人有保全债权的必要。

(4)债务人的债权不是专属于债务人自身的债权。代位权的标的不能是专属于债务人自身的债权。因为这些权利往往是与债务人的人格权、身份权相关的债权,同债务人的生活密切相联系,不可分离。《合同法解释》第12条明确规定了基于扶养、抚养、赡养、继承关系产生的给付请求权和劳动报酬、退休金、养老金、抚恤金、人身伤害赔偿、安置费等权利,这些都不属于代位权的标的。

3. 行使代位权的注意事项

(1)代位权必须通过诉讼的方式进行。债权人以自己的名义行使代位权,以次债务人为被告提起代位权诉讼,债务人应列为第三人。未将债务人列为第三人的,人民法院可以追加债务人为第三人。

(2)代位权行使的范围以债权人的债权为限。债权人提起代位诉讼时,应尽可能使其代位请求的债权数额与其对债务人享有的债权数额大致相等。

(3)债权人行使代位权的必要费用由债务人承担。

(4)次债务人对债务人的抗辩权可以向债权人主张。

4. 行使代位权的法律后果

(1)对债权人而言,代位权诉讼的成立将使债权人获得来自次债务人的清偿。

(2)对债务人而言,代位权行使的直接效果应归属于债务人。债权人代替债务人行使权利所获得的一切收益均归属于债务人。

(3)对次债务人而言,首先在代位诉讼中,次债务人作为被告参与诉讼,不得以其与债权人间无合同关系为由拒绝参与诉讼或以此为由提起抗辩;其次代位请求一旦成立,次债务人应依据法院的裁判向债权人作出履行。

债权人向次债务人提起代位权诉讼经人民法院审理后认定代位权成立的,由次债务人向债权人履行清偿义务,债权人与债务人、债务人与次债务人之间的债权债务关系即可消灭。

(二)债权人的撤销权

1. 撤销权的概念

债权人的撤销权是指当债务人放弃对第三人的债权、实施无偿或者说低价处分财产的行为损害债权人的利益时,债权人可以依法请求人民法院撤销债务人所实施的行为。它与债权人代位权一样,突破了合同的相对性原则以保全债权,体现了合同的对外效力。

2. 撤销权的成立要件

债权人撤销权的成立要件,包括客观要件和主观要件。

(1)客观要件,必须是债务人实施了一定的危害债权人债权的行为。首先债务人有处分行为,包括放弃其到期债权、无偿转让财产和以明显不合理的低价转让财产的行为。其次债务人的行为必须以财产为标的,即行为使财产受到直接影响。不以财产为标的的行为,因与债务人的责任财产无关,因此债权人不得撤销。不以财产为标的的行为主要包括:基于身份关系而为的行为,如结婚、收养或解除收养、继承的承认或抛弃;以不作为债务的发生为目的的法律行为;以提供劳务为目的的行为;财产上利益的拒绝行为;以不得扣押的财产权为标的的行为。最后债务人的处分行为须有害于债权人的债权。

(2)主观要件,指行为人行为时具有的主观恶意,即债务人与第三人为法律行为时,明知行为有害于债权而为之的心理状态。对于债务人无偿处分行为,只需具备客观要件,债权人即可请求法院予以撤销;对于债务人有偿处分行为,须债务人及受益人具备恶意的主观要件,撤销权才能成立。

3. 撤销权的行使

债权人行使撤销权时应注意以下几点:

(1)债权人撤销权必须以自己的名义通过诉讼方式行使,而不得直接向债务人主张。由于债权人撤销权关系到第三人的利益,因此,应由法院审查债权人撤销权的各项成立要件,以避免滥用债权人撤销权;

(2)在债权为连带债权的情况下,各债权人可作为共同原告行使债权人撤销权,也可以由其中的一个债权人作为原告行使债权人撤销权。在共同诉讼情况下,其他共同债权人不得再就该撤销权的行使提起诉讼;

(3)债权人依照《合同法》第74条的规定提起撤销权诉讼时,只以债务人为被告,未将受益人或受让人列为第三人的,人民法院可以追加该受益人或受让人为第三人。两个或两个以上债权人以同一债务人为被告,就同一标的提起撤销权诉讼的,人民法院可以合并审理。

(4)债权人撤销权的行使也受到一定限制。在行使范围上,以债权人的债权为限;在行使期限上,撤销权应自债权人知道或者应当知道撤销事由之日起1年内行使,该期限为除斥期间,不适合期限中止、中断或延长的规定,超过该期限则撤销权消灭。

(5)债权人行使撤销权所支付的费用由债务人承担。债权人所支付的律师代理费、差旅费等必要费用,由债务人承担;第三人有过错的应适当分担。

4.撤销权的法律效力

债权人行使撤销权,其效力依判决的确定而产生,并对债权人、债务人、相对人和受益人均产生效力。

(1)对债务人的效力。

债务人的行为一旦被撤销,则该行为自始无效。如果债务人已与他人达成买卖合同但尚未交付财产,则不得交付。如果已经交付财产,则应根据有偿或无偿及第三人是善意还是恶意的因素综合考虑,从而决定是否应撤销并返还财产。如果债务人的处分行为被撤销,则债务人免除他人债务的行为视为没有免除,承担他人债务的行为视为没有承担,为他人设定担保的行为视为没有设定,让与财产的行为视为没有让与。

(2)对第三人的效力。

债务人不当处分财产的行为被撤销,财产已经为第三人占有或受益的,第三人应向撤销权人返还其财产和收益,如果原物不能返还则应折价赔偿。但若第三人在取得财产时出于善意且支付了一定的代价,则不应撤销债务人与第三人之间的民事行为,因而也不发生返还问题,而应由债务人赔偿损失。

(3)对债权人的效力。

在撤销债务人的行为后取回的财产或利益,应作为一般债权人的共同担保,一般债权人对这些财产应平等受偿。行使撤销权的债权人不得优先受偿,也不得请求第三人直接对其进行清偿。

债权人的不当处分行为被撤销后如果债务人怠于行使返还财产的权利时,债权人可以行使代位权。

第五节　合同的变更、转让和终止

导入案例

合同约定条款是否构成解除条件

原告郦某与被告某通讯市场签订了一份租赁经营合同,约定由原告租用被告的006和007号摊位,租赁期限为一年,摊位租金标准为一万元。合同在违约责任条款中约定:"出租方或承租方中任一方如需终止合同,需向对方缴纳全年租金总额的25%的违约金。"合同签订的当日,原告向被告支付了租金一万元。未到一个月,原告致函被告要求解除合同,被告未有书面答复。原告遂向法院提起诉讼,以其身体状况不佳,无法继续经营,愿按照合同的约定承担租金25%的违约责任为由请求法院判令解除双方合同,并要求被告返还其所付租金扣除违约金后的余款。法院经审理认为合同中的条款只能认为是对违约责任的约定,而并非对合同解除条件的约定。因此法院对郦某要求解除合同的诉讼请求不予支持。

问题:(1)根据我国《合同法》规定哪些原因能导致合同的终止?(2)法定解除和约定解除有何异同?

合同作为动态的法律关系,合同当事人不但可以履行合同,还可以依法变更合同的内容,转让合同的权利和义务。

一、合同的变更

合同的变更有广义和狭义之分。广义的合同变更,包括合同内容的变更与合同主体的变更。狭义的合同变更仅指合同内容的变更。

合同内容的变更,是指当事人不变,合同的内容予以改变的现象。合同主体的变更,是指合同关系保持同一性,仅改变债权人或债务人的现象。合同主体的变更意味着发生合同权利义务的移转,移转给新的债权人或者债务人,因此合同主体的变更实际上是合同权利义务的转让。

我国《合同法》上合同的变更指合同内容的变更,合同主体的变更则为合同的转让。

(一)合同变更的概念和法律特征

合同变更,是指在合同成立以后至未履行或者未完全履行之前,当事人经过协议对合同的内容进行修改和补充。合同变更具有以下法律特征:

1. 合同变更须经双方协商一致,并在原来合同的基础上达成新的协议。在协议未达成前原合同关系仍然有效。如果当事人对变更的约定不明确视为未变更。

2. 合同内容的变更是指对原合同关系的内容作某些修改和补充,而不是对合同内容的全部变更。合同内容的变更是在保持原合同效力的基础上再形成新的合同,这种新的合同关系应包括原合同的实质内容,如果新的合同关系产生后没有吸收原合同的实质内容,将导致原合同的消灭和新合同的成立,例如对合同标的的变更。

3. 合同的变更也会产生新的债权债务内容。合同变更后应按变更后的权利义务关系来履行,在变更范围内原债权债务关系消灭,变更外的债权债务关系仍继续有效。

(二)合同变更的构成要件

1. 当事人之间存在着有效的合同关系。合同变更是在原合同基础上,通过当事人协商改变合同关系的内容,因此原合同存在是合同变更的前提。如果合同应被确认为无效,则不能变更原合同。

2. 合同的变更应依据法律的规定或者当事人的约定。合同的变更原则上要求当事人双方协商一致,如未经协商同意,单方的变更行为不仅没有变更合同的效力,而且构成违约行为。但在特殊情况下一方也可依据法律规定享有单方请求变更合同的权利,如《合同法》第54条对可撤销合同的规定。

3. 合同的变更必须遵守法定形式。对合同变更法律要求采取特定形式的,则应依法之规定,采取法定之形式,如法律、行政法规规定合同变更应采用书面形式或须经批准、登记程序的,则应依此规定。

4. 必须有合同的内容变化。合同内容的变更通常包括:标的物数量的增减;标的物品质的改变;价款或酬金的增减;履行期限的变更;履行地点的改变;履行方式的改变;结算方式的改变;所附条件的增添或除去;单纯债权变为选择债权;担保的设定或消失;违约金的变更;利息的变化等。

(三)合同变更的法律效力

合同发生变更以后,当事人应当按照变更后的合同内容作出履行,任何一方违反变更后的合同内容都将构成违约,应当就此承担违约责任。

合同变更原则上没有溯及力,仅向将来发生效力。未变更的权利义务继续有效,已经履行的债务不因合同的变更而失去法律根据。

合同的变更不影响当事人要求赔偿损失的权利。因合同的变更而使对方当事人受到损失的,对合同变更负有责任的一方应承担损害赔偿责任。在合同变更前,由于一方的过错而给另一方造成的损失,如果双方当事人对此未另行约定,在合同变更以后,受损失的一方仍然有权请求过错方进行损害赔偿。

二、合同转让

(一)合同转让的概念和特征

合同转让是指合同主体的变更,是合同当事人一方依法将其合同的权利和义务全部或部分转让给第三人的法律行为。

合同转让具有以下特征:

1. 合同转让并不改变原合同的权利义务内容。如果合同转让过程中受让人希望变更原合同的内容,则须在合同转让已完成后在新的合同关系人间通过协商进行合同变更。

2. 合同转让后合同主体将发生变化。自转让成立起,第三人代替原合同关系的一方或加入原合同成为原合同的权利义务主体,成为新的合同关系人。

3. 合同转让改变了债权债务关系。合同转让涉及原合同当事人之间的债权债务和转让人与受让人之间的债权债务关系,尽管合同转让是在转让人与受让人之间完成,但是合同转让必然涉及原合同当事人的利益,所以合同义务的转让应征得原合同对方当事人的同意,合同权利的转让应及时通知原合同对方当事人。

(二)合同转让的类型

合同转让的类型分为合同权利的转让、合同义务的转移和合同权利义务的概括转移。

1. 合同权利的转让

合同权利的转让是指不改变合同的内容,债权人将其享有的合同权利全部或部分转移于第三人享有的法律行为。债权人既可以将合同权利全部转让,也可以将合同权利部分转让。合同权利全部转让的,原合同关系消灭,产生一个新的合同关系,受让人取代原债权人的地位,成为新的债权人。合同权利部分转让的,受让人作为第三人加入到原合同关系中,与原债权人共同享有债权。

债权人可以将合同的权利全部或者部分转让给第三人,但有下列情形之一的除外:

(1)根据合同性质不得转让。主要包括几种情形:第一,根据合同性质不得转让的权利。如因个人信任关系而订立的租赁合同、借用合同、雇佣合同等;或因当事人的特定身份而订立的合同,如因婚姻关系产生的债权,因继承产生的合同债权等。第二,按照当事人约定不得转让的权利。当事人在订立合同时可以对权利的转让做出特别的约定,禁止债权人将权利转让给第三人。这种约定只要是当事人真实意思的表示,同时不违反法律禁止性规定,那么对当事人就有法律的效力。第三,依照法律规定不得转让的权利。

(2)按照当事人约定不得转让。

(3)依照法律规定不得转让。如担保法规定,设定最高抵押的合同债权不得进行转让。

合同权利转让与债务人有利害关系,因此债权人转让权利的,应当通知债务人。未经通知,该转让对债务人不发生效力。

合同权利的转让生效后,对债务人产生以下法律效力:(1)债务人负有向让与人即新债权人作出履行的义务,不得再向转让人即原债权人履行债务。如果债务人向原债权人履行造成让与人损害,债务人应负损害赔偿责任。(2)债务人接到债权转让通知后,债务人对让与人的抗辩,可以向受让人主张。(3)债务人接到债权转让通知时,债务人对让与人享有债权,并且债务人的债权先于转让的债权到期或者同时到期的,债务人可以向受让人主张抵销。

2. 合同义务的转移

合同义务的转移是指不改变合同的内容,债务人将其负担的债务全部或部分转移于第三人负担的法律行为。债务人将其全部合同义务转让给第三人,由该第三人取代债务人的地位,叫做免责的债务承担。债务人将其合同义务部分地转让给第三人,如果该债务人与第三人连带地向债权人负责,叫做并存的债务承担;如果该债务人与第三人各自按份负其责任,则按按份之债的规则处理。

债务人将合同的义务全部或者部分转移给第三人的,必须经债权人同意,否则转让无法律效力。

合同义务的转移生效后,将产生以下法律效力:(1)合同义务全部转移的,第三人取代原合同义务人,成为合同的当事人。合同义务部分转移的,第三人加入合同关系,与原债务人共同承担合同义务。(2)新债务人可以主张原合同义务人对于合同权利人的抗辩。(3)新债务人应当承担与主债务有关的从债务,但该从债务专属于原债务人自身的除外。

3.合同权利义务的概括转移

合同权利义务的概括转移是指原合同当事人一方将自己在合同中的权利和义务一并转移给第三人,由第三人概括地继受这些债权和债务。它是合同一方当事人对合同权利和义务的全面处分,其转让的内容实际上包括权利的转让和义务的转移两部分内容,因此应符合法律对合同权利转让和合同义务转移的规定。

合同权利义务的概括转移可以依据当事人之间订立的合同发生,也可以因法律的规定发生,如因企业合并而发生的权利义务的概括转移。

合同一方当事人必须取得对方当事人同意,才能将合同的权利和义务一并转让。如果未经对方同意,一方当事人就擅自概括转移权利和义务的,转让行为无效,对方有权就转让行为对自己造成的损害,追究转让方的违约责任。

合同权利义务概括转移的法律效力体现在:(1)受让人取得原合同当事人的法律地位,成为合同一方当事人。(2)合同权利义务的概括转移包括权利的转让和义务的转移两部分内容,因此产生合同权利转让和合同义务转移的效力。(3)原合同当事人一切的从权利和从义务原则上都由新合同当事人享有和承受。

三、合同终止

(一)合同终止的概念

合同终止,又称为合同的消灭,指已经合法成立的合同,因法定原因终止其法律效力,合同规定的当事人的权利义务关系归于消灭。

(二)合同终止的原因

合同终止必须具备法律上的原因。根据《合同法》第91条规定,合同终止主要基于以下原因:

1.债务已按约定履行

合同当事人完全履行了合同义务,合同债权人的债权得到满足,合同目的已经实现,故合同终止,当事人不再受合同的约束。

2.合同解除

合同的解除是指合同依法成立后而尚未全部履行前,当事人基于协商、法律规定或者当事人约定而使合同关系归于消灭的一种法律行为。

合同解除具有以下特征:(1)合同的解除以当事人之间存在有效的合同为

前提。(2)合同的解除须具备一定的条件。合同解除的条件,可以是法律规定的,也可以是当事人约定的,还可以由当事人双方通过协商解除合同。(3)合同的解除是一种消灭合同关系的法律行为。

合同解除可分为三种类型:(1)协议解除。根据合同自由原则,当事人可以通过协商解除合同。协议解除实质上是通过订立一个新的合同而解除原来的合同。(2)约定解除。当事人在合同中可约定解除合同的条件,当事人约定的条件出现时,即可行使解除权而使合同解除。(3)法定解除。法律直接规定解除合同的条件,在具备条件时,当事人可以行使解除权以解除合同。我国《合同法》第94条规定了五种当事人可以解除合同的法定情形:因不可抗力致使不能实现合同目的;在履行期限届满之前,当事人一方明确表示或者以自己的行为表明不履行主要债务;当事人一方迟延履行主要债务,经催告后在合理期限内仍未履行;当事人一方迟延履行债务或者有其他违约行为致使不能实现合同目的;法律规定的其他情形。

协议解除合同时双方必须遵循合同订立的程序,就解除合同的各种事项达成意思表示一致,合同才能解除。约定解除和法定解除都属于单方解除,在具备了当事人约定或者法律规定的条件时,当事人一方或双方就享有解除合同的权利。解除权人在行使解除权时,只要将解除合同的意思表示通知对方即可产生解除的效力,无需对方做出答复。在当事人行使解除权时,如果对方当事人有异议的,可以请求人民法院或仲裁机构确认解除合同的效力。

合同解除后,尚未履行的,终止履行;已经履行的,根据履行情况和合同性质,当事人可以要求恢复原状、采取其他补救措施,并有权要求赔偿损失。

3. 抵销

抵销是指二人互负债务时,各以其债权充当对他方债务的清偿,从而使互负的债务在对等的数额内相互消灭的意思表示。

依其产生根据不同,抵销可分为合意抵销和法定抵销两种。合意抵销是指双方当事人就抵销债务协商一致而订立抵销合同,抵销合同生效时,即可发生抵销的效力。法定抵销,是由法律规定其构成要件,符合其要件时,可依当事人单方的意思表示而发生的抵销。法定抵销行为应具备的条件是:(1)抵销人与被抵销人之间互负债务、互享债权且债权债务合法有效;(2)抵销的互负债务必须是种类、品质相同的给付,因此用以抵销的通常是同种类的货币或者实物。如果种类相同而品质不同,用品质较高者与品质较差者抵销时,对于被抵销人并无不利,应当允许;(3)必须双方债务均已届清偿期。若债务人主张以自己的未届清偿期的债务与对方当事人已届清偿期的债务抵销,可认为其

第十三章 合同法律制度

放弃期限利益,应允许抵销。另外破产程序中,破产债权人对其享有的债权无论是否已届清偿期,均可抵销。(3)抵销的债务是依债的性质能抵销的债务。不得用于抵销的债务,大致有如下两种:①性质上不得抵销的债务,例如不作为债务、提供劳务的债务以及抚恤金、退休金、抚养费等与人身不可分离的债务;②法律规定不得抵销的债务,如:禁止强制执行的债务、因故意侵权行为所发生的债务、约定应向第三人为给付的债务;③当事人特别约定不得抵销的债务。

合意抵销的法律效力,可以由当事人在抵销合同中约定。法定抵销的法律效力表现为:(1)抵销使双方互负的债务按照抵销数额而消灭。(2)抵销使双方债权的担保及其他从权利自抵销权发生时消灭。(3)抵销使双方的利息债权、迟延责任、违约金债务、损害赔偿金等自抵销权发生时消灭。

4.提存

提存指由于债权人的原因,债务人无法向债权人给付合同标的物时,债务人将合同标的物交付提存机关而消灭合同关系的法律制度。交付合同标的物的债务人为提存人;债权人为提存领受人;交付的标的物为提存物;由国家设立并保管提存物的机关为提存机关。

债的履行通常需要债权人的协助。如果债权人无正当理由拒绝受领或不能受领,债权人虽应负受领迟延责任,但债务人的债务并未消灭。提存制度的建立,使债务人及时了结债务关系,避免产生延迟履行的新债务,有利于保护债务人的利益。但提存与向债权人本人履行不同,可能对债权人产生不利影响。因此只有在法律规定的特定情况下,债务人才可进行提存,否则将不产生提存的法律效果。

依《合同法》规定,以下原因导致债务人难以履行债务的,债务人可以将标的物提存:(1)债权人无正当理由拒绝受领;(2)债权人下落不明;(3)债权人死亡或者丧失行为能力,又未确定继承人或者监护人;(4)数人就同一债权主张权利,债权人一时无法确定,致使债务人一时难以履行债务;(5)法律规定的其他原因。

提存应当在合同履行地的提存机关进行。标的物提存后,除债权人下落不明的以外,债务人应当及时通知债权人或者债权人的继承人、监护人。

提存产生如下法律效力:(1)债务人与债权人之间的效力。提存使债务人与债权人之间的债权债务关系归于消灭。(2)提存人与提存部门之间的效力。提存后提存机关有保管提存物的权利和义务。提存机关应采取适当的方法妥善保管提存的标的物,以防毁损、变质或灭失。对不宜保存的、提存受领人到期不领取或超过保管期限的提存物品,提存机关可以拍卖,保存其价款。提存人可以凭人民法院生效的判决、裁定或提存之债已经清偿的公证证明取回提存物。提存受领人以书面形式向公证处表示抛弃提存受领权的,提存人得取回提存物。提存人取回提存物的,视为未提存,因此产生的费用由提存人承担。债权人对债务人负有到期债务的,在债权人未履行债务或者提供担保之前,提存部门可以根据提存人的要求拒绝债权人领取提存物。(3)提存部门与债权人之间的效力。自提存之日起提存物所有权发生转移,归债权人所有。提存物风险也转归债权人负担,在提存期间发生的提存标的物毁损、灭失的风险由债权人承担,但提存部门因保管不善致保管物毁损的需对债权人负赔偿责任。提存物在提存期间的孳息等增值部分也应归债权人所有。提存费用由债权人负担。

债权人应在法定期限内领取提存物,自提存之日起 5 年内不行使则领取提存物的权利消灭,提存物扣除提存费用后归国家所有。

5. 免除

免除是债权人以消灭债务人的债务为目的而抛弃债权的意思表示。

免除具有以下特征:(1)免除是无因行为。债权人免除债务不论是因为赠与、和解,还是其他原因以及这些原因是否成立,都不影响免除的效力。(2)免除为无偿行为。免除债务表明债权人放弃债权,不再要求债务人履行义务,因此,债务人不必对免除为相应的对价。(3)免除为不要式行为。免除债务不必有特定形式,债权人可以使用口头、书面,明示、默示形式进行免除的意思表示。例如,债权人以口头或者书面形式通知债务人不必再履行债务,是以明示方式免除债务。而债权人不对债务人主张债权,超过诉讼时效期间,也产生债务免除的效果。

债权人为免除行为时需符合一定的条件,才能发生免除的效力:(1)债权人必须有处分能力。免除是处分债权的行为,作为免除意思表示的债权人必须具有完全民事行为能力,无民事行为能力或者限制民事行为能力人的免除行为除非由法定代理人代理或经法定代理人同意,否则不发生法律效力。(2)免除的意思表示应向债务人做出。免除应当通知债务人或者债务人的代理人,向第三人为免除的意思表示不发生法律效力。债权人作出免除的意思表示不得撤回。(3)免除可以附条件或者附期限。附生效条件的免除如债权人表示只要债务人在合同履行期归还本金,可以免除利息。附解除条件的免除如赠与人表示赠与合同成立后,如果经济状况恶化,赠与合同不再履行。(4)免除不得损害第三人利益。有时免除债务可能损害第三人利益,如融资租赁合同中,出租人免除出卖人的交付义务,承租人的利益将受到损害。

免除的法律效力表现为:免除发生债务绝对消灭的效力。主债务消灭的,主债务的从债务如利息债务、担保债务等,也同时归于消灭。债权人可以免除债务的部分,也可以免除债务的全部。债务全部被免除的,债务全部消灭;债务部分被免除的,则仅该免除部分消灭。债权人向连带债务人中的一人免除债务,而无消灭全部债务的意思表示的,除该债务人应分担的部分外,其他债务人仍不免除其责任。主债务免除的,保证债务随之消灭;反之,保证债务免除的,主债务并不消灭。在债务被全部免除的情况下,有债权证书的,债务人可以请求返还债权证书。

6.混同

混同是指债权债务同归于一人,致使合同关系消灭的事实。混同为法律事件,无需任何意思表示,仅有债权债务同归于一人的事实,即发生合同关系终止的后果。混同是债消灭的独立原因。

混同的产生原因:(1)概括承受是发生混同的主要原因。如两个企业法人之间发生合并,债权债务因归于同一个企业而消灭。(2)特定承受,即债权人承受债务人的债务或债务人承受债权人的债权。此时债权、债务因混同而消灭。

混同的法律效力为绝对地消灭债权债务及由合同关系所产生的从权利(如担保权、违约金债权)和从债务,同时效力及于因主合同而产生的抗辩权。但在法律另有规定或合同标的涉及第三人利益时,混同不发生债权债务消灭的效力。例如债权上设有第三人的抵押权,这时即使债权债务发生混同,为保护抵押权人的利益,债权也不因此消灭。

(三)合同终止的效力

自法律规定的终止原因发生之日起,合同关系在法律上当然消灭,无需当事人主张。除法律另有规定外,原债权人不得主张合同债权,债务人也不再负合同义务,债权债务关系归于消灭。同时,合同关系的终止使合同的担保及其他从权利义务关系也归于消灭,如抵押权、违约金债权、利息债权等和主债权一样也归于消灭。

合同终止后,当事人应当遵循诚实信用的原则,根据交易习惯,履行通知、协助、保密等义务。

合同终止后,还应清理一切与合同关系有关的手续,如负债字据的返还与注销。

合同终止不影响合同中独立存在的有关解决争议方法的条款的效力,不影响合同中结算和清算条款的效力。

第六节 违约责任

导入案例

郭习珍诉杨美春"订"金纠纷案

原告郭习珍与被告杨美春因买卖合同定金纠纷而诉至法院。2001年7月29日,原、被告签订售房协议,约定:被告将其位于三茅镇文化北路24幢102室的住宅出售给原告,原告给付购房款16.5万元,先预交"订"金1万元,待被告将住房钥匙全部交出后,原告再付房款13.5万元,所欠2万元于年底全部付清,被告将房产证交给原告办理过户手续,所需费用由原告承担。钥匙在2001年8月10日左右由杨美春交给郭习珍。协议签订后,原告按约交给被告"订"金1万元,被告在8月10日后未能将钥匙交付给原告。双方协商未果,原告起诉至法院请求解除与被告签订的售房协议,判令被告双倍返还定金2万元。一审判决售房协议终止履行,被告退还原告订房款1万元并承担相应的违约金,驳回原告的其他诉讼请求。

问题:(1)承担违约责任的具体方式有哪些?(2)本案法院判决被告承担相应的违约金是否有法律依据?(3)定金作为违约责任承担方式应如何适用?

一、违约责任概述

(一)违约责任的概念和法律特征

违约责任,是合同当事人因违反合同义务所应承担的法律责任。合同一旦生效,将在当事人之间产生法律拘束力,当事人应按照合同约定全面、严格履行合同义务。任何一方当事人违反有效合同所规定的义务,都应承担违约责任。违约责任制度是保障债权实现及债务履行的重要措施。

违约责任具有以下法律特征:

1.违约责任具有违约性。违约责任是合同当事人违反合同义务所产生的责任。这里包含两层意思:其一违约责任产生的基础是双方当事人之间存在合法有效的合同关系,若当事人之间的合同关系存在未成立、无效或被撤销等情形,则不会产生违约责任;其二违约责任以违反合同义务为前提,这一特征体现了违约责任与侵权责任、缔约过失责任、不当得利返还责任等的本质区别。

2.违约责任具有相对性。违约责任只能发生在特定的合同当事人之间,只有守约方才能基于合同向违约方提出请求或提起诉讼,与合同无关的第三人不能依据合同对违约方提出请求或诉讼。

3.违约责任具有强制性和任意性的双重属性。违约责任的强制性体现在发生违约时,债权人可请求国家强制债务人承担违约责任。但在法律许可的范围内,根据合同自愿原则,合同当事人可以在合同中约定承担违约责任的方式、违约金的数额等,这体现了违约责任的任意性。

4.违约责任具有补偿性和惩罚性的双重属性。违约责任的补偿性是指违约责任旨在弥补或补偿因违约行为所造成的损害后果。这是《合同法》平等、等价原则的体现,也是社会交易关系在法律上的内在要求。但违约责任的补偿性并非绝对,特定情况下也体现出惩罚性,如违约金的适用、定金罚则的规定都具有惩罚性,违约责任的惩罚性有利于预防和减少违约现象。

(二)违约责任的归责原则

违约责任的归责原则是指确定违约当事人的民事责任的法律原则。各国立法实践对违约责任归责原则的规定主要有严格责任原则和过错责任原则。严格责任原则是指违约发生以后,确定违约当事人的责任主要考虑违约是否因违约方的行为造成,而不考虑违约方的主观心理状态。过错责任原则是指一方违反合同义务时,应以过错作为确定违约责任的要件。

我国《合同法》第107条规定:"当事人一方不履行合同义务或者履行合同义务不符合约定的,应当承担继续履行、采取补救措施或者赔偿损失等违约责任",这一规定确定了违约责任归责采取严格责任原则。在《合同法》分则中规定了某些特殊情形下对违约责任采取过错责任原则进行归责,如第189条规定:"因赠与人故意或者重大过失致使赠与的财产毁损、灭失的,赠与人应当承担损害赔偿责任"、第222条规定:"承租人应当妥善保管租赁物,因保管不善造成租赁物毁损、灭失的,应当承担损害赔偿责任"等。可见,我国《合同法》实行以严格责任为主、过错责任为补充的归责原则体系。应注意的是违约责任中过错的举证责任主要采取一般过错推定方式,即由违约当事人负举证责任说明其没有过错。

归责原则直接决定着违约责任的构成要件。

(三)违约责任的构成要件

违约责任的构成要件是指违约责任的成立所必须具备的要件。违约责任的构成要件可分为一般构成要件和特殊构成要件。所谓一般构成要件,是指违约当事人承担任何违约责任形式都必须具备的要件。所谓特殊构成要件,是指各种具体的违约责任形式所要求的责任构成要件。

对一般构成要件,由于违约责任归责原则不同,因此违约责任的构成要件也不同。我国《合同法》实行以严格责任为主,通常情况下违约行为是违约责任唯一的构成要件。在采取过错责任原则进行归责的情形下,则违约方主观上还须具备过错,才承担违约责任。

违约责任的特殊构成要件因违约责任形式的不同而有所区别。如继续履行的构成要件除存在违约行为外,还必须有守约方请求违约方继续履行合同债务的行为及必须是违约方能够继续的履行合同情形存在。赔偿损失除要求有违约行为外还需有损失发生、违约行为与损失之间有因果关系及违约一方没有免责事由的情形存在。

二、违约责任的样态

违约责任的样态,又称违约形态,是指根据违约的行为违反义务的性质、特点而对违约行为所作出的分类。对违约形态分类有重要的意义:一方面有利于受损方在对方违约后,寻求适当的补救方式以维护自己的利益;另一方面也有助于司法审判人员根据不同的违约形态而确定违约当事人所应负的责任。

根据履行期限是否到来,违约形态分为预期违约和届期违约。违约行为发生于合同履行期届至之前的,为预期违约。合同约定的履行期限届满后的违约是届期违约。

1. 预期违约。预期违约是英美法的制度。预期违约又称作先期违约,包括明示毁约和默示毁约。所谓明示毁约是指在合同履行期限到来之前,一方当事人无正当理由而明确肯定地向另一方当事人表示他将不履行合同。所谓默示毁约是指在履行期限到来之前,一方当事人有确凿的证据证明另一方当事人在履行期限到来时,将不履行或不能履行合同,而另一方又不愿提供必要的履行担保。

预期违约具有如下特点:(1)预期违约发生于合同的履行期限到来之前,

是对将来的合同义务的一种违反,而不像实际违约那样,表现为现实的违反义务。(2)预期违约侵害的是期待债权而非现实债权。(3)预期违约是一种可选择的违约救济手段。在明示预期违约情况下,当事人一方可以直接解除合同,使合同关系消灭,并可要求预期违约方承担损害赔偿责任;也可以等待合同履行期的到来,在另一方当事人实际违约时,依照实际违约请求对方当事人承担违约责任。在默示预期违约时,一方当事人可以中止履行合同,要求预期违约方提供充分的保证,如果在合理的期限内,默示违约方未能在合理的期限内提供充分的担保,另一方当事人可以解除合同,并可以要求损害赔偿;如果默示预期违约方提供充分的担保的,则因违约情形归于消灭,另一方当事人应恢复本合同的履行。

2.届期违约。在履行期限到来以后,当事人不履行或不完全履行合同义务的,将构成届期违约。届期违约行为具有如下几种类型:

(1)不履行。即完全不履行,指当事人根本未履行任何合同义务的违约情形。

①履行不能。履行不能是指债务人由于某种原因,事实上已不可能履行债务。履行不能使债的目的客观上无法实现,因而导致债务消灭或转化为损害赔偿之债,债权人无法请求继续履行。履行不能包括事实上的不能与法律上的不能。事实上履行不能如标的物已灭失;法律上履行不能如标的物虽存在,但因为法律上的原因而不能交付,如标的物被依法规定为限制流通物。因可归责于债务人的事由导致的履行不能,债务人应承担违约责任。

②拒绝履行。拒绝履行是指履行期限届满后,债务人无正当理由明确表示不履行能够履行的债务。其表达方式可以是明示的,如向债权人明确表示其将不履行合同,也可以是以行为表明不履行合同,如将应当交付的特定物转让于他人。

此外,通常还将根本违约纳入不履行范畴。根本违约是英美法中的概念,债务人有违约行为,但仍违反了合同中重要的、根本的条款所规定的义务,则构成根本违约。我国《合同法》关于根本违约的规定体现于第94条"当事人一方迟延履行债务或者有其他违约行为致使不能实现合同目的"构成根本违约的,债权人有权解除合同。

(2)不适当履行。即指当事人虽有履行行为,但履行不符合合同约定或法律规定。

①迟延履行。迟延履行包括给付迟延和受领迟延两种。给付迟延,是指债务人在履行期限到来时,能够履行而没有按期履行债务。受领迟延,是指债

权人对债务人的履行应当受领而不为受领。

②瑕疵履行。瑕疵履行指虽为履行,但履行不符合规定或约定的条件,致减少或丧失履行的价值或效用的情形。瑕疵履行中债务人有积极的履行行为,因此也可称为积极的债务违反。瑕疵履行包括加害给付和其他瑕疵履行。

当债务人的瑕疵履行使债权人的其他人身利益或财产利益受到损害时,便构成加害给付。因加害给付而致债权人的其他利益遭受损害的,无论是人身伤害还是财产损失,无论是既得利益的损失还是可得利益的丧失,债务人均应赔偿。瑕疵履行已构成了侵权责任与违约责任的竞合,债权人可选择行使请求权。

其它瑕疵履行范围较广,具体如部分履行、履行方式不适当、履行地点不适当、其他违反附随义务的行为等。

三、违约责任的免责

免责是指在合同的履行过程中,因出现了法定的免责条件和合同约定的免责事由而导致合同不能履行,债务人将被免除履行义务,并全部或者部分免除责任。这些法定的免责条件和约定的免责事由统称为免责事由。

《合同法》虽然以严格责任为主要归责原则,但并不意味着违约方在任何情况下均须对其违约行为负责。在法律规定有免责条件或当事人以约定排除或限制其未来责任的情况下,违约方也可能不承担违约责任或只承担部分违约责任。《合同法》规定的免责事由,主要有两类:

(一)法定的免责事由

法定的免责事由通常是指不可抗力。不可抗力是指不能预见、不能避免并不能克服的客观情况。

不可抗力具体包括以下情形:(1)自然灾害。这类不可抗力事件是由自然原因引起的,如:旱灾、地震、水灾、火灾、风灾等。(2)政府行为。指当事人订立合同后,因政府颁发新的政策、法律和行政法规导致合同不能履行的情形。(3)社会异常事件。如罢工、暴乱等。

因不可抗力不能履行合同的,除法律另有规定外,根据不可抗力的影响部分或全部免除责任。当事人迟延履行后发生不可抗力的,不能免除责任。

当事人一方因不可抗力不能履行合同的,应当及时通知对方,以减轻可能给对方造成的损失,并应当在合理期限内提供证明。

(二)约定的免责事由

约定的免责事由,又称为免责条款,是指合同双方当事人在合同中约定一定的事由或条件,当违约符合所约定的事由或条件时,可限制或免除违约方的违约责任。免责条款以意思表示为要素,以排除或限制当事人的未来责任为目的,因此必须合法真实,否则视为无效。我国《合同法》第40条规定,提供格式条款一方免除其责任的条款无效。第53条规定,合同中约定的造成对方人身伤害的和因故意或者重大过失造成对方财产损失的免责条款无效。

四、违约责任的承担方式

根据《合同法》第107条规定:"当事人一方不履行合同义务或者履行合同义务不符合约定的,应当承担继续履行、采取补救措施或者赔偿损失等违约责任。"承担违约责任的具体方式主要包括继续履行、违约金、定金、损害赔偿等。

(一)继续履行

1.继续履行的概念

继续履行也称强制实际履行或实际履行,是指违约方根据对方当事人的请求继续履行合同规定的义务的违约责任形式。

2.继续履行的特征

继续履行是一种独立的违约责任形式,与一般意义上的合同履行性质不同。具备以下特征:

(1)继续履行以违约为前提。继续履行是一种违约后的补救方式,在一方违反合同后,另一方有权要求违约方继续履行合同,也有权要求其承担支付违约金或损害赔偿等责任。与违约金、损害赔偿等方法相比,继续履行强调违约方应按合同规定的标的履行义务,更有利于实现当事人订约的目的。

(2)继续履行的基本内容是要求违约方继续依据合同规定作出履行。但与一般意义上的合同履行在性质上不同。具体表现在:首先,继续履行合同义务的时间通常是在履行期到来后债务人没有履行时发生;其次继续履行是借助国家强制力实行;第三,是否请求实际履行是债权人享有的一项权利,债务人不履行时,债权人可以请求实际履行,也可以采取其他补救措施。

(3)继续履行可以与违约金、赔偿损失和定金责任并用,但不能与解除合同的方式并用。因为解除合同旨在使合同关系不复存在,债务人不再负履行义务,所以它是与继续履行相对立的补救方式。

3.继续履行的适用

继续履行的适用,因债务性质不同而不同。对于金钱债务,继续履行这种责任承担方式可以无条件适用。因为金钱债务只存在迟延履行,不存在履行

不能。对于非金钱债务,则原则上可以请求继续履行。如果有下列情形,不能适用继续履行:

(1)法律上或者事实上不能履行。例如债务人破产时,如果强制其履行与某个债权人所订立的合同,这实际上是赋予了该债权人某种优先权,使其优于违约方的其他债权人而受偿,这与破产法的有关规定是相违背的。

(2)债务的标的不适用强制履行或者强制履行费用过高。

(3)债权人在合理期限内未请求履行。

(二)赔偿损失

1.赔偿损失的概念

赔偿损失,是指合同当事人由于不履行合同或者不适当履行合同,给对方造成财产上的损失时,应依法或依合同约定赔偿对方财产损失的一种违约责任形式。

2.赔偿损失的性质

赔偿损失的基本性质是补偿性,一方当事人违约后,为保护受害人的权益,通过金钱赔偿使其达到合同已被履行的状态,损失赔偿额的确定也主要以实际发生的损失为计算标准。赔偿损失在特定情况下也体现出惩罚性,如《消费者权益保护法》第49条规定:"经营者提供商品或者服务有欺诈行为的,应当按照消费者的要求增加赔偿其受到的损失,增加赔偿的金额为消费者购买商品的价款或者接受服务的费用的一倍。"

3.赔偿损失的原则

赔偿损失以完全赔偿为原则。赔偿损失的范围可由法律直接规定,或由双方约定。在法律没有特别规定和当事人没有另行约定的情况下,应按完全赔偿原则,赔偿全部损失。

(1)完全赔偿原则。完全赔偿原则,是指因违约方的违约行为使受害人遭受的全部损失,都应由违约方负赔偿责任。即损失赔偿额应当包括因违约所造成的直接损失和可得利益损失。直接损失是因违约行为所造成的财产的直接减少。可得利益是合同履行后债权人可以实现或者取得的收益。可得利益具有如下特点:①未来性。可得利益是一种未来的利益,是经过合同违约方履行后才能获得的利益。②期待性。可得利益是当事人订立合同时可以预见的利益,可得利益的损失也是合同当事人能够预见的损失。③可得利益具有一定的现实性。尽管可得利益并非订立合同时就可实际享有的利益,但这种利益并不是臆想的,而是在如果合同违约方不违约情况下非违约方可以得到的利益。

(2)完全赔偿原则的限制。完全赔偿原则是对非违约方的有力保护,但应将这种损害赔偿的范围限制在合理的范围之内。对完全赔偿原则的限制包括可预见原则、减轻损害原则和损害相抵原则及特别法做出的法定赔偿范围限制。

可预见原则体现为当事人一方违约给对方造成损失的,赔偿损失不得超过违反合同一方订立合同时预见到或者应当预见到的因违反合同可能造成的损失。可预见原则具有以下要点:①预见的主体为违约方。②预见的时间为合同订立之时。③预见的内容为违反合同可能造成的财产损失的范围。④判断违约方能否预见的标准采用主观和客观相结合的标准,即通常与同类型的社会一般人的预见能力为标准。

减轻损害原则,亦称之为采取适当措施避免损失扩大原则,是指在一方违约并造成损害以后,受害人必须采取合理措施以防止损害的扩大,否则,受害人应对扩大部分的损害负责,违约方此时也有权请求从损害赔偿金额中扣除本可以避免的损害部分。

损益相抵是指受害人基于损害发生的同一原因而获得利益时,应将所受利益从所受损害中扣除,以确定损害赔偿范围。即违约方仅就其差额部分进行赔偿。坚持这一原则,更能体现赔偿损失责任的补偿性。

(三)违约金

1.违约金的概念

违约金是指一方当事人违反合同,依照约定或法律规定向对方支付一定数额的金钱的责任方式。违约金具有担保债务履行的功效,又具有惩罚违约人和补偿无过错一方当事人所受损失的效果,因此违约金既可以作为违反合同的责任承担方式,也可以作为合同担保的措施之一。

2.违约金的法律特征

(1)约定性。违约金可分为违约金分为法定和约定两种。法定违约金是由法律直接规定数额和支付条件的违约金;约定违约金指由双方当事人对违约金的适用和具体比例实行约定。除非法律有强制性规定,违约金的给付应由当事人双方约定。法律如果在规定法定违约金的同时又准许当事人约定的,当事人的约定应优先于法定。

(2)预定性。当事人可以约定一方违约时应当根据违约情况向对方支付一定数额的违约金,也可以约定因违约产生的损失赔偿额的计算方法。违约金的数额是预先确定的,一旦发生违约,不必具体计算损害范围即可要求支付,避免了采用赔偿损失的方式在适用中遇到的举证和计算损失数额的困难。

它使对损失的补偿变得简便迅速,是守约方寻求弥补损失的捷径。

(3)补偿性和特定情况下的惩罚性。违约金的适用不完全以实际损害为前提,也不以损失大小为绝对的支付标准。只要有违约行为发生,即使没有损害产生,违约方也应承担违约金责任。违约金主要体现了补偿性,某些情况下也具有惩罚性。

3.违约金的适用

由于违约金具有以上特点,因此在适用时应注意:

(1)约定违约金责任必须由当事人双方通过事先约定而确定。

(2)违约金与赔偿损失有密切的关系。违约金一般被认为是赔偿损失的预定。因此违约行为造成实际损失时,违约金可被视为赔偿损失额。如果约定的违约金低于造成的损失的,还应进行赔偿,补足违约金不足的部分;如果违约金的数额过分高于因违约给对方造成的损失的,可予以适当减少。违约金是否增减需由当事人提出请求,当事人不主动提出的,法院和仲裁机构不予以主动干预。

(3)违约金责任的承担不影响合同的继续履行责任。如果当事人就迟延履行约定违约金的,违约方支付违约金后还应当履行债务。

(四)定金

1.定金的概念

定金是合同当事人为确保合同履行,依据法律规定和合同约定由一方预先给付的金钱或其他替代物。定金既是一种债的担保方式,也是一种违约责任形式。根据定金担保目的的不同,可以将其区分为订约定金、成约定金、解约定金和违约定金。《合同法》第115条规定:"当事人可以依照《中华人民共和国担保法》约定一方向对方给付定金作为债权的担保。债务人履行债务后,定金应当抵作价款或者收回。给付定金的一方不履行约定的债务的,无权要求返还定金;收受定金的一方不履行约定的债务的,应当双倍返还定金。"这里规定的定金指违约定金,即以担保合同的履行为目的而支付一定数额的金钱。

2.定金的法律特征

(1)定金具有强烈的惩罚性。定金责任的适用不以实际发生的损害为前提,即无论一方的违约是否产生实际损害都可能导致定金责任。

(2)定金合同是实践合同,定金合同自交付定金之日起生效。

(3)定金必须以明确的意思表示约定。当事人要么明确约定其给付的金钱为定金,要么约定了定金罚则的实际内容,否则不构成定金。

3. 定金的适用

(1) 定金适用的限制。

由于定金具有强烈的惩罚性。因此定金在适用上有一定的限制。首先适用范围的限制。除当事人别有约定外,定金适用于不履行合同或其他严重违约行为。其次数额的限制,定金的数额原则上是由当事人约定的,但担保法对其最高限额作了限定。《担保法》第91条明确规定:"定金的数额由当事人约定,但不得超过主合同标的额的20%。"定金数额超过主合同标的额的20%的,超过的部分人民法院不予支持。

(2) 定金与违约金并存时的适用规则。

《合同法》第116条规定:"当事人既约定违约金,又约定定金的,一方违约时,对方可以选择适用违约金或者定金条款。"定金与违约金在目的、性质、功能等方面相同,如果在合同中这两种责任针对同一违约行为而适用,应选择适用违约金或定金条款。

(3) 定金与预付款等的区别。

预付款是债务人为表明自己履行合同的诚意或者为对方履行合同提供一定资金,在对方履行合同前先向对方支付的部分价金或劳务报酬。实践中,也称为订金、预付金、诚实信用金等。预付款与定金性质不同,它实际上是合同应该履行款项的一部分,不具有担保合同履行的功能也不是违约责任承担方式。合同无效或者出现违约事由时,退还相同数额资金即可,不得适用定金罚则。

此外,当事人交付留置金、担保金、保证金、订约金、押金或者订金等,但没有约定定金性质的,当事人主张定金权利的,人民法院不予支持。

五、违约责任和侵权责任的竞合

违约责任和侵权责任的竞合是指一个不法行为同时符合违约责任和侵权责任的构成要件,并且这两个责任之间相互冲突。

在现实生活中一种违法行为常具有两种性质,同时符合违约责任和侵权责任的构成要件。具体表现为以下几种情况:第一,合同当事人的违约同时侵犯法律规定的强行性义务,如保护、照顾、通知、忠诚等附随义务或其他不作为义务。第二,在某些情况下,侵权行为直接构成违约的原因,即所谓侵权性违约行为。如保管人因保管合同占有对方财产并非法使用,造成财产毁灭损失。另一方面,违约行为也可能造成侵权后果,即所谓的违约性侵权行为。如旅客运输中,因承运人的过错致使旅客受伤或致残的,承运人既违反了安全运输旅客的合同义务又侵犯了旅客的人身权。第三,不法行为人实施故意或重大过失侵犯他人权利并造成他人损害的侵权行为时,如果加害人和受害人之间事先存在合同关系的,那么,加害人对受害人的损害行为,不仅可以作为侵权行为还可以作为违反了事先约定的合同义务的违约行为对待。第四,一种违法行为虽然只符合一种责任要件,但法律从保护受害人的利益出发要求合同当事人根据侵权行为制度提出请求和提起诉讼,或将侵权行为责任纳入合同责任的适用范围,例如产品责任。

《合同法》首次以法律的形式确立了违约责任和侵权责任的竞合制度。《合同法》第122条规定:"因当事人一方违约行为,侵害对方人身、财产权益的,受害方有权依照本法要求其承担违约责任或依照其他法律要求其承担侵权责任。"由此可见,我国有关责任竞合的立法采用了允许竞合和选择请求权制度。

由于违约行为和侵权责任在归责原则、举证责任、责任构成、责任形式、损害赔偿范围等方面存在很大差异,因此选择合同之诉还是侵权之诉,将可能产生截然不同的法律后果,极大影响当事人的权利和义务。因此在发生责任竞合时,受害人应综合考虑各种因素,慎重实施选择请求权,以更好地保护自己的合法权益。

【本章小结】

本章主要阐述了合同法律制度。第一节介绍了合同的概念、特征、种类,合同法的概念和适用范围及合同法的基本原则。第二节介绍了合同订立的主体、形式、内容;合同的订立必须经过要约和承诺两个过程;缔约过失责任的概念、特征和构成要件。第三节介绍了合同在效力上分为有效合同、效力待定合同、可撤销合同及无效合同。第四节介绍了合同的履行应遵守一定的原则和规则。第五节介绍了合同的转让须符合实质要件。合同终止的主要原因是清偿、解除、抵销、提存、混同。第六节介绍了违约责任的概念、特征和归责原则;承担违约责任的具体方式主要包括继续履行、违约金、定金、损害赔偿。

【思考题】

1. 简述要约的撤回与撤销。
2. 简述无效合同与可变更可撤销合同的异同。

3. 简述债权人代位权的构成要件。

4. 简述违约责任的承担方式。

5. 某市食品公司因建造一栋大楼,急需水泥,遂向本省的青风水泥厂、新化水泥厂及原告建设水泥厂发出函电,函电中称:"我公司急需标号为150型号的水泥100吨,如贵厂有货,请速来函电,我公司愿派人前往购买。"三家水泥厂在收到函电以后,都先后向食品公司回复了函电,在函电中告知它们备有现货,并且告知了水泥的价格。而建设水泥厂在发出函电的同时,派车给食品公司送去了50吨水泥。在该批水泥送达被告之前,食品公司决定购买新化水泥厂的水泥并发去函电,称:"我公司愿购买贵厂100吨150型号水泥,盼速送货,运费由我公司负担。"在发出函电后第二天上午,新化水泥厂发函称已准备发货。

下午,建设水泥厂将50吨水泥送到。食品公司告知建设水泥厂他们已决定购买新化水泥厂的水泥,因此不能接受其送来的水泥。建设水泥厂认为,食品公司拒收货物已构成违约。因双方协商不成,遂向法院提起诉讼。

请问:(1)食品公司向建设水泥厂发出的函电是要约还是要约邀请?(2)一项有效的要约应当具备哪些要件?(3)食品公司是否构成违约?

6. 甲公司因转产致使一台价值1000万元的精密机床闲置。该公司董事长王某代表本公司与乙公司签订了一份机床转让合同。合同规定,精密机床作价950万元,甲公司于10月31日前交货,乙公司在交货后10天内付清款项。在交货日前,甲公司发现乙公司经营状况恶化,通知乙公司提供担保,乙公司予以拒绝。又过了两个月,甲公司发现乙公司的经营状况进一步恶化,于是提出解除合同。乙公司遂向法院起诉。

请问:(1)甲公司中止履行的理由能否成立?为什么?(2)甲公司能否解除合同?为什么?

7. 甲企业向乙企业发出传真订货,该传真列明了货物的种类、数量、质量、供货时间、交货方式等,并要求乙在10日内报价。乙接受甲发出传真列明的条件并按期报价,并要求甲在10日内回复。甲按期复电同意其价格,并要求签订书面合同。乙在未签订书面合同的情况下按甲提出的条件发货,甲收货后未提出异议,也未付货款。后因市场发生变化,该货物价格下降。甲向乙提出,由于双方未签订书面合同,买卖关系不能成立,故乙应尽快取回货物。乙不同意甲的意见,要求其偿付货款。随后,乙发现甲放弃其对关联企业的到期债权,并向其关联企业无偿转让财产,可能使自己的货款无法得到清偿,遂向人民法院提起诉讼。

请问:(1)试述甲传真订货、乙报价、甲回复报价行为的法律性质。(2)买卖合同是否成立?并说明理由。(3)对甲放弃到期债权、无偿转让财产的行为,乙应如何应对?

8.2002年5月12日,甲、乙两厂签订购销合同。双方约定:乙厂供应甲厂洗衣机零配件5万套,每套价格10元;乙厂于同年6月10日,每月交货1万套;甲厂于签约后10天内付乙厂定金5万元;乙厂每月月底交货,甲厂收货后10天内验货付款;违约责任为未履行货物价款的5%。甲厂依约付给乙厂定金。在乙厂履行了第一、二批交货义务后,适逢一外商紧急求购这种洗衣机零配件,出价远远高于甲厂在合同中约定的价格。于是乙厂就另和外商签订了以这种洗衣机零配件为标的的购销合同。由于生产能力有限,乙厂遂不再履行其与甲厂签订的购销合同,要求解除第三、四、五批的合同。甲厂不同意解除合同,并要求乙厂支付违约金并双倍返还定金。乙厂认为,甲付给其的5万元定金根本没有投入使用,况且合同才签订3个月,也没有给甲厂造成实际经济损失,双倍返还定金并支付违约金显失公平。因此,乙厂只同意返还甲厂的5万元定金。于是甲、乙两厂发生纷争,甲厂起诉到法院。

请问:(1)甲厂要求乙双倍返还定金是否于法有据?为什么?(2)甲厂要求乙方支付违约金是否于法有据?为什么?(3)乙方应如何承担违约责任?(4)如果甲方同意解除合同,但要求解除全部合同,能否得到支持?为什么?(5)如果甲方不同意解除合同,则甲方能否要求乙方继续履行余下的合同义务?(6)如果甲方举证证明,因乙方违约致其不能如期履行与丙厂签订的洗衣机供销合同,损失利润3万元。甲、乙订立合同时乙就已经知道甲、丙之间的合同。那么甲方能否要求乙方承担这3万元的损失?为什么?(7)设甲厂举证证明乙厂供应的零配件存在严重的质量隐患,致甲厂与之配套的其他洗衣机零配件损坏,总计经济损失5000多元,则甲厂请求乙厂承担什么责任?

第十四章 经济纠纷法律解决途径

第一节 经济纠纷法律解决途径概述

导入案例

集美区法院杏林法庭率先确认行政调解

2009年10月4日,梁某驾驶摩托车在杏滨路与行人陈某发生碰撞,造成陈某受伤送医院抢救无效死亡。事故发生后,陈某家属与梁某在集美交警大队的主持调解下达成调解协议,协议约定梁某向陈某家属赔偿14万元,于2009年11月14日前付3.6万元,余款10.4万元于2009年12月20日前付清。为了让调解协议具有强制执行效力,双方当事人同时到杏林法庭申请了司法确认。2009年11月10日,集美区法院杏林法庭确认了辖区内首个交警调解协议书。从此,这份调解协议有了强制执行力。

问题:(1)经济纠纷可通过哪些法律途径解决?(2)调解有何法律效力?(3)2009年7月实施的《最高人民法院关于建立健全诉讼与非诉讼相衔接的矛盾纠纷解决机制的若干意见》对建立多元化的经济纠纷解决机制有何意义?

经济纠纷是指经济法律关系主体之间因经济权利和经济义务的矛盾而引起的争议。当事人可以通过协商、调解、仲裁和诉讼四种法律途径解决。经济纠纷发生后,当事人可以对纠纷进行协商,或者请第三人调解解决。当事人不愿通过协商、调解解决或协商、调解不成的,可以依据双方约定的仲裁条款或者事后达成的书面仲裁协议,向仲裁机构申请仲裁。当事人没有订立仲裁协议或者仲裁协议无效的,可以向人民法院起诉。

一、协商

协商是指经济纠纷当事人通过平等协商、互谅互让的方式达成协议,以解决经济纠纷的一种方式。

协商具有如下法律特征:

1. 协商无需第三方介入,主要依靠双方当事人的力量进行。

2. 协商以当事人自愿为前提。协商的程序及通过协商达成的和解协议内容均取决于当事人的自愿,不一定严格遵循程序法和实体法。

经济纠纷当事人如果通过协商达成一致,协商达成的和解协议相当于当事人双方对原合同的修改或达成新合同,双方当事人应自愿履行。但和解协议本身并无法律强制执行力。

二、调解

(一)调解的概念与特征

调解是指在第三方介入下,纠纷双方当事人自愿达成协议解决纠纷的活动。

调解具有以下法律特征:

1. 调解是在中立第三方的参与下进行的纠纷解决活动。

2. 调解以当事人的自愿为前提,是当事人处分自己民事权利的行为。

3. 调解具有程序的便利性和处理的灵活性、合理性和经济性。

(二)调解的种类

根据介入调解第三方的不同,主要可以分为人民调解、行政调解、仲裁调解和法院调解。

1. 人民调解

人民调解,是指人民调解委员会通过说服、疏导等方法,促使当事人在平等协商基础上自愿达成调解协议,解决民间纠纷的活动。

人民调解委员会是依法设立的调解民间纠纷的群众性组织。村民委员会、居民委员会设立人民调解委员会。企业事业单位根据需要设立人民调解委员会。乡镇、街道以及社会团体或者其他组织根据需要可以参照《中华人民共和国人民调解法》有关规定设立人民调解委员会,调解民间纠纷。基层人民法院、公安机关对适宜通过人民调解方式解决的纠纷,可以在受理前告知当事人向人民调解委员会申请调解。

2011年1月1日起施行的《中华人民共和国人民调解法》对人民调解委员会的组成、调解程序、调解协议等做了明确规定。

2. 行政调解

行政调解是在国家行政机关的主持下,以当事人双方自愿为基础,由行政机关主持,以国家法律、法规及政策为依据,以自愿为原则,通过对争议双方的说服与劝导,促使双方达成协议,以解决纠纷的活动。根据有关法律规定,行政机关在行使行政管理权时有权对相关民事纠纷进行调解,以便快捷、迅速解决当事人之间的冲突。

行政调解可单独适用,也可以合并于行政裁决或行政仲裁中适用,一般分为两种:一是基层人民政府,即乡、镇人民政府主持的对一般民间纠纷的调解。二是国家行政机关如公安、劳动、国土、城建、工商等依照法律规定对某些特定民事纠纷、经济纠纷、劳动纠纷等进行的调解。属于诉讼外调解范畴。

3. 仲裁调解

仲裁调解是指仲裁庭在作出裁决前,在仲裁庭主持下,双方当事人自愿协商、共同达成调解协议。

仲裁调解达成调解协议后,由仲裁庭制作调解书或者根据协议的结果制作裁决书。调解书与裁决书具有同等法律效力。调解书送达双方当事人,经双方当事人签收后,即发生法律效力,不得反悔;在调解书签收前当事人反悔的,仲裁庭应当及时作出裁决,不应久调不决。

没有仲裁协议的当事人申请仲裁委员会对民事纠纷进行调解的,由该仲裁委员会专门设立的调解组织按照公平中立的调解规则进行调解。

4. 法院调解

法院调解,是指在民事诉讼中,人民法院审判人员对双方当事人进行说服劝导,促使其就民事争议自愿协商,达成协议,解决纠纷的活动。法院调解是在诉讼中进行的,所以又称为诉讼中的调解。

调解达成协议,人民法院应当制作调解书。调解书自双方当事人签收调解书后发生法律效力。在调解书送达之前当事人一方或双方反悔的或调解书送达时当事人拒绝签收的,调解不成的,法院应对案件继续进行审理。

依据《衔接若干意见》的规定,对属于人民法院受理民事诉讼的范围和受诉人民法院管辖的案件,人民法院在立案后经双方当事人同意,或者人民法院认为确有必要的,人民法院可以在立案后将民事案件委托行政机关、人民调解组织、商事调解组织、行业调解组织或者其他具有调解职能的组织协助进行调解。

(三)调解的法律效力

经不同类型的调解所达成的具有民事权利义务内容的调解协议,其法律效力不同。主要分为以下两种情形:

1. 调解协议具有民事合同性质

经人民调解委员会调解达成的调解协议,具有法律约束力,当事人应当按照约定履行。行政机关依法对民事纠纷进行调处后达成的有民事权利义务内容的调解协议或者作出的其他不属于可诉具体行政行为的处理,经双方当事人签字或者盖章后,具有民事合同性质,法律另有规定的除外。没有仲裁协议的当事人申请仲裁委员会对民事纠纷进行调解达成有民事权利义务内容的调解协议,由该仲裁委员会专门设立的调解组织按照公平中立的调解规则进行调解后达成的有民事权利义务内容的调解协议,经双方当事人签字或者盖章后,也具有民事合同性质。

2. 调解协议具有法律强制执行力

仲裁调解达成协议后应制作调解书或者根据协议的结果制作裁决书。调解书与裁决书具有同等法律效力。法院调解达成的调解协议或调解书生效后,与生效判决具有同等的法律效力。其中具有给付内容的调解书,具有强制执行力。

经行政调解、人民调解达成调解协议后,双方当事人认为有必要的,可以自调解协议生效之日起 30 日内共同向人民法院申请司法确认,人民法院应当及时对调解协议进行审查,依法确认调解协议的效力。人民法院依法确认调解协议有效,一方当事人拒绝履行或者未全部履行的,对方当事人可以向人民法院申请强制执行。

仲裁和诉讼详见本章第二节、第三节。

第二节 经济仲裁

导入案例

仲裁条款具有独立性

天津天华公司与上海顺齐公司于1999年10月3日签订空调机购销

合同一份,约定天华公司向顺齐公司购买其生产的 KFR-90W 型空调机 1000 台,合计价款 310 余万元;顺齐公司应于 10 月 20 日前一次将全部货物运抵上海港,并承担运输费用;天华公司应于收到顺齐公司发货通知之日起 3 日内支付 20% 的货款给顺齐公司,货物收齐后再支付其余的 80% 款项。另约定:关于合同本身及合同履行的任何争议均应提交仲裁解决,并共同选择了仲裁委员会。10 月 10 日,天华公司收到顺齐公司发出的传真,称:"货物已在装船港备妥待运,请贵公司尽快支付第一笔货款。"次日,天华公司按约将 60 余万元交付顺齐公司。但直到 10 月 21 日天华公司未能收到任何货物和提货单据。经多次催询,顺齐公司于 11 月 4 日答复:"由于港口方面的原因,货物暂时被搁置。我方保证在 11 月 15 日前货物抵达天津港。"但到了最后期限,天华公司仍一无所获,遂向法院起诉。根据双方提供的证据证实,顺齐公司因经营状况恶化,已停产半年多,且仓库内没有存货,根本无力供应合同项下的货物。港口方面也证实根本未曾接纳顺齐公司所称的货物,所谓货物被搁置纯属虚构。顺齐公司辩称双方签订的购销合同中存在仲裁条款,人民法院对本案没有管辖权。

问题:(1)发生合同无效或被撤销的情形时,合同中存在的仲裁条款是否有效?(2)本案应如何处理?

一、经济仲裁概述

(一)仲裁的概念与法律特征

仲裁是指发生争议的双方当事人,根据其在争议发生前或争议发生后所达成的协议,自愿将该争议提交中立的第三者进行裁判的争议解决制度和方式。经济仲裁,指双方当事人通过订立仲裁协议,自愿将经济活动中发生的纠纷提交仲裁机构裁决,由其作出对双方均有约束力的裁决,从而解决争议的一种方式。

仲裁具有以下法律特征:

1. 自愿性

仲裁是以双方当事人的自愿选择为前提。双方当事人自愿有以下几个含义:双方当事人自愿选择以仲裁方式解决争议,并达成仲裁协议。没有仲裁协议的,仲裁机构不能进行裁决;双方自愿就哪些事项进行仲裁;自愿选择仲裁机构、仲裁员,自愿选择仲裁地点;自愿选择仲裁规则和适用的法律。仲裁是最能体现当事人意思自治原则的一种争议解决方式。

2. 灵活性

仲裁中的诸多具体程序可以由当事人协商确定与选择,与诉讼相比,仲裁程序灵活而具有弹性。

3. 保密性

仲裁以不公开审理为原则,并且仲裁法律和仲裁规则还明确规定了仲裁员、任何一方当事人及仲裁参与人的保密义务,因此当事人的商业秘密和贸易活动不会因仲裁活动而泄密。

4. 快捷性

首先当事人可以自主选择适当的仲裁程序,避免一些不必要的程序设计,提高了仲裁的效率。其次仲裁实行或裁或审、一裁终局制,仲裁裁决一经仲裁庭作出即发生法律效力,当事人不得再提起诉讼或申请仲裁,使当事人之间的纠纷能够得到迅速的解决。

5. 独立性

首先,仲裁具有独立性。仲裁与民事诉讼一样,能够独立地、终局性地解决纠纷,是与民事诉讼相并列的纠纷解决方式。其次,仲裁机构具有独立性。仲裁机构与行政机关没有隶属关系,仲裁机构之间也没有隶属关系。最后,仲裁庭具有独立性。在仲裁过程中,仲裁庭独立进行仲裁,不受任何行政机关、社会团体和个人的干涉,也不受仲裁机构的干涉。

(二)仲裁法

仲裁法,是处理平等主体的公民、法人和其他组织之间发生的合同纠纷和其他财产权益纠纷的法律规范的总称。为保证公正、及时地仲裁经济纠纷,保护当事人的合法权益、保障社会主义市场经济健康发展,1994年8月31日全国人大八届九次会议通过了《中华人民共和国仲裁法》,自1995年9月1日起施行。仲裁法确立了或裁或审、一裁终局的仲裁制度和自愿、独立、以事实为根据以法律为准绳公平合理解决纠纷的仲裁原则,为我国仲裁制度的发展提供了重要法律依据。

二、仲裁协议

(一)仲裁协议的概念

仲裁协议是指双方当事人同意将他们之间可能发生或已经发生的争议提交仲裁解决的共同意思表示。仲裁协议是仲裁制度的基石。仲裁协议是当事人将其争议提交仲裁的依据,是仲裁机构对某一特定案件有管辖权的前提,也是仲裁裁决得以执行和承认的前提条件。仲裁协议独立存在,合同的变更、解除、终止或者无效,不影响仲裁协议的效力。

(二)仲裁协议的形式和类型

仲裁协议必须以书面形式作出,当事人以口头仲裁协议为依据申请仲裁的,仲裁机构不予受理。从书面仲裁协议的存在形式看,仲裁协议有三种类型:仲裁条款、仲裁协议书和其他文件中包含的仲裁协议。

1. 仲裁条款

仲裁条款指当事人之间在合同中订立的,将今后可能因该合同所发生的争议提交仲裁的条款。

2. 仲裁协议书

仲裁协议书是当事人之间订立的,一致表示愿意将他们之间已经发生或可能发生的争议提交仲裁解决的单独的协议。

3. 其他文件中包含的仲裁协议

在当事人相互间的信函、电报、电传、传真、电子数据交换、电子邮件或其他书面材料等往来文件中,如果包含有双方当事人同意将他们之间已经发生或可能发生的争议提交仲裁的内容,符合仲裁协议要求的,上述文件也是仲裁协议。

仲裁协议可以在纠纷发生前订立,也可以在纠纷发生后在合同外单独订立。

(三)仲裁协议的内容

一份完整、有效的仲裁协议必须具备法定的内容,否则,仲裁协议将被认定为无效。根据我国《仲裁法》的规定,仲裁协议应当包括下列内容:

1. 请求仲裁的意思表示

请求仲裁的意思表示是仲裁协议的首要内容。在协议中,当事人应明确表示愿意将争议提交仲裁解决。

2. 仲裁事项

仲裁事项即当事人提交仲裁的具体争议事项。仲裁事项是仲裁庭审理和裁决纠纷的范围,超出这一范围所作出的仲裁裁决,经一方当事人申请,法院可以不予执行或者撤销。因此仲裁协议应明确约定仲裁事项。

3. 仲裁机构

仲裁委员会是受理仲裁案件的机构。由于仲裁没有法定管辖的规定,因此,当事人应通过协商共同选定仲裁委员会。如果当事人未在仲裁协议中选定仲裁委员会,仲裁就无法进行。对于仲裁委员会的选定,原则上应当明确、具体。但如果当事人约定了两个以上的仲裁委员会,根据最高人民法院的司法解释,只要这一约定是明确的,也是可以执行的,当事人在纠纷发生后可选择向约定的仲裁机构之一提起仲裁。

以上三项内容必须同时具备,仲裁协议在内容上才能符合仲裁法的规定而成为有效的仲裁协议。除此之外当事人双方还可在仲裁协议中约定仲裁地点、仲裁规则、仲裁的法律适用等内容。

(四)仲裁协议的法律效力

1.仲裁协议的法律效力表现为以下几点:

(1)约束双方当事人对纠纷解决方式的选择权。

仲裁协议一经有效成立,即对双方当事人产生法律效力,双方当事人都受到他们所签订的仲裁协议的约束。发生纠纷后,当事人只能通过向仲裁协议中所确定的仲裁机构申请仲裁的方式解决该纠纷,而丧失了就该纠纷向法院提起诉讼的权利。

(2)排除法院的司法管辖权。

仲裁协议具有排除法院司法管辖权的效力。如果一方当事人违背仲裁协议,就仲裁协议规定范围内的争议事项向法院起诉,另一方当事人有权在首次开庭前依据仲裁协议要求法院停止诉讼程序,法院也应当驳回当事人的起诉。当然如果另一方在首次开庭前未对人民法院受理该案提出异议的,视为放弃仲裁协议,人民法院应当继续审理。而且仲裁实行一裁终局制度,当事人不得就仲裁裁决的同一事项向法院提出上诉、申诉,不得要求变更管辖。

(3)授予仲裁机构仲裁管辖权并限定仲裁的范围。

仲裁协议是仲裁委员会受理仲裁案件的基础,是仲裁庭审理和裁决仲裁案件的依据。没有仲裁协议就没有仲裁机构对仲裁案件的仲裁管辖权。同时,仲裁机构的管辖权又受到仲裁协议的严格限制,即仲裁庭只能对当事人在仲裁协议中约定的争议事项进行仲裁,而对仲裁协议约定范围以外的其他争议无权仲裁。

(4)仲裁协议是仲裁裁决发生强制执行力的依据。

一项有效的仲裁裁决是强制执行仲裁裁决的前提。当一方当事人不履行仲裁裁决时,另一方当事人应凭有效的仲裁协议和生效的仲裁裁决向法院申请强制执行。《仲裁法》所规定的无效仲裁协议是法院拒绝承认和执行裁决的理由之一。当事人也有权以不存在有效的仲裁协议为由拒绝执行裁决,并对法院的强制执行程序提出抗辩。

2.仲裁协议的无效

具备以下情形仲裁协议无效：

(1)约定的仲裁事项超出法律规定的仲裁范围的。

(2)无民事行为能力人或者限制民事行为能力人订立的仲裁协议。

(3)一方采取胁迫手段，迫使对方订立仲裁协议的。

三、仲裁机构及仲裁程序

(一)仲裁机构

我国《仲裁法》规定的仲裁机构是仲裁委员会。

仲裁委员会属于常设性机构。仲裁委员会可以在直辖市和省、自治区人民政府所在地的市设立，也可以根据需要在其他设区的市设立，不按行政区划层层设立，由上述市的人民政府组织有关部门和商会统一组建。仲裁委员会与行政机关没有隶属关系，仲裁委员会相互之间也没有隶属关系。

设立仲裁委员会应当具备下列条件：有自己的名称、住所和章程；有必要的财产；有该委员会的组成人员；有聘任的仲裁员。

仲裁委员会由主任1人、副主任2至4人和委员7至11人组成。仲裁委员会的主任、副主任和委员由法律、经济贸易专家和有实际工作经验的人员担任。仲裁委员会的组成人员中，法律、经济贸易专家不得少于三分之二。

(二)仲裁程序

1.申请和受理

当事人申请仲裁应当符合下列条件：有仲裁协议；有具体的仲裁请求和事实、理由；属于仲裁委员会的受理范围。当事人应以书面形式向仲裁机构提起申请。仲裁申请书应载明法定事项。

仲裁委员会收到仲裁申请书之日起5日内，认为符合受理条件的，应当受理，并通知当事人；认为不符合受理条件的，应当书面通知当事人不予受理，并说明理由。

2.仲裁庭的组成

仲裁庭可以由三名仲裁员或者一名仲裁员组成。由三名仲裁员组成的，设首席仲裁员。当事人约定由三名仲裁员组成仲裁庭的，应当各自选定或者各自委托仲裁委员会主任指定一名仲裁员，第三名仲裁员由当事人共同选定或者共同委托仲裁委员会主任指定。第三名仲裁员是首席仲裁员。当事人约定由一名仲裁员成立仲裁庭的，应当由当事人共同选定或者共同委托仲裁委员会主任指定仲裁员。

当事人没有在仲裁规则规定的期限内约定仲裁庭的组成方式或者选定仲裁员的,由仲裁委员会主任指定。

3.开庭和裁决

(1)开庭。

仲裁应当开庭进行。当事人协议不开庭的,仲裁庭可以根据仲裁申请书、答辩书以及其他材料作出裁决。仲裁不公开进行。当事人协议公开的,可以公开进行,但涉及国家秘密的除外。仲裁委员会应当在仲裁规则规定的期限内将开庭日期通知双方当事人。当事人有正当理由的,可以在仲裁规则规定的期限内请求延期开庭。是否延期,由仲裁庭决定。申请人经书面通知,无正当理由不到庭或者未经仲裁庭许可中途退庭的,可以视为撤回仲裁申请。被申请人经书面通知,无正当理由不到庭或者未经仲裁庭许可中途退庭的,可以缺席裁决。

(2)裁决与和解、调解。

仲裁庭对案件进行审理后进行裁决。裁决书自作出之日起发生法律效力。裁决书应当写明仲裁请求、争议事实、裁决理由、裁决结果、仲裁费用的负担和裁决日期。当事人协议不愿写明争议事实和裁决理由的,可以不写。裁决书由仲裁员签名,加盖仲裁委员会印章。对裁决持不同意见的仲裁员,可以签名,也可以不签名。

当事人申请仲裁后,可以自行和解。达成和解协议的,可以请求仲裁庭根据和解协议作出裁决书,也可以撤回仲裁申请。当事人达成和解协议,撤回仲裁申请后反悔的,可以根据仲裁协议申请仲裁。

仲裁庭在作出裁决前,可以先行调解。当事人自愿调解的,仲裁庭应当调解。调解达成协议的,仲裁庭应当制作调解书或者根据协议的结果制作裁决书。调解书与裁决书具有同等法律效力。调解书应当写明仲裁请求和当事人协议的结果。调解书由仲裁员签名,加盖仲裁委员会印章,送达双方当事人。调解书经双方当事人签收后,即发生法律效力。调解不成或在调解书签收前当事人反悔的,仲裁庭应当及时作出裁决。

四、仲裁的司法协助与监督

(一)对仲裁的司法协助

仲裁作为自愿性、民间性的纠纷解决方式,不具有司法权的性质。仲裁庭行使仲裁权时没有或缺乏必要的强制性权力,因此往往需要法院通过行使司法权给予支持和协助,以保障仲裁权的行使,最大限度地保护当事人的合法权益。司法协助的实现方式主要体现在以下方面:

1. 证据保全

证据保全是指在证据可能灭失或以后难以取得的情况下,法院根据申请人的申请或依职权,对证据加以固定和保护的制度。在仲裁的过程中,可能出现由于当事人一方原因或其他原因而使证据丢失或者难以取得的情况,或仲裁当事人以外的第三人持有本案证据而拒绝提交仲裁庭等需要提起证据保全的情况。但仲裁机构本身并不具有这种强制性权力,当事人申请证据保全的,仲裁委员会应当将当事人的申请提交证据所在地基层人民法院,由法院决定是否准予采取证据保全措施。

2. 财产保全

财产保全,是指人民法院在利害关系人起诉前或者当事人起诉后,为保障将来的生效判决能够得到执行或者避免财产遭受损失,对当事人的财产或者争议的标的物,采取限制当事人处分的强制措施。在仲裁过程中为了保证生效裁决或调解书能够得到执行,有必要实行财产保全制度。财产保全措施只能由法院实施。首先,仲裁机构无权作出是否准予财产保全的决定,当事人申请财产保全的,仲裁委员会应将当事人的申请依民事诉讼的有关规定提交人民法院,由人法院作出裁定;其次,仲裁机构无权对当事人和其他有关人员的财产采取保全措施,必须由法院采取财产保全的强制措施。

3. 强制执行仲裁裁决

根据我国《仲裁法》规定,仲裁裁决书自作出之日起发生法律效力,当事人应当履行仲裁裁决;仲裁调解书与仲裁裁决书具有同等的法律效力,调解书经双方当事人签收,即应自觉予以履行。当事人不自动履行仲裁裁决或仲裁调解书时,由于仲裁机构没有强制执行仲裁裁决的权力,另一方当事人可依照《民事诉讼法》的有关规定向人民法院申请执行。

仲裁裁决的执行由被申请执行人住所地或者被执行财产所在地人民法院管辖。根据《民事诉讼法》第215条的规定,申请执行的期间为2年。申请执行时效的中止、中断,适用法律有关诉讼时效中止、中断的规定。

(二)对仲裁的司法监督

为了保证仲裁裁决的合法、公正,我国《仲裁法》也规定了人民法院对仲裁活动予以司法监督的制度。基于仲裁具有独立性和约束性的特点,对仲裁的司法监督范围是有限的。如果当事人未提起监督申请,法院不主动对仲裁裁决采取司法监督措施。司法监督的实现方式主要体现在允许当事人向法院申请撤销仲裁裁决和不予执行仲裁裁决。

1. 撤销仲裁裁决

当事人提出证据证明裁决有下列情形之一的,可以向仲裁委员会所在地的中级人民法院申请撤销裁决。

(1)没有仲裁协议的。

(2)裁决的事项不属于仲裁协议的范围或者仲裁委员会无权仲裁的。

(3)仲裁庭的组成或者仲裁的程序违反法定程序的。

(4)裁决所依据的证据是伪造的。

(5)对方当事人隐瞒了足以影响公正裁决的证据的。

(6)仲裁员在仲裁该案时有索贿受贿、徇私舞弊、枉法裁决行为的。

如果仲裁裁决违背社会公共利益,人民法院也应当裁定撤销该仲裁裁决。

申请撤销仲裁裁决的,应当自收到仲裁裁决书之日起6个月内向仲裁委员会所在地的中级人民法院提出。人民法院受理当事人提出的撤销仲裁裁决的申请后,应组成合议庭进行审查,自受理之日起2个月内作出撤销仲裁的裁决或驳回申请的裁决。

一方当事人申请执行裁决,另一方当事人申请撤销裁决的,应当裁定中止执行。人民法院裁定中止执行的,应当裁定终结执行。撤销裁决的申请被裁定驳回的,人民法院应当裁定恢复执行。

人民法院依法作出的撤销仲裁裁决的裁定具有终局性。当事人不能上诉,也不得申请再审。在法院撤销仲裁裁决后,当事人可以选择订立新的仲裁协议对纠纷进行仲裁,也可以选择向有管辖权的法院进行诉讼。

2. 不予执行仲裁裁决

人民法院接到当事人的执行申请后,应当及时按照仲裁裁决予以执行。但是,如果被申请执行人提出证据证明仲裁裁决有法定不应执行的情形的,可以请求人民法院不予执行该仲裁裁决;人民法院组成合议庭审查核实后,裁定不予执行。

根据《仲裁法》和《民事诉讼法》的规定,不予执行仲裁裁决的情形包括:

(1)当事人在合同中没有仲裁条款或者事后没有达成书面仲裁协议的。

(2)裁决的事项不属于仲裁协议的范围或者仲裁机构无权仲裁的。

(3)仲裁庭的组成或者仲裁的程序违反法定程序的。

(4)认定事实的主要证据不足的。

(5)适用法律确有错误的。

(6)仲裁员在仲裁该案时有索贿受贿、徇私舞弊、枉法裁决行为的。

对人民法院作出的不予执行仲裁裁决的裁定,当事人不得上诉。没有法律依据的不得申请再审。但在法定除斥期内,仍然可以申请撤销裁决。

仲裁裁决被人民法院裁定不予执行的,当事人可以根据双方达成的书面仲裁协议重新申请仲裁,也可以向人民法院起诉。

第三节 民事诉讼

导入案例

因被告不适格被驳回起诉案

原告孟某于2003年8月12日被服务人员韩某、宋某强行拉进北京隆发餐饮有限公司北京西站隆发休息厅(以下简称隆发休息厅)去休息,并被强制收取费用100元,因拒绝被二人恶意殴打,导致其受到轻微伤。孟某遂将韩某、宋某、刘某(隆发休息厅法定代表人、股东)和北京铁路局北京西站诉为被告,请求法院依法判令被告赔偿其医疗费、住宿费、交通费、误工费、补偿费、营养伙食费、精神损失费55000元,并承担诉讼费用。一审审理期间,原告孟某又以张某也是隆发休息厅老板为由,申请将张某追加为被告。被告韩某、宋某和刘某一审中未作出答辩。被告北京铁路局北京西站提出答辩意见称:隆发休息厅产权及经营权不属于北京铁路局北京西站,本案与北京铁路局北京西站无关。经一审法院调取相关工商登记材料显示隆发休息厅为有限责任公司,系由刘某与其丈夫张某各出资15万元设立;该公司登记的住所地北京市丰台区西客站北站房主楼三层中三区东厅,系从北京京铁中兴商厦有限责任公司租赁而来,产权归北京京铁中兴商厦有限责任公司所有。一审法院经审理认为,隆发休息厅的注册登记名称为北京隆发餐饮有限公司,由刘某、张某出资设立,韩某、宋某系隆发休息厅服务员。孟某诉称的韩某、宋某的行为属于在执行隆发休息厅服务员职务中致人损害的情形,应由法人承担民事责任。韩某、宋某、刘某、北京铁路局北京西站均不是本案适格的被告,孟某的起诉不符合起诉条件。同理,孟某请求追加隆发休息厅的股东张某为被告亦不能成立。故裁定驳回了原告孟某的起诉。一审宣判后,原告孟某不服,提出上诉。二审法院经审理驳回上诉,维持原裁定。

问题:民事诉讼中起诉应具备什么条件?

一、民事诉讼与民事诉讼法概述

(一)民事诉讼

民事诉讼指审判机关在当事人和其他诉讼参与人的参加下,对民事纠纷案件进行审理并作出裁决的活动。我国依法行使国家审判权的专门机关是按《人民法院组织法》建立的各级人民法院和专门人民法院。

民事诉讼解决纠纷的特点体现在:

1. 由专门的国家司法机关解决纠纷,具有绝对权威性。

2. 民事诉讼程序的启动无需双方自愿,只需一方起诉,人民法院受理即可。

3. 民事诉讼的原则、制度和程序有严格、具体的法律规定。

4. 人民法院在民事诉讼中须严格依据民事实体法,即以事实为依据,以法律为准绳。

5. 人民法院作出的民事判决、裁定具有强制执行的效力。

(二)民事诉讼法

民事诉讼法是指国家制定的调整民事诉讼活动、规范民事诉讼关系的法律规范的总和。民事诉讼法有狭义和广义之分。狭义的民事诉讼法指1991年4月9日起施行的《中华人民共和国民事诉讼法》,全国人民代表大会常务委员会第十届第三十次会议于2007年10月28日通过了《关于修改〈中华人民共和国民事诉讼法〉的决定》,修正后的《民事诉讼法》自2008年4月1日起施行。广义的民事诉讼法除《民事诉讼法》外还包括宪法及其他法律中有关民事诉讼的规定。

二、审判管辖

审判管辖是指法院内部受理第一审民事纠纷案件的分工和权限。主要分为级别管辖、地域管辖、移送管辖和指定管辖等。

(一)级别管辖

级别管辖是指人民法院系统内部划分上下级法院之间对第一审民事案件的分工和权限。级别管辖主要根据案件的性质、影响的范围和诉讼标的额等进行划分。

各级人民法院之间划分案件的管辖规定如下：

1. 基层人民法院管辖第一审民事案件，法律另有规定的除外。

2. 中级人民法院管辖的第一审民事案件是涉外案件和在所辖区域内有重大影响的案件。

3. 高级人民法院管辖在所辖区域内有重大影响的案件。

4. 最高人民法院管辖的第一审民事案件是在全国范围内有重大影响的案件和该院认为应当由自己审判的案件。

（二）地域管辖

地域管辖是指确定同级不同区域的人民法院受理第一审民事纠纷案件的分工和权限。根据《民事诉讼法》的规定，地域管辖分为一般地域管辖、特殊地域管辖、专属管辖。

一般地域管辖，又称普通管辖，是指原告应到被告所在地人民法院起诉。对公民提起的民事诉讼，由被告住所地人民法院管辖，被告住所地与经常居住地不一致的，由经常居住地人民法院管辖；对法人或者其他组织提起的民事诉讼，由被告住所地人民法院管辖。一般地域管辖有利于人民法院调查、核实证据，迅速查明案情，正确处理民事纠纷；有利于传唤被告出庭应诉；有利于采取财产保全和先予执行措施，如果被告败诉，还有利于执行；另外，还可以防止原告滥用诉权，给被告造成不应有的损失。

特殊地域管辖是指根据诉讼标的所在地，或者引起合同关系发生、变更、终止的法律事实所在地为标准划分的诉讼管辖。特殊地域管辖是法律针对特别类型案件的诉讼管辖作出的规定。《民事诉讼法》第 24 条至第 33 条规定了特殊地域管辖的九种情形。特殊地域管辖的情形并不排斥一般地域管辖的适用。发生符合特殊地域管辖情形时允许由当事人住所地确定的一般地域管辖和由法律事实所在地、诉讼标的物所在地确定的特殊地域管辖进行共同管辖，使多个人民法院对同一案件有共同管辖权。两个以上人民法院都有管辖权的诉讼，原告可以向其中一个人民法院起诉；原告向两个以上有管辖权的人民法院起诉的，由最先立案的人民法院管辖。

专属管辖是指对某些特定类型的案件，法律强制规定只能由特定的人民法院行使管辖权。属于专属管辖案件只能由法律明文规定的人民法院管辖，当事人双方无权以协议或约定的方式变更管辖法院，从而排除了一般地域管辖、特殊地域管辖和协议管辖的适用。根据《民事诉讼法》第 34 条规定，因不动产纠纷提起的诉讼，由不动产所在地人民法院管辖；因港口作业中发生纠纷提起的诉讼,由港口所在地人民法院管辖;因继承遗产纠纷提起的诉讼,由被继承人死亡时住所地或者主要遗产所在地人民法院管辖。

(三)指定管辖和移送管辖

指定管辖是指上级法院依照法律规定,指定其辖区内的下级法院对某一具体案件行使管辖权。

指定管辖包括两种情况:

1. 有管辖权的人民法院由于特殊原因不能行使管辖权的,由上级人民法院指定管辖。

2. 管辖权发生争议,由争议双方协商解决,协商解决不了的,报它们的共同上级人民法院指定管辖。

移送管辖是指法院发现已经受理的案件不属于本院管辖的,依法将案件移送有管辖权的法院审理。受移送人民法院认为受移送的案件依照规定不属于本院管辖的,应当报请上级人民法院指定管辖,不得再自行移送。这种移送并非管辖权的转移,实质是同级人民法院之间案件的移送。

三、审判程序

人民法院审理经济纠纷案件必须按法定的程序实行两审终审制。

(一)第一审普通程序

第一审程序包括普通程序、简易程序和特别程序。第一审普通程序是民事诉讼法中规定最为完整的一种诉讼程序,人民法院审理第一审经济纠纷案件通常适用普通程序。

第一审普通程序包括起诉和受理、审理前准备、开庭审理和判决等。

1. 起诉

起诉是指公民、法人和其他组织在其经济权益受到侵害或与他人发生争议时,向人民法院提起诉讼请求,要求人民法院通过审判予以司法保护的行为。

起诉必须具备以下条件:

(1)原告是与本案有直接利害关系的公民、法人或者其他组织。

(2)有明确的被告。

(3)有具体的诉讼请求和事实理由。诉讼请求指当事人通过诉讼想要达到的目的。原告提起诉讼应有明确的诉讼请求:或请求人民法院确认某种法律关系或者法律事实,或请求对方当事人履行给付义务,或请求变更或者消灭一定的民事法律关系。

(4)属于人民法院受理民事诉讼的范围和受诉人民法院管辖。原告提起的诉讼应属于人民法院行使审判权的范围和受诉法院的管辖范围。

2. 人民法院受理与审理前的准备

受理是指人民法院通过对当事人的起诉进行审查,对符合法律规定条件的,决定立案审理的行为。人民法院接到起诉后首先应审查原告的起诉是否符合起诉条件,对于符合条件的应予以受理;其次要审查原告起诉的手续是否完备,如果起诉的手续不完备,人民法院应限期当事人补正。人民法院经审查,认为符合起诉条件的,应当在7日内立案,并通知当事人;认为不符合起诉条件的,应当在七日内裁定不予受理;原告对裁定不服的,可以提起上诉。

审理前的准备是指人民法院接受原告起诉并决定立案受理后,在开庭审理前,由承办案件的审判员依法所做的各项准备工作。具体包括:(1)依法发送起诉状、答辩状。人民法院应当在立案之日起5日内将起诉状副本发送被告。被告在收到之日起15日内提出答辩状。被告提出答辩状的,人民法院应当在收到之日起5日内将答辩状副本发送原告。被告不提出答辩状的,不影响人民法院审理。(2)告知当事人有关诉讼权利和义务。人民法院对决定受理的案件,应当在受理案件通知书和应诉通知书中向当事人告知有关的诉讼权利义务,或者口头告知。(3)依法组成合议庭。合议庭组成人员确定后,应当在3日内告知当事人。(4)审核诉讼材料,调查、收集必要的证据。审判人员必须认真审核诉讼材料,掌握双方当事人争执的问题和矛盾的焦点,并确定当事人提供的证据是否充分。对于案件必需而当事人又无法提供的证据,人民法院应当进行收集、调查工作。(5)依法追加当事人。必须共同进行诉讼的当事人没有参加诉讼的,人民法院应当通知其参加诉讼。追加当事人既可以由当事人提出申请,也可以由人民法院依职权主动追加。

3. 开庭审理与判决

开庭审理是指在当事人及其他诉讼参与人的参加下,法院依照诉讼程序,在法庭上对案件当事人所争议的事实问题和法律问题进行审理的全部诉讼活动。人民法院审理第一审民事案件,都必须开庭审理。开庭审理以公开审理为原则,不公开审理为例外。除涉及国家秘密、个人隐私或者法律另有规定的以外,应当公开进行。离婚案件、涉及商业秘密的案件,当事人申请不公开审理的,可以不公开审理。

开庭审理主要包括法庭调查、法庭辩论、法庭调解、合议庭评议、宣告判决等程序。

(1) 法庭调查。

法庭调查主要包括两个内容：一是当事人陈述。原告、被告、第三人及其诉讼代理人按先后顺序对自己的主张及所根据的事实和理由加以陈述。二是出示证据和质证。质证是我国民事诉讼证据制度的重要内容，也是民事诉讼开庭审理阶段的重要环节。它是指在法庭审理活动中，双方当事人在审判人员的组织下，围绕证据的真实性、关联性、合法性，针对证据证明力有无以及证明力大小，进行质疑、说明与辩驳的活动。审判人员通过法庭调查在法庭上全面调查案件事实，审查和核实各种证据，为正确认定案件事实和适用法律奠定基础。

(2) 法庭辩论。

法庭辩论是当事人及其诉讼代理人在合议庭的主持下，根据法庭调查阶段查明的事实和证据，阐明自己的观点和意见，相互进行言词辩驳的诉讼活动。当事人及其诉讼代理人针对法庭调查阶段审核的事实和证据，围绕案件争执焦点，互相进行口头辩论，争取合议庭作出有利于自己的裁判。同时，通过辩论，审判人员能够掌握案件的关键所在，有助于查清案件事实，分清是非责任。

(3) 合议庭评议。

法庭辩论结束后，合议庭应根据法庭调查和法庭辩论的情况，确定案件的性质，认定案件的事实，分清是非责任，正确地适用法律，对案件作出最后的处理。评议结束后，应制作判决书，并由合议庭成员签名。

合议庭有不同意见时，实行少数服从多数的原则。

(4) 宣告判决。

无论是公开审理还是不公开审理的案件，宣告判决一律公开进行。宣告判决有两种方式：一种是当庭宣判。即在合议庭评议后，由审判长宣布继续开庭并宣读裁判。宣判后，10日内向有关人员发送判决书。另一种是定期宣判。即不能当庭宣判的，另定日期宣判。定期宣判后，应立即发给判决书。

宣告判决的内容包括：认定的事实、适用的法律、判决的结果和理由、诉讼费用的负担、当事人的上诉权利、上诉期限和上诉法院等。

人民法院适用普通程序审理的案件，应当在立案之日起6个月内审结。有特殊情况需要延长的，由本院院长批准，可以延长6个月；还需要延长的，报请上级人民法院批准。

(二) 第二审程序

当事人不服一审人民法院判决或裁定的，可以依法向上一级人民法院提起上诉。不服判决的上诉期是15日,不服裁定的上诉期是10日。

第二审人民法院对上诉案件,应当组成合议庭,开庭审理,对上诉请求的有关事实和适用法律进行审查。经过阅卷和调查,询问当事人,在事实核对清楚后,合议庭认为不需要开庭审理的,也可以径行判决、裁定。第二审人民法院审理上诉案件,可以在本院进行,也可以到案件发生地或者原审人民法院所在地进行。

第二审人民法院对上诉案件,经过审理,按照下列情形分别处理:

1. 原判决认定事实清楚,适用法律正确的,判决驳回上诉,维持原判决。
2. 原判决适用法律错误的,依法改判。
3. 原判决认定事实错误,或者原判决认定事实不清,证据不足,裁定撤销原判决,发回原审人民法院重审,或者查清事实后改判。
4. 原判决违反法定程序,可能影响案件正确判决的,裁定撤销原判决,发回原审人民法院重审。当事人对重审案件的判决、裁定,可以上诉。

第二审人民法院审理上诉案件,除法律另有规定外,适用第一审普通程序。第二审人民法院的判决、裁定,是终审的判决、裁定。

人民法院审理对判决的上诉案件,应当在第二审立案之日起3个月内审结。有特殊情况需要延长的,由本院院长批准。人民法院审理对裁定的上诉案件,应当在第二审立案之日起30日内作出终审裁定。

四、执行程序

(一) 执行程序的一般规定

发生法律效力的民事判决、裁定,当事人必须履行。一方拒绝履行的,对方当事人可以向人民法院申请执行,也可以由审判员移送执行员执行。调解书和其他应当由人民法院执行的法律文书,当事人必须履行。一方拒绝履行的,对方当事人可以向人民法院申请执行。对依法设立的仲裁机构的裁决,一方当事人不履行的,对方当事人可以向有管辖权的人民法院申请执行。受申请的人民法院应当执行。对公证机关依法赋予强制执行效力的债权文书,一方当事人不履行的,对方当事人可以向有管辖权的人民法院申请执行,受申请的人民法院应当执行。

发生法律效力的民事判决、裁定,以及刑事判决、裁定中的财产部分,由第一审人民法院执行。法律规定由人民法院执行的其他法律文书,由被执行人住所地或被执行人的财产所在地人民法院执行。

申请执行的期间为 2 年。申请执行时效的中止、中断,适用法律有关诉讼时效中止、中断的规定。

人民法院自收到申请执行书之日起超过 6 个月未执行的,申请执行人可以向上一级人民法院申请执行。上一级人民法院经审查,可以责令原人民法院在一定期限内执行,也可以决定由本院执行或者指令其他人民法院执行。

(二)执行措施

被执行人不履行法律文书确定的义务,并有可能隐匿、转移财产的,执行员可以立即采取强制执行措施。《民事诉讼法》规定了下列执行措施:

1. 被执行人报告财产

被执行人未按执行通知履行法律文书确定的义务,应当报告当前以及收到执行通知之日前一年的财产情况。被执行人拒绝报告或者虚假报告的,人民法院可以根据情节轻重对被执行人或者其法定代理人、有关单位的主要负责人或者直接责任人员予以罚款、拘留。

2. 查询、冻结、划拨被执行人的存款

被执行人未按执行通知履行法律文书确定的义务,人民法院有权向银行、信用合作社和其他有储蓄业务的单位查询被执行人的存款情况,有权冻结、划拨被执行人的存款,但查询、冻结、划拨存款不得超出被执行人应当履行义务的范围。

3. 扣留、提取被执行人的收入

被执行人未按执行通知履行法律文书确定的义务,人民法院有权扣留、提取被执行人应当履行义务部分的收入。但应当保留被执行人及其所扶养家属的生活必需费用。

4. 查封、扣押、拍卖、变卖被执行人的财产

被执行人未按执行通知履行法律文书确定的义务,人民法院有权查封、扣押、冻结、拍卖、变卖被执行人应当履行义务部分的财产。但应当保留被执行人及其所扶养家属的生活必需品。

5. 搜查被执行人隐匿的财产

被执行人不履行法律文书确定的义务并隐匿财产的,人民法院有权发出搜查令,对被执行人及其住所或者财产隐匿地进行搜查。

6. 强制被执行人交付法律文书指定交付的财物或者票证

法律文书指定交付的财物或者票证,由执行员传唤双方当事人当面交付,或者由执行员转交,并由被交付人签收。有关单位持有该项财物或者票证的,应当根据人民法院的协助执行通知书转交,并由被交付人签收。有关公民持

有该项财物或者票证的,人民法院通知其交出。拒不交出的,强制执行。

7. 强制被申请执行人迁出房屋或者退出土地

强制迁出房屋或者强制退出土地,由院长签发公告,责令被执行人在指定期间履行。被执行人逾期不履行的,由执行员强制执行。

8. 强制加倍支付迟延履行期间的债务利息和支付迟延履行金

被执行人未按判决、裁定和其他法律文书指定的期间履行给付金钱义务的,应当加倍支付迟延履行期间的债务利息。被执行人未按判决、裁定和其他法律文书指定的期间履行其他义务的,应当支付迟延履行金。

9. 强制办理有关财产权证照转移手续

在执行中,需要办理有关财产权证照转移手续的,人民法院可以向有关单位发出协助执行通知书,有关单位必须办理。

10. 采取限制出境等其他措施

被执行人不履行法律文书确定的义务的,人民法院可以对其采取或者通知有关单位协助采取限制出境,在征信系统记录、通过媒体公布不履行义务信息以及法律规定的其他措施。

【本章小结】

本章阐述了经济纠纷的多元化法律解决途径。第一节介绍了经济纠纷可通过协商、调解、仲裁、诉讼途径解决;重点讲述了调解的类型和法律效力。第二节介绍了仲裁的概念和法律特征、仲裁协议、仲裁程序及仲裁的司法协助和监督。第三节介绍了民事诉讼的概念和法律特征、审判管辖、审判程序及执行程序。

思考题:

1. 简述调解的法律效力。
2. 简述仲裁协议的法律效力。
3. 简述人民法院对仲裁的司法协助与监督。
4. 什么是级别管辖和地域管辖?简述地域管辖的一般原则。
5. 简述起诉的概念和条件。
6. 海南省天南公司与海北公司于 1998 年 6 月签订了一份融资租赁合同,约定由天南公司进口一套化工生产设备,租给海北公司使用,海北公司按年交付租金。后来天南公司与海北公司因履行合同发生争议。请根据以下设问所给的假设条件回答：

(1)如果天南公司与海北公司签订的合同中约定了以下仲裁条款："因本合同的履行所发生的一切争议,均提交珠海仲裁委员会仲裁",天南公司因海北公司无力支付租金,向珠海仲裁委员会申请仲裁,将海北公司作为被申请人,请求裁决被申请人给付拖欠的租金。天南公司的行为是否正确？为什么？

(2)如果存在上问中所说的仲裁条款,天南公司能否向人民法院起诉海北公司,请求支付拖欠的租金？为什么？

(3)如果本案通过仲裁程序处理,天南公司申请仲裁委员会对海北公司的财产采取保全措施,仲裁委员会应当如何处理？

(4)如果本案通过仲裁程序处理后,在对仲裁裁决执行的过程中,法院裁定对裁决不予执行,在此情况下,天南公司可以通过什么法律程序解决争议？

7.2002年8月,甲市向南厂采购员与乙县木材供应站法定代表人张某在丙县签订了一份买卖木材的合同。按合同的规定,向南厂当即交付定金2万元,木材厂必须于同年11月发货。合同约定,验收地点为乙县火车站,到站地为甲市邻近丁县,然后由供货方以汽车运输至甲市,交货地点为甲市;一旦双方发生纠纷,由合同签订地和原告或被告住所地人民法院管辖。后因合同履行发生争议,向南厂准备向人民法院起诉。

请问：(1)向南厂与木材供应站合同协议管辖的内容是否有效？(2)该案的合同履行地应如何确定？(3)向南厂应当向哪个人民法院起诉？

8.青岛某电器公司与天津某商场于2004年6月30日签订了一份电器购销合同。合同约定:青岛公司于合同生效后一个月内分三批向天津商场供应彩色电视机100台,总计30万元。天津商场先预付货款10万元,合同履行完毕后支付余款。同时约定,若双方因本合同履行发生争议,双方同意向北京市仲裁委员会提出仲裁或向天津有管辖权的法院起诉。后来,天津商场认为第三批30台彩电中有5台质量不合格而拒绝付款,双方发生争议。

请问：(1)青岛公司和天津商场在合同中达成的仲裁条款有效吗？为什么？(2)若争议发生后,青岛公司未向北京市仲裁委员会提出仲裁申请,而是向天津商场所在的天津某区法院提起诉讼,天津商场也向法院递交了答辩状。则天津某区法院对该案有管辖权吗？为什么？(3)若仲裁协议有效,仲裁机构依法作出仲裁裁决,判决天津商场支付货款,至履行期满天津商场拒不付款,青岛公司该如何处理？

参考文献

1. 徐杰主编:《经济法概论》,首都经贸大学出版社2008年第6版。
2. 王亦平主编:《经济法学》,北京大学出版社2007年版。
3. 王保树主编:《经济法原理》,社会科学文献出版社1999年版。
4. 朱崇实主编:《经济法》,厦门大学出版社2002年版。
5. 李昌麒主编:《经济法学》,法律出版社2007年版。
6. 史际春主编:《经济法教学参考书》,中国政法大学出版社2002年版。
7. 漆多俊著:《经济法基本理论》,武汉大学出版社1996年版。
8. 黄福宁著:《民法好读》,法律出版社2008年版。
9. 王丽主编:《经济法教程》,对外经济贸易大学出版社2007年版。
10. 李永军主编:《商法学》,中国政法大学出版社2007年版。
11. 齐奇主编:《公司法疑难问题解析》,法律出版社2005年第2版。
13. 樊启荣主编:《经济法》,武汉大学出版社2008年版。
14. 赵旭东主编:《公司法学》,高等教育出版社2003年版。
15. 陈本寒主编:《商法新论》,武汉大学出版社2009年版。
16. 周学峰主编:《商法教程》,对外经济贸易大学出版社2007年版。
17. 吴汉东主编:《知识产权法学》,北京大学出版社2009年第4版。
18. 李中铎主编:《知识产权工作实务指南》,知识产权出版社2008年版。
19. 王长勇主编:《实用经济法》,厦门大学出版社2007年版。
20. 马洪主编:《经济法概论》,上海财经大学出版社2007年第4版。
21. 王卫国、李东方主编:《经济法学》,中国政法大学出版社2008年版。
22. 葛现琴主编:《经济法原理与实务》,中国政法大学出版社2009年版。
23. 王健主编:《经济法学》,厦门大学出版社2006年版。
24. 刘文华、孟雁北主编:《经济法练习题集》,中国人民大学出版社2009年第2版。
25. 麻昌华主编:《消费者保护法》,中国政法大学出版社2006年版。
26. 林发新主编:《证券法》,厦门大学出版社2007年版。
27. 斐淑红、原晓青主编:《税法》,化学工业出版社2009年版。
28. 常键主编:《金融法教程》,对外经济贸易大学出版社2007年版。
29. 张守文著:《经济法总论》,中国人民大学出版社2009年版。
30. 杨紫烜、徐杰主编:《经济法学》,北京大学出版社2001年版。
31. 江平著:《中华人民共和国合同法精解》,中国政法大学出版社1999年版。

32. 李永军著:《合同法》,中国人民大学出版社 2008 年版。
33. 曾宪义、王利明主编:《仲裁法》,中国人民大学出版社 2009 年版。
34. 李艳芳主编:《经济法案例分析》,中国人民大学出版社 2006 年版。

图书在版编目(CIP)数据

实用经济法教程/陈玉芳主编.—2版.—厦门:厦门大学出版社,2013.1
ISBN 978-7-5615-3441-0

Ⅰ.①实… Ⅱ.①陈… Ⅲ.①经济法-中国-高等学校-教材 Ⅳ.①D922.29

中国版本图书馆 CIP 数据核字(2013)第 023511 号

厦门大学出版社出版发行

(地址:厦门市软件园二期望海路 39 号 邮编:361008)
http://www.xmupress.com
xmup @ xmupress.com

厦门市金凯龙印刷有限公司印刷

2013 年 2 月第 2 版 2013 年 2 月第 1 次印刷
开本:720×970 1/16 印张:24 插页:2
字数:418 千字 印数:1~3 000 册
定价:38.00 元

本书如有印装质量问题请直接寄承印厂调换